監獄文化論稿

一种宏观监狱学的立场

王雪峰　著

法律出版社
LAW PRESS·CHINA
北京

图书在版编目(CIP)数据

监狱文化论稿：一种宏观监狱学的立场 / 王雪峰著
. -- 北京：法律出版社，2023
ISBN 978 - 7 - 5197 - 7090 - 7

Ⅰ. ①监… Ⅱ. ①王… Ⅲ. ①监狱 - 文化研究 - 中国
Ⅳ. ①D926.7

中国版本图书馆 CIP 数据核字(2022)第 169904 号

监狱文化论稿
—— 一种宏观监狱学的立场
JIANYU WENHUA LUNGAO
—YIZHONG HONGGUAN JIANYUXUE DE LICHANG

王雪峰 著

责任编辑 韩梦超
装帧设计 李 瞻

出版发行 法律出版社
编辑统筹 司法实务出版分社
责任校对 王晓萍 王语童
责任印制 胡晓雅
经 销 新华书店

开本 710 毫米×1000 毫米 1/16
印张 25 字数 330 千
版本 2023 年 1 月第 1 版
印次 2023 年 1 月第 1 次印刷
印刷 永清县金鑫印刷有限公司

地址：北京市丰台区莲花池西里 7 号(100073)
网址：www.lawpress.com.cn
投稿邮箱：info@lawpress.com.cn
举报盗版邮箱：jbwq@lawpress.com.cn

销售电话：010 - 83938349
客服电话：010 - 83938350
咨询电话：010 - 63939796

书号：ISBN 978 - 7 - 5197 - 7090 - 7
定价：88.00 元

《监狱文化论稿：一种宏观监狱学的立场》审读意见（代序）

断断续续浏览了中警院王雪峰教授《监狱文化论稿：一种宏观监狱学的立场》，给我第一个印象是书稿旁征博引古今中外众多专家、学者对监狱文化的论述及观点，内容之广泛、资料之丰富，在我近年来阅读的一批批专著中，堪称首屈一指，足见雪峰同志是下了一番功夫的。阅读后我个人也取得很多收获，深感受益匪浅。

对于监狱文化，或监区文化，或监狱精神文明建设，等等，因业务关系，多年来我确有所涉猎。深感这一课题，关乎宏观与微观，广义与狭义，综合因素与独有特点等，很难作出简明扼要的定义，但它却涉及监狱工作、业务建设、监管改造、日常管理等方方面面，必须进行深入研究，精心探索。

在阅读过程中，我曾建议雪峰同志，监狱文化研究，似宜由广而深，由广而精，不宜停留在见仁见智、众说纷纭的层面上，而应在中国特色监狱工作上下功夫，在毛泽东改造罪犯理论的时代化上下功夫，在深入贯彻习近平发展中国特色社会主义法治理论上下功夫，以便更好地指导、推进现实的监狱工作。

我和雪峰同志多次见面，却没有直接交谈。通过短信和书信交流，感受他为人谦虚谨慎、彬彬有礼，尤其是对我个人的尊重和某些过誉之词，令我深感不安。我虽虚长他近四十岁，但在近代科学文化、信息技术和操作技巧的掌握上，与他却有着很大差距。我俩的关系似应定位于对监狱工作具有共同兴趣、共同感情的“忘年交”。

愿以此与雪峰同志共勉之。

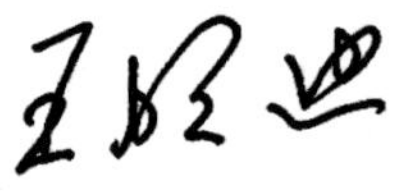

2022 年 11 月

自　序

19 年前，在香港中文大学郑汉文教授耳提面命下属意问题意识，此后对个人的著述总是不由自主地反思：我要讨论的问题是什么？关于本书，我认为其核心问题是：监狱文化到底是什么？如果梳理全书脉络，实际上讨论的问题有三个：站在“宏观监狱学”立场看监狱文化将得出什么样的结论？当代中国监狱文化建设是怎样一种状况？对监狱文化如何进行理论解释？而三个问题之中，第一个问题最为重要。

2011 年，当开始关注监狱文化课题时，我发现学界在同一个概念之下，实际上对监狱文化有三种不同理解。一种观点认为，它特指监狱中的主流文化；另一种观点认为，监狱文化既包括主流文化也包括亚文化；还有一种观点认为，将监狱文化理解为与监狱有关的所有人类创造力之成果总和。第三种观点超越了时间、空间、向度，虽没有明确表达出来，但却实际影响着学者的观念。在这种多元理解下，人们不禁要问：监狱文化到底是什么？十几年间，这个问题一直没有得到满意的回答，并且与监狱学学科建设的种种问题交织在一起，不断困扰着我。

2012 年，为参加上海监狱学论坛，我撰写了《方法之源、理论之镜——监狱学知识的状态、形成原因与展望》一文。文章表达的核心观点是，相关的主体（包括监狱学研究者、知识传播者、接受者和应用者）对监狱学知识的状况普遍心怀不满。从事监狱学研究的学者有一种自卑感，认为监狱学知识不成熟，缺乏一套特有的基本概念、基本原理和基本规律。作为知识的传播者，监狱学专业教师缺乏应有的职业自豪感，甚至认为所教的课程要么是“抽象的空谈”，要么是对“法律法规、规章制度的简单注解”。作为知识的接受者，监狱学专业学生抱怨监狱学内部课程之间内容重复，充斥自然经验和生活常识。作为监狱学知识的应用者，基层监狱民警认为监狱学知识没有在工作中发挥应有的作用。出现这种状况，日益专精的“学科体制”壁垒难辞其咎。因此，文章借鉴华勒斯坦等人提出的“开放社会科学”方法论，主张“超越学科畛域，以问题为中心对监狱学开展多学科研究”。

2014 年，监狱学论坛在江苏镇江举行，我在主题发言中提出：作为法学门类二级学科的监狱学或者作为“目录外专业”“特设专业”独立设置的监狱学属于微观监狱学，宏观监狱学则把监狱问题视作文化和思想问题，是将监狱放在文化史和思想史视野中进行观察和研究的结果。至此，宏观监狱学概念逐渐清晰起来。

“牢狱”和“枷锁”常用来比喻对人性的钳制。《路西法效应：好人是如何变成恶魔的》一书借霍桑之口发出振聋发聩的反问：“什么样的地牢比诸心牢幽暗？什么样的狱吏较诸自我无情？”而卢梭《社会契约论》中的名言更广为人知：“人是生而自由的，但却无往不在枷锁之中。自以为是其他一切的主人的人，反而比其他一切更是奴隶。”类似的说法还有：“他人即地狱”（萨特），“哪里有违背意志，哪里就是人的监狱”（爱比克泰德），“人生最大的幸福是美满的婚姻，不幸的婚姻无异于活着下地狱”（奥斯瓦尔德·施瓦茨）。甚至在柏拉图著名的“洞穴隐喻”中，也出现“牢狱”的影子：人好比知识的囚徒，当背对光明时，他只能看到洞穴墙壁上自己的背影，而无法发现真理。那个洞穴分明就是他的牢狱。

“牢狱”似乎无所不在。它不仅是针对身体的，还是针对精神的；它不仅是有形的，还是无形的；它不仅是实然的，还是潜在的。与其说它是法律问题，毋宁说它是文化问题。然而，这些隐喻到底反映出一种怎样的文化心理？现实中的监禁制度能从中得到哪些启示？从文化角度来看我们对监狱要如何反思？对这些问题，学科化监狱学（微观监狱学）无力解释，甚至主动将其排除在讨论范围之外，视若无物。

如果放宽视野我们会发现，在诗词、戏曲、神话、传说、口头文学、小说、纪实文学里存在大量关于监禁的“印记”，这些“印记”深植于文化记忆之中，构成人类共同的监禁记忆和体验。想要令人信服地解释这些深层记忆和体验，恐怕不得不借助心理学家荣格的“原型”（原初意象）理论，而我们熟知的学科化监狱学显然对此无能为力。在此情况下，我们不妨转变思路，从宏观监狱学视角做一点尝试。

通过对上述疑惑的尝试性思考，我得出一个初步结论：面对广泛的监狱文化问题，有必要打破学科壁垒，从更广的视角，站在更高的层面，以更开放的心态进行思考和讨论。这种视角、心态和层面，也就是本书主张的宏观监狱学立场。

宏观监狱学是一种态度、意识和可能的方法，它坚持后现代主义知识范式，不排斥个体知识、地方性知识，是一种更具包容性的多元主义立场。发表于《中国监狱学刊》2016年第5期的《如何理解监狱：一种文化哲学的视角》可视作对宏观监狱学立场的初步实践，本书是对这种立场的一次全面应用。11年前的疑惑，在写作过程中逐渐找到一点破解头绪。

如果我说我们生活在一个监狱化社会，很多人恐怕无法接受这个观点。如果说我们生活在一个规训化社会，社会化过程就是一个规训过程，可能不少人会有同感。所以，研究监狱其实是为了反思和关照现实。

“人是生而自由的，但却无往不在枷锁之中。”监狱是自由的反面，是对人的主体性的禁锢，是人类自由发展理想的障碍。这正是研究监狱问题的原因，也正是宏观监狱学的价值所在。

人生不仅有风光霁月，社会也不总是充满温情；人世间有种种缺憾，人心险恶，人性幽暗，“地下帝国”，种种磨难、困厄……我们要满怀希望，怀揣梦想，更要充分估计到人生的不幸，人性的弱点。

同理，对于监狱制度，既要看到它的进步性，也要看到它的不完善性。监狱文化仿佛是绝望中的希望，是暗夜里的微茫星光，是精神自由在最严厉的惩罚制度中的体现，是“铁屋中的呐喊”，是暗室里的一道光——给人希望，给人安慰，给人家园感。

通过本书我首先希望讲清楚监狱文化问题，而讲清楚这个问题必须借助宏观监狱学这一立场，这是本书标题的基本含义。在某种意义上，本书的写作是唤醒被“催眠”（magnetise）的监狱学知识的过程，也是实践宏观监狱学使命的过程。

我把监狱文化分成三种，其中实存于监狱内部的有两种类型——监狱文化Ⅱ和监狱文化Ⅲ，分别对应监狱亚文化和主流文化。监狱文化Ⅰ则是第三种类型，涵盖前两种形态，也包括超越时间、空间、向度与监狱相关的其他文化表现形式。这三种类型与前述监狱文化概念的三种理解有所交叉：第一种观点对应监狱文化Ⅲ，第二种观点对应监狱文化Ⅱ＋监狱文化Ⅲ，第三种观点近似监狱文化Ⅰ。

最后，对全书结构进行简单介绍。全书共3编10章，第1～5章为第一编，第6～9章为第二编，第10章独立成第三编。三编的具体内容如下：

第一编是从宏观视野所观察的监狱文化问题，属于监狱文化Ⅰ，主要包括古代监狱文化、监狱亚文化（监狱文化Ⅱ）、监禁文化、惩戒文化以及影视和文学作品中反映出的监狱文化等。这些都是时下热议的“监狱文化建设”难以囊括的内容，属于站在宏观监狱学立场所看到的监狱文化问题。

第二编是当代中国监狱文化实践与反思，即所谓“监狱文化建设”问题，属于监狱文化Ⅲ。这一部分从回顾监狱文化建设历程着手，总结当代中国监狱文化实践，分析监狱文化建设面临的问题，并展望监狱文化建设的前景。

第三编延续第二编讨论的主题，从社会学和教育学两个视角对监狱文化做出理论解释。但是，所讨论的问题已“溢出”监狱内部实存的监狱文化范围，是站在宏观监狱学立场对监狱文化Ⅰ的讨论。

目　录

第一编　宏观监狱学视野中的监狱文化

第二编　当代中国监狱文化实践与反思

第三编　监狱文化的理论解释

第一编

宏观监狱学视野中的监狱文化

第一章　导论

如果我说，人无时无刻不生活在文化之中，有人可能会提出不同意见。但是如果我说，人的生活方式无不体现文化特质，大多数人也许都会表示赞同。确实，有人的地方就有文化，文化就是“人化”。多年前，我在某大学附近乘坐出租车，司机跟我说：“外国人跟我们就是不一样。刚刚我拉了四个留学生，他们下车给钱，非要每个人给我几块钱。”这种事情我也亲身经历过，20 世纪 90 年代，在我读研究生的时候，有一次和两位外教出去吃饭，本来说好了是我做东。结果，最后还是两人分别计算好了餐费，跟我“二一添作五”。处事方式无疑体现了文化的差异，言语表达、服饰、发型，甚至情感表达方式，无一不体现出文化特征。

既然我们承认文化无所不在，那么，监狱当中是否有文化呢？当我们看到囚服、铁窗、高墙、电网，听到整齐划一的口号，想到作息时间表，就不得不承认这些也属于一种文化。当我们从欧美影视作品中看到监狱骚乱、暴力、文身、脏话等现象时，也会惊诧于中西方监狱文化之迥异。那么，我们是否可以利用文化来改造罪犯呢？罪犯亚文化是否属于监狱文化呢？从文化视角观察监狱和刑罚问题，会得出怎样的结论呢？这些问题，涉及对监狱文化的界定，当代中国的监狱文化建设，以及对监狱文化的理论解释；本书正是从文化视角对监狱问题进行分析的一种尝试。

第一节 文　化

一、文化的内涵

马克斯·韦伯（Max Weber）说，人是悬在由他自己编制的意义之网中的动物。[①] 政治学者刘瑜有一段话，可以帮助我们理解文化的意义：

"作为一个猴子，你看见好好一个人，脖子上绑一根绳子，绳子垂在胸前，神情肃穆地朝你走来，你肯定会觉得人类真是一种充满幽默感的动物。你会想，人类为了装正经，连脖子上绑一根绳子这种事情都想得出来，还染成各种颜色和花纹，真是有两把刷子。但问题是你不是猴子，所以你得理解那根绳子上所飘荡的意义。"[②]

"理解文化的概念，使得这样一种认识成为必要：所有人都生活在一个由人创造并在其中找到意义的世界。"[③] 对文化的分析就是在寻求意义，刘瑜上文所说的意义，也就属于文化范畴。

关于文化这个频繁使用的概念，中外学者都认为对其进行界定是极为复杂的事情。不同的学术视角、不同的立场，乃至在不同的语义环境中，文化的概念都有差异。A. L. 克鲁伯和克赖德·克拉克洪在《文化——关于概念和定义的研究》中列举了文化的161种定义。[④]

关于文化的研究成果，多出自人类学家之手。"人类学之父"爱德

---

① 参见［美］克利福德·吉尔兹：《深描说：迈向解释的文化理论》，载甘阳主编：《文化：中国与世界》（第1辑），三联书店1987年版，第263页。

② 刘瑜：《送你一颗子弹》，上海三联书店2010年版，第162页。

③ Andrew Edgar & Peter Sedgwick, *Cultural Theory*: *The Key Concepts*, Routledge, 2008, p. 82.

④ 参见衣俊卿：《文化哲学：理论理性和实践理性交汇处的文化批判》，云南人民出版社2001年版，第6页。

华·泰勒（Edward Burnett Tylor）是第一个在科学意义上为文化下定义的人，他为文化人类学的研究对象和范围勾勒了基本轮廓。① 泰勒对文化的经典定义是：

“文化，或文明，就其广泛的民族学意义来说，是包括全部的知识、信仰、艺术、道德、法律、风俗以及作为社会成员的人所掌握和接受的任何其他的才能和习惯的复合体。”②

另一位著名的人类学家布罗尼斯拉夫·马林诺夫斯基（Bronislaw Kaspar Malinowski）则指出，“文化是指那一群传统的器物、货品、技术、思想、习惯及价值而言的”。与作为文化进化论代表的泰勒不同，马林诺夫斯基从功能论立场出发重点强调了文化“直接或间接满足人类的需要”的特点，并把文化分为“物质的和精神的”两大方面。③

大多数人类学家认为，“文化包含了后天获得的，作为一个特定社会或民族所特有的一切行为、观念和态度”。④

在有些人类学家看来，文化没有高低贵贱之分。例如，美国人类学家拉尔夫·林顿（Ralph Linton）就曾经对文化做出了这样的定义：

“文化指的是任何社会的全部生活方式，而不仅仅是被社会公认为更高雅，更令人心旷神怡的那部分生活方式。这样，当把文化一词用到我们的生活方式上的时候，它与弹钢琴和谈勃朗宁的诗没有任何关系……整个文化还包括诸如洗碗、开汽车等世俗行为，而且，对文化研究来说，这些世俗行为与那些在生活中被认为高妙雅致的事物相比，并没有什么

---

① 参见夏建中：《文化人类学理论学派——文化研究的历史》，中国人民大学出版社 1997 年版，第 20 页。

② ［英］泰勒：《原始文化：神话、哲学、宗教、语言、艺术和习俗发展之研究》，连树声译，广西师范大学出版社 2005 年版，第 1 页。

③ 参见［英］马林诺夫斯基：《文化论》，费孝通等译，中国民间文艺出版社 1987 年版，第 2、14 页。

④ ［美］C. 恩伯、M. 恩伯：《文化的变异——现代文化人类学通论》，杜杉杉译，辽宁人民出版社 1988 年版，第 29 页。

高下之分。"①

英国文化学者雷蒙德·威廉斯（Raymond Williams）提出了文化的三层次解释：②

第一，文化可以用来指"智力、精神和审美发展的一般过程"，在这个意义上，我们述及西欧的文化发展，可以"只涉及知识、精神和审美因素——伟大的哲学家、伟大的艺术家和伟大的诗人"。"文化"一词的第二个用法可能是为了暗示"一种特定的生活方式，无论是一个人、一个时期还是一个群体"。在这个意义上，我们谈论西欧的文化发展，可能就不仅仅是智力和审美因素，而是读写、节日、体育、宗教节日的发展。第三，文化可以用来指"智力活动特别是艺术活动的作品和实践"。换言之，此处的文化是指文本和实践，其主要功能是传达意义，生成意义或为意义的生成提供可能。

当代西方文学和文化批评的领袖人物特里·伊格尔顿（Terry Eagleton）认为，在文化的众多复杂含义中，有四种含义更为突出：

（1）大量的艺术性作品与知识性作品；

（2）一个精神与智力发展的过程；

（3）人们赖以生存的价值观、习俗、信仰以及象征实践（symbolic practice）；

（4）一套完整的生活方式。

他认为，前三个含义比第四个更有意义，作为生活方式的文化有承载过量之嫌。"我们总是迫于延伸文化的含义，直到文化几乎等同于我们全部生活才肯罢休。"③

中国学者关注文化问题是近代以来的事情。鸦片战争之后，中国从

---

① ［美］C. 恩伯、M. 恩伯：《文化的变异——现代文化人类学通论》，杜杉杉译，辽宁人民出版社1988年版，第29页。

② See John Storey, *Cultural Theory and Popular Culture: An Introduction*, Routledge, 2015, p. 1–2.

③ ［英］特里·伊格尔顿：《论文化》，张舒语译，中信出版社2018年版，第1~3页。

闭关锁国到主动学习西方、谋求发展，有识之士逐渐看到文化的重要性。正如梁启超所说，中国学习西方的历史分为三期：第一期从鸦片战争后渐渐兴起，是“先从器物上感觉不足”，于是有福建船政学堂、上海制造局等。第二期从“甲午起到民国六七年间止”，是从制度上感觉不足，但政治运动完全失败，只剩下废科举算是成功。“第三期，便是从文化根本上感觉不足。”“革命成功将近十年，所希望的件件都落空，渐渐有点废然思返，觉得社会文化是整套的，要拿旧心理运用新制度，决计不可能，渐渐要求全人格的觉悟。”①

1926 年，张崧年著文称“文明”和“文化”在中国都是新名词（至少有新意义）。② 这说明，现代意义上文化概念的出现是晚近的事情。

胡适对文化和文明做过区分，认为“文明（civilization）是一个民族应付他的环境的总成绩；文化（culture）是一种文明所形成的生活的方式”。③

与胡适观点近似，梁漱溟先生将文化解释为“生活的样法”——“你且看文化是什么东西呢？不过是那一民族生活的样法罢了。”④

1922 年，梁启超借鉴佛家术语对文化给出了一个标新立异的解释：“文化者，人类心能所开积出来之有价值的共业也。”这一解释有两个要点——共业和价值。其一，文化是“共业”，不是“别业”。并且，“共业是实在的，整个的”。其二，梁启超认为，“文化非文化，当以有无价值为断”。⑤ 可以说，这是关于文化的共享性和价值性特征的中国化表述。

---

① 梁启超：《少年中国说》，中国言实出版社 2014 年版，第 237 ~ 238 页。

② 参见张崧年：《文明或文化》，载罗荣渠主编：《从“西化”到现代化——五四以来有关中国的文化趋向和发展道路论争文选》（上册），黄山书社 2008 年版，第 174 页。

③ 胡适：《我们对于西洋近代文明的态度》，载罗荣渠主编：《从“西化”到现代化——五四以来有关中国的文化趋向和发展道路论争文选》（上册），黄山书社 2008 年版，第 141 页。

④ 梁漱溟：《东西文化及其哲学》，商务印书馆 1999 年版，第 32 页。

⑤ 梁启超：《少年中国说》，中国言实出版社 2014 年版，第 244 ~ 246 页。

哲学家贺麟在1947年出版的《文化与人生》中提出，“所谓文化就是经过人类精神陶铸过的自然”。①

关于文化的界定，有学者梳理20世纪八九十年代国内文化哲学研究的状况，认为大致有四类观点：其一，赞同泰勒的观点，把文化等同于文明，涵盖人的精神的、物质的、制度的一切创造物；其二，倾向于胡适、梁漱溟的见解，视文化为“生活的方式”或“生活的样法”；其三，把文化理解为“人的自我创造性、人的生命活动的体现”；其四，更多的是从广义和狭义角度理解文化，认为广义的文化指“人类所创造的物质成果和精神成果的总和”，狭义的文化指“观念形态或精神形式的软文化”。②

“物质财富和精神财富总和”说，是国内较为流行的文化定义方式。例如，一本普及型读物对文化的定义做出了如下表述：③

“从广义上说，文化指人类社会历史实践所创造的物质财富和精神财富的总和，是由语言与文字、物质生产与物质生活、精神生产与精神生活以及各个层次的社会组织与社会关系构成的大系统。从狭义上说，文化指社会的意识形态，以及与之相适应的制度和组织机构。”本书正是在这个意义上来使用文化这个概念的。

实际上，西方学界在泰勒之后，文化研究呈现出不同的学派，对文化的理解有不同的视角。其中包括功能主义、符号学、后现代主义等，从文化研究的范式来看，既有以威廉·狄尔泰（Wilhelm Dilthey）、奥斯瓦尔德·斯宾格勒（Oswald Arnold Gottfried Spengler）、阿诺德·约瑟夫·汤因比（Arndd Joseph Toynbee）为代表的人文传统的文化学研究，也有以泰勒、马林诺夫斯基、弗郎茨·博厄斯（Franz Boas）、鲁思·本

---

① 贺麟：《文化与人生》，商务印书馆1947年版，第32页。

② 衣俊卿：《文化哲学：理论理性和实践理性交汇处的文化批判》，云南人民出版社2001年版，第32页。

③ 朱金元、熊月之主编：《传统文化ABC》，山东友谊出版社1996年版，第1页。

尼迪克特（Ruth Benedict）等人为代表的实证传统的文化学研究。①

夏建中在《文化人类学理论学派——文化研究的历史》中列举了十个流派，分别是“古典进化论学派”［代表人物为泰勒、路易斯·亨利·摩尔根（Lewis Henry Morgan）］、“传播论学派”［代表人物为弗里德·里希·拉采尔（Friedrich Ratzel）、威廉·里弗斯（William H. Rivers）］、“历史特殊论学派”［代表人物为弗郎茨·博厄斯（Franz Boas）、阿尔弗雷德·路易斯·克鲁伯（Alfred Louis Kroeber）］、“法国社会学学派”［代表人物为埃米尔·杜尔凯姆（Emile Durkheim）、马塞尔·莫斯（Marcel Mauss）］、“英国功能主义学派”［代表人物为拉德克里夫－布朗（Alfred Reginald Radcliffe－Brovn）、马林诺夫斯基］、“文化与人格学派”［代表人物为西格蒙德·弗洛伊德（Sigmund Freud）、本尼迪克特、玛格丽特·米德（Margaret Mead）］、“新进化论学派”［代表人物为莱斯利·阿尔文·怀特（Leslie Alvin White）、朱利安·海恩斯·斯图尔德（Julian Haynes Steward）、埃尔曼·塞维斯（Elman Rogers Service）和马歇尔·萨林斯（Marshall Sahlins）、马文·哈里斯（Marvin Harris）］、“结构主义人类学”［代表人物为列维—斯特劳斯（Claude Gustave Lévi－Strauss）］、“象征主义人类学”［代表人物为埃蒙德·罗纳德·利奇（Edmund Ronald Leach）、玛丽·道格拉斯（Mary Douglas）、维克多·特纳（Victor Turner）、阿伯纳·科恩（Abner Cohen）］、“解释人类学”［代表人物为克利福德·格尔茨（Clifsord Geortz）］。②

澳大利亚莫纳什大学的两位专家在《当代文化理论》中分别讨论了马克思主义理论、意识形态理论、符号学理论、差异理论等流派对文化研究的影响，以及后现代主义背景下文化理论的发展状况，描绘了一幅

---

① 衣俊卿：《文化哲学：理论理性和实践理性交汇处的文化批判》，云南人民出版社 2001 年版，第 1 页。

② 夏建中：《文化人类学理论学派——文化研究的历史》，中国人民大学出版社 1997 年版，第 11～323 页。

由卡尔·马克思（Karl Marx）、马克斯·韦伯、弗洛伊德、格奥尔格·卢卡奇（Georg Lukács）、安东尼奥·葛兰西（Gramsci Antonio）、赫伯特·马尔库塞（Herbert Marcuse）、尤尔根·哈贝马斯（Jurgen Habermas）、皮埃尔·布尔迪厄（Pierre Bourdiea）、米歇尔·福柯（Michel Foucault）、埃米尔·涂尔干(Emile Durkheim)、弗迪南·德·索绪尔（Ferdinand de Saussure）、米哈伊尔·巴赫金（Mikhail Mikhailovich Bakhtin）、雅克·拉康（Jacques Lacan）、吉尔·德勒兹（Gilles Louis Rene Deleuze）、费利克斯·瓜塔里（Pierre – Félix Guattari）、让–弗郎索瓦·利奥塔（Jean – Francois Lyotard）、让·鲍德里亚（Jean Baudrillard）、弗雷德里克·詹明信（Fredric Jameson）等学者的文化理论构成的壮观图景。①

显然，对文化这样一个复杂的概念来说，给出一个简单化的定义是难以令人信服的。比较稳妥的办法是，通过展示不同时期、不同学派、不同学者关于文化的界定，让读者对文化内涵做出自己的判断。进而，通过分析文化的特征和功能，进一步领会文化的大意。

二、文化的特征和功能

为了进一步理解文化内涵，有必要对文化的特征和功能做简要分析。

（一）文化的特征

关于文化的特征，美国学者 C. 恩伯和 M. 恩伯夫妇提出了两个很有启发的观点：

第一，文化是共同享有的。“一种被认为是文化的思想和行为必须被一处居民或一群人所共同享有；即使不被共同享有，如果大多数人认为

① 参见［澳］安德鲁·米尔纳、杰夫·布劳伊特：《当代文化理论》，刘超、肖雄译，江苏人民出版社 2018 年版，第 50 页。

合理，也可以被视为文化的观念或行为。”① 在这个意义上说，仅仅是一个人在想某件事或者做某件事，就不算一种文化模式。

第二，文化是后天习得的。“文化存在于，人类超越自然遗传简单赋予之处。”② 由遗传决定的民族特征，不属于文化范畴。人吃东西是为了生存，这看起来并不具有文化的特点。但是，“吃什么，什么时候吃和怎么吃法都是后天习得的，不同的文化就有不同表现”。③ 比如，同样是吃饭行为，是否有音乐和烛光就能区别出不同的文化意蕴。而对于华人来说，“年夜饭”的意义与日常用餐的意义不可同日而语。这显然是带有强烈文化意蕴的。

根据英国学者特里·伊格尔顿的观点，可以从四个方面概括文化的特性：

（1）文化需要孕育和培育

“作为发展过程的文化不像小狗或者流感那么唾手可得，它需要时间。”④ 文化和“农业”（agriculture）、“犁刀”（coulter）这些词有关，最早的含义之一就是“耕种”（husbandry），或者说照料万物生长。⑤ 可以说，文化是一件与照料和培育有关的事。

（2）文化是带有价值取向的概念

“每个词都有描述的和判断的两种用法……当18世纪的诗人亨利·詹姆斯在《文明的进程》中宣称‘黑色非洲人没有值得夸耀的文化’时，他所做的是价值判断。他的意思是说，非洲人虽然有生活方式意义上的文化，

---

① ［美］C. 恩伯、M. 恩伯：《文化的变异——现代文化人类学通论》，杜杉杉译，辽宁人民出版社1988年版，第30页。

② Andrew Edgar & Peter Sedgwick, *Cultural Theory*: *The Key Concepts*, Routledge, 2008, p. 82.

③ ［美］C. 恩伯、M. 恩伯：《文化的变异——现代文化人类学通论》，杜杉杉译，辽宁人民出版社1988年版，第31页。

④ ［英］特里·伊格尔顿：《论文化》，张舒语译，中信出版社2018年版，第3页。

⑤ ［英］特里·伊格尔顿：《论文化》，张舒语译，中信出版社2018年版，第28页。

却没有好的生活方式意义上的文化。”[①]

文化这个概念在传统上与“区隔”（distinction）的概念相联系。[②] 她意味着品味，高雅文化关乎等级。所以，文化这个概念也与价值判断相联系。

（3）文化就是“人化”

“文化具有人为的性质，它是人类的本质活动的对象化。”[③] 可以说，我们所面对的一切无不是自身的映射。另有学者指出，“‘文化’一词可以用最简单的两个字加以界定，这就是‘人化’。凡人化了的东西，就是文化。按人的需要和理想所改变的和所创造的东西，就是文化”。[④]

（4）文化是塑造性和自发性的结合

对万物生长的照料，融合了塑造性和自发性两个概念。生长是有机的，不是我们创造的，但是又需要改良和规约。在这个意义上，文化和教育的旨趣具有一致性。教育的真义是价值引导和自主建构的统一，这里的“引导”意味着教育是有方向和目标的，也意味着受教育者有自由意志和人格尊严，“引导”区别于“宰制”“驱使”“奴役”和“愚弄”。[⑤]

（二）文化的功能

龙冠海的《社会学》一书提出了五个文化功能：社会区别的标志、使一社会的价值更具有系统性、是社会团结的基础、对社会结构供给材料与蓝图、文化在建立和塑模社会人格方面是主要因素。[⑥] 杨耕则以更加

---

① ［英］特里·伊格尔顿：《论文化》，张舒语译，中信出版社 2018 年版，第 13 页。

② ［英］特里·伊格尔顿：《论文化》，张舒语译，中信出版社 2018 年版，第 167 页。

③ 衣俊卿：《文化哲学：理论理性和实践理性交汇处的文化批判》，云南人民出版社 2001 年版，第 7 页。

④ 萧萐父：《吹沙纪程》，上海文艺出版社 1998 年版，第 57 页。

⑤ 肖川：《教育的视界》，岳麓书社 2003 年版，第 2 页。

⑥ 龙冠海：《社会学》，台北，三民书局 1986 年版，第 149～150 页。

简明的方式概括出文化的三大功能：

（1）传递文明

文化有承载和传递文明的作用。杨耕以阿房宫为例，提出，“薪尽火灭者，宫殿楼宇、器物；薪尽火传者，观念形态、文化”。①

（2）规范行为

“文化所代表的就是历史积淀下来的，并被特定社会、一定群体所共同认可、遵循的行为规范，它对个体的行为具有先在的给定性和约束性。”② 中国传统文化推崇“父义、母慈、兄友、弟恭、子孝”，③ 这些道德伦常经过代代相传已经深深根植于中国人的内心，成为人们自觉遵守的行为规范。

（3）凝聚社会力量

“作为价值体系和行为规范，文化提供着关于是与非、善与恶、美与丑、好与坏等社会标准，并可以通过社会教育而内化为个人的是非感、正义感、羞耻感、审美感、责任感等等，从而提高人们的道德情操、认识水平和人生境界，凝聚社会力量。”④

第二节 监狱文化

自20世纪80年代以来，随着实务界对监狱中文化现象的关注和有意“建设”，学界开始对监狱文化问题展开理论探讨。历经40余年的发展，监狱文化论题已经成为中国特色监狱理论的重要组成部分。然而，理论界对监狱文化概念的理解并不完全一致，学者从不同视角和立场出

---

① 杨耕：《文化的作用是什么》，载《光明日报》2015年10月14日，第13版。
② 杨耕：《文化的作用是什么》，载《光明日报》2015年10月14日，第13版。
③ （汉）司马迁撰：《史记》，卢苇、张赞煦点校，浙江古籍出版社2000年版，第4页。
④ 杨耕：《文化的作用是什么》，载《光明日报》2015年10月14日，第13版。

发对监狱文化做出了各具特色的解读，对监狱文化问题进行了自觉探索和深入研究。在此，笔者对监狱文化理解上的分歧做出梳理，从历史发展的角度对如何理解监狱文化概念提供一个可能的思路。

一、对监狱文化概念的三种理解

对监狱文化的理解大体有三种观点，第一种从文化视角来审视监狱，认为监狱是一种文化现象，第二种是将监狱文化理解为监狱内部的文化，第三种认为监狱文化仅仅指监狱内部的主流文化。

从“物质财富和精神财富的总和”来看，监狱无疑是一种文化存在，是窥见一国文明的窗口。有学者指出：“欲知其国文明之程度，须视其国监狱制度之良窳。”① 沈家本曾援引“觇其监狱之实况，可测其国程度之文野”一说，认为“东西各国以囹圄之良窳觇政治之隆污”。② 这些表述都代表着早期对监狱作为一种文化或文明现象的认识，可以归入第一种观点。

2007 年 8 月，中国政法大学监狱史学研究中心与天津市监狱共同主办“监狱文化与矫正工作论坛”，该论坛就是在此种意义上理解监狱文化的。③ 从会议论文集《监狱文化与矫正工作研究》收录文章看，不乏直接阐述“监狱文化”或“监区文化”的内容，但所论问题已经超出监狱的畛域，其主流更是将监狱作为一种文化现象来考察。④

很显然，作为一种现象的监狱文化已经超越了时空限定，既不限于“当下”，也不限于“监狱内部”。翻看一下《监狱文化与矫正工作研究》

---

① 李甲孚：《中国监狱法制史》，台北，商务印书馆 1984 年版，第 1 页。

② 薛梅卿等编：《清末民初改良监狱专辑》，中国监狱学会 1997 年版，第 29 页。

③ 参见马志冰、姜晓敏：《“监狱文化与矫正工作论坛”综述》，载《中国监狱学刊》2007 年第 5 期。

④ 参见马志冰、郭炜主编：《监狱文化与矫正工作研究》，法律出版社 2008 年版，第 72 页。

论文集的目录就会发现，《穷理·正心·修己·治人——〈大学〉之道与罪犯矫正教育》《中国近代监狱的改良与启示》《中国古代的耻辱刑及其思想文化内涵》《明清小说对监狱黑暗的反映》这些文章讨论的问题已经超越了“当下”和“监狱内部”的限定。

不过，在监狱学界多数学者看来，“监狱文化”或者“监区文化”并非这种宏观意义上的文化现象，而是“当下”和“监狱内部”有意建设的特殊“文化”。然而，即便多数人认为监狱文化就是“当下”“监狱内部”的“文化”，关于这种内部的“文化”仍有不同看法。有人认为，监狱文化包括主流文化和亚文化，这是第二种观点。而有人则认为，监狱文化就是监狱中的主流文化，这是第三种观点。

第二种观点的代表人物是广东学者孙平和上海学者余飞。孙平在《文化监狱的构建》一书中指出，“如同社会文化一样，监狱文化同样是主流文化和亚文化的结合体。监狱风气如何，或者说改造秩序、改造环境如何，都反映了监狱主流文化与监狱亚文化的对比关系”。他认为，监狱文化“并非仅仅指监狱主流文化，它还包括监狱亚文化”。由此作者认为，“笼统的‘监区文化建设’的说法很难使人赞同，主流文化才涉及‘建设’问题，亚文化不但不能‘建设’，而只能想方设法予以‘限制’”。[①] 余飞也持类似的观点，她认为监狱亚文化“这种非正式文化与监狱正式文化一起被称为‘监狱文化’”。[②] 应当承认，这种区分是相当谨慎和客观的，然而从约定俗成或者“规定性定义”角度看，[③] 将监狱

---

① 孙平：《文化监狱的构建》，中国政法大学出版社 2007 年版，第 285 页。

② 余飞：《转型期监狱亚文化及其对改造工作的启示》，载乔野生主编：《论上海监狱工作》（第 3 集），学林出版社 2004 年版，第 384 页。

③ 谢弗勒在《教育的语言》一书中探讨了三种定义，规定性定义（the stipulative）、描述性定义（the descriptive）和纲领性定义（the programmatic）。其中规定性定义，是指“创制的定义，说的更明白一点就是作者所下的定义，要求这个被界说的术语在后面的讨论中始终表示这种规定的意义”。参见［美］索尔蒂斯：《教育的定义》，沈剑平、唐晓杰译，载瞿葆奎主编：《教育学文集·教育与教育学》，人民教育出版社 1993 年版，第 32 页。

文化理解为监狱中的主流文化也未尝不可。

较有影响的论著多持第三种观点，将监狱文化理解为监狱中的主流文化，并将监狱文化作为大力倡导和建设的对象。司法部监狱专业教材编辑部编审的《罪犯教育概论》一书明确指出："监区文化就是监狱这一特定环境中的文化现象，是相对于监狱亚文化的监狱主文化。"[①] 而一般教科书述及监狱文化或监区文化时，也多在此意义上使用这一概念。分析其背后的思路，明显带有价值判断的色彩。也就是说，其中暗含着"监狱文化有价值"的预设，因而需要大力倡导和建设。金鉴主编的《监狱学总论》在监狱学界影响甚广，该书对监区文化的解释分为广义和狭义两方面，"广义的监区文化指监狱在长期的发展过程中，根据统治者的意志并接受传统文化的影响所形成的组织、纪律、制度、法规、价值观念、道德规范、行为方式和精神风貌。广义的监区文化又称监狱文化。狭义的监区文化是指监狱在对罪犯的管理教育过程中为促进犯人改造，丰富他们的精神生活，所创造的含有文化因素的精神环境和改造氛围"。[②] 可见，该书也可归入第三种观点，并明确提出监狱文化就是广义的监区文化。

与《监狱学总论》的观点不同，有实务部门专家认为，监狱文化与监区文化是种属关系，监区文化是以罪犯为主体的，两者不能混淆。[③] 也有学者提出，《监狱学总论》对监狱文化的理解将物质文化排除在外，尚不完全。进而提出，监狱文化有广义和狭义之分，"广义的监狱文化是指监狱在执行刑罚、改造罪犯的实践中所建立起来的精神文化、物质文化、人文文化的综合；狭义的监狱文化则是指监狱对罪犯的管理教育过程中

① 王明迪主编：《罪犯教育概论》，法律出版社 2001 年版，第 112 页。

② 金鉴主编：《监狱学总论》，法律出版社 1997 年版，第 530 页。

③ 参见张金桑、张发昌：《实施监狱文化发展战略　打造富有文化底蕴的警察队伍》，载《中国监狱学刊》2005 年第 1 期。

所建立起来的以精神环境和改造氛围为特征的精神文化”。①

虽然对监狱文化的定义方式有所区别，对概念的外延大小也有不同理解，然而，求同存异之后可以看出，多数学者都站在第三种观点的立场上，并且一般都将狭义的监狱文化理解为“精神（人文）环境”和“氛围”。从广义上看，监狱中“形而下”的环境和物质条件固然属于文化的一部分（或曰“载体”），但监狱文化的核心仍然是精神或氛围，即所谓“形而上者”。可以说，这是学界多数人所能接受的一般性认识。

二、监狱文化命题的发展历程

对于监狱文化在监管改造罪犯过程中处于怎样的位置，学界的认识也有所不同。多数学者主张，监狱文化最初是作为教育改造罪犯的手段提出的，是“一个改造罪犯的新课题”。② 也有学者从监狱管理的角度解释监狱文化建设的动因，认为“监狱管理的所有工作，从制度到各种措施、方法及所有活动，落实到监狱建设方面就是监区环境建设”，进而认为以上海为代表提出的“监区文化建设的问题”是“监区环境建设的一个深化”。③

笔者研究发现，监狱文化命题的发展经历了这样一个过程：从包含在教育改造工作之中，到逐步独立为一项重要的建设内容；从作为“辅助教育”的手段，到逐步渗透于监狱工作方方面面，甚至被视为监狱工作发展创新的突破口。

2001 年有学者撰文提及“监区文化建设的现状”，认为监区文化建

---

① 连春亮：《关于构建监狱文化的思考》，载《中国监狱学刊》2003 年第 5 期。

② 陈士涵：《论上海市监狱的文化建设》，载朱济民主编：《论上海监狱工作》，上海人民出版社 1995 年版，第 412 页。

③ 孙晓雳：《中国劳动改造制度的理论与实践——历史与现实》，中国政法大学出版社 1994 年版，第 208、209 页。

设“无论从法律上，还是在制度上，都显得资源不足”，《监狱法》虽然对开展监区文化活动提出了具体要求，但是“这些要求并不足以系统指导监区文化的全面建设活动”。[①] 到了2003年，这种现象发生了改变，当年出台的《监狱教育改造工作规定》（司法部令第79号）以专章形式对“监区文化建设”加以规定，进一步丰富了内容。2007年出台的《教育改造罪犯纲要》在“教育改造罪犯工作的实施”中明确规定：“发挥改造环境和监狱文化氛围对罪犯的熏陶作用。要为罪犯营造良好的改造环境，做到规划合理，设施齐全，环境美化，监区整洁。要广泛开展丰富多彩的文化、体育活动，定期举行文艺演出、体育比赛，组织罪犯学习音乐、美术、书法等，丰富罪犯文化生活，陶冶罪犯情操，使罪犯在文明、人道，有利于身心健康，有利于矫治恶习，有利于重返社会的氛围中得到改造。”法律法规和文件表述的变化，某种程度上记录了监狱文化建设发展的历程。

理论研究也印证了上述发展历程。20世纪90年代，监区文化是作为教育改造的一部分加以阐述的，罪犯教育学类教材大多述及监区文化建设的相关内容。进入21世纪，这种状况发生了变化。从2007年“监狱文化与矫正工作论坛”和“2008文化与监狱论坛”来看，监狱文化研讨的论题已经“溢出”了教育改造范围，成为监狱的一项重要总体性工作。“文化监狱”观念的提出可以视作监狱文化的最新发展，尽管文化监狱的倡导者试图证明自己和监狱文化的差异，但两者的历史联系无可置疑。《文化监狱的构建》（孙平，2007年）、《2008文化与监狱论坛》（于保忠，2009年）的出版，《文化监狱》（广东省佛山监狱创办）季刊的发行见证了这一新发展。

综上，监狱文化从提出之初就有着明确的价值取向，担负着参与改

---

① 赵新东、胡配军：《新时期监区文化建设研究》，载《中国监狱学刊》2001年第6期。

造罪犯的历史使命。只有从监狱主流文化角度才能正确理解它，也只有这样才能更好地建设它，其未来发展也必然朝着这个方向迈进。

三、英文文献中的监狱文化

英美学界关于监狱文化的研究与我国有一定的差异。虽然他们使用的 prison culture 可以翻译为监狱文化，但在这个概念之下所涉及的主要是罪犯群体中的种种文化现象。

英文文献谈及 prison culture 或者 prison subculture，一般都将源头追溯至 1940 年唐纳德·克莱默（Donald Clemmer）关于监狱社区的研究。其中又主要涉及监狱化、关于监狱亚文化的“剥夺模式”“输入模式”“整合模式”三种解释路径。①

有学者将约瑟夫·菲什曼（Joseph Fishman）*Sex in Prison* 的出版视为罪犯亚文化科学研究的发端，② 或者追溯至 1937 年汉斯·赖默（Hans Reimer）关于监狱环境中社会化问题的研究。③ 后者曾经在监狱中进行了三个月的参与观察。

除监狱化问题外，英文文献关于监狱文化的研究著作中另外一个重要概念是关于“江湖规矩”（inmate code）的研究，inmate code 是一套反映监狱社会系统价值和标准的行为准则，同时也是罪犯学习如何适应监

---

① See Mary Bosworth, *Encyclopedia of Prisons and Correctional Facilities*, SAGE Publications, Inc., 2005, p. 719 – 721. 另参见林茂荣、杨士隆：《监狱学——犯罪矫正原理与实务》，台北，五南图书出版股份有限公司 2014 年版，第 700 页。

② See Todd R. Clear et al., *American Corrections* (*9th ed.*), Wadsworth, Cengage Learning, 2011, p. 286.

③ See Hans Reimer, *Socialization in the Prison Community*, Proceedings of the American Prison Association, American Prison Association, 1937, p. 151 – 155; See also, Frank Schmalleger, *Criminal Justice Today: An Introductory Text for the Twenty – first Century* (*14th ed.*), Pearson Education, Inc., 2017, p. 464.

狱环境的规范。[①]

关于英美学界 prison culture 的研究，本书将在第三章进行详细介绍。

第三节　文化视野中的监狱

监狱是文化现象，也是文化的产物，理解监狱首先要理解监狱背后的文化。

监狱文化研究兴起于 20 世纪 80 年代，它为我们思考监狱问题提供了新视角，也为监狱工作的推进提供了有益的切入点。但是从理论研究的范围看，监狱文化的探讨基本上限于“当下”和“监狱内部”，尚未突破从“监狱内部”看“监狱文化建设”的窠臼。笔者认为，从宏观层面（人类文化的整体）来理解，监狱文化无疑是一种亚文化，这种亚文化的存在和发展必然受到整体文化的影响。要想正确理解监狱的本质，有效发挥监狱的职能，必须深刻理解监狱所处的文化环境。[②] 我们必须深入探究，在文化的深层结构内部监狱处于怎样的位置，是一种怎样的形象。必须认真思考，监狱的根本属性是什么，它的最终使命是什么，社会公众对监狱有怎样的文化期待。此处，重点分析三个典型问题，借此讨论深层文化对监狱的影响。

---

① See Todd R. Clear et al., *American Corrections* (*9th ed.*), Wadsworth, Cengage Learning, 2011, p. 288.

② 这就是本书所倡导的“宏观监狱学”立场，即把监狱问题视作文化和思想问题，将监狱放在文化史和思想史的视野中进行观察和研究。本书可以看作对“宏观监狱学”这一主张的实践。关于“宏观监狱学”的具体观点，参见本书附录。

一、监狱的文化形象

中华人民共和国成立以来，我们一直在努力塑造社会主义监狱与以往监狱不同的新形象。1960 年 10 月 22 日，毛泽东在会见美国记者埃德加·斯诺（Edgar Snow）时说："我们的监狱不是过去的监狱，我们的监狱其实是学校，也是工厂，或者是农场。"① "我们的监狱其实是学校"，这是中国教育改造工作的重要理念，也是中国监狱的重要特色之一。② 进入新时期以来，中国政府发布了《中国改造罪犯的状况》白皮书，推进依法治监、狱务公开、保障罪犯人权等诸多措施的落实。理论界甚至出现了"人性化改造""囚权主义"等说法。③ 这些努力的目的具有一致性，旨在呈现监狱"阳光"的一面。亲情电话、亲情同餐、监狱开放日、离监探亲等措施的推出，也为消除公众对监狱的刻板印象做出了贡献。但是，如果认真评估这些努力的效果，可能就会发现，这些宣传、解释、沟通、改善的效果并不理想。公众似乎更愿意相信来自民间的传闻和通过监狱"丑闻"曝光而引发的对事件背后"黑幕"的个人想象。

上述努力收效甚微的原因在于，监狱原本就是一个与人的负面情绪相关联的机构，监狱这两个字总会引发人的负面情绪或消极心理。我们甚至可以大胆断言，监狱本来就不那么"阳光"。福柯指出，"监狱除了吸收社会想要清理掉的个体以外别无他用"。④ 有学者将监狱视为人类的"罪己性排泄"，认为"迄至以奴役性的劳作为内容，而以监禁为形式的'徒'，以及更侧重于剥夺自由，即眼睁睁活生生剥夺社会性群居生活资

---

① 司法部劳改局编：《毛泽东等老一辈革命家论改造罪犯工作》，法律出版社 1993 年版，第 4 页。

② 参见王雪峰等：《罪犯教育理论专题研究》，法律出版社 2014 年版，第 21 页。

③ 参见张晶：《正义试验》，法律出版社 2005 年版，第 70 页。

④ ［法］米歇尔·福柯：《惩罚的社会》，陈雪杰译，上海人民出版社 2018 年版，第 130 页。

格的监禁（自由刑）的出现，已经属于一种以组织化的方式，旨在避免死刑、放逐式的彻底排泄而实现的排泄，其所实现的身心诛讨，特别是心的诛讨，远甚于此前的一切刑罚”。“罪己性排泄”形象地反映了人类对犯罪和罪犯的厌恶心理，这种厌恶心理最终必然殃及监狱。

语词反映着使用者的思想和情感，因此分析与监狱有关的语词是透视监狱文化形象的手段之一。在中文语境中，有关监狱的语词大致包括如下这些：

> 下狱、阶下囚、牢狱之灾、深牢大狱、冤狱、地狱、炼狱、铁窗、缧绁、身陷囹圄、锒铛入狱、锻炼成狱、构造成狱、拷掠成狱、囚禁、监禁、禁锢……

上述语词无一不与人的负面情绪相关联，其中“牢狱之灾”最为传神，它折射出人们厌恶监狱、避之唯恐不及的普遍文化心态。此处，我们不妨再引用一则例证，以说明监狱的文化形象。周作人在《见店头监狱书所感》一文中写道：①

> 狱之为物不祥，仁人所不乐言，更何必需之有？顾吾适市，乃见有书累累，标志狱务，皆留学生之所为者，则又何耶？国人远适求学，不有大愿，流连荒亡，及于殂落，斯亦已耳，何监狱之足道。且士纵不肖，将假一技博升斗以糊口，虽执鞭犹可为，奚必与伍伯争囚粮之余粒耶？夫欧西号文明，狴犴之设，托词化善，君子犹或非之；若吾国监牢，更何物耶？不过囚系生人，以备屠宰，笼槛森然，犹屠人之栈豕耳！使涉足其间，联念所及，当立有血泊刀光之景，来袭灵台，令生恶感。而吾学子诸君，胡独津津乐道之？

① 钟叔河编订：《周作人散文全集（一八九八——一九一七）》，广西师范大学出版社2009年版，第77页。

"狱之为物不祥，仁人所不乐言""使涉足其间，联念所及""令生恶感"。周作人在清末时期流露的这一态度至今仍未过时，原因就在于监狱带给人的文化心理感受是一脉相承的。更为重要的是，这种文化心理不是表层文化，而是深层文化。根据文化哲学理论，与深层文化相联系的是人的价值观念和社会心理，它通过口耳相传、影视、文学作品延续不断，在不知不觉中左右着公众的行为选择。与之相对应，以正面新闻报道、官方宣传、教科书、法律法规等形式传播的文化，则属于表层文化。表层文化之所以称为"表层"，是因为这种文化远未进入"百姓日用而不知"的潜意识层面。

法国思想家米歇尔·福柯在描绘行刑场景时曾这样写道："永恒的受难提前开始，处决的酷刑使彼岸的惩罚提早到来。它显示了彼岸惩罚的情景。它就是地狱的模拟表演。"[①] 处决的酷刑如此，监禁的刑罚亦如此。福柯这段话所传达的价值和情感倾向生动地说明了"东海西海，心理攸同"[②] 的道理。

二、监狱管理者的文化身份

《监狱法》规定，监狱的管理者是监狱人民警察。但是，如果就监狱管理者的形象询问一位普通公众，恐怕他未必会联想到身着制服的警察。事实上，监狱管理者在中国文化当中具有多重面相，其形象是多元性的，1949 年以来中国监狱管理者的形象大致有以下几种。

---

① ［法］米歇尔·福柯：《规训与惩罚：监狱的诞生》，刘北成、杨远婴译，三联书店 1999 年版，第 50 页。

② 钱钟书：《谈艺录》，生活·读书·新知三联书店 2008 年版，第 1 页。

（一）公安战士、建设者

1983年监狱划归司法行政系统管理之前，监狱的管理者是公安干警。20世纪50年代，正是劳动改造制度确立之初。为确保新生政权的稳定，大批劳改干警与罪犯同吃、同住、同劳动，不与民争利，不向国家要钱。他们带领罪犯远离城市，开荒、修路、筑坝、造屋，筚路蓝缕，自力更生，树立了公安战士和生产建设者的高大形象。

1952年，湖北沙洋劳改农场初建时期的情境就具有一定的代表性。当时的沙洋周边地区沼泽、湖泊众多，土地荒芜，芦苇遍地，野兽出没，钉螺密布，吸血虫病蔓延。广大农场干警“割芦砍茅搭窝棚，开渠挖沟造良田”，他们吃咸菜、喝冷水，白天带犯人垦荒造田，晚上睡在芦苇、茅草窝棚里。在如此艰苦的条件下，到1966年，全场累计开荒64万亩，最高粮食年产量超亿斤。在垦荒的同时，农场还兴办工业，陆续办起了油厂、化肥厂、面粉厂、水泥厂、电厂等，形成了农工商一体化的格局。[①]

（二）“攀登‘十八盘’的勇士”、“改造人的灵魂的工程师”、特殊园丁

在1981年召开的第八次全国劳改工作会议上，时任中央书记处书记的习仲勋同志代表党中央作报告，热情称赞劳改干警是“攀登‘十八盘’的勇士”“改造人的灵魂的工程师”。[②] 这一称号至今仍然不断出现在各类文献或者报告中。

因为监狱是“学校”，所以罪犯就是特殊学生，刑期也就成了“学期”，监狱的管理者理所当然就成了特殊园丁。20世纪90年代，一份由河北省司法厅主管、河北省监狱管理局主办的杂志也曾命名为《特殊园

① 参见湖北省沙洋监狱管理局：《回眸昨日辉煌迎接新的世纪》，载王明迪、郭建安主编：《岁月铭记——新中国监狱工作50年》，法律出版社2000年版，第267～268页。

② 习仲勋：《习仲勋同志在第八次全国劳改工作会议上的讲话》（1981年9月7日），载西南政法学院劳改管理系编：《劳动改造罪犯资料选编》（上集），西南政法学院1985年印行，第87页。

丁》，该杂志作为全国公开发行的省级监狱类期刊曾在国内产生广泛影响。

（三）父母、医生、教师

1981 年 8 月 11 日，彭真同志视察秦皇岛市劳动教养管理所时提出，对失足的青少年要贯彻“三个像”的原则。[①] 同年召开的“八劳”会议将这个原则推广至罪犯改造工作中，要求对青少年罪犯“要像父母对待患了传染病的孩子、医生对待病人、老师对待犯了错误的学生那样，做耐心细致的教育、感化、挽救工作”。[②] 对普通刑事犯要贯彻“三个像”（父母、医生、教师）、“六个字”（教育、感化、挽救）的原则和指导思想，这就赋予了监狱管理者父母、医生和教师这三重光辉形象。

（四）守卫“火山口”和“炸药库”的人民卫士

1989 年 7 月，司法部在上海召开全国监管改造工作会议。时任司法部部长蔡诚在总结讲话中提出，各级监狱机关为党和国家监控“火山口”，看守“炸药库”，确保监所秩序的安全稳定。[③] 守卫“火山口”和“炸药库”的人民卫士，形象地说明了监狱工作的特殊性和危险性，同时也反映了监狱管理者工作的神圣性和不可替代性。

---

① 中国劳改学会编：《中国劳改学大辞典》，社会科学文献出版社 1993 年版，第 14 页。

② 《第八次全国劳改工作会议纪要》（1981 年 9 月 9 日），载司法部劳改局编：《劳改工作手册（1954. 8—1987. 2）》，司法部劳改局 1987 年印行，第 124 页。

③ 本章第三节内容曾以《如何理解监狱：一种文化哲学的视角》为题刊于《中国监狱学刊》2016 年第 5 期。在守卫“火山口”和“炸药库”的人民卫士这部分，曾经有如下表述：“这种说法的最初来源尚待考证。”文章发表后，司法部监狱管理局原局长王明迪同志通过《中国监狱学刊》辛国恩主编转告笔者，守卫“火山口”和“炸药库”的人民卫士，这种说法是司法部原部长蔡诚在一次会议上提出的。之后，笔者以短信形式向王局长请教，王局长于 2017 年 12 月 30 日回复上述内容。查《新中国监狱工作五十年丛录》中华人民共和国监狱（劳改）工作大事记：“1989 年 7 月 4—8 日。司法部在上海市召开全国监管改造工作会议，这是司法部召开的第一次专门部署监管改造工作的专业会议……金鉴作工作报告，蔡诚作会议总结。”参见中国监狱工作协会编：《新中国监狱工作五十年丛录》，法律出版社 2021 年版，第 48 页。

（五）执法者、管理者、教育者、劳动组织者、心理健康维护者

现实中，监狱人民警察的具体工作任务涉及刑罚执行、狱政管理、教育改造、组织罪犯参加劳动、罪犯心理健康教育与心理危机干预等，由此监狱管理者也同时具有了执法者、管理者、教育者、劳动组织者、心理健康维护者等多重形象。

以上五个方面都是监狱希望树立的正面形象，也是通过正式渠道得以传播的形象。但是，在历史记忆里，在文化的深层结构中，有一个关于监狱管理者的负面形象却若隐若现，挥之不去。人们在阅读文学作品、欣赏影视剧、关注新闻报道时，这个形象时常出现，以至于这个负面形象几乎成为监狱管理者的刻板印象，这个负面形象就是古代监狱的狱吏、狱卒。

据《清史稿》记载，“州县监狱，以吏目、典史为管狱官，知州、知县为有狱官”。虽然知州、知县这些“有狱官”对监狱管理全面负责，但是他们一般无暇也不愿躬问狱事。身为“管狱官”的州吏目、县典史负责监狱的各种事务，但他们没有决定和处置监狱事务的权力。在管理监狱的官员之下，州县衙门“六房书吏”中的刑房司吏、典吏负责监狱的值宿、值班和簿书登记事务，而通称“禁子”、“狱子”或“牢子”的狱卒则负责具体看管犯人。[①] 瞿同祖先生在《清代地方政府》一书中指出，清代地方政府中许多衙役的平均年薪是6两银子，而这样的低薪是无法让人糊口的。[②] 因此，从囚犯身上榨取钱财就成为狱卒的惯用伎俩。在明清两代，“狱囚是狱卒的衣食父母的观点是牢不可破的”。[③] 在保证囚犯不越狱逃脱的同时，他们的“主要目的就是获取钱财，将监狱作为自己

---

① 参见柏桦：《明清州县的监狱》，载《中国史研究》2002年第4期；张志京：《贱民执法：一项中国封建狱政管理制度的考察》，载《中国监狱学刊》2005年第2期。

② 参见瞿同祖：《清代地方政府》，法律出版社2003年版，第108页。

③ 柏桦：《明清州县的监狱》，载《中国史研究》2002年第4期。

的敛财之所”。[①] 宋代掌狱官吏“以狱为市”，公开受贿索贿，“若不得钱”则“不通饮食”，没钱的囚犯甚至被视如“犬豕”。[②] 康熙朝方苞所撰《狱中杂记》则从囚犯视角展示了清代监狱的另一番景象：刑部狱的狱官、书吏、禁卒、老胥、行刑者、主梏扑者都将各自权力发挥到极致，上下其手，胆大妄为，令人瞠目。[③] 有学者曾经将中国古代监狱管理人员的素质特点概括为：地位卑下、素质内容单一、野蛮落后、法外徇私。[④]

普通公众头脑里监狱管理者的形象大多经由艺术作品建构起来，虽然改革开放以来我国涌现了大量反映监狱工作的文学、影视作品，但是《红楼梦》《水浒传》《玉堂春》等小说、戏剧以及海外影视剧的影响无疑更深远。与对监狱形象的认知相似，我们关于监狱管理者的形象也是通过非正式渠道形成的，并将通过同样的渠道进一步传播和延续。此处，我们需要思考的是，为什么在监狱管理者形象的建构上，人们更倾向于选择非正式渠道？为什么我们煞费苦心塑造的监狱管理者的正面形象，会因为一次负面报道荡然无存？如果上文关于监狱文化形象的分析尚有几分合理性的话，那么就可以得出这样的结论：监狱管理者的形象差，原因在于监狱原本的形象就差。[⑤] 如果这一判断尚包含一定的合理因素，那么，接下来的问题是：我们今后将如何进行监狱形象的宣传？监狱管理者的形象如何定位才更客观、更真实？这是刑事理论研究者应当关注的课题，也是监狱实务部门应当高度重视的问题。

---

① 王伟凯：《“贱民执法”质疑——兼与张志京教授商榷》，载《中国监狱学刊》2005 年第 5 期。

② 参见薛梅卿主编：《中国监狱史》，群众出版社 1986 年版，第 109 页。

③ 参见夏传才主编：《中国古代文学名篇选读 · 辽金元明清卷》，南开大学出版社 2001 年版，第 315 ~ 317 页。

④ 参见韩玉胜、邓宇琼：《中国古代监狱管理人员的素质研究》，载《犯罪与改造研究》2000 年第 3 期。

⑤ 参见有学者表达了相近的看法，认为“贱狱”进而“贱狱卒”的文化心理始终在影响着人们对监狱管理者的认知。参见刘方冰：《监狱警察身份与认同》，载《犯罪与改造研究》2012 年第 4 期。

三、监狱法治建设的文化审视

在中国传统的法律文化中，情、理、法是有机结合在一起的。“这种结合不仅体现在具体的司法实践中，而且这种结合得到了国家和法律的支持。”① 全国重点文物保护单位河南内乡县衙大堂后有一块横匾，上书“天理、国法、人情”六个大字。据说字是知县章炳焘所题，用以说明古代官员在断狱时着意在天理、国法、人情之间寻求平衡，断案的结果一定要伸张正义、执行国法，同时又合乎情理。

监狱的刑罚实践无疑也受天理、国法、人情的影响，除此之外，还应当加入“政治—政策”和道德两个因素。② 从监狱执法层面来看，许多时候我们还面临无法可依的尴尬。因为没有明确的法律依据，有时只能根据“政治—政策”原则处理问题，而有时为了改造的需要还要诉诸人情和道德。中华人民共和国成立之初，《监狱法》尚未出台，监狱工作所体现的更多是革命工作或者阶级斗争的特色，法律的空缺在当时是由“政治—政策”来填补的。作家张贤亮在回忆20世纪五六十年代劳改经历时写道：③

> 在最基本的物质条件不具备的时候，执法不可能严格，何况根本就无法可依……于是，被关、管、押的犯人和嫌疑犯的档案便混乱不堪。一九七九年给“右派分子”改正时，不少

---

① 强世功：《法制与治理——国家转型中的法律》，中国政法大学出版社2003年版，第216页。关于古代法律文化的论述，参见梁治平：《寻求自然秩序中的和谐——中国传统法律文化研究》，中国政法大学出版社1997年版，第273、280页。

② 与此相关，梁治平在探讨古代司法活动的时候，使用的概念有五个——礼、法、义、情、理。参见梁治平：《寻求自然秩序中的和谐——中国传统法律文化研究》，中国政法大学出版社1997年版，第280页。

③ 张贤亮：《我的菩提树》，北京十月文艺出版社2012年版，第269~270页。

"右派分子"提出申诉书后，经过多方查证，却压根没有给这些人戴过"右派"帽子。有的人死了，在档案上却一直活着，有的人活着，在档案上却早就死了。

《监狱法》颁布之后，中国监狱工作逐步走向法治化，但是实际工作中仍有大量的法律盲区，监狱工作中还掺杂着大量"政治—政策"因素、人情因素和道德因素。有学者指出，"法律关系的展开不仅在运用法律武器，而且也在运用人情和道理"。具体说，执法活动利用的种种日常权力技术涉及摆事实、讲道理、"一打一拉"、说服诱导、利用人情面子，乃至欺诈胁迫。[①]

著名社会学家费孝通先生曾经对中西方的人际关系做过比较，认为现代西方的人际关系是"团体格局"，就像"一捆一捆扎清楚的柴"。[②]在同一个团体中，每个人与这个团体的关系是相同的，因此人与人之间的地位也是平等的，在团体成员之间，人际关系就像是"柴束"中那一根根并排平行束在一起的柴枝一样，平等而简明。[③] 与"团体格局"相对应，费先生把中国传统社会的人际关系形容为"差序格局"，"社会关系是逐渐从一个一个人推出去的，是私人联系的增加，社会范围是一根根私人联系所构成的网络"。"好像把一块石头丢在水面上所发生的一圈圈推出去的波纹。"[④] 根据笔者的理解，"差"就是等级或者亲疏远近，"序"就是秩序，差序格局就是建立在等级、亲疏远近基础上的秩序。在中国，人际交往讲究等级和秩序，讲究亲疏远近。对"圈子"里的人可以打破常规，不讲原则，而对"圈子"外的人则必须按原则办事。处罚

---

① 参见强世功：《法制与治理——国家转型中的法律》，中国政法大学出版社 2003 年版，第 215 页。

② 费孝通：《乡土中国 生育制度》，北京大学出版社 1998 年版，第 26 页。

③ 参见马戎：《"差序格局"——中国传统社会结构和中国人行为的解读》，载《北京大学学报(哲学社会科学版)》2007 年第 2 期。

④ 费孝通：《乡土中国 生育制度》，北京大学出版社 1998 年版，第 26、30 页。

不可谓不严，教训不可谓不深，但监狱工作中的违法违纪违规行为仍然屡禁不止，这经常使我们困惑不已，差序格局思想或许有助于我们解开这个疑团。

时至今日，监狱工作“三化”和“依法治监”理念已经深入人心，但是前述诸多因素依然存在，并悄无声息地对中国监狱工作产生着影响。

四、作为文化符号的监狱

监狱是一种文化符号，是人类的文化创造。当我们看到学校的时候——如看到千年学府岳麓书院门口那副著名的楹联、看到百年名校北京大学西校门的牌匾、看到清华大学二校门的“清华园”牌坊——我们会产生怎样的感想？崇敬、向往的冲动或许油然而生。相比之下，监狱的高墙电网又会引发怎样的感触呢？多数人必定会畏惧并望而却步，或者如周作人先生所说，“联念所及”“令生恶感”，这样监狱的威慑功能就得以实现了。可以说，这就是作为文化符号的监狱与学校的区别所在。

中国古代文艺理论尤其是古代诗论中有一个常用的概念——意象，是指“融入了主观情意的客观物象，或者是借助客观物象表现出来的主观情意”。[①] “物”本无情，而人却赋予了“物”以特定的思想感情。“柳”的意象往往带着离愁别绪，“梅”的意象固定地带上了清高芳洁、傲雪凌霜的意趣。[②] 意象的作用在于，只要一见到某个意象，“就会像敲击了钢琴上某一个特殊的琴键立即会发出一片特殊的声响一样，也一定会在脑海里唤起一片联想”。[③] 从这个意义上说，监狱也是一种意象，作为“象”的监狱与作为“意”的特定主观联想之间的关系是长期形成

---

① 袁行霈：《中国古典诗歌的意象》，载《文学遗产》1983 年第 4 期。

② 参见袁行霈：《中国古典诗歌的意象》，载《文学遗产》1983 年第 4 期。

③ 程郁缀：《送君南浦》，载《文史知识》2003 年第 1 期。

的，是相对稳固的。要想短期内人为改变这种稳固的关系，绝非易事。

前述监狱与学校的区别告诉我们，不同的文化设施有不同的设计理念，有不同的功效。学校的设立是为了传播文化、培育人才，如果学校把目的放在经济效益上就偏离了初衷；监狱设立的目的是惩罚犯罪、震慑不法之徒、彰显正义，如果偏离了这一目的，也就背离了初衷。

“刑罚对犯罪人的惩罚功能是与刑罚的产生同时产生的，它具有久远的历史；而刑罚对犯罪人的改造功能，则是近代以后才为西方启蒙思想家和近代学派的刑法学者所大力倡导。”[①] 惩罚的价值基础是公正，改造的价值基础是功利。[②] “没有功利，公正无所依存；没有公正，功利必成公害。”[③] 由此，可以认为，“罚”是与作为文化符号的监狱相匹配的根本属性，而“教”则是其派生属性。从文化功能主义立场看，监狱设置的初衷绝非激励人，监狱的“本性”要求其发挥惩罚和威慑功能。“刑罚是一种恶害”，[④] 监狱行刑无疑也是一种“必要的恶”。鲁迅曾犀利地指出，“至于旧式的监狱，则因为好像是取法于佛教的地狱，所以不但禁锢犯人，此外还有给他吃苦的职掌”。[⑤] 今日的监狱虽然不至于“取法于佛教的地狱”，但也不能一味“脉脉含情”。“改造人”是一种崇高的理想，但不能因为崇高的理想而忘记初衷。关于监狱设计的文化本意，从“狱”字的训诂来看或许可以得到一定的启示。《说文》中说：“狱，确也，从㹜从言，二犬所以守也。”《释名·释宫室》的解释是：“狱，确也，实确人之情伪也。又谓之牢，言所在坚牢。”[⑥] 由此可以推测，监狱的文化本意应当首先是“监禁”“坚固”。世人对监狱的期待则首先是安全、公

---

① 马克昌主编：《刑罚通论》，武汉大学出版社 1999 年版，第 47 页。
② 参见王平：《我国现行监狱工作方针的价值基础》，载《中国刑事法杂志》1998 年第 2 期。
③ 储槐植：《刑法存活关系中——关系刑法论纲》，载《法制与社会发展》1996 年第 2 期。
④ 马克昌主编：《刑罚通论》，武汉大学出版社 1999 年版，第 45 页。
⑤ 《鲁迅全集》（第 6 卷），人民文学出版社 2005 年版，第 12 页。
⑥ （清）沈家本：《历代刑法考》（上册），商务印书馆 2011 年版，第 905 页。

正、严格执法、不枉不纵，“坐牢”“蹲监狱”这些民间用语本身就体现着公众对监狱功能的文化价值期待。“收得下”“关得住”，让犯罪者受到应有的惩罚，这是监狱工作的根本所在，自古及今莫不如是。教育、矫正等功能可以起到锦上添花的作用，然而没有了“锦”，“花”也就无所附丽，恰如“皮之不存，毛将焉附”的道理。

文化哲学认为，文化“既可以表现为自觉的思想观念（如世界观、意识形态等），也可以体现为传统、习惯、风俗、自发的经验、常识、价值观念、天然情感等因素”。“在一个社会中，往往只有少数人是自觉的文化的实践者，而绝大多数普通民众则凭借着自己的文化而自发地生存。”① 监狱的文化形象、监狱管理者的文化身份、监狱法治建设给公众留下的印象，是一种通过口耳相传、影视、文学作品等形式传递的文化，与正面新闻报道、法制宣传乃至白皮书、报告、会议纪要等官方文件所表现的不同。后者虽然正式，却属于表层文化；前者虽不正式，却属于深层文化。后者是自觉的文化，前者则是自在自发的文化。深层文化以一种自在自发的方式对人们的思想和行为发挥着无声无息的影响，在吃穿用度、婚丧嫁娶、礼尚往来的日常生活中，这种文化以一种集体无意识的形式发挥着巨大作用。

从根本上说，监狱文化建设实际是中国社会文化发展的一个组成部分，是现代化过程的一个缩影。我们的目的无疑与整体的文化现代化目的一致，就是积极推进文化的转型，而这种转型就是从传统的文化生存方式转向现代的文化生存方式。显然，这是一条漫长的道路，我们仍然“在路上”。

以上，讨论了两个与监狱和文化有关的重要问题——监狱文化和文化视野中的监狱。正如上文所说，关于监狱文化有多种不同理解，其中

---

① 衣俊卿：《文化哲学：理论理性和实践理性交汇处的文化批判》，云南人民出版社 2001 年版，第 282 页。

第一种理解是最广义的理解，基本等于“文化视野中的监狱”，与本书的宏观监狱学立场一致。而欧美学界使用的“监狱文化”一词，实际上包含在第二种理解当中，也就是孙平和余飞两位学者所理解的监狱文化——其中既有监狱亚文化（需要限制的），也有主流监狱文化（需要推进或者建设的）。第三种理解认为监狱文化就是监狱中的主流文化（也就是需要推进或者建设的那部分），这是当前中国监狱实践和理论研究中使用最频繁、认同最广泛的观点。

据此，本书将监狱文化分为三种类型——简称为监狱文化Ⅰ、监狱文化Ⅱ、监狱文化Ⅲ。区分的目的主要是后续讨论方便，同时也希望为进一步思考监狱文化问题提供一种思路。

监狱文化Ⅰ：这是在最广泛意义上对监狱文化的理解，体现着宏观监狱学的立场，是“文化视野中的监狱”，其外延超越了监狱的时间、空间维度。

监狱文化Ⅱ：根据前文所说的学界对监狱文化概念的第二种理解，“当下”和“监狱内部”的文化包括监狱亚文化和主流监狱文化。为进一步对两者进行区分，除时间、空间两个维度外，引入“积极—消极”这一维度，将处于“消极”一极的监狱亚文化称为监狱文化Ⅱ。

监狱文化Ⅲ：“当下”和“监狱内部”的监狱文化，“积极”一极的主流文化需要大力弘扬和建设，这就是监狱文化Ⅲ。

本书立足宏观监狱学立场，第二章至第五章讨论的内容属于监狱文化Ⅰ，其中第三章监狱亚文化则是典型的监狱文化Ⅱ。第六章至第十章是第三种意义上的监狱文化，即监狱文化Ⅲ，在某种程度上也可以称为具有中国特色的监狱文化概念。

第二章　中国古代监狱文化

清代修律大臣沈家本断言："欧洲各国监狱为专门之学，设立万国协会，穷年研究，精益求精，方进未已。即日本之监狱，虽极意经营，尚不完善，彼都人士方以为憾。中国从未有人讲求此学。"[①] 据此，学界一般认为，沈家本之前中国没有现代意义上的监狱学研究。但是，中国古代设有监狱场所，有"监禁"事实，有刑罚实践。存在与监狱相关的文化基础——传说、文字、习俗、文物、典章、文献等。因此，可循此脉络梳理中国古代监狱文化现象，并探寻其背后的理念。[②]

---

① （清）沈家本：《寄簃文存》，商务印书馆2015年版，第167页。

② 郭明提出，"传说、文字、习俗、典章、文献等不同知识符号形态的材料，在我看来，恰恰就是'中学'蕴含各种监狱观念与知识并借以传习和教化的基本载体"。参见郭明：《中国监狱学史纲——清末以来的中国监狱学术述论》，中国方正出版社2005年版，第49页。

第一节　文化视野下古代监狱的名称、位置与图腾

一、监狱名称及其文化内涵

现在称为监狱的刑罚执行场所，在中国古代有多种名称，有的因其所处之地得名，有的以主持之官职名之，但更多的是以立意得名。

既然有立意，就能从中推断其背后的价值理念。而关于文字的释义解读，也能充分体现命名的价值追求。以对“狱”的解释为例，《急就章》云：“皋陶造狱法律存。”颜师古注：“狱之言堉也，取其坚牢也。字从二犬，所以守备也。”又《说文》：“狱，确也，从㹜从言，二犬所以守也。”[①] 再以“圜土”为例，《周礼·秋官·司圜》疏云：“狱城圜者，东方主规，规主仁恩，凡断狱以仁恩求之，顾圜也。”[②]

关于其他几种监狱的名称，《风俗通》曰：“《周礼》三王始有狱。夏曰夏台。言不害人，若游观之台，桀拘汤是也。殷曰羑里。言不害人，若于闾里；纣拘文王是也。周曰囹圄。囹令，圄举也，言令人幽闭思愆，改恶为善，因原之也，今县官录囚皆举也。”[③]

同时，沈家本根据“夏曰夏台”“殷曰羑里”“周曰囹圄”的旧制，在《狱考》中做出如下判断：“惟所言三代命名之意，设狱原非以害人，其‘幽闭思愆’‘改善为恶’二语，以感化为宗旨，尤与近世新说相合。”[④]

---

① （清）沈家本：《历代刑法考》（上册），中华书局2011年版，第905页。
② （清）沈家本：《历代刑法考》（上册），中华书局2011年版，第910页。
③ （清）沈家本：《历代刑法考》（上册），中华书局2011年版，第907～908页。
④ （清）沈家本：《历代刑法考》（上册），中华书局2011年版，第908页。

表2－1主要依据沈家本《狱考》梳理的历代监狱名称，并结合其他著作所制，其中有的命名可以得到清晰的解读，有的则暂时不能诠释。

表2－1　历代监狱名称

朝代	监狱的称谓
唐虞	士官
夏	丛棘、圜土、均台（钧台）、夏台、狴牢、念室（异名）
商	圜土、羑里、囹圄（囹圉）、狴牢、动止（异名）
周	圜土、囹圄（囹圉）、嘉石、灵台、犴狱、因诸、尉氏、稽留（异名）
秦至元	囹圄（囹圉）、狴牢、狱、牢狱、牢城、配所
汉	狱、若卢、暴室（薄室）、居室、保宫、请室
魏	司空
明	监、牢
清	监狱、牢、班房（俗称）

二、监狱位置的文化含义

"天人合一"是中国哲学也是中国文化中的一个基本观念。"中国大部分哲学家认为天是人的根本，又是人的理想；自然的规律，亦即当然的准衡。"① 皇帝自称"奉天承运"，造反者则说"替天行道"，帝王"议狱详刑"的目的是"上答天谴，下恤民瘼"。② 在这样的文化理念影响下，中国古代监狱的设置自然也就带有"天象"之类的神秘色彩。

明清州县的监狱，一般位于衙署的西南，其中的文化深意大致可以从三个方面来分析：

① 张岱年：《中国哲学大纲》，江苏教育出版社2005年版，第8页。

② （梁）沈约撰：《宋书》，陈苏镇等点校，吉林人民出版社1998年版，第45页。

首先，根据古代典籍的记载，二十八星宿中的昴星“主狱事，典治囚”。《星赞》曰：“昴主狱事，典治囚也，又胡星也。一曰旄头。旄头者，天执罕毕，前驱者之所罚也。”又曰，“昴者，天子之耳也，主西方，故《尔雅》曰‘西陆昴也’”。[①] 由此，古代的监狱一般位于西侧。

其次，按照易学观点，西南属于坤位。《周易·坤》：“坤：元亨，利牝马之贞。君子有攸往，先迷后得，主利。西南得朋，东北丧朋。安贞吉。”孔颖达疏：“西南坤位，是阴也。”[②]

最后，有学者认为，坤主阴，在“奇门学”中称“死穴”，民间俗称“五鬼之地”，故民间厕所一般建在西侧。同理，古代监狱亦建在署衙西侧。[③]

但是，明清之前，是否如此，并不确知。沈家本在《狱考》中引古籍记载称：“《风俗通》曰，《易·噬嗑》为狱，狱十月之卦。从犬，言声，二犬亦所以守也。廷者阳也，阳尚生长。狱者阴也，阴主刑杀。故狱皆在廷北，顺其位。”[④]

三、监狱图腾的文化意义

《诗经·小雅·小宛》中有“宜岸宜狱”之句，朱熹注曰：“岸，亦狱也。《韩诗》作犴。”《孔子家语·始诛》中有云：“孔子为大司寇，有父子讼者，夫子同狴执之。”王肃注：“狴，狱牢也。”因此可以断定，犴、狴、狱同义，都是指监狱。[⑤] 狴犴二字合起来指称监狱的情况更多，

---

① （宋）李昉等撰：《太平御览》（1），上海古籍出版社2008年版，第223页。

② （魏）王弼注，（晋）韩康伯注，（唐）孔颖达疏，（唐）陆德明音义：《周易注疏》，中央编译出版社2013年版，第41页。

③ 参见马卫国：《囹圄内外——中国古代监狱文化》，浙江大学出版社2013年版，第138页。

④ （清）沈家本：《历代刑法考》（上册），中华书局2011年版，第907页。

⑤ 参见杨昌俊：《“狴犴”：监狱的别称》，载《咬文嚼字》2010年第4期。

并且狴犴还是一种传说中神兽的名字。至于其中原委，还要从“龙生九子”说起。

关于“龙生九子”的说法，可见文献包括明代李西涯（东阳）的《怀麓堂集》、杨慎的《升庵外集》、陆文量的《菽园外集》、沈德符的《万历野获编》、谢肇淛的《五杂组》以及清代翟灏的《风俗篇》。其中杨慎的《升庵外集》记录的“龙九子”都能在建筑和装饰上有所印证，所以影响最为广泛。[①]《升庵集》记载：[②]

> 俗传龙生九子，不成龙，各有所好……一曰赑屃，形似龟，好负重，今石碑下龟趺是也；二曰螭吻，形似兽，性好望，今屋上兽头是也；三曰蒲牢，形似龙而小，性好叫吼，今钟上纽是也；四曰狴犴，形似虎，有威力，故立于狱门；五曰饕餮，好饮食，故立于鼎盖；六曰蚣蝮，性好水，故立于桥柱；七曰睚眦，性好杀，故立于刀环；八曰金猊，形似狮，性好烟火，故立于香炉；九曰椒图，形似螺蚌，性好闭，故立于门铺首。

另据明代李西涯《怀麓堂集》：“狴犴平生好诉讼，今狱门上狮子头，是其遗像。”有学者据此得出结论，认为“将狴犴与监狱联系起来，在狱门镌刻狴犴头像，竟至于称‘监狱’为‘狴犴’，表面上看来是因为狴犴‘形似虎，有威力’，实际上恰是喻指监狱所固有的性格特征，说明了监狱在当时社会凭借其刑罚所产生的威慑作用，给人们留下了至为深刻的印象。同时，也是人民选择‘狴犴’表达并强化‘监狱恐怖’这一特有印象。从统治者一方而言，为了渲染监狱的恐怖感，在筑造监狱时于狱门上镌画狴犴，表明已经形成了借助文化象征手段以增强外部威慑效

① 参见周颖：《“龙生九种”考》，载《红楼梦学刊》1986年第1辑。

② （明）杨慎撰：《升庵集》（卷八十一），载纪昀等编：《钦定四库全书》（电子版），上海人民出版社、迪志文化出版有限公司1999年版，第148～149页。

应的监狱功能观念”。①

“狴犴”二字对于多数人来说，可能属于生僻字，但是如果去过山西洪洞县明代监狱参观的游客，一定对其中的“虎头牢”（死囚牢）印象深刻。实际上，“虎头牢”门上的动物形象就是狴犴。至于为何要把狴犴形象刻画在死囚牢门上方，山西省洪洞县明代监狱文物管理所助理馆员做出如下解释：②

> 死囚牢牢门上方刻画着一个动物头像，它青面獠牙，狰狞恐怖，虎视眈眈地怒视着前方，它张着喷血大口，仿佛在告诉人们，进入此门有来无回。统治者为什么要把这么凶猛的动物刻画在死囚牢门之上呢？其实它是龙王的第四个儿子，名字叫狴犴，传说龙生九子不成龙，各有所好，又因其所好而各有所用，其中老四狴犴，形似虎，有威力，平生好讼；封建统治者就常常把狴犴刻在死囚牢门上方，借用它的威严和好打官司这个特点来吓唬犯人，使他们认罪伏法不敢反抗，又因其形似虎，所以俗称虎头牢。

可以说，狴犴作为监狱的象征，带有“强化并渲染监狱之暴力及恐怖感”的意思，这一点已为学界共识。③

第二节　古代监狱的环境

关于中国古代监狱的文化形象，第一章曾引鲁迅先生的一段生动概

---

① 郭明：《中国监狱学史纲——清末以来的中国监狱学术论述》，中国方正出版社2005年版，第52页。

② 温海慧：《明代监狱虎头牢探幽》，载《文化产业》2020年第3期。

③ 参见王建国：《百年牢骚：台湾政治监狱文学研究》，台南，成功大学2006年博士学位论文，第22页。

括："至于旧式的监狱，则因为好像是取法于佛教的地狱，所以不但禁锢犯人，此外还有给他吃苦的职掌。"[①] 无独有偶，法国思想家米歇尔·福柯在描写行刑场景时也曾提出类似的观点："永恒的受难提前开始，处决的酷刑使彼岸的惩罚提早到来。它显示了彼岸惩罚的情景。它就是地狱的模拟表演。"[②] 鲁迅二弟周作人对比中外，给监狱下了这样的断语："夫欧西号文明，狴犴之设，托词化善，君子犹或非之；若吾国监牢，更何物耶？不过囚系生人，以备屠宰，笼槛森然，犹屠人之栈豕耳！使涉足其间，联念所及，当立有血泊刀光之景，来袭灵台，令生恶感。"[③]

中外思想家不约而同以地狱比喻监狱，其原因主要是监狱环境之恶劣。而环境的恶劣又分两大方面，一是物理环境，二是因监狱管理形成的人文环境。下文从分析《正气歌》《狱中杂记》《福惠全书》三个文本入手，讨论监狱环境状况。

一、《正气歌》

"天地有正气，杂然赋流形。下则为河岳，上则为日星。"这是南宋文学家、民族英雄文天祥《正气歌》中的四句诗。《正气歌》诗文为世人千古传颂，但是该诗的序却没有引起足够重视。从监狱文化角度看，《正气歌》序所述"彼气有七"反映的正是监狱环境问题。

1278 年（宋祥兴元年）12 月 20 日，文天祥在广东海丰五岭坡为元军所俘。1279 年（至元十六年）十月初一，文天祥被押解至元大都（今

---

① 鲁迅：《且介亭杂文·关于中国的两三件事》，载《鲁迅全集》（第 6 卷），人民文学出版社 2005 年版，第 12 页。

② ［法］米歇尔·福柯：《规训与惩罚：监狱的诞生》，刘北成、杨远婴译，三联书店 1999 年版，第 50 页。

③ 钟叔河编订：《周作人散文全集（一八九八——一九一七）》，广西师范大学出版社 2009 年版，第 77 页。

北京）。从到达大都算起，到1282年（至元十九年）腊月初九，文天祥做了3年2个月的囚徒，他受尽威逼利诱，始终坚贞不屈。关押第一年，文天祥曾作《己卯十月一日至燕越五日罹狴犴有感而赋（十七首）》，其中第八首有“地狱何须问，人间见夜叉”句，传达了监禁之处条件恶劣的信息。[①]

1281年（至元十八年），在逼仄、湿热、腐臭的牢房中，文天祥写下了与《过零丁洋》一样名垂千古的《正气歌》。《正气歌》诗前有二百余言的序，详细介绍了他被关押之处的物理环境。[②]

> 余囚北庭，坐一土室。室广八尺，深可四寻。单扉低小，白间短窄，污下而幽暗。当此夏日，诸气萃然：雨潦四集，浮动床几，时则为水气；涂泥半朝，蒸沤历澜，时则为土气；乍晴暴热，风道四塞，时则为日气；檐阴薪爨，助长炎虐，时则为火气；仓腐寄顿，陈陈逼人，时则为米气；骈肩杂遝，腥臊汗垢，时则为人气；或圊溷，或毁尸，或腐鼠，恶气杂出，时则为秽气。叠是数气，当之者鲜不为疠。而予以孱弱，俯仰其间，于兹二年矣，幸而无恙，是殆有养致然。然尔亦安知所养何哉？孟子曰：吾善养吾浩然之气。彼气有七，吾气有一，以一敌七，吾何患焉！况浩然者，乃天地之正气也，作正气歌一首。

该序首先介绍了关押地的方位（北庭）、建造材料（土室）、面积（广八尺，深四寻）以及门窗和光线条件（扉小、间窄、幽暗），继而列举了其中不堪忍受的七种“气”——水、土、日、火、米、人、秽。最终得出结论：自己能以孱弱的身体，在这样恶劣环境下两年时间而不为

① 参见（宋）文天祥：《文天祥全集》，中国书店1985年版，第388页。

② 参见（宋）文天祥：《文天祥全集》，中国书店1985年版，第375页。

病疠所侵，原因就是自己身上有“浩然之气”。

读《文天祥全集》，除《正气歌》序外，作者还有多篇诗文记录监狱拘押生活的苦楚无奈。如《七月二日大雨歌》：①

七月二日夜，天工为谁忙？
浮云黑如墨，飘风怒如狂。
滂沱至夜半，天地为低昂。
……
嗟哉此圜土，占胜非高岗。
赭衣无容足，南房并北房。
北房水二尺，聚立唯东箱。
桎梏犹自可，凛然覆穹墙。
嘈嘈复杂杂，蒸汗流成浆。
张目以待旦，沉沉漏何长。
南冠者为谁？独居沮洳场。
……

7月2日大雨引发兵马司墙壁坍塌，于是文天祥被改押至司宫籍监，他在《移司即事》诗前撰文记录此事云：“自大雨后，兵马司墙壁颓落，地皆沮洳，囚不可居。七月五日，移司宫籍监。”② 至8月7日，文天祥又被迁回兵马司关押，前面所述的条件仍未改善。《迁狱》诗记载：“予自宫籍监迁还兵马司。止予旧厅事西偏之室。狱户既葺，以八月七日，复返故处。向之所谓臭腐温蒸，依然故在。”③

① （宋）文天祥：《文天祥全集》，中国书店1985年版，第376页。
② （宋）文天祥：《文天祥全集》，中国书店1985年版，第378页。
③ （宋）文天祥：《文天祥全集》，中国书店1985年版，第378页。

二、《狱中杂记》

清代文学家方苞的《狱中杂记》是揭露中国古代监狱黑暗状况最具代表性的文献。1711 年（康熙五十年）11 月，左都御史赵申乔“劾编修戴名世所著《南山集》”，认为其“语多狂悖”。方苞因“集序列名”被牵连逮捕，关押在江宁县狱。随即押解至京师，“下刑部狱”。1713 年（康熙五十二年）2 月“狱决”，方苞蒙恩宽宥免治，出狱后“奴隶籍汉军”。①

《狱中杂记》是方苞在刑部狱见闻记录，史料价值非同一般。通观此文，好比一个社会学家的实地研究。作者在刑部狱进行观察、体验和访谈，访谈对象既有“系囚”（杜君），也有监狱的管理者（老胥）。

作者首先观察到的是刑部狱“瘟疫”发作时的景象——“见死而由窦出者日四三人”，不过这种情况还算是好的，原因是“天时顺正”，往年“多至日十数人”。瘟疫传染，除了天灾，主要是人祸所致。囚犯的监室没有窗户采光、通风，关押囚犯又多（系囚常二百余），夜间“矢溺皆闭其中”“与饮食之气相薄”。并且隆冬时节，家贫的囚犯席地而卧，“春气动，鲜不疫矣”。可怜的是，“骈死皆轻系及牵连佐证法所不及者”。②

作者通过“访谈”发现，清代刑部狱（乃至于整个刑罚体系）存在大量弊端：“狱讼情稍重”的，顺天府、五城兵马御史衙门就不愿承担责任，而与诉讼及监狱管理相关的大小官吏从中又看到了生财之道，导致刑部狱人满为患。又因为管理不善，“瘐死者众多”。

至于监狱管理人员更是胆大妄为、上下其手，极尽敲诈盘剥之能事。随意改变械系标准、监管条件者有之；行刑者以折磨行刑对象相威胁，

---

① （清）方苞：《方苞集》（下），刘季高点校，上海古籍出版社 2009 年版，第 875 ~ 876 页。
② （清）方苞：《方苞集》（下），刘季高点校，上海古籍出版社 2009 年版，第 709 页。

勒索钱财者有之；“主缚者”以贿赂多寡为准，决定捆绑松紧程度者有之。主梏扑者则以搜刮金银数量区别棍棒轻重，胥吏则私藏伪章，篡改文书，借“矜疑减等”之机，设法舞弊，使好人蒙冤、坏人逍遥法外。而“主谳者”明知被蒙蔽，却为了保住官位而不敢追究。①

其中，更有“奸民”在狱中时间长了，与胥卒勾结，充当“牢头”渔利。山阴李姓囚犯，在狱中以此道“每岁致数百金”。出狱后，李某竟然冒名顶替同乡杀人者主动再次入狱。最终“援赦减等谪戍”，还对刑部狱恋恋不舍，“怅然而出”。②

三、《福惠全书》

《福惠全书》分14部32卷，是清代尤其是清初地方行政研究的重要史料，历来为学界所重。作者黄六鸿（1630～1717年）为明末至清初顺治康熙朝人，康熙前期曾任山东郯城县令，后改河北东光县令。黄氏“政绩卓著，地方行政经验丰富，有独到的见识和理解”。③

根据四部分类，《福惠全书》归入史部职官类官箴之属，《清史稿·艺文志》存目。该书是作者地方行政的情况、阅历、经验和体会的记录，对州县钱谷、刑名、户口徭役编审、土地清丈、保甲、教育、荒政、邮政等言之甚详，对地方弊端内幕亦有所揭露，“是了解清初地方情况的第一手材料”。④ 该书成于1694年（康熙三十三年）孟冬，初刻于1699年（康熙三十八年）仲夏。一经出版，即形成很大影响。“坊间盛行，初仕者奉为金针。”该书刑名部列有“监禁”和“恤囚余论”两部分，对监狱管理问题论述详尽。

---

① （清）方苞：《方苞集》（下），刘季高点校，上海古籍出版社2009年版，第710～712页。
② （清）方苞：《方苞集》（下），刘季高点校，上海古籍出版社2009年版，第712页。
③ （清）黄六鸿：《福惠全书》，周保明点校，广陵书社2018年版，前言、第1页。
④ （清）黄六鸿：《福惠全书》，周保明点校，广陵书社2018年版，前言、第10页。

作者对监狱的基本认识是："盖禁狱同于地狱，非堕阿鼻孽鬼应受苦报，未忍滥以处此也。"① 至于监狱环境如何恶劣，以下分狱卒和牢头两个方面说明。

（一）狱卒之恶

犯人入狱，性命悬于狱卒之手，所谓生死须臾，呼天莫应者也。

其致死之由，有狱卒索诈不遂，买命无钱，而百般凌虐以死者；有共案诸人，欲要犯身亡，希图易结，因而致死者；有仇家买嘱，随机取便，谋害以死者；有婪官利其赃私，致之死而灭口者；有神奸巨蠹，恐其幸脱，而立取病呈者。

（二）牢头之恶

牢头狱卒之所以惨毒诸犯者，难以枚举，略述数端，以明其恶。愿在上者留心体察而痛除之，造福无量。

本管牢头与众牢头群来帮殴，名曰打攒盘；

夜间倾水湿地，逼令睡卧，名曰湿布衫；

将犯人足吊起，头下向卧、名曰上高楼；

捏称某犯出入，难以堤防，既上其杻又笼其匣，名曰雪上加霜；

新犯入监有钱者，本管牢头先设酒款待，私与开锁松杻，以示恩惠。次早众牢头俱来拜望，送礼。三日，本管牢头开帐派出使费，名曰铺监；

牢头诈饱，又唆散犯各出钱五六文，买鸡肉等，送与新犯。

---

① （清）黄六鸿：《福惠全书》，周保明点校，广陵书社 2018 年版，第 238 页。

本管牢头又派一帐，如不遂意，即唆散犯成群凌辱，名曰打抽丰；

无钱使用者，遇亲属送饭来，故令饿犯抢去，甚至明绝其食，名曰请上路。

又有泼湿草荐，令卧其上之恶；

有逼勒终夜站立，不许睡到之恶；

有私加短索，扣锁过夜之恶；

有以手扭撞犯人胸额，押板痛打脚底之恶；

有穷犯无钱，即剥取衣服之恶；

有新经杖责之犯，故将柏香熏焚，托言解臭，刑处触受，流血不止，不得生肌之恶。

监狱环境恶劣，沈家本《狱考》通过引《明史·刑法志》也有论述："嘉靖六年，给事中周瑯言：'比者狱吏苛刻，犯无轻重，概加幽系，案无新故，动引岁时，意喻色授之间，论奏未成，囚骨已糜。又况偏州下邑，督察不及，奸吏悍卒，倚狱为市，或扼其饮食以困之，或徙之秽溷以苦之，备诸痛楚，十不一生。'"①

第三节　古代狱吏狱卒形象及其生成

中国古代监狱黑暗、混乱，狱吏狱卒残暴严苛，乃不刊之论。但是这种现象如何一代代流传至今，或者说狱吏狱卒的社会形象如何形成，从而影响社会对监狱及其管理者的评价，却值得反思。本节，以广为流传的《水浒传》为例，撷取其中三场牢城情节，试对古代监狱狱吏狱卒

① （清）沈家本：《历代刑法考》（上册），中华书局2011年版，第933页。

做一分析，或有助于回答上述问题。

《水浒传》一书讲一百单八将的故事，其中涉及刑狱的回目并不多，关于监狱的完整描写仅存三例——林冲之于沧州牢城、武松之于孟州牢城、宋江之于江州牢城。林冲、武松、宋江三人虽“不入流”，却都是靠体制吃饭的。林冲是东京八十万禁军枪棒教头，武松是山东阳谷县步兵都头，宋江则是山东郓城县押司。林冲被高太尉设计陷害，“手执利刃，故入节堂”，所幸开封府尹从轻发落，被刺配沧州。武松和宋江两人皆犯下人命官司，因在县衙供职，素有人脉，幸获宽宥，一被迭配孟州，一被刺配江州。

三位英雄初到牢城营的情形，惊人相似。林冲、宋江临行前都带有书信，并备下银两，专等到了牢城打点人情。书中描写，武松刚入单身牢房，便有囚徒主动面授机宜：“若有人情的书信并使用的银两，取在手头，少刻差拨到来，便可送与他，若吃杀威棒时，也打得轻。若没人情送与他时，端的狼狈。”[①]（第二十八回）这段话是说给武松听的，对照第九回林冲听到的，几乎没有差别。接下来的情节就显示出人物性格的不同：武松的刚烈耿直，林冲的逆来顺受，宋江的世故圆滑，可谓栩栩如生。

入牢第一件事就是在点视厅前过“鬼门关”——先吃一百杀威棒。三人无一例外都未受棒苦，甚至连托词都惊人相似，先看林冲。

> 管营道：“你是新到犯人，太祖武德皇帝留下旧制，新入配军，须吃一百杀威棒。左右，与我驮起来。”
>
> 林冲告道：“小人于路感冒风寒，未曾痊可，告寄打。”

受了林冲银两的差拨在一边“支吾”：“这人见今有病，乞赐怜恕。”（第九回）

---

① （明）施耐庵：《水浒传》，人民文学出版社 1975 年版，第 367 页。

第三十七回，轮到宋江到点视厅前点视，当管营按程序宣布打一百杀威棒时，宋江的表演好似林冲的翻版——

宋江告道：“小人于路感冒风寒时症，至今未曾痊可。”

得了贿赂的管营帮腔道：“这汉端的似有病的。不见他面黄肌瘦，有些病症？且与他权行寄下这顿棒。”（第三十七回）

武松皮肉之苦的蠲免得益于小管营施恩的出现。但见当日，在点视厅前——

管营喝叫除了行枷，说道：“你那囚徒，省得太祖武德皇帝旧制，但凡初到配军，须打一百杀威棒。那兜拕的，背将起来！”

此时，管营相公身边立着一个人在管营耳边略说了几句话，管营态度立马转变，并主动为武松开脱：

新到的囚徒武松，你路上途中曾害甚病来？

武松则颟顸不晓，反要计较，最终管营笑道：“想是这汉子多管害了热病了，不曾得汗，故出狂言。不要听他，且把去禁在单身房里。”（第二十八回）

囚徒若无贿赂讨好时，牢城差拨非打即骂，甚至主动勒索。林冲初到沧州牢城，未等取出书信和银两，差拨先就指着他骂道：

你这个贼配军，见我如何不下拜，却来唱喏？你这厮可知在东京做出事来，见我还是大刺刺的。我看这贼配军，满脸都是饿文，一世也不发迹。打不死、拷不杀的顽囚。你这把贼骨头好歹落在我手里，教你粉骨碎身，少间叫你便见功效。（第九回）

类似情形，在武松初见差拨时再度上演。差拨开口就是奚落加威胁：

你也是安眉带眼的人，直须要我开口。你是景阳冈打虎的

好汉，阳谷县做都头，只道你晓事，如何这等不达时务？你敢来我这里，猫儿也不吃你打了！（第二十八回）

宋江在江州与两院押牢节级戴宗相遇的情景更富有戏剧性。宋江本深谙人情世故，在牢城上下打点，住了半月，“没有一个不欢喜他”。但他唯独没有给戴宗送常例人情。原来在江州，“往常时，但是发来的配军，常例送银五两”。（按：沧州牢城似乎也是一个价位。林冲刚到牢城，曾询问其他囚徒，“如要使钱，把多少与他？”得到的回答是：“若要使得好时，管营把五两银子与他，差拨也得五两银子送他，十分好了。”见第九回）戴宗“今番已经十数日不见送来……便挑了个闲暇日头，下来取讨”。取讨的形式可谓毫不遮掩，毫无顾忌。书中描写，戴宗“掇条凳子坐在点视厅前”，大骂宋江：“你这矮黑杀才！依仗谁的势要，不送常例钱来与我？”当宋江故意与其争辩时，戴宗大怒，扬言要打宋江一百讯棍。宋江问：

你要打我，我得何罪？

那人大喝道：“你这贼配军是我手里的行货，轻咳嗽便是罪过！”①（第三十八回）

大同小异的情节，一而再，再而三，反复描摹，生动刻画出宋代牢城管理者索收贿赂，敲诈囚徒，上下其手的嘴脸。这些生动的描写，与武松杀嫂、林冲夜奔、杨志卖刀等情节相比，未必能引起读者兴趣。但是几百年来，经过宋话本、元杂剧、明清小说的演绎，监狱及其管理者的“生动形象”早已深入人心。时至今日，在影视作品、新闻媒体影响下，这些“生动形象”更加丰满，口耳相传，潜移默化，如同“集体无意识”沉淀在历史记忆的长河中。

如前章所论，明清州县监狱，直接负责管理罪犯的狱卒（俗称“禁

① （明）施耐庵：《水浒传》，人民文学出版社1997年版，第493页。

子”“狱子”或“牢子”）没有固定收入，敲诈狱囚敛财便成为惯例。故有史家断言，明清两代，“狱囚是狱卒的衣食父母的观点是牢不可破的”。[①] 对照《水浒传》的情节，这种情况想来在宋代早已存在。这就印证了监狱史学者的结论：宋代掌狱官吏“以狱为市”，公开受贿索贿，“若不得钱”则“不通饮食”，没钱的囚犯甚至被视如“犬豕”。[②]

艺术是现实的反映，小说、戏剧某种意义上也是重要史料。《水浒传》描写的狱制弊端，今日并未绝迹。尽管依法治国方略不断推进，监狱依法、文明、科学管理的水平不断提升，但古代监狱的“生动形象”作为“集体无意识”仍被不时唤醒。“信义行于君子，而刑戮施于小人。”[③] 传统礼教社会标榜明刑弼教，强调德主刑辅，将囚徒视为小人，于法律制裁之外又叠加了道德评价，为重刑惩囚奠定了文化基础。断狱要兼顾“天理、国法、人情”，管理牢狱也绝非单纯的法律问题。囚犯权利无法得到法律保障，乞求神明庇佑就顺理成章，这或许是古代监狱普遍设立狱神庙的原因之一。凡此种种，都是监狱文化的体现。

第四节　中国古代的狱神庙

京剧《女起解》中，解差崇公道要押送苏三去复审，苏三请求道：“如此待我辞别狱神，也好赶路。”她的唱词有如下四句：[④]

我这里进庙来把礼来见，

尊一声狱神爷细听我言：

---

① 柏桦：《明清州县的监狱》，载《中国史研究》2002年第4期。

② 参见薛梅卿主编：《中国监狱史》，群众出版社1986年版，第109页。

③ 欧阳修：《纵囚论》，载汪涌豪、汪习波选注：《欧阳修散文精选》，东方出版中心1999年版，第110页。

④ 《女起解》（京剧），载《剧本》1953年第12期。

保佑我与三郎重见一面，
得生时修庙宇再塑金颜。

欣赏京剧艺术的人可能不会思考，狱神庙到底是怎样一种类型的庙宇，古代为什么会有这种特殊的设施。而从监狱文化的视角来看，狱神庙的出现时间、祭祀对象及其功能都是理解监狱背后文化问题的重要线索。

一、狱神庙出现的时间

根据现有的研究，一般认为狱神庙出现于东汉时期至20世纪二三十年代。甚至在西汉，乃至于秦代也可能存在。据考证，有关狱神庙最早的确切记录出自《后汉书·范滂》：①

滂坐系黄门北寺狱。狱吏谓曰："凡坐系皆祭皋陶。"滂曰："皋陶贤者，古之直臣。知滂无罪，将理之于帝；如其有罪，祭之何益！"

学者据此认为，狱神庙的历史可以追溯到公元166年（东汉延熹九年），因为这一年范滂"获罪下狱"。② 甚至进一步断定，"中国历史上第一座狱神庙就是在东汉首都洛阳的黄门北寺狱"。③

也就是说，最迟在东汉时期狱神庙就已经出现了。关于汉代出现狱神庙，另一个证据来自宋代方勺所撰《泊宅编》，同为宋人的袁文《瓮牖闲评》云："今州县皆立皋陶庙，以时祠之。盖皋陶，理官也，州县狱所当祀者。《泊宅编》谓后汉以来始有之。"④

狱神庙延续至何时，无确切记载。据张建智考证，1928年11月，国

---

① （南宋）范晔撰：《后汉书》，张道勤点校，浙江古籍出版社2000年版，第623页。
② 张建智：《狱神庙闻录》，载《读书》1998年第7期。
③ 张建智：《中国神秘的狱神庙》，上海三联书店2000年版，第6页。
④ （宋）袁文、（宋）叶大庆：《瓮牖闲评》，上海古籍出版社1985年版，第20页。

民政府内政部明令公布《神祠存废标准》。1930 年公布《取缔经营迷信物品办法》，狱神庙香火逐步冷落。① 但是，官方公布了标准和办法之后，地方监狱是否立即停废狱神庙祭祀活动，这就难以确知了。

二、狱神的种类及其泛化

（一）狱神的种类

狱神庙的存在毋庸置疑，但狱神庙中所供奉的神明却并非一成不变。梳理相关史料，大多数学者认为历史上的狱神主要有皋陶、萧何、亚福三位，实际上在亚福之后还出现过一位被尊称为"阿公"的狱神，而"阿公"常被误以为就是亚福。

作为"造狱"始祖，皋陶理所当然成为历史上第一位狱神。从史书可考的《后汉书·范滂》直至清代，皋陶在狱神庙里占有无可替代的地位。清代小说《赛红丝》中，朱禁子要谋害宋秀才前，蔺知府梦见皋陶对他說："作赋的大贵人有难，只在顷刻，老先生为何还高卧不去救他？倘有差池，其罪不小！"知府料定"狱中有暧昧之事"，于是决定"下狱点监"。②

第二位狱神萧何的出现时间，一般认为是明代。但宋代洪迈的《夷坚志》记载："宜黄县狱有庙，相传奉事萧相国，不知所起何时。"③ 据此可知，宋代就已经开始在狱神庙中"奉事萧相国"了。《水浒传》"梁山泊好汉劫法场"一出，宋江、戴宗即将被押赴市曹斩首，节级牢子把宋江、戴宗二人"驱至青面圣者神案前，各与了一碗长休饭，永别酒。吃罢，辞了神案，漏转身来，搭上利子，六七十个狱卒早把宋江在前，

① 参见张建智：《中国神秘的狱神庙》，上海三联书店 2000 年版，第 83 页。

② （清）天花藏主人编：《赛红丝》，上海古籍出版社 1994 年版，第 176 页。

③ （宋）洪迈：《夷坚志》，载《笔记小说大观》（第 2 册），江苏广陵古籍刻印社 1983 年版，第 141 页。

戴宗在后，推拥出牢门前来”。[①] 这里的青面圣者，便是狱神。程穆衡《水浒传注略》“青面圣者”条：“狱中皆有萧王堂，祀萧何。其青面神，萧王判案。”[②] 据此可知，此处的“青面圣者”就是皋陶，而狱神庙的主神却已经让位给萧何，所以称为“萧王堂”或“萧王殿”。

萧何之所以能成为狱神，分析多认为原因在于他建立了汉初法制，制定《九章律》，被誉为“定律之祖”。另有一说，见姚公鹤的《上海闲话》。姚提出，“旧监狱中之有萧王殿，世俗有二说：萧系萧何。一说谓萧何为定律之祖，故监狱中崇祀之；一说谓萧何以宅地之故，曾系诏狱，数日而出，故监狱中建祀，以作系狱必出之寓意。二说均无所本，皆附会也”。[③]

明代出现了第三位狱神——亚𤞤。与前两位狱神不同之处在于，他竟然是地方监狱的狱卒。据王士祯《香祖笔记》载：[④]

> 近见吴江钮玉樵（琇）所记亚𤞤（音来）事尤奇。亚𤞤者，广东增城县狱卒也，为人朴愿。万历戊午岁逼除，狱囚五十余人，相聚而泣。亚𤞤问之，对曰：“岁朝将届，邑之人父母妻子皆得聚首，吾曹独陷缧绁，相见无由，是以悲耳。”亚𤞤俯首良久曰：“无难也。但汝曹勿负我。”众环叩其故。曰：“与尔辈约，各还尔家，俟正月二日毕赴狱。我纵尔罪当死。尔不来，我当死。尔来而一或不至，我当死。即不释尔，而吾算尽，亦何所逃死。等死耳，何如为此一事，快然而死也。”言已，悉纵

① （明）施耐庵：《水浒传》，人民文学出版社1997年版，第531页。

② 程穆衡：《水浒传注略》，载马蹄疾辑录：《水浒资料汇编》，中华书局1977年版，第159页。之所以有“青面圣者”之称，原因是“皋陶之状，色如削瓜”所谓“削瓜”的意思是“如削皮之瓜，青绿色”。参见（战国）荀况著，（唐）杨倞注：《荀子》，耿芸标校，上海古籍出版社2014年版，第40页。

③ 姚公鹤：《上海闲话》，商务印书馆1933年版，第32页。

④ （清）王士祯：《香祖笔记》，载《笔记小说大观》（第16册），江苏广陵古籍刻印社1983年版，第26页。

之。明年新正二日，囚悉至，如期集者。按籍呼之，不逸一人。亚𤡱鼓掌大笑曰："善哉!"遂跌坐而化。众哭拜，浴其体而加漆焉。事闻于县，县上巡按御史，闻于朝，以为县之狱神，庙祀至今。疾病疫疠祷之，其应如响。陆文定公《耆余杂志》云："蕲州刺史吕元膺、当录囚，囚白有父母在，元旦不得归省。吕释械放归，如期而至。又临淄令曹摅囚陷大辟，新岁问知其有父母，放令归家，至期归狱。正欧阳子所谓以君子之难能，责小人之尤以必能者也。然而太宗，贤君也，戚吕曹士大夫也。亚𤡱一狱卒耳，而能为贤君名臣之所为，不尤异乎!"

濮文暹《提牢琐记》叙述了一个与亚𤡱近似的故事，主人公是康熙朝满族司狱阿世图：①

南则阿公祠。公讳世图，康熙时官满司狱，以除夕纵囚，元日悉来归，一囚偶后，公惧，竟仰药死。囚踵至，痛公甚，亦触柱死，即今肖像牵马侍公侧者也。

因亚𤡱读音近似"阿来"，所以张建智、李乔和马卫国三位学者都误将亚𤡱等同于满人"阿公"阿世图。其实二人一在广东增城县监，另一在京师刑部狱；一为狱卒，另一为司狱。

关于明清时期狱神庙里供奉的狱神，法律史专家柏桦又提出"蓐收"一说："狱神庙所供主神应该是蓐收，他是传说中的西方之神，主管刑罚，一名司秋。"他依据的主要是《国语》一书，《国语·晋语二》记载："虢公梦在庙，有神，人面白毛虎爪，执钺立于西河……觉，召史嚚占之，对曰：'如君之言，则蓐收也，天之刑神也。'注曰：'蓐收，西方白虎金正之官也。'"② 但是，这种说法并未见其他学者支持。

① 张秀夫主编：《提牢备考译注》，法律出版社1997年版，第186~187页。
② 柏桦：《明清州县的监狱》，载《中国史研究》2002年第4期。

（二）清代“狱神”的泛化

虽然历史上著名的狱神是皋陶、萧何、亚𥚃这三位，但是根据现在看到的史料，到了清代监狱中实际供奉的神祇却不止三人。清代赵舒翘所撰《提牢备考》记载：“朔望拈香。初一十五日，南北许拈香朝庙共七处。”后面还配有一首诗，诗云：“望朔恭拈神庙香，几声钟罥绕回廊。载瞻西阿东杨殿，慈爱忠贞万古芳。”①

这里描写的是清光绪时期，刑部南北两监朝拜狱神的情景。其中，“西阿”“东杨”分别指阿世图（俗称的阿公）和明代的忠臣杨忠愍公。此处所说的朝庙处共有七个，而在另外一处的记载中，监狱中供奉的“狱神”又分为“总司”“分司”“余典”三类，甚至连明代监狱管理官员也位列其中：“狱有神，有总司，有分司，统尊之曰狱神。余典者，若关帝，龙神，门神；若佛典之大士，阎罗，社公；若道流之太乙，药王，瘟部，火部，皆为位以祀。别一楹，祀前明椒山杨公。而刑部尚书王公世贞、郎中史公朝宾、司狱刘公时守得附焉。”② 不过，也有学者提出不同意见，认为杨、王、史、刘四人是祭祀于祠堂之中，而非狱神庙。所以杨等四人也就不是所谓的狱神。③

三、狱神庙的功能

根据文化功能主义学派的观点，任何设施、习惯和制度无不有其满足主体需要的价值。大到一种传统或制度，小到一根木杖，“所有的意义都是依它在人类活动体系中所处的地位，它关连的思想，及所有的价值而定”。④ 狱神庙的出现无疑满足了不同主体的需求，从囚犯角度看，身

---

① 张秀夫主编：《提牢备考译注》，法律出版社 1997 年版，第 137 页。

② 张秀夫主编：《提牢备考译注》，法律出版社 1997 年版，第 186 页。

③ 参见陈熙远：《清代中央系狱诸神考》，载《法制史研究》2018 年第 33 期。

④ ［英］马林诺夫斯基：《文化论》，费孝通等译，中国民间文艺出版社 1987 年版，第 16 页。

陷牢狱犹如待宰之犬豕，绝望和无助之际，狱神就成为最好的安慰。对于狱吏狱卒和牢头来说，“火中取栗”、“刀锋舔蜜”、诈取钱财、坑人害命，内心也会有些许忌惮，在狱神前面祈祷宽宥，也是人之常情。即便不是罪大恶极，偷安失职也担心上级责罚。据《福惠全书》记录，对于夜间“贪睡之狱卒”“不巡逻之火夫”“不值宿之刑书”都要严加惩处。[①] 所以，与监狱相关形形色色人等，都在狱神庙里获得了个人的安慰。

（一）囚犯祈求神灵护佑

《小五义》第七十回“艾虎求狱神实有灵应，徐良显手段弄假成真”，欧阳春义子艾虎在狱神庙求神的情节，展现了囚犯祈求神灵保佑的心理活动：[②]

> 正在为难之处，忽然想起一件事来，每遇打官司的说，“狱神庙最灵”。自己也在开封府打过官司，应坐四十日监。监牢中一日也没待过，净在校尉所内。临起解发配大名之时，在狱神庙磕过一回头。如今何不哀告哀告狱神爷去？倘若狱神爷有灵有圣，也许有之。
>
> 到了狱神庙，双膝点地说：“狱神爷在上，弟子艾虎在下。如今我有两个哥哥，一个叫马龙，一个叫张豹，两个人因给本地除害，结果了恶霸的性命，问成死罪。弟子前来要把他们救将出去。不想栅子门甚紧，不能搭救两个人出监。弟子叩求狱神爷有灵有圣，暗助弟子一臂之力，将他们救将去，重修狱神庙，另塑金身。”

在《见识狱神庙》一文中，作家刘心武用文学化语言表达了对狱神

① 参见（清）黄六鸿：《福惠全书》，周保明点校，广陵书社 2018 年版，第 244 页。

② （清）无名氏：《小五义》，凤凰出版社 2017 年版，第 290 页。

庙功能的理解：[①]

> 在吏治那么腐败、司法那么黑暗的封建社会里，监狱里毕竟还存在这样一个小小的空间，无论是初入狱的还是待判决、已判决乃至即将被转移和处决的犯人，都还允许他们到这个小小的空间里（一般是在朔日和望日，也就是阴历初一和十五），暂时超越人间的司法权力，去向一位蔼然可亲的狱神进行心灵交流，祈求他能保佑自己，逢凶化吉，或者能沉冤昭雪、无罪开释，或者虽然罪有应得，祈盼能够少受酷刑折磨、得到宽恕轻判，纵使被判死刑，也还总能在狱神前求个来生的保障。

清代弹词小说《果报录》中有一段唱词："咦！监牢里也有神道个，让我许个个愿心介……保佑小姐平安离狱底，愿得香烛殿前烧。是个个道理吓。介末萧王老爷保勿及多化（许多）。"[②]

《提牢备考译注》记录了曾任提牢的李玉泉为囚犯祈祷狱神之事："狱中瘟疫易作，先生祷于狱神，文情词恳切，囚病俱起，禁卒争相传颂。"[③]

对于身陷牢狱的囚犯来说，狱神庙是他们寻求心理安慰的场所。在狱神面前祷告，无非是希望神灵眷顾，免受牢头狱霸欺压，免遭病疠侵害，免受不公判决。说到底，之所以把命运寄托于神灵保佑，是因为法治不彰。断狱能否公正，端赖秉公执法的"青天大老爷"，在狱中能否平安无事，靠的是能否遇到宅心仁厚的狱吏狱卒。既然命运不能依靠制度决定，祈求上苍保佑，狱神加持，就成为不得已的选择。

（二）狱吏狱卒借机敛财

正如李乔在《行业神崇拜：中国民众造神史研究》中所说，各行各

---

① 刘心武：《见识狱神庙》，载《青年文学》2007 年第 2 期。

② 转引自王本仁：《"狱神庙"辨析》，载《青海师专学报》1986 年第 1 期。

③ （清）赵舒翘原著，张秀夫主编：《提牢备考译注》，法律出版社 1997 年版，第 170 页。

业崇拜行业神，目的无非两个：祈求获得利益和成功，祈求消除困难和灾祸。[①] 作为一种行业的狱吏狱卒，祭祀狱神的目的也无非趋利避害。

囚犯求狱神保佑需要烧香化纸，香火和纸钱不能从外面带入，最大的可能性就是来自狱吏狱卒之手。因此，以香火钱之名勒索囚犯就成为必然选择。何蜀回忆四川巴县狱神庙时曾说，“据说旧时犯人进监狱后，照例要先拜狱神，以求得保佑，好早日出狱消灾。同时狱吏也借收香火钱之机向犯人敲诈勒索。”[②] 清代宋琬根据范滂之事创作《祭皋陶》杂剧，其中有狱卒极力撺掇范滂花半贯铜钱备下“三牲祭品”祭奠，很可能有从中渔利的成分。[③]

葡萄牙人曾德昭在中国生活过22年，他在《大中国志》中写道，中国明清时期监狱中的囚犯“不只服刑，还要缴纳许多费用和款项”，其中包括“为监狱庙堂和偶像献祭的费用”。[④] 当然，狱吏狱卒利用狱神庙相对优越的条件进行权钱交易，也是营私敛财的途径之一。

（三）官方恐吓和震慑囚犯、警示狱吏狱卒

狱神庙之所以能在监狱存在，官方认可是首要条件，用狱神的威严震慑不法之徒，可谓狱神庙的首要功能。正如张建智所说，“秦汉至清末民初，县级行政单位监狱中均建有狱神庙，目的是‘恐吓和震慑囚犯’”。[⑤]

除了靠神秘力量恐吓、震慑囚犯，狱神庙还有警示狱吏狱卒的功能。清代濮文暹所著《提牢琐记》有一段简明记述：“诸神朔望则祀，履任则祀，报赛日则祀，勾决日则祀，必躬亲，香帛问洁，宜专厥司，庶几履

---

① 参见李乔：《行业神崇拜：中国民众造神史研究》，北京出版社2013年版，第70页。

② 张建智：《中国神秘的狱神庙》，上海三联书店2000年版，第45页。

③ 参见陈熙远：《清代中央系狱诸神考》，载《法制史研究》2018年第33期。

④ ［葡］曾德昭：《大中国志》，何高济译，商务印书馆2012年版，第197～198页。

⑤ 张建智：《中国神秘的狱神庙》，上海三联书店2000年版，第65页。

盆之中，亦有临质。神道设教，用佐官箴。”① 狱官到任，头等大事为祭祀狱神。其用意，无非就像衙署里的御制“戒石铭”一样，希望通过“神道设教，用佐官箴”。让监狱管理者能时刻将“下民易虐，上天难欺”的道理记在心中。

前述清代小说《赛红丝》第七回“肆小人恶毒图财害命”就是一例。狱中禁子朱某受人请托，要谋害宋石的性命。下手前，他“走到狱神前，磕了四个头，通诚道：‘狱神老爷在上，要害宋秀才性命，皆是皮监生与屠才之过，实与小人无干。小人不过得他几两银子养家活口，望老爷鉴察。’磕完头起来，又筛了一大碗烧酒，吃了壮壮胆”。②

（四）作为教化和规训的手段

张建智将参拜狱神的人分为三种，判了死刑的人、判了徒刑的人、理亏心虚的人，三种人心态各不相同。第一种人主要祈求狱神在上苍面前多说好话，为自己的亡灵超度；第二种人在狱神前表示忏悔，祈求狱神能赐其早日出狱；第三种人则因为惧怕上天惩罚而参拜狱神。③

这三种人通过对狱神的敬畏、膜拜，分别达到了灵魂救赎、悔过自新、自我安慰的目的。尽管参拜者心态各不相同，但是站在官方视角来看，囚犯俯首于神祇脚下，实际上就等于臣服于统治者的脚下。因为是否设置狱神庙，是否允许囚犯祭拜狱神，决定权完全在于统治者。诚如法国思想家布迪厄所说，“国家是符号权力的集大成者，它成就了许多神圣化的仪式”。国家“作为神圣化仪式的储备银行，颁布并确保了这些神圣化的仪式”。④ 从这个角度来说，狱神庙对不同心态囚犯发挥的功能带

---

① （清）赵舒翘原著，张秀夫主编：《提牢备考译注》，法律出版社 1997 年版，第 187 页。

② （清）天花藏主人编：《赛红丝》，上海古籍出版社 1994 年版，第 176～177 页。

③ 参见张建智：《中国神秘的狱神庙》，上海三联书店 2000 年版，第 71～72 页。

④ ［法］布迪厄、［美］华康德：《实践与反思：反思社会学导引》，李猛、李康译，中央编译出版社 1998 年版，第 302 页。

有整合性特征，这种整合性功能就体现于对他们的教化和规训。

（五）作为狱中的“优待室”

如上文所说，监狱里幽暗潮湿、鱼龙混杂，在中国这样的人情社会，遇到需要关照的特殊囚犯，相对整洁安静的狱神庙就成了安置“关系犯”的首选之地。因此，学界普遍认可狱神庙在古代作为监狱中“优待室”的事实。

作为“优待室”的狱神庙，较为集中的讨论与对《红楼梦》版本考证有关。脂砚斋在《石头记》留下“茜雪至狱神庙方呈正文”的眉批，于是引起红学家关于狱神庙的考证和猜测。

《三侠五义》第七十七回“倪太守解任赴京师，白护卫乔装逢侠客”中，文彦博“叫人将太守带到狱神庙好好看待”。[①] 第十九回“巧取供单郭槐受戮，明颁诏旨李后还宫”，包公审讯郭槐之后，公孙策叫差役将郭槐“搭在狱神庙内”，也带有一定优待的含义。[②]

第五节　传统文化观念与古代监狱行刑

一、天人感应

“顺天行刑”理念是中国传统社会刑罚思想的重要内容之一，从先秦至明清，这一理念一直影响着中国的刑罚实践。先秦有“恭行天罚”思想，表现在刑罚上就是“顺天行刑”。《周礼·秋官·大司寇》记载：“正月之吉，始和布刑于邦国都鄙，乃悬刑象之法于象魏，使万民观刑

---

① 参见（清）石玉昆：《三侠五义》，花山文艺出版社2014年版，第412页。

② 参见（清）石玉昆：《三侠五义》，花山文艺出版社2014年版，第112页。

象，挟日而敛之。”①

《礼记·月令》的规定甚为详细：仲春之月，“命有司省囹圄，去桎梏，毋肆掠，止狱讼”；孟夏之月，“断薄刑，决小罪，出轻系”；仲夏之月“挺重囚，益其食”；孟秋之月，“命有司修法制，缮囹圄，具桎梏，禁止奸，慎罪邪，务搏执。命理瞻伤、察创、视折、审断。决狱讼，必端平，戮有罪，严断刑”；仲秋之月，“乃命有司，申严百刑，斩杀必当，毋或枉桡；枉桡不当，反受其殃”；季秋之月，“乃趣狱刑，毋留有罪”；孟冬之月，“是察阿党，则罪无有掩蔽”。②

至汉代董仲舒，天人感应思想进一步系统化，“顺天行刑”得到了理论化解释。《春秋繁露》曰：“天之道，春暖以生，夏暑以养，秋清以杀，冬寒以藏。暖暑清寒，异气而同功，皆天之所以成岁也。圣人副天之所行以为政，故以庆副暖而当春，以赏副暑而当夏，以罚副清而当秋，以刑副寒而当冬……庆赏罚刑与春夏秋冬，以类相应也。”③ 所以“刑杀必于秋冬，断不能于万物育长季节实行杀戮，而敢于自然秩序相背”。④ 汉律十二月立春“不以报囚”，唐宋律立春至秋分不轻易奏决死刑，清例秋审朝审处决犯人在立秋以后，都是这种理念的具体表现。

1384 年（洪武十七年）朱元璋设三法司于南京太平门外钟山之阴，命名为“贯城”，实质为天牢。明太祖特别颁布敕令阐发其设置“贯城”的用心，其中蕴含朱元璋的刑罚理念。其文曰：⑤

> 贯索七星，如贯珠，环而成象，名天牢。中虚则刑平，官无邪私，故狱无囚人。贯内空，中有星或数枚者，即刑繁。刑官非其人，有星而明，为贵人无罪而狱。令法天道，置法司。

① （清）李光坡：《周礼述注》，陈忠义点校，商务印书馆 2019 年版，第 357 页。
② 杨天宇撰：《礼记译注》（上），上海古籍出版社 2010 年版，第 177 ~ 208 页。
③ （汉）董仲舒：《春秋繁露》，上海古籍出版社 1989 年版，第 74 页。
④ 瞿同祖：《中国法律与中国社会》，商务印书馆 2010 年版，第 300 ~ 301 页。
⑤ 高其迈：《明史刑法志注释》，法律出版社 1987 年版，第 76 页。

而诸司其名慎乃事，法天道行之，令贯索中虚，无不负朕肇建之意。

这一敕令代表了古代帝王对刑罚的矛盾心理，一方面不能根本舍弃刑罚手段，另一方面又强调“天道好生，人情恶死。朕夙夜靡宁，常惧刑罚失中，所以特降宽宥之典”。[①] 其真正目的是取象上天“贯索七星”，“法天道行之”，期待达到“刑期于无刑”“狱中无囚”的理想境界。

二、“报应”观念

中国民间普遍认可“善有善报，恶有恶报”的说法，老百姓相信“举头三尺有神明”，“报应”这种传统观念在断狱传说、故事中有充分的体现，折狱者往往利用犯罪人畏惧“鬼神报应”的心理巧断案件。小说《三侠五义》第十九回，包公利用因果报应心理审理郭槐“狸猫换太子”案，就是一例。瞿同祖在《中国法律与中国社会》中记录了清代名吏汪辉祖依靠城隍神庇审明刘开扬案，证明现实中官吏遇到疑难不决的案件，也往往会祈求神助。[②]

明清州县的官衙都立着一块“御制戒石铭”牌坊，据说是宋太宗赵匡义根据五代时期后蜀国主孟昶的《官箴》修改，后经明太祖朱元璋改进而成。“御制戒石铭”全文是：“尔俸尔禄，民脂民膏，下民易虐，上天难欺。”从这里所说的“上天难欺”可知，“维系衙门正常运转的重要因素之一就是报应观念，因此在州县衙门建筑群里包含着五花八门的鬼神庙坛也就无足为怪了”。[③]

① 《明会要》。转引自中华人民共和国司法部编：《中国监狱史料汇编》（上），群众出版社 1988 年版，第 188 页。

② 参见瞿同祖：《中国法律与中国社会》，商务印书馆 2010 年版，第 291 页。

③ 郭建：《帝国缩影——中国历史上的衙门》，学林出版社 1999 年版，第 27 页。

狱神庙的设立，也可以通过这种文化心理得到合理解释。上文所引小说《赛红丝》中，狱中禁子朱某受人请托杀人，他内心畏惧、忌惮的不是可见的“王法”，而是不可见的“神明”。统治者和下层的执法者、管理者，对神明有着不同的文化心理需求。但是，在是否有必要设立狱神庙问题上，观点是一致的，这也是狱神庙香火绵延千年不绝的原因。

三、“礼”与“仁”

讨论古代监狱和刑罚，不能不涉及古代文化，其中与之密切相关的就是礼治和仁义道德。

关于礼，费孝通先生在《乡土中国　生育制度》中做过深刻讨论。根据费先生的理解，中国传统社会是“乡土性”的礼俗社会，类似于德国社会学家费迪南德·滕尼斯（Ferdinand Tönnies）所说的“共同体”，用迪尔凯姆的话说就是“有机的团结”。在这样的社会里“生于斯、长于斯”的人从小受习俗、规矩的“陶炼”，对礼俗认同并主动服膺于“礼”。因此，“长期的教育已经把外在的规则化成了内在习惯。维持礼俗的力量不在身外的权力，而是在身内的良心”。所以，乡土社会是一个“无讼”的社会，地方官员维持秩序的理想手段是教化，而不是折狱。[①]

同理，在这样的社会里，监狱是对付严重破坏规矩的人的最后“教化”场所。在这个意义上，我们就可以理解，《周礼·秋官·大司寇》中的如下规定：“以圜土聚教罢民。凡害人者，寘之圜土。而施职事焉，以明刑耻之。其能改者，反于国中，不齿三年。其不能改而出圜土者，

① 费孝通：《乡土中国　生育制度》，北京大学出版社1998年版，第6、9、51、54、55页。

杀。”[①] 同样的道理，《周礼·秋官·司圜》记载：“司圜，掌收教罢民。凡害人者，弗使冠饰，而加明刑焉。任之以事而收教之。能改者，上罪三年而舍，中罪二年而舍，下罪一年而舍；其不能改而出圜土者，杀。虽出，三年不齿。”至于《周礼·秋官·大司寇》中的规定“凡万民之有罪过而未丽于法，而害于州里者，桎梏而坐诸嘉石，役诸司空”，[②] 更是被冠名为“嘉石制”。嘉石是一种有纹理的大石，立在朝门左侧，令受罚者坐于其上，思其纹理以改悔。

礼是“习”得的，是生活在乡土社会中的人在熟人社会里一点一点内化的东西。与“礼”相关，在调节人际关系中发挥着更重要的内在约束力量的是“仁”。“仁”的核心是“爱人”，是“恻隐”，是“求诸己”。因此，刑罚发挥的教化目的，就是让社会上的每一位成员都要约束自己（“克己”），“向内”检讨自己（“内自讼”）。做父母的教导失当会有责任（“子不教，父之过”），教师教育失败也会背负道德责任（“教不严，师之惰”），居官者更要有“絜矩之道”，在刑罚上表现为宽缓、仁恕。这也就是出现听妻入狱、纵囚还家、存留养亲等制度，“禹泣罪人”“曾子哀矜”事例的文化基础。[③]

孟子把统治者治理国家的方式分为王道和霸道两种，认为“以力假仁者霸，霸必有大国。以德行仁者王，王不待大：汤以七十里，文王以百里。以力服人者，非心服也，力不赡也；以德服人者，中心悦而诚服也，如七十子之服孔子也，诗云：‘自西自东，自南自北，无思不服。’

---

① 注曰：“圜土，狱城也；聚罢民其中，困苦以教之为善也。民不愍作劳，有似于罢。”参见（清）李光坡：《周礼述注》，陈忠义点校，商务印书馆 2019 年版，第 356 页。

② （清）李光坡：《周礼述注》，陈忠义点校，商务印书馆 2019 年版，第 356、378 页。

③ “禹泣罪人”，参见汉代刘向《说苑·君道》：禹出见罪人，下车问而泣之。左右曰：“夫罪人不顺道，故使然焉，君王何为痛之至于此也？”禹曰：“尧、舜之人，皆以尧、舜之心为心。今寡人为君也，百姓各自以其心为心，是以痛之也。”《书》曰：“百姓有罪，在予一人。”“曾子哀矜”出自《论语·子张》：孟氏使阳肤为士师，问于曾子。曾子曰：“上失其道，民散久矣。如得其情，则哀矜而勿喜。”参见程翔评注：《说苑》，商务印书馆 2018 年版，第 11～12 页；《论语译注》，杨伯峻译注，中华书局 1980 年版，第 203 页。

此之谓也”。[1] 行霸道的统治者，只是以力服人者；行王道的统治者，施仁政，能让老百姓心悦诚服。仁政体现在监狱方面，总是与“德主刑辅”“明刑弼教”“恤刑悯囚”这些词连在一起。

在中国历史上，刑罚和法律从诞生那一刻开始就不是以惩罚而是以教化为目的的。皋陶治狱离不开一只神兽的协助，这就是人们所熟知的獬豸。“皋陶治狱，其罪疑者令羊触之，有罪则触，无罪则不触。”[2] 所以沈家本才说，“惟所言三代命名之意，设狱原非以害人，其‘幽闭思愆’‘改善为恶’二语，以感化为宗旨”。[3]

《福惠全书》中，作者黄六鸿有一段关于恤囚的论述，颇值得玩味。他首先说，“为政者，可不思其本哉！”意思是官员进行行政管理，一定要“知本”。至于“本”之所在，根据黄六鸿的理解，就在于“教化”：“夫人之子弟，幼而训之孝悌揖让，长而淑之礼乐诗书，上者厕身于贤士大夫。次亦不失为良百姓。若幼而纵其骄矜，长而昧其礼义，非流荡于匪类，则身罹于宪网，此固子弟之不肖，亦父母之失教也。”至于如何体现“仁德”和“教化”的本意，黄六鸿以官员的管理活动为例，分为三个层次。首先，“今吾人剖符州邑，莅官行政，洁己爱民，必先之以教养，使民知务农桑而足于衣食，知娴敬让而敦于风俗”。其次，“劝之息讼以裕财，守法以保身，输赋以急公”。最后，对于“间有梗化不逞以肉吾民者，挞而诫之，俾其悔过而迁善，于是百姓享其康阜，习俗返于淳庞”。[4]

明朝初年的刑罚，给史家留下的印象是“重典治狱”“偏于重刑”，[5]

---

① （宋）朱熹撰：《四书章句集注》，浙江古籍出版社 2014 年版，第 184 页。
② （东汉）王充：《论衡》，上海人民出版社 1974 年版，第 270 页。
③ （清）沈家本：《历代刑法考》，中华书局 2011 年版，第 908 页。
④ （清）黄六鸿：《福惠全书》，周保明点校，广陵书社 2018 年版，第 245 页。
⑤ 薛梅卿主编：《中国监狱史》，群众出版社 1986 年版，第 129 页。

甚至称明太祖“用刑颇酷”。[①] 实际上，太祖朱元璋也曾提出很多刑罚“仁恕”的主张。《明史》记载，1368 年（洪武元年）朱元璋“谕省臣：鞫狱当平恕”[②]。1371 年（洪武四年），他谕告刑部尚书刘惟谦：“仁义者，养民之膏粱也；刑罚者，惩恶之药石也。”如果“舍仁义而专务刑罚”，就是“以药石养人”，不能算“善治”。[③] 1375 年（洪武八年）2 月，他又谕刑官曰：“天道好生，人情恶死。朕夙夜靡宁，常惧刑罚失中，所以特降宽宥之典。”[④] 1390 年（洪武二十三年）12 月，朱元璋又对刑部尚书杨靖说，“愚民犯法，如啖饮食。设法防之，犯者益众。推恕行仁，或能感化”。[⑤] 但是朱元璋也有刑用重典的表述，他承认“奈何胡元以宽而失，朕收平中国，非猛不可”，[⑥] 还有过“吾治乱世，刑不得不重”的主张。[⑦]

中国古代有颂系、听妻入狱、纵囚还家、存留养亲等制度，历代统治者关于德主刑辅、明刑弼教的主张比比皆是，历朝历代刑律中有关悯囚、恤囚的规定屡见不鲜。例如，明清规定“枷杻常须洗涤，席荐常须铺置，冬设暖匣，夏备凉浆”。[⑧] 但是，实际情况却是“夏则人多秽积，

---

① 参见孟森：《明清史讲义》（上），中华书局 1981 年版，第 81 页。

② 高其迈：《明史刑法志注释》，法律出版社 1987 年版，第 41 页。

③ 参见《明会要》。转引自中华人民共和国司法部编：《中国监狱史料汇编》（上），群众出版社 1988 年版，第 188 页。

④《明会要》。转引自中华人民共和国司法部编：《中国监狱史料汇编》（上），群众出版社 1988 年版，第 188 页。

⑤《明会要》。转引自中华人民共和国司法部编：《中国监狱史料汇编》（上），群众出版社 1988 年版，第 189 页。

⑥《诚意伯文集》（卷一）。转引自薛梅卿主编：《中国监狱史》，群众出版社 1986 年版，第 131 页。

⑦ 高其迈：《明史刑法志注释》，法律出版社 1987 年版，第 25 页。

⑧（清）沈家本：《历代刑法考》，中华书局 2011 年版，第 935 页。清代的表述，参见《大清律例》卷三六《刑律·断狱上》“狱囚衣粮”：“锁杻常洗涤，席荐常铺置，冬设暖床，夏备凉浆。”

疫疠熏蒸；冬则严寒烈肤，冻馁交迫”。[1]

由此，笔者认为，非但明代刑罚具有二重性特点，[2] 整个古代刑罚史都体现出二重性特征：一方面倡导悯囚、恤囚；另一方面监狱“狭隘污秽，凌虐多端”，[3] 令人发指。这种二重性，恰恰是中国古代监狱文化中精神和制度层面的矛盾性在监狱治理上的体现。

① 《咨贵州省城捐廉设立军民待质公所章程一折》，载《新增刑案汇览》卷一六“刑部事宜”，光绪十二年图书集成局仿袖珍板印，第 10 页。另参见［日］太田出：《清代中国的监狱社会与牢头》，张登凯译，载周东平、朱腾主编：《法律史译评》（2013 年卷），中国政法大学出版社 2014 年版，第 167 页。

② 所谓“二重性”主要是指“仁恕”和“刚猛”并重，参见王雪峰：《明初刑罚思想的二重性及其对监狱制度的影响》，载《中国监狱学刊》2006 年第 2 期。

③ 《江楚会奏》，载薛梅卿等辑录：《清末民初监狱法制辑录》，中国政法大学出版社 2017 年版，第 7 页。

第三章　监狱亚文化

正如第一章所分析的，如果在时间和空间之外增加一个维度来思考监狱文化，根据文化形成的推动者以及文化是否为主动建构的差别（某种程度上也是积极与消极的差别），可以把“当下”“监狱内部”的文化现象分为监狱文化Ⅱ和监狱文化Ⅲ。在监狱文化Ⅱ和监狱文化Ⅲ之中，当前监狱学界积极探讨，实务部门积极推进（通常所说的监狱文化建设）的是监狱文化Ⅲ，属于主流文化，而监狱文化Ⅱ则是本章要探讨的监狱亚文化（罪犯亚文化）问题。在监狱文化Ⅱ之中，有些是罪犯从社会环境带入狱内的，有些是在狱内特殊监禁环境中滋生的，两者共同构成特殊的监狱亚文化景观。

第一节 监狱亚文化的含义与表现

一、监狱亚文化的含义

亚文化（Subculture）——有时候也翻译为副文化、次级文化，甚至表述为反文化——是相对于主流文化或者主导文化而言的，“凡在某些方面与社会主导性文化的价值体系不同的，都可以称为亚文化”。[①] 例如，不同的行业、不同社会部门、不同社会阶层都会形成不同的亚群体，这些亚群体各具不同的价值观。而不同年龄群体（尤其是青年群体）有的也会形成不同的价值体系。这些价值观或价值体系就是这些亚群体的亚文化的体现。按照这个逻辑来讲，监狱中的罪犯既然作为一种亚群体，自然会形成独特的亚文化，这就是我们所说的监狱亚文化（prison subculture）。正如美国文化人类学者所说，“当我们讲到某个社会的亚群体共有的特征时，所指的是某种亚文化”。[②]

与监狱亚文化概念相关或者相近的概念，还有两个——犯罪亚文化、罪犯（犯人）亚文化。犯罪亚文化是从文化视角探讨犯罪问题而形成的理论认识，例如，1955 年，美国学者科恩在 *Delinquent Boys*：*the Culture of the Gang* 中以亚文化理论解释少年群体和少年犯罪问题，形成少年犯罪亚文化理论。虽然监狱内部的亚文化与犯罪亚文化有着千丝万缕的联系，但是由于所处环境不同，两者不能视为同一概念。严格来说，犯罪亚文化属于犯罪学领域的问题，而监狱亚文化则属于监狱学领域的问题。

---

① 覃光广、冯利、陈朴主编：《文化学辞典》，中央民族学院出版社 1988 年版，第 306 页。

② ［美］卡罗尔·恩贝尔、梅尔文·恩贝尔：《人类文化与现代生活：文化人类学精要》（第 3 版），周云水、杨菁华、陈靖云译，电子工业出版社 2016 年版，第 26 页。

罪犯亚文化（inmate subculture）在英文文献中经常用来指称监狱中服刑人员的特殊文化，因此这一概念与监狱亚文化基本可以互换使用。[①]

国内关于监狱亚文化的早期研究，一般认为可以追溯至孙晓雳在《罪犯论》一书中的讨论。作者认为，“罪犯亚文化主要是由罪犯所表现出来的一些与社会主文化不同的价值，伦理道德，人生观念和生活方式等对罪犯行为有指导作用与意义的规范观念。这些观念的表现形式多半以语言、表意性的文身和道德意识来体现”。[②]

孙平认为，监狱亚文化是具有极强生命力的犯人自己的文化，它是与监狱主流文化相对立的文化形态。监狱亚文化是犯人特有的一种生活模式。[③]

陈士涵在《人格改造论》一书中进一步区分了监狱亚文化和罪犯亚文化的细微差异，认为监狱亚文化包含罪犯亚文化，“但又不限于此，它还应当包括由监狱这一特殊机构产生的文化”。[④]

吴宗宪在《监狱学导论》中详细区分了犯人亚文化（inmate subculture，prisoner subculture，convict subculture）、监狱亚文化（prison subculture）、监狱文化（prison culture）或者犯人文化（inmate culture）等概念，认为犯人亚文化是指“在监狱服刑的犯人中间流行的信念、价值观和行为模式的总称。”并认为，监狱亚文化同样指在监狱犯人中存在的亚文化现象，而监狱文化或犯人文化的含义与犯人亚文化或罪犯亚文化相似。[⑤] 可以说，吴著定义的犯人亚文化就是本书所说的监狱亚文化。

综上，本书认为，监狱亚文化是指监狱服刑罪犯亚群体特有的生活

---

① 孙平教授亦持此观点，参见孙平：《监狱亚文化理论的产生与发展》，载《学术研究》2006 年第 8 期。

② 邵名正、孙晓雳、牛青山、刘永欣：《罪犯论》，中国政法大学出版社 1989 年版，第 130 页。

③ 孙平：《监狱亚文化研究》，载《法律科学》1991 年第 4 期。

④ 陈士涵：《人格改造论》，学林出版社 2001 年版，第 26 页。

⑤ 吴宗宪：《监狱学导论》，法律出版社 2012 年版，第 295 页。

模式、行为习惯、语言和价值体系。但是，这种特殊的文化现象是否完全是在“监禁生涯中逐渐形成”的，是值得商榷的。根据美国学者的一般认识，监狱亚文化的来源有二：一是外部输入的，也就是犯罪亚文化的延续；二是内部滋生的，认为监狱亚文化是罪犯应对监禁痛苦的一种反应。也有的学者认为，监狱文化的形成是内外两种因素整合的结果。[①]无论如何，监狱亚文化反映着罪犯亚群体特有生存方式和价值体系，新入监罪犯为适应监狱生活就要学习罪犯亚群体的价值标准、处事态度，进行角色适应乃至于学习特有的语言，[②] 这对我们认识罪犯特殊的小社会具有重要意义。

关于监狱亚文化涉及的主体问题，有两种不同的观点。孙平认为，“监狱亚文化是个整体概念，以对象来说它包括监狱犯人亚文化和监狱管理人员亚文化两个部分”。[③] 而中外绝大多数学者认为，监狱亚文化是指监狱罪犯中存在亚文化现象，而不包括在监狱工作者中流行的亚文化现象。[④] 本书采取一种折中的处理办法，主要讨论罪犯亚文化，同时也对民警群体的亚文化略作介绍。

二、监狱亚文化的表现

尽管学界和实务界对于监狱亚文化现象存在与否并无不同的看法，但是对于监狱亚文化现象到底有怎样的表现形式，尚未形成统一认识。根据笔者的梳理，所见文献最少的提出了 5 种不同的亚文化表现形式，

---

① See Todd R. Clear et al. , *American Corrections* (9*th ed.*), Cengage Learning, 2011, p. 290. See also, Mary Bosworth, *Encyclopedia of Prisons and Correctional Facilities*, SAGE Publications, Inc. , 2005, p. 719 - 721.

② See Frank Schmalleger, *Criminal Justice Today*: *An Introductory Text for the Twenty - first Century* (14*th ed.*), Pearson Education, Inc. , 2017, p. 465.

③ 孙平：《监狱亚文化理论的产生与发展》，载《学术研究》2006 年第 8 期。

④ 参见吴宗宪：《监狱学导论》，法律出版社 2012 年版，第 295 页。

最多的则有20余种（见表3－1）。较早对监狱亚文化问题进行总结的学者孙晓雳，提出同性恋、诈伪病、自伤自残、自杀、文身五种表现。孙平提及的监狱亚文化表现包括：文身；暗语；罪犯“道德规范”；自伤、自残、自杀；同性恋、鸡奸；监狱风俗等。通过比较发现，不同学者之所以列举了不同的表现形式，可能与其对监狱亚文化的理解不同有关。如罪犯自杀问题、袭警现象，能否认为是罪犯群体“特有的生活模式、行为习惯、语言和价值体系”，这一点是存疑的。另外，对哪些是典型的监狱亚文化表现不同学者可能理解有所不同，因而在列举表现形式时存在差异。但是从表3－1中可以清楚地看出，文身、暗语、罪犯精神活动产品、性问题、罪犯行为规则等是监狱亚文化的主要表现，对此学者的观点相对一致。正如孙平所提出的，这些表现大致可以归入三类：一是价值观念类；二是行为类；三是语言类。① 以下就这几个主要表现展开分析。

表3－1 监狱亚文化分类

作者	分类	文献来源
邵名正、孙晓雳、牛青山、刘永欣	语言特点、文身、行为规则、罪犯人格	《罪犯论》1989年
孙平	文身；暗语；罪犯“道德规范”；自伤、自残、自杀；同性恋、鸡奸；监狱风俗	《监狱亚文化研究》1991年
孙晓雳	同性恋、诈伪病、自伤自残、自杀、文身	《中国劳动改造制度的理论与实践》1994年

① 参见孙平：《监狱的悖论——监狱亚文化的传承》，载《河北法学》2012年第9期。

续表

作者	分类	文献来源
邱兴隆	囚歌、囚诗、顺口溜；文身；扭曲的价值观；犯罪技巧传习；罪犯群体弱肉强食和等级关系；性文化；囚犯畸形消费；抗拒审查和改造；迷信活动；诈病和自伤；徇私枉法；越狱	《黑日——中国监狱亚文化透视》1999 年
狄小华	观念、罪犯规则、脏话、暗语、文身、同性恋	《冲突、协调和秩序：罪犯非正式群体与监狱行刑研究》2001 年
邵磊	“功利化服刑”——狱内人际关系的异化现象；“人情化改造”——“关系犯”与“事务犯”现象；帮派团伙——狱内非正式群体的困扰问题；性压抑和性变态现象；罪犯“交叉感染”现象	《略论监狱亚文化——从考察罪犯群体的角度》2009 年
孙平	自杀；伪病；造作伤（自伤与自残）；牢头狱霸；文身；同性恋；鸡奸；妄想；监禁反应；地下经济；赌博；隐语（黑话）；顺口溜；谎言；假名；打架斗殴；非正式群体（违法团伙）；逃跑；袭警；脏话；手抄本；情色小说；囚歌、囚诗创作	《监狱的悖论——监狱亚文化的传承》2012 年
吴宗宪	犯人隐语、犯人行为规则、其他表现形式（犯人角色、犯人文身、犯人精神活动产品）	《监狱学导论》2012 年
孙平	狱霸、自杀、暴力冲突、造作伤与伪病、性问题、文身	《监狱亚文化》2013 年
于海涛	帮派（团伙）；黑话（暗语）；犯罪经验“交流进修”；功利改造；囚诗、囚歌；绰号；“吃场”；其他亚文化（吸食毒品、药品；酗酒；赌博；“碰瓷儿”；位置；“颠憨”；文身；打架；迷信；禁忌）	《罪犯亚文化成因剖析及消弭措施》2014 年
刘方冰	身体突围（“光头抵抗”、囚服“山寨化”“娱乐化”）、语言樊篱、游击（“吃场”“斗智”）、阅读穿越	《文化治理与监禁生态》2016 年

（一）文身

文身既表示身体上的文身图案，也可以表示文身行为。作为过程，文身是用刀、针等锐器在身体的不同部位刻出花纹或符号，并涂以颜色，以达到永久保存的目的。在欧洲，文身最早的发现者是英国人詹姆斯·库克（James Cook）。1768年他在新荷兰（现在澳大利亚）第一次见到当地土著的文身。1772年，他在南太平洋塔希提岛详细考察了文身现象。"文身"一词就来自塔希提岛土语talu，其英文名称tattoo由talu演化而来。[①]

我国先秦文献中即有关于文身的记载。《礼记·王制》云："东方曰夷，披发文身，有不火食者矣。"[②] 关于文身的动机，有美饰、尊荣、吸引、巫术、标志等不同解释。而文身与犯罪发生关联，可以追溯至商朝，《周礼注疏》记载了"先刻其面，以墨窒之"的墨刑。[③] 另外，一些好勇斗狠的不法之徒也往往以文身作为威吓手段。[④]

意大利犯罪学家切萨雷·龙勃罗梭（Cesare Lomborso）在其《犯罪人论》中就已经关注罪犯的文身现象。他通过比较调查数据得出结论：意大利妇女文身比例极低，并且同非犯罪人情况一样，文身习惯呈现"衰退趋势"。相反，在犯罪人中，"这一习俗不仅仍然保留着，而且占有极大比例"。他同时发现，"在89名文身者当中，有71名是在监狱或教养院里文的身"。[⑤] 龙勃罗梭将文身的原因归结为9个方面：宗教习俗、模仿、百无聊赖（尤其可以解释在监狱中的文身行为）、虚荣心、集团精神、人类激情、爱慕之情、袒露、返祖现象（最主要原因）。他认为"文

---

① 徐一青、张鹤仙：《信念的活史：文身世界》，四川人民出版社1988年版，第4、7页。

② （元）陈澔注：《礼记》，金晓东点校，上海古籍出版社2016年版，第153页。

③ 这段话是郑玄对"墨罪五百"中"墨"的注："墨，黥也。先刻其面，以墨窒之。"参见（汉）郑玄注，（唐）贾公彦疏：《周礼注疏》，上海古籍出版社1990年版，第538页。

④ 徐一青、张鹤仙：《信念的活史：文身世界》，四川人民出版社1988年版，第222、225页。

⑤ ［意］切萨雷·龙勃罗梭：《犯罪人论》，黄风译，中国法制出版社2005年版，第55、65页。

身是野蛮人的书法”，“应当把存在文身情况作为某人先前曾受到监禁的间接信号”。[①]

在国内学者中，孙平对监狱中罪犯文身问题的研究最为深入。早在1989年他就曾发表文章讨论罪犯文身问题，在其博士论文《监狱亚文化》中，他在田野调查基础上，对文身问题进行了更为详细的讨论。根据他的调查，在某监狱押犯中文身罪犯占到了14%，另一所监狱的比例为16%。[②] 根据20世纪80年代的调查数据，这一比例为19%。而个别监狱的某些监区文身者比例竟然高达90%。[③] 罪犯文身一般发生在入狱之前，并且主要完成于看守所。[④]

文身是犯人的一种“习俗”。[⑤] 罪犯甚至有“坐牢不纹身，白在牢里蹲”的说法。[⑥] 至于文身的动因，邱兴隆在《黑日》中记录的案例具有一定的普遍性。谢某被羁押于看守所之后，担心妻子与其离婚，终日郁郁寡欢。结果入所不到半个月，妻子不但送来钱款和日用品，还在一双鞋垫上绣了两句话：“思夫谅夫想夫，爱你恨你等你。”谢某深受感动，随即用烟头在双臂上烫了“爱”和“妻”两个字。[⑦] 另一名罪犯赵某曾经“四进宫”，身上留下了四处文身。第一次他因为盗窃被少管，看到同监罪犯身上有各种图案，好奇心驱使下请人在双腿文了两条龙。第二次因盗窃被劳教三年，他梦想飞出劳教所，在两臂文上了飞鹰。第三次因打架斗殴被判刑三年，他为了激发自己的狼性，好在黑道立于不败之地，在胸口文了一只饿狼。第四次因抢劫被羁押在看守所，赵某预备出去后

---

① ［意］切萨雷·龙勃罗梭：《犯罪人论》，黄风译，中国法制出版社2005年版，第65~69、70~71页。

② 参见孙平：《监狱亚文化》，社会科学文献出版社2013年版，第358页。

③ 参见贾鲁生、丰收：《中国西部大监狱》，江苏文艺出版社1986年版，第26页。

④ 参见孙平：《监狱亚文化》，社会科学文献出版社2013年版，第358页。

⑤ 参见孙晓雳：《中国劳动改造制度的理论与实践——历史与现实》，中国政法大学出版社1994年版，第260页。

⑥ 参见东台山人：《黑日——中国监狱亚文化透视》，中国检察出版社1999年版，第13页。

⑦ 参见东台山人：《黑日——中国监狱亚文化透视》，中国检察出版社1999年版，第15页。

大干一番，所以在背后文了下山猛虎。赵某的文身经历，反映了罪犯文身的两种主流心态：盲从、模仿和“出于图腾崇拜”而赋予文身“某种简单的寓意”。①

综合不同学者的研究，罪犯文身的图案内容大致可以分为六类：第一类是兵器，如刀、剑等；第二类是动物，如龙、虎、狼、蛇、鹰等；第三类是植物，如梅花、桃、玫瑰、葫芦、佛手等；第四类是神像人像，如佛、菩萨、关公、美女、骷髅等；第五类是文字数字，如忠、义、忍、爱、恋、悔、恨以及特殊日期等；第六类是其他抽象图案或者前述图案的组合。②

近年来，在影视明星和体育明星示范效应之下，社会上的文身风气渐趋流行。然而在社会公众看来，文身仍带有某种另类感，文身影响升学、入伍、就业也是不争的事实。有学者提出，文身对未成年人成长的影响体现在五个方面：③

第一，文身容易被认为是不学好的表现，导致社会公众的排斥；

第二，文身具有身份认同作用，未成年人文身后更容易成为违法犯罪团伙的拉拢对象；

第三，文身未成年人长期遭受外界排斥时，容易被动形成自我认同，从而与社会主流观念偏离甚至对抗；

第四，绝大多数未成年人文身是出于好奇，一旦后悔，会造成严重

---

① 东台山人：《黑日——中国监狱亚文化透视》，中国检察出版社 1999 年版，第 14 页。

② 参见吴宗宪：《监狱学导论》，法律出版社 2012 年版，第 37 页；孙平：《监狱亚文化》，社会科学文献出版社 2013 年版，第 60 页；狄小华：《冲突、协调和秩序：罪犯非正式群体与监狱行刑研究》，群众出版社 2001 年版，第 57 页。

③ 2021 年 6 月 1 日，新修订的《未成年人保护法》正式实施。当天上午江苏宿迁市中级人民法院一审公开宣判了一起未成年人文身消费民事公益诉讼案件，判决被告人章某停止为未成年人提供文身服务行为，并在判决生效起 10 日内向社会公众书面赔礼道歉。这是全国首例未成年人保护民事消费公益诉讼案件，也是适用新《未成人保护法》的全国司法判决第一案。正文五点意见的提出者是南京大学法学院教授狄小华。参见蒋安杰：《以司法之力守护未成年人健康成长——宿迁中院适用新未成年人保护法第一案引关注》，载《法治日报》2021 年 6 月 7 日，第 3 版。

的心理创伤；

第五，文身会在未成年人群体中产生模仿效应，容易互相效仿。

（二）暗语

暗语，也有的地方称为隐语、黑话、“切口”，在英文文献中一般表述为 argot 或 jargon。孙晓雳认为，罪犯的黑话“直接表现了罪犯的语言特点”，可以归入“行话”分类中。[①]

龙勃罗梭从七个方面总结了罪犯暗语产生的原因：[②]

第一，躲避警方调查。

第二，从职业用语发展而来。“尤其是当所从事的职业并不光明正大时”，用暗语可以确认“其共同体成员，或避免他人的监视”。

第三，作为识别工具，作为口令。

第四，精神和感觉的飘忽不定。龙勃罗梭的意思是，犯罪人倾向于或热衷于使用奇怪、生动、荒谬、粗野、乖僻的词汇。

第五，作为长期监禁生活无所事事的一种消遣，这一点与文身产生的原因近似。

第六，犯罪或四处游荡的职业，导致其暗语有许多外来词汇。

第七，与文身的解释一样，龙勃罗梭认为暗语“最重要的可能是返祖现象”。

早在 20 世纪 50 年代，美国学界就已经开始关注罪犯暗语这一亚文化现象。普林斯顿大学格雷沙姆 M. 塞克斯（Gresham M. Sykes）在其著作 *The Society of Captives* 中用一章的篇幅讨论了罪犯暗语。北卡罗来纳大学彭布罗克分校的弗兰克·施马兰格（Frank Schmalleger）教授指

---

① 参见邵名正、孙晓雳、牛青山、刘永欣：《罪犯论》，中国政法大学出版社 1989 年版，第 131 页。

② ［意］切萨雷·龙勃罗梭：《犯罪人论》，黄风译，中国法制出版社 2005 年版，第 173 ~ 175 页。

出，有些罪犯暗语因为犯罪题材电影而流行，并在社会上广为人知，如人们都知道 rat 表示 informer（线人）。[①] 施马兰格的另一部著作介绍了男女罪犯在使用暗语方面的区别。例如，在男犯监狱暗语体系中，Fish（鱼）表示新入监罪犯，Duck（鸭）表示新看守，Dog（狗）表示老乡或朋友，Ink（墨水）表示文身，Box（盒子）表示收音机，Billy（比利）表示白人，Badge（徽章）、Bull（公牛）、Hack（被雇佣的）、Man（男人）、Screw（螺丝钉、螺旋桨）等均表示矫正官员，Peckerwood（啄木鸟）表示白人囚犯。女犯监狱的暗语体系似乎没有男犯发达，其中 Fay broad（白人婆娘）表示白人女犯，Cherry（cherrie）（樱桃）意思是尚未介入同性恋活动的女犯，Femme（mommy）（女人、妻子或妈妈）表示在同性恋中扮演女性角色的女犯，Stud broad（daddy）（种马婆娘或者爸爸）则表示同性恋中扮演男性角色的女犯。[②]

罪犯暗语具有地区性差异，上海的小流氓称女流氓为“拉三”，辽宁称为“码子”，北京叫“婆子”，新疆叫“哈密瓜”，还有的叫“夏娃”。[③] 东北地区监狱中常见的暗语包括：“跑路”（作案后畏罪潜逃）、“刚下火车的”（新入监罪犯）、“唠鬼嗑儿”（说话东拉西扯、胡乱吹牛）、“撂了”（招供）、“改皮”（囚服）、“针头”（告密者、耳目）、“扎针”（告密）、“反电”（不服管教）、“响了”（事情败露、案发）、“鼓包”（内讧），等等。[④]

监狱中的罪犯暗语还与犯罪类型有关。例如，盗窃犯有关于盗窃对

---

① See Frank Schmalleger, *Criminal Justice Today: An Introductory Text for the Twenty-first Century* (14*th ed.*), Pearson Education, Inc., 2017, p. 467.

② See Frank Schmalleger, *Criminal Justice: A Brief Introduction* (10*th ed.*), Pearson Education, Inc., 2014, p. 351; Harry E. Allen et al., *Corrections in America: An Introduction* (15*th ed.*), Pearson Education, Inc., 2019, p. 398.

③ 参见邵名正、孙晓雳、牛青山、刘永欣：《罪犯论》，中国政法大学出版社 1989 年版，第 121 页。

④ 参见于海涛：《罪犯亚文化成因剖析及消弭措施》，载马志冰、赖德义主编：《监狱文化建设与监狱管理创新工作研究》，法律出版社 2014 年版，第 235 页。

象、赃物、销赃方面的暗语，在偷东西方式上有“钓鱼”“撸杆”的区别，偷来的东西叫“潮”，赃物藏起来叫“窑了”，销赃叫“出”“跑买卖”“挑”，分赃叫“分喜”“拉账”“均兰”，分赃不均叫“误兰头”。[①]

林茂荣和杨士隆的《监狱学：犯罪矫正原理与实务》一书列举了我国台湾地区监狱通用的部分暗语：“蹲苦窑”（坐牢）、“瓢火山”（卖酒）、“瓢草”（卖烟）、“大肚”（有钱人）、“大头”（没钱人）、“扛奸”（赌博）、“柳点”（帮派中的老大）、“吃耶稣”（白吃）、“红仕”（说话分量很重的人）、“双枪”（烟瘾奇大的人）、“黑眉”（心术很坏的人）、“挂票”（赊账）、“日本人”（心胸狭窄险恶的人）、“白莲教”（毒品族群）、“大双吗啡仔”（毒瘾深者）、“海鸟”（收音机）、“打鼓”（抽烟）、“照水”（把风）、“进黑房”（被收押禁见）、“下凡”（脱离监狱围墙重获自由）、“戴帽子”（管理员）、“扁大方”（打麻将）。[②]

有学者指出，暗语在监狱中发挥联络、隐蔽、合理化、腐蚀、宣泄等作用，[③] 这些无疑都是合理的解释。而在笔者看来，罪犯使用暗语首先出于一种文化认同需要。此处，将历史学者王笛在《袍哥：1940 年代川西乡村的暴力与秩序》中对“盘《海底》”的解释移植到罪犯暗语使用的功能分析中，可能会有很多启发。“袍哥”是为反清复明而结成的“秘密会社”，为了与清政府周旋，他们逐渐创造出独特而神秘的“暗语”体系——《海底》。袍哥的隐语至少有三种功能：一是非常有效地把本组织成员与他人区别开来，二是促进了袍哥成员的身份认同，三是“袍哥成员对《海底》的熟悉程度，显示了他们在组织中的地位、经验以及能

① 参见邵名正等：《罪犯论》，中国政法大学出版社 1989 年版，第 132～133 页。

② 参见林茂荣、杨士隆：《监狱学：犯罪矫正原理与实务》，台北，五南图书出版股份有限公司 2014 年版，第 164 页。

③ 参见吴宗宪：《监狱学导论》，法律出版社 2012 年版，第 297 页。

力”。[①] 这三个方面的功能，用于解释监狱暗语的功能无疑是适合的。罪犯使用暗语是为了拉近彼此距离，也为了体现自己对“道上”规矩的谙熟程度，以显示江湖经验、黑道资历。知识即权力，在新手罪犯面前展示对暗语的熟悉程度可以充分体现“权力”和“地位”。可以想象一下，如果罪犯甲当着众人的面对罪犯乙使用暗语，而罪犯乙无法理解，不明就里。前者就会在心理上产生优越感，而后者则可能因为不懂规矩而感到羞愧（“栽面儿”）。因此，暗语可以成为一种打压他人的语言武器。这种情形在其他“全控机构”（如军营）也是普遍存在的社会景观。用欧文·戈夫曼（Erving Goffman）的术语来说，这就是一种“印象管理艺术”。实际上，如果用戈夫曼的理论来解释罪犯亚群体的互动会更加生动并富有说服力，对此我们将在下一部分做出尝试。

（三）罪犯精神活动产品

监狱亚文化除了表现为文身、暗语外，还以诗、顺口溜、段子、歌曲、文章、手工艺品等形式呈现，这些所谓的“罪犯精神活动产品”大部分是罪犯在服刑期间创作的，也有的可能在狱外创作并在监狱被再加工和传播。[②]

罪犯精神活动产品是罪犯监禁生活现实的反映，也是罪犯群体表达情感、认知、审美取向和价值观的重要形式。美国社会学家唐纳德·克莱默曾经对50份罪犯的自传、200名罪犯的短文进行分析，意大利犯罪学家龙勃罗梭也对罪犯的文学和创作发明做过专门讨论。

---

① 王笛：《袍哥：1940年代川西乡村的暴力与秩序》，北京大学出版社2018年版，第108～109页。

② 吴宗宪等学者认为，罪犯精神活动产品创作于罪犯服刑期间。本书认为，罪犯精神活动产品的核心在于作品是否表现罪犯的情感、认知和价值观。有些在狱外犯罪人群体中流行并在监狱中传播和再加工的诗、歌、段子无疑应当归入此类。参见吴宗宪：《监狱学导论》，法律出版社2012年版，第302页。

从亚文化角度看，罪犯的文学作品主要是一些水平不高的“草根”创作，如打油诗、顺口溜等。但是需要注意的是，历史上曾有不少文人墨客身陷囹圄，也曾留下与监狱有关的诗文创作。这些作品是否可以归入此类呢？对此问题，否定者多半会认为两者不可同日而语。人们对罪犯多抱有刻板印象，认为罪犯素质低下，品行恶劣，其精神活动产品很难归入艺术创作之列。但是令人困惑的是，无论监禁是否正义，文人和普通罪犯的作品主题却大致相同——如对监狱生活的写实，对监禁苦闷的渲染，对监禁痛苦的倾诉，对自由的渴望，对往昔生活的回忆，对命运的慨叹等。从骆宾王《在狱咏蝉》、苏轼《狱中寄子由二首》、文天祥《己卯十月一日至燕越五日罹狴犴有感而赋（十七首）》、周作人《老虎桥杂诗》等作品中，即显端倪。两类创作或许只有思想深度、艺术水准的差异，作为监狱亚文化的表现则具有某种一致性。在《犯罪人论》中，龙勃罗梭记录了不少罪犯的诗作，其中一首写道：

谁说监狱是受罚之地，
啊，这家伙荒谬之极；
监狱为你降临幸运，
教你行窃新术和休息。

龙勃罗梭严肃地指出，这些诗“赤裸裸地暴露了惯犯的内心世界，他们把监狱当做休养所……监狱，如果过分地讲究人道主义，就会演变成舒坦的招待所”。[①]

提及囚歌，就不能不说起迟志强。20世纪80年代，迟志强的囚歌曾风靡一时。歌曲专辑《铁窗泪》虽然创作于迟志强出狱之后，但从《铁窗泪》《狱中望月》《愁啊愁》《十不该》《失足恨》等曲名以及歌词内容看，具有十分典型的监狱亚文化特征：

---

① ［意］切萨雷·龙勃罗梭：《犯罪人论》，黄风译，中国法制出版社2005年版，第185页。

铁门哪铁窗铁锁链，
手扶着铁窗我望外边。
外边的生活是多么美好啊，
何日重返我的家园，
何日重返我的家园。

根据相关报道，1988年迟志强的歌曲盒带第一批发行30万盒，仅在长春一地就被抢购一空。歌曲传唱大江南北，迟志强也因此被誉为“囚歌王子”。①

龙勃罗梭在《犯罪人论》中引用了一名罪犯的短文，认为“文章写得很精彩，值得心理学家注意”：②

> 年轻人在监狱里会发生什么变化呢？他将第一次听到Carouche人和Poulailler人的野蛮语言，听到一些下流的暗语。如果他不立即使自己和周围歹徒处于同一层次，如果不接受他们的原则和他们的术语，这个年轻人将面临灾难；他将被宣布为不配坐在“朋友”身边！连看守人员也不会理睬他的告状……面对这样的羞辱，面对苟且偷生的态度和语言，这个不幸的人第一次为自己入狱时还存有的一点自尊和清白感到害臊；他后悔没有像那些哥们一样作恶多端；他害怕受到他们的讥讽和贬低；因为在监牢凳子上也体现着尊卑地位，正是由于这个缘故，有些劳改犯觉得住在这里比进入社会更舒服，他们在社会中受到嘲笑，而没有任何人喜欢生活在歧视当中。就这样，这个年轻人有了好的榜样，他几天之内就开始会讲囚犯的语言，因而

---

① 甘克明：《“铁窗泪”背后的故事》，载《人民公安》2007年第6期；艾荣编：《悔恨的泪——迟志强等演唱歌曲选》，中国地质大学出版社1988年版，第43~44页。

② ［意］切萨雷·龙勃罗梭：《犯罪人论》，黄风译，中国法制出版社2005年版，第194~195页。

他将不再是一个可怜的老实人；“朋友们”将能够毫无顾忌地与他握手。请注意，这里的青年也有一种光荣感，他们对自己过去作为新手时的情形感到惭愧。在这个藏污纳垢的地方待两三天可不能使一个人完全堕落；但是，一旦迈出了第一步，人们就无法半路停下。

的确如龙勃罗梭所说，这篇短文“很精彩”，它生动刻画了一个新手罪犯如何在监狱亚文化影响下逐渐被同化的过程。也印证了我们前文所做出的判断——通过分析罪犯精神活动产品，可以探究罪犯群体的情感、认知、审美取向和价值观，这也正是对其进行研究的目的。

（四）“罪犯守则”

监狱是一个小型的特殊社会，其内部有角色分工和复杂关系，罪犯要在这个特殊社会生存与“发展”，就要遵循其特有的规矩和法则。

英美学界将罪犯亚群体中约定俗成而被罪犯普遍遵循的行为规范称为 inmate code（罪犯守则），它一直都是监狱亚文化研究的重点之一，中文学界一般以罪犯“江湖规矩”或监狱“潜规则”来表述这个问题。[①]陈士涵认为，这些规则是“罪犯群体与社会主流文化相异的价值观和行为规范”，是监狱亚文化的核心。[②]

根据美国学者格雷沙姆·M. 塞克斯（Gresham M. Sykes）在新泽西监狱的研究，“罪犯守则”包括：[③]

（1）不要妨碍罪犯的利益。永远不要骗别人，少管闲事，

---

① 有的学者将 inmate code 译为“罪犯法典”，也有的译为“犯人行为规则”。参见赵宝成：《罪犯“监狱化”初探》，载《政法论坛》1992 年第 4 期。

② 陈士涵：《人格改造论》，学林出版社 2001 年版，第 26 页。

③ Gresham M. Sykes, *The Society of Captives*, Princeton, Princeton University Press, 1958, p. 63 – 108; Cited in Todd R. Clear et al., *American Corrections* (9*th ed.*), Wadsworth, Cengage Learning, 2011, p. 288.

别乱说话，别让人难堪。

(2) 不要和狱友吵架。保持冷静，别失去理智，管好自己的事。

(3) 不要欺骗、利用狱友。别食言，别欺诈、偷窃，别卖人情，别赖账。

(4) 要坚强。别懦弱，别抱怨，别逃避，要坚强，要像个男人。

(5) 不要信任看守和他们代表的东西。别当笨蛋，看守就是傀儡，看守是错的，犯人是对的。

台湾学者揭示的罪犯江湖规矩包括："不可告密，不可偷窃，有事由辈分小或者将出监之人来扛责任，要有备份观念、懂得尊重前辈，保密、不可泄露他人秘密，不要白目（不机灵，怎么教也不会），勿与管教人员走得太近，不能吃里扒外、出卖他人，人犯要团结、大家都是在困难中求存，不要惹是生非、影响其他受刑人之利益。"①

有些学者不使用"江湖规矩"或者"罪犯守则"这样的表达方式，而是采用与之相近的说法——"潜规则"。周敏等人总结了9条罪犯改造的潜规则，分别是：②

(1) "曲线救国"——罪犯的迂回之术。有反改造经验的罪犯往往以"软对抗"为手段，消极改造。

(2) "桃园结义"——罪犯的交友之道。绝大部分罪犯交友建立在胡作非为的"共同兴趣"之上。

(3) "多年的媳妇熬成婆"——罪犯的服刑资本与待遇。服刑经历

① 林祺芳：《监狱受刑人副文化之研究》，台北，中正大学犯罪防治研究所2002年硕士学位论文，第94~99页。转引自林茂荣、杨士隆：《监狱学：犯罪矫正原理与实务》，台北，五南图书出版股份有限公司2014年版，第163页。

② 周敏、刘丰源、曹云：《罪犯改造潜规则初探》，载《犯罪与改造研究》2010年第8期。

丰富、家庭经济状况良好、处理同改关系圆滑、有反改造经验、身体强壮等都是罪犯的“服刑资本”。

（4）“瞒天过海”——罪犯逃避劳动的“法宝”。罪犯通过“装”“赖”“自伤自残”等手段达到逃避劳动的目的。

（5）“等价交换”——罪犯中的利益分配原则。在劳动方面，长刑犯多劳、重劳获得减刑，短刑犯少劳、轻劳取得安逸，各自满足利益需求。

（6）“老大是如何当的”——事务犯的立身之道。事务犯在罪犯亚群体中的立身之道分为“三步曲”：取得组员信任、显示能力、结党营私巩固地位。

（7）“权力不用，过期作废”——罪犯中的权钱交易规则。在监狱中，事务犯和牢头狱霸各自利用“权威”敲诈勒索新犯或他犯，后者则通过花钱、捐物以买得安宁。

（8）人在江湖——罪犯“耳目”的生存法则。作为一类特殊的罪犯，“耳目”往往功利思想严重，经常为了自身利益的最大化，采取独特的生存之道。

（9）罪犯违纪的“转嫁”与“替罪”规则。违纪事件发生后，真正的主谋常常隐藏在幕后，有时会找“替罪羊”，或有人主动“接条”。

彭元春总结了11条罪犯的“潜规则”：私下交易、定额极限、先来后到、内部消化、补偿利用、实用主义、黑话暗语、资源优先、高分循环、同乡即友、关系比拼。

罪犯群体有潜规则，监狱民警群体同样存在潜规则，这也可以归入监狱亚文化范畴。彭元春总结了民警群体存在的6条潜规则：“争权推责”“内外有别”“一致对上”“责任缩水”“管理折中”“好人主义”。上海提篮桥监狱两名民警则认为，“网开一面”是执法陋习的推手，是监狱亚文化的典型表现。在执法过程中民警有一定发挥权力的空间，在罪犯会见、通信、处遇、劳动管理、卫生医疗甚至计分考评等过程中都可能存在“网开一面”的执法不公。①

（五）“囚中囚”：监狱社会的等级制

加拿大矫正局布朗奇菲尔德女士在其撰写的《刑罚的故事》一书中指出，“监狱不是一个无阶级的社会。囚犯们有他们自己的非正式分级和他们自己的不成文法，通过排斥和暴力来实施。”②

一般来说，“最巧妙和聪明的罪犯在监狱亚文化中享有最高地位”。处于罪犯社会等级制顶端的是银行抢劫犯、保险箱盗窃犯、诈骗犯，处于底端的是轻微盗窃犯、入室盗窃、街头暴力犯，再往下是烟草债务人、破产赌博者、告密者、前监狱看守和警察、性罪犯，这些人就是所谓的“囚中囚”。1971 年，金斯顿感化院发生暴乱，14 名“囚中囚”（欺骗者、强奸犯、告密者）被拷打，12 名受重伤，2 名死亡。③

“囚中囚”反映出罪犯群体中的“阶级”或社会等级，也是一种具有代表性的监狱亚文化现象。

（六）狱内暴力

郑杰在研究监狱亚文化问题时，对狱内暴力现象给予重点关注。他认为，狱内暴力事件或者是罪犯亚文化的体现，或者直接就是罪犯亚文化积淀的结果。至于罪犯习惯使用暴力手段解决矛盾，郑杰将其归结为“囚徒哲学的人生观”，其表现是：④

---

① 参见吴佳玭、刘磊：《监狱亚文化反思——以法律传统文化为分析视角》，载中国监狱工作协会监狱文化专业委员会编：《监狱文化研究》（2015 年度），中国监狱工作协会监狱文化专业委员会 2016 年内部印行，第 164 页。

② ［加］西莉亚·布朗奇菲尔德：《刑罚的故事》，郭建安译，法律出版社 2006 年版，第 144 页。

③ 参见［加］西莉亚·布朗奇菲尔德：《刑罚的故事》，郭建安译，法律出版社 2006 年版，第 144～146 页。

④ 郑杰：《狱内冲突澄明与管控》，厦门大学出版社 2017 年版，第 213～214 页。

（1）谁的拳头硬谁才掌握话语权，罪犯的常用语就是——“说那么多废话干什么?”

（2）罪犯不会为自己的侵犯行为感到丝毫愧疚，因为在监禁之前就目无法纪、恃强凌弱、横行霸道；

（3）信奉“软的怕硬的，硬的怕横的，横的怕不要命的”亡命思想；

（4）罪犯残暴、贪婪，信奉利己主义的唯我论，认为人和人之间就是相互攫取、相互利用。

郑杰认为，这种“囚徒哲学的人生观”在罪犯群体中具有很强的生命力、腐蚀性和传染性。罪犯施暴行为必定受到受暴者的反抗——因为罪犯亚文化瞧不起逆来顺受的罪犯，监狱出现暴力行为的恶性循环因此在所难免。

狄小华教授认为，监狱中有一种崇尚暴力的亚文化。对一些罪犯尤其是暴力犯来说，暴力是其与其他罪犯对话的工具，“不管有理无理，拳头就是道理”；一些罪犯信奉弱肉强食的生存法则，“认为能拼、能杀，不怕流血、挨打是在任何环境下不吃亏的本钱”；暴力也是罪犯地位的标志，有的罪犯依仗暴力树立自己的“形象”，赢得“声誉”。[①]

出于种种目的，罪犯在监狱中还进行“发明创造”，这无疑属于监狱亚文化的重要组成部分。例如，Sing - Sing 监狱的罪犯就利用吃剩下的苹果和土豆成功酿出了酒。[②] 笔者曾亲眼见到一名罪犯将铁片固定在竹片上，连上电线直接放在水盆中当“热得快”用。而为了抽烟，将棉花置于木板或者水泥地面上摩擦取火的方法在许多监狱都出现过。这些都是肉眼可见的，罪犯群体中究竟有多少不为人知的秘密，尚待继续探索。

---

① 参见狄小华：《冲突、协调和秩序：罪犯非正式群体与监狱行刑研究》，群众出版社 2001 年版，第 109～110 页。

② 参见［意］切萨雷·龙勃罗梭：《犯罪人论》，黄风译，中国法制出版社 2005 年版，第 156 页。

第二节　监狱亚文化的特征、成因与治理

一、监狱亚文化的特征

关于监狱亚文化的特征，目前能看到的文献分别来自两位不同学者，其概括各具特色，所揭示出的十二个方面特征竟然在表述上没有一个完全相同。

孙平认为，监狱亚文化具有低层次性、隐秘性、对抗性、传播的独特性和持续性五种特征。[①]

彭元春在分析监狱潜规则时，总结出形成的自发性、维持和延续的非强制性、存在的特殊性、隐含契约性、呈现的不确定性、局部效益效率性、形态呈现的多样性七个特征。尽管彭元春所说的潜规则既包括罪犯的潜规则也包括民警的潜规则，但是这七个特征显然适用于对监狱亚文化的概括。

尽管在表述方式上两位学者互不重合，但是通过详细分析对上述特征的解释，还是可以发现二者的共识。在此基础上，笔者总结出监狱亚文化的三个突出特征。

（一）监狱亚文化具有反社会特征

作为一种亚文化，体现于罪犯身上的情感、思维方式、价值观和行为方式等都与社会主流文化存在较大差异。这种差异或者表现为审美旨趣、需要层次、道德水准等方面的低层次性，或者表现为对公序良俗、

---

① 参见孙平：《监狱亚文化研究》，载《法律科学》1991 年第 4 期。

传统道德观念、国家法律的对抗性，或者表现为对人类理性、情感和常规的悖逆或扭曲。简言之，监狱亚文化是对社会主流文化的否定和悖逆。刘方冰曾重点讨论罪犯亚文化的“抵抗风格”，认为罪犯试图通过身体、语言、行为等途径实现对监狱规训的抵抗、颠覆和解构。例如，制度要求男犯一律理成光头，但是有的罪犯总想把头发留成寸发，实现“对抗”。[①] 而“拒绝下蹲”“不穿囚服”“不吃囚粮”（吃“囚粮”反面就是“吃场”）“地下经济”等都可以解读为罪犯对管理权力的一种“对抗”。

（二）监狱亚文化具有不成文的特征

主流文化为社会所积极倡导，在监狱中会进行公开宣传。但是监狱亚文化仅仅在罪犯亚群体中流行，为罪犯这一特殊群体所信仰、遵从、奉行。同时，由于其具有反社会特征，为主流社会所不容，监狱管理机关会将其作为监督和控制对象。因此，监狱亚文化不会以明文规定的形式出现，只能约定俗成，口耳相传，通过罪犯之间模仿、传习、熏染得以传播。

（三）监狱亚文化具有社会整合的特征

社会整合（social integration）在西方学术界一般被理解为社会系统一体化过程，或者这一过程的终极状态。国内一些学者则将其理解为，通过利益调整和协调使社会个体和社会群体结合成为社会生活共同体的过程。[②] 某种意义上，社会整合也是一种社会的自我调控过程，是通过协调矛盾和冲突，使之成为统一体系的过程。[③]

---

① 参见刘方冰：《文化治理与监禁生态》，江苏凤凰文艺出版社 2016 年版，第 138 页。

② 参见杨信礼、尤元文：《论社会整合》，载《理论学习》2000 年第 12 期。

③ 参见宋浩波：《社会整合与控制犯罪》，载《公安大学学报》1991 年第 6 期。

如果我们把罪犯亚群体视为一个小社会，那么监狱亚文化在其中无疑发挥了社会整合功能。也就是说，监狱亚文化可以给罪犯提供一种归属感，满足他们解决冲突和矛盾的需要。以“罪犯守则”（inmate code）为例，它教导罪犯相互忠诚，阻止他们相互背叛或站在管理者一边。同时，遵守“罪犯守则”（inmate code）还可以避免无序的欺凌和剥削，因而在一定程度上实现了对罪犯行为的控制，[①] 实现了社会整合。

二、监狱亚文化的成因

（一）前人的研究

美国学者在监狱亚文化成因方面一般信奉经典的三重解释，也就是上节所说的剥夺理论、输入理论和整合理论。国内学者的解释，就笔者所见，主要有陈宝友和于海涛两人的观点。

陈宝友认为，监狱固有属性的消极影响和其信息积极功能发挥的欠缺是监狱亚文化形成的原因。具体可分为三个方面：[②]

（1）在监狱硬件信息层面：一是特有的监禁行刑方式是监狱亚文化产生的内在因素。高墙、电网等将罪犯隔离于社会，罪犯容易出现自闭、盲从、多疑等心理。二是监狱布局方面的不利影响。监狱地处偏僻地区，信息闭塞，阻碍了与外界的交流和创新理念的输入。三是监区环境建设不足的影响。设施落后，导致应有的传递正面信息、抑制负面信息的作用发挥不出来。

（2）监狱制度信息层面：一是监狱的法律法规的禁止性、强制性规定对罪犯身心的影响；二是民警传递积极信息的作用有待加强。

---

① See Mike Maguire et al.（eds.）, *The Oxford Handbook of Criminology*（5*th ed.*）, Oxford University Press, 2012, p. 911.

② 参见陈宝友：《从信息的视角解读监狱亚文化现象——以“监狱人格”为中心》，载《中国监狱学刊》2005 年第 5 期。

（3）刑罚执行理念层面：实践中，存在重视监管和惩罚功能，忽视教育和矫治功能的现象。

于海涛在认同美国学者经典三重解释基础上，提出罪犯构成比例发生变化是亚文化产生的第一个原因，而监狱工作中心偏离是第二个原因。“构成比例变化”形成新的亚文化现象，“重生产，轻改造”导致矫正职能弱化，主流文化缺失，亚文化随之滋生。①

（二）本书的观点：环境决定性与个体适应性

国内学者的解释契合国情，注重细节分析，然而抽象程度不足。英文文献的解释注重理论抽象，但是对于一些具体的亚文化现象难以充分说明其成因。此处，笔者尝试通过分析文化的基本特征来解释其形成的原因。文化的基本特征有二，即共享性和习得性，这两个特征同时也对监狱亚文化的形成做出了合理解释。

1. 环境决定性

文化的第一个特性是共享性。在特定的人群当中，共同生活将有利于形成共享的价值观和行为模式。如果从这样的视角来看，监狱亚文化在监狱这种特殊机构出现就不足为奇了。甚至可以说，只有在监狱这种犯罪人如此集中的特殊机构，才可能形成“暗语”“罪犯守则”等监狱亚文化。以罪犯守则为例，这些“日用而不知”的规范满足了罪犯亚群体的自治需要。我国在监狱管理中强调民警对罪犯的“直接管理”，但是，即便警力紧张问题未来得到解决，监狱管理者也不能24小时与罪犯生活在一起。罪犯群体中产生的各种矛盾，需要运用大多数罪犯认同的规则来解决，维护监狱社会秩序需要一种心照不宣的价值体系。因此，从文化的“共享性”特征可以概括出监狱亚文化的第一个成因——环境

① 参见于海涛：《罪犯亚文化成因剖析及消弭措施》，载马志冰、赖德义主编：《监狱文化建设与监狱管理创新工作研究》，法律出版社2014年版，第237页。

决定性。加拿大学者在著作中引用一名罪犯的话来描述“罪犯守则”中的“doing your own time”，他说：[①]

> 这意味着与他人保持距离并置身事外。别发表意见，别碍着别人，也别接受别人的帮助。你要明白，自己是一个“生手”，要学习“老油条”的处世之道。你要应付“海盗”（邋遢家伙，包括看守和犯人）“基佬”（寻找同性恋对象的家伙），你还得应付“老板”“钩子”“灰衣”“甜点”（指各种级别的监狱管理人员），还不能巴结他们。你必须对付其他想把你当成“妓女”或“混小子”的罪犯。每个人都可能带着“家伙”（自制刀具），是用牙刷、刮胡刀或者磨尖的铁条制作的。一个人看上去越老实，你越要警惕。

在一个帮派林立、人人自危、资源有限、弱肉强食（并且是赤裸裸的）的世界里，“管好自己的事”是第一定律或者首要“法则”。外部世界的相互帮助，在这里让位于自我安全的需要。可以说，环境决定了监狱亚文化，共同的环境决定了监狱亚文化的共享性。

2. 个体适应性

文化的第二个特性是习得性。罪犯群体之中存在积极的社会互动，监狱亚文化是学习或者习染的结果。监狱亚文化形成的重要因素之一，是罪犯亚群体和监狱管理者之间存在不同的利益关系，或者说不同的权力关系。正如斯坦福监狱实验所揭示的那样，罪犯的利益往往因为管理的需要而遭到忽视，监狱管理者和社会公众都不能接受对罪犯过于宽容

---

① See Ricciardelli, *An Examination of the Inmate Code*, p. 249; Cited in Curt T. Griffiths, Danielle J. Murdoch, *Canadian Corrections* (5th ed.), Nelson Education Ltd., 2018, p. 216 – 217.

的态度。将惩罚看作“是一种必要的邪恶”，这一点古今中外概莫能外。[①] 为适应监狱生活的艰苦条件——不仅仅是指物质条件、环境，更是社会心理环境和精神条件，就必定形成一套必要的生存法则。例如，将龙、虎、狼等凶恶形象文在身上，除寄托某种希望之外，更多的是实现一种对他人的威慑功能，或者对群体的认同功能。所谓认同，与暗语的使用效果相近，可以表现为：说同样的话，穿同样的衣服（文身相当于一种特殊的穿着打扮），做同样的事情，用同样的方式处理问题，表达同样的观点（这里面已经涉及语言、兴趣、价值取向等多种因素）。在社会互动中经过不断试误、调整、适应，罪犯在“监狱社会”中习得了特有的亚文化。至此，我们从文化的“习得性”特征可以概括出监狱亚文化的第二个成因——个体适应性。

从社会心理学角度分析，监狱亚文化之所以能被罪犯普遍接受和认同，还可以通过“自我价值定向理论”（self – worth orientation theory）得到解释。罪犯从共同的亚文化遵从者身上仿佛看到了自己的身影，找到了个人的归属感，获得了自我价值支持和保护，这正是监狱亚文化得以不断延续的原因。[②]

（三）从拟剧论视角看环境决定性与个体适应性

至此，我们实际上从文化的基本特征推演出监狱亚文化形成的两个重要原因——环境决定性和个体适应性。接下来，我们用戈夫曼的“拟剧论”进一步说明监狱亚文化的形成，在其理论中环境决定性和个体适

---

① 参见［加］鲁辛·摩林：《作为司法手段的矫正教育》，载［加］鲁辛·摩林主编：《论监狱教育》，李引、徐学渠译，黑龙江教育出版社 1990 年版。早在 1651 年，霍布斯就在《利维坦》一书中指出：“法律不随之以刑罚的威慑，便不成其为法律，而只是空洞的言辞。”并且他认为，“惩罚就是公共当局认为某人做或不做某事是违法行为，并为了使人们的意志因此更好地服从起见而施加的痛苦”。参见［英］霍布斯：《利维坦》，黎思复、黎廷弼译，商务印书馆 1985 年版，第 228、241 页。

② 参见“自我价值定向理论”由北京师范大学教授金盛华提出，参见金盛华主编：《社会心理学》，高等教育出版社 2005 年版，第 301 页。

应性体现得更为明显。

戈夫曼借鉴戏剧学思维方式，分析了个体试图控制他人对当下情境印象的技术。特定的参与者在特定场合“以任何方式影响其他参与者的所有活动”都可以称为“表演”（performance）。而以特定个体的表演为参照点，其他做出表演的人称为观众、观察者或协助参与者。“在表演期间展开并可以在其他场合从头至尾呈现或表演的预先确定的行动模式，可以称为‘角色’（part）或‘常规程序’（routine）。”① 由此，个体的社会活动，就变成了他在各种不同场合对各种观众的表演。个体在表演期间使用的标准表达性装备就是他的“前台”。表演有时候需要他人的配合，“相互间的密切合作来维持一种特定的情境定义”的群体就是“剧班”。并且，个体在他人面前呈现自己时，其表演总是倾向于“迎合并体现那些在社会中得到正式承认的价值”，换言之，“表演者”总是想用不同方式给“观众”造成某种“理想化”的印象。

用戈夫曼的理论模式考察罪犯乃至于矫正官员的群体规则，就会发现，群体的社会性活动很像是一个剧班在使用剧本在表演。个体在群体中的行为无不被环境所决定，而这个过程实际上就是个体适应性的体现。

英文相关文献认为，监狱官员的亚文化（staff subculture）与罪犯亚文化有严格区别，是指监狱管理人员的集体信仰、价值和行为。这些信仰和价值构成了“管理人员守则”（officer code），相关学者总结的这些守则包括：②

（1）永远帮助陷入困境的同事；

（2）不要夹带毒品或者其他黑货；

（3）不要给其他同事添麻烦；

---

① ［美］欧文·戈夫曼：《日常生活中的自我呈现》，冯钢译，北京大学出版社2008年版，第11、12、19、29、89页。

② See Frank Schmalleger, *John Ortiz Smykla*, *Corrections in the 21st Century* (*8th ed.*), McGraw - Hill Education, 2017, p. 243 - 244.

（4）永远不要让同事在罪犯面前出丑；

（5）永远支持一个与罪犯发生争执的同事；

（6）始终支持同事对罪犯的制裁；

（7）不要装“好人”或者假“正经”；

（8）与外界打交道时保持内部团结；

（9）积极关注同事。

不但罪犯有守则，管理者也有自己的不成文规定。这些东西的存在，是一个剧班在长期演出过程中磨合出来的最佳生存方式。因此，它可能不合乎法律规定，但是“避开了规章制度的法定运行环节”，简化了烦琐的程序，节约了“交易成本”。正如一名监狱民警所举的例子，监舍的灯泡坏了，或者车间暂时缺一些辅料。如果民警按照正常程序办，先要填写领料单，然后再经过层层审批，最后可能还领不到。如果交给有面子的罪犯去办理，通过私下的关系，可能会手到擒来。这个例子说明，在中国这种遵循“差序格局”的社会中，特殊主义原则是普遍适用的。

在解释监狱亚文化问题时，有两点需要注意，一是时代差异，二是文化差异。需要指出的一点是，无论是克莱默、约翰·欧文（John Irwin）、唐纳德·克雷西（Donald Cressey）还是塞克斯关于监狱的典范性研究，都是20世纪70年代之前进行的。今日的美国监狱，仅仅从监禁率方面看，也与过去有了天壤之别。所以，关于监狱亚文化的解释需要更新。另外，我们也需要警惕，西方的理论是否适合解释中国的监狱问题。以塞克斯的经典之作 *The Society of Captives* 为例，作者的研究对象是美国新泽西州最高戒备等级监狱。因此，他得出的关于罪犯监禁的痛苦等结论，我们需要审慎分析。在加拿大学者的著作中引用了一位罪犯

的陈述：[①]

> 我认为在这里没有一个人会感到安全。你总是要回头看，你不知道在什么时候会发生什么事。一个人可能会突然发怒，无缘无故地往你脖子上扎一家伙……即使你晚上在自己的牢房里，并且牢房被锁着了，你仍然觉得不安全。

显然，这种人人自危的情形，在中国监狱中是不存在的。由此可知，北美等地的监狱状况与中国有着巨大差异，而这正是西方监狱理论赖以建立的事实基础。因此，我们运用这些理论解释中国监狱问题时，一定要慎之又慎。

三、监狱亚文化的治理

（一）监狱亚文化的消极影响

站在主流文化角度，为了管理和改造罪犯，治理监狱亚文化是必然选择。如果任由罪犯亚文化滋生和蔓延，必然在监狱管理中出现有悖于改造目标的再社会化（某种程度上的“犯罪化”）过程，出现与官方管理规则不同的“地下规则”，并导致罪犯形成错误价值观。

有学者从三个方面总结了监狱亚文化对人格改造的对抗和销蚀。[②] 第一，“病态人格”。监狱亚文化导致罪犯产生病态人格，其表现包括仇视社会的反社会人格，卑微顺从、丧失自尊的卑微人格，“两面三刀”、欺软怕硬的双重人格。监狱学者孙平记录了自己被罪犯欺骗的经历：曾经有一名罪犯声称可以与孙合写一本《犯罪案例集》，最终证明，这名罪犯

---

① See P. L. Faulkner and W. R. Faulkner, *Effects of Organizational Change on Inmate Status and the Inmate Code of Conduct*, Journal of Crime and Criminal Justice 20, No. 1 (1997), p. 55 – 72; Cited in Curt T. Danielle J. Murdoch, *Canadian Corrections* (*5th ed.*), Nelson Education Ltd., 2018, p. 218.

② 参见陈士涵：《人格改造论》，学林出版社 2001 年版，第 28 页。

是在欺骗他。而骗人的目的，令人感到不可理喻。[①] 第二，“狱内之狱”。形成了一种监狱的不良环境，导致罪犯顾虑重重。上海话讲“大官司好吃，小官司难熬”。其中“大官司”是正式的“服刑”生活，而“小官司”则是指在罪犯群体中受到的“威胁、报复和刁难”。第三，“劣币驱良币”效应。也就是说，不管改造的影响如何，罪犯回到罪犯群体之后，就会“故态复萌”。

除上述三点外，笔者认为，监狱亚文化还对越轨行为和态度起到了“合理化”作用。例如，罪犯服膺“哥们义气”“江湖义气”“多个朋友多条路”“在家靠父母，出门靠朋友”等帮派思想，以及“有福同享，有难同当”“为朋友两肋插刀”“不反水”（不出卖同伙）等行为和道德准则。长期浸淫于这种文化氛围中，罪犯将不会必然把违反社会规范的行为看作不道德的行为，不会把违犯刑法的行为当作犯罪行为。即使实施了违法犯罪行为，他们也不会产生罪恶感。在这种亚文化作用下，违法犯罪是其生存、生活的根本方式，他们会把使用违法犯罪手段解决问题看作理所当然的事情。[②]

此处，我们通过电影《看车人的七月》进一步分析监狱亚文化的影响。[③] 这部影片反映的是20世纪90年代末，城市下岗职工老杜因恋爱纠纷走向犯罪的故事。老杜靠晚上在歌舞厅门口看车收费独自拉扯读中学的儿子小宇，并与花店女老板小宋恋爱。小宋的丈夫刘三在监狱服刑，已经答应与她离婚。但刘三提前出狱后撕毁了离婚承诺书，先是小宋挨打，接着刘三抢走了老杜准备结婚用的新家具，再接着刘三在老杜当班的时候砸坏了停车场里的豪华轿车，让老杜赔上了全部积蓄，并失去了

---

① 参见孙平：《监狱亚文化》，社会科学文献出版社2013年版，第1~2页。

② 参见郭梓贤：《黑社会（性质）组织亚文化形成研究》，载中国犯罪学研究会、中国法学会犯罪学研究会编：《中国犯罪学研究会第十六届学术研讨会论文集》（下册），第1208页。

③ 参见《看车人的七月》由安战军导演，范伟、陈小艺主演。2004年，该片荣获第28届蒙特利尔国际电影节评委会大奖、最佳男演员奖。

工作。忍无可忍的小宇伺机教训刘三，反遭刘三毒打。老杜为小宇16岁生日准备的蛋糕在路上被几个年轻人撞掉摔烂，所有的激愤和仇恨在蛋糕破碎的一刹那被引燃，老杜手持板砖砸向了刘三的后脑海。根据电影对人物性格的刻画，我们可以推测出老杜入狱后的表现：文化程度不高，来自社会底层，本性善良。因长期受人欺辱，一时冲动而激情犯罪。无前科，主观恶性不深。虽然属于暴力犯罪，但是人身危险性低。收押之后，认罪悔罪态度好，能正确分析犯罪原因，认罪服判，对个人的犯罪危害认识深刻，能模范遵守监规纪律。但是，“老杜型”服刑人员在监狱可能出现两种倾向：

第一，“混刑度日”。国外学者称“混刑度日”为“doing time”，“时间游戏”。监狱民警以为其主观恶性不深，人身危险性不大，听之任之；罪犯又自认为“情有可原”“罪有可恕”，甚或“有错无罪”，在适应了监狱生活之后便将自己归入“无须改造”之列，于是就出现了“混刑度日”的现象。

第二，监狱化。老杜进了监狱，若干年后他刑满释放，他还是原来的他吗？除了虚耗光阴，监狱生活会不会在他的身（心）上留下一些印记呢？

从一般情况来看，服刑人员在监狱中被贴上了“罪犯”标签之后，便有可能习得罪犯的“亚文化”。有学者指出，从个性化角度看，监狱化的主要后果是导致罪犯人格上的“退化或萎缩”；而从犯罪化的角度看，监狱化会使罪犯“道德观念进一步衰退，廉耻之心丧失殆尽”，接受“罪犯社会非正式的价值、习惯和规范”。并且，监狱的生活体验会使罪犯清楚认识到自己属于被称为“罪犯”的“这一类”，进而会因自己的“罪犯”名称而自卑、绝望和自甘堕落，甚至对回归社会感到恐惧不安。[①] 加

① 参见赵宝成：《罪犯“监狱化”初探》，载《政法论坛》1992年第4期。

拿大学者也提出，监狱给罪犯造成了两种特殊的“停滞现象”：道德上的停滞和智力上的停滞。前者是指，“要被迫反省和谴责自己”；后者是指罪犯“发现自己并不是他自己，而是别人对自己的看法和评价”，“是别人通过控制他的意志、愿望、感情、思维，告诉他应该怎么做”。[①]

英国社会学家安东尼·吉登斯（Anthony Giddens）从社会学角度对这一变化进行了描述：罪犯“不仅被剥夺了自由，也被剥夺了正当的收入、家人和从前朋友的陪伴、异性恋的关系、他们自己的衣物和其他个人物品。他们的居住条件经常过于拥挤，而且不得不接受严格的纪律约束以及对他们日常生活的管辖。这种环境往往会使监狱中的囚犯与外部社会分离，而不能使他们的行为适应那个社会的规范。狱中囚犯不得不屈服于与‘外部社会’截然不同的环境，而且他们在监狱中所学的习惯与态度，常常与他们所应该学到的恰恰相反。例如，他们可能会对普通公民逐渐产生怨恨，学会把暴力行为当作正常的东西来接受，与有经验的罪犯发生接触，并在获得自由后仍与之保持联系，而且还可能会获得他们以前所知甚少的犯罪技能”。[②]

如果说第一种影响是从监狱方面来看的，那么第二种影响则是罪犯个体方面的审视。一个普通公民因犯罪而入狱，假如不但不能被“改造”，回归社会后反而进一步沾染恶习，从此“自甘堕落”，则监狱工作的价值何在？改造罪犯成为“守法公民”的目标将如何实现？

所以，对于“看车人”老杜来说，一方面是如何使其避免“监狱化”的问题，另一方面是如何改造的问题。某种程度上这两个问题此消彼长，监狱若不能成为改造人、造就人的“特殊学校”，则容易沦为犯罪技能的“传习所”。

---

① ［加］鲁辛·摩林主编：《论监狱教育》，李引、徐学榘译，黑龙江教育出版社 1990 年版，第 5 页。

② ［英］安东尼·吉登斯：《社会学》，赵旭东等译，北京大学出版社 2003 年版，第 301 ~ 302 页。

此处我们可以通过“社会化”概念，进一步思考罪犯在监狱中所受到的文化影响。社会化就是个体通过“思维、情感与行为模式（换句话说，是这一社会或群体所特有的文化模式）的内在化（*intériorisation*）融入一个特定社会或特殊群体的过程”。[①] 如果我们不仅仅将社会化理解为一种“代际间的连续性”问题的话，那么就可以用这个概念来分析监狱内部发生的两种不同文化对罪犯的“社会化”影响。因为在这一过程中，个体要认同其“社会”，并最终成为其“社会”的成员。对于像“看车人”这样的罪犯，实际上存在两种“社会”影响力对其共同发生作用的过程。换言之，监狱内同时发生着两种相反的“社会化”，一种来自罪犯亚文化（监狱文化Ⅱ）的影响，另一种来自主流文化（监狱文化Ⅲ）的影响。前者是监狱化或者犯罪化的过程，后者可以归入通常所说的改造或者矫正的过程。

（二）监狱亚文化的治理对策

监狱亚文化是否能彻底消除，这是一个必须首先回答的问题。之所以本书使用了治理一词，而不是消除，即已表明了立场。笔者认为，监狱亚文化是难以彻底消除的。在任何组织之中，不同的主体都有不同的利益，都会形成一定的权力结构。管理者和接受管理者因为立场不同，必然有不同的利益诉求，难免产生冲突。因此，不同主体形成不同的“信念、价值观和行为模式”是可以理解的。监狱民警和罪犯处于执行刑罚和接受刑罚处罚的两极，完全消除其中任何一极的文化都有违常识。正如叶春弟在《丛棘岛映像：越轨行为在监禁社会的表现与规则》中所隐喻的，在监狱这个丛棘岛上，民警和罪犯分别属于两种类型的人——

---

① ［法］丹尼斯·库什：《社会科学中的文化》，张金岭译，商务印书馆2016年版，第67页。

獬冠人和南冠人。[①] 两类人有各自的文化心理和行动逻辑，其对立可以说是文化命运使然。但是，对于监狱亚文化，监狱管理者并非不能有所作为。关于这个所谓的“作为”，于海涛认为是“消弭”，刘方冰认为是“遏制与收编”，笔者认为可以使用“治理”这一中性概念。用一句话概括，就是引导为主，限制为辅。用监狱文化Ⅲ引导监狱文化Ⅱ，消除其滋生条件，限制其蔓延范围，压缩其生存空间，减少其传播可能。将其置于可控范围内，即为成功治理。仍以上文《看车人的七月》为例，对老杜那种“不恶”的罪犯，主要在于避免其受到监狱亚文化的侵蚀；对于刘三那种“较恶”的罪犯，要避免其变得“更恶”。至于具体的思路，可以从四个方面讨论。

第一，加强对监狱亚文化的研究，这是进行治理的前提和基础。在《研究“罪犯之研究”》中，于荣中有感于罪犯观察监狱之细致，研究监狱之透彻，判断问题之准确，所以倡导监狱要“反其道而行之”，反过来研究罪犯在研究什么。[②] 虽然于文主要是从安全防范角度立意，但是文章对监狱亚文化治理很有启发。改造和管理罪犯，需要建立在认识罪犯的基础上，这一点是中国监狱研究者的共识。美国学者的著作中也有类似的观点——要认识犯人，先要认识他们的文化。在认识基础上，可以制定分类治理对策：文身现象可以杜绝其发生，暗语可以限制其使用可能性，潜规则可以用显性规范“置换”。

第二，本着“了解之同情”，追问监狱亚文化产生的原因。尽管本书不同意用“痛苦”来概括罪犯的服刑生活，但是罪犯在监狱中普遍出现焦虑、困惑和迷茫却是客观事实。监狱亚文化是罪犯适应监禁生活的产物，体现着环境决定性和个体适应性。江苏省龙潭监狱心理健康指导中

---

① 参见叶春弟：《丛棘岛映像：越轨行为在监禁社会的表现与规则》，上海社会科学院出版社 2021 年版，第 25 页。

② 参见于荣中：《研究“罪犯之研究”》，载《犯罪与改造研究》2011 年第 3 期。

心副主任曹军瑭曾经让新入监罪犯将他们第一次穿上囚服、吃第一顿午饭、第一次睡在监狱的感受记录下来，罪犯的记录中包括如下文字："穿上囚服，心里十分沉重""有一种可怕的感觉""心里很不是滋味""我明白现在的我是社会最底层的人了，没有自由……""刚才我在狱内吃了第一顿午饭，我心里感到很紧张，也有点害怕……""今天是我到监狱的第一天，马上准备睡觉，刚躺下来，眼睛闭上，怎么也睡不着"。① 这些社会上的"隐形人"除了主动适应监狱生活外别无选择。在讨论监狱亚文化的治理问题之前，我们要本着"了解之同情"，深入分析监狱亚文化产生的原因，这样才能提出既有针对性又有温度的治理方案。

第三，积极推进监狱文化建设，用主流文化引导和消解罪犯亚文化。1992 年出版的《上海监狱人权记录》有这一样一段文字："罪犯也有'业余时间'，也有'八小时以外'。如何打发这时光呢？海阔天空闲聊，谈女人，谈赚钱，谈黄色录像，谈感官刺激，谈犯罪经历，谈享受……这里有教唆，有传授，有腐蚀，有'交叉感染'，有杂草丛生的'亚文化'。"确实，这很像"一片精神世界的沙漠"。② 但是，上海市监狱系统各监狱通过设立图书阅览室、成立艺术团、诗社、翻译室，引导罪犯参与各种"习美"活动、文化活动，投身技术革新、发明创造，最终使监狱里的"沙漠"面积渐渐缩小，"绿洲"面积不断扩大。实践证明，开展监狱文化建设可以有效引导和消解罪犯亚文化。

第四，坚持依法治监，不断深化监狱法治化进程。"合法性"和"公平"这两个概念是一个积极监狱文化的关键组成部分。③ 很明显，如果监狱管理在公正、合法的制度下运行，那么"罪犯守则"就没有发挥作用的空间。反之，如果管理者徇私枉法，罪犯明显感觉到不公正，那么他

① 曹军瑭：《隐形人——拘禁心理解析与治疗》，南京师范大学出版社 2012 年版，第 6～16 页。

② 参见王飞主编：《上海监狱人权记录》，上海人民出版社 1992 年版，第 251 页。

③ See O. Hayden Griffin Ⅲ, Vanessa H. Woodward (edited), *Routledge Handbook of Corrections in the United States*, Routledge, 2018, p. 353.

们就不得不寻求潜规则的保护。中外监狱在管理方面有许多可以相互借鉴的地方，例如，英文文献研究表明，糟糕的监狱管理是罪犯攻击罪犯、袭击工作人员和监狱骚乱的重要预测因素。[①] 如果罪犯目睹监狱管理者的一次不公正行为，他就会选择不再相信管理者的所有言行。法治环境本身就是一种特殊的文化，监狱民警能切实做到严格、规范、公正、文明执法，严格依法办理减刑、假释、暂予监外执行案件，就能提高执法公信力，把监狱变成法治文化宣传的阵地。

① See O. Hayden Griffin Ⅲ, Vanessa H. Woodward (edited), *Routledge Handbook of Corrections in the United States*, Routledge, 2018, p. 353.

第四章　监狱文化视野中的惩戒文化与监禁文化

讨论监狱离不开“监禁”和“惩戒”这两个关键词，监狱是体现监禁文化最典型的场所，监狱和惩戒文化有不解之缘。如果不了解监禁文化和惩戒文化就不能全面理解监狱文化。惩戒是古已有之的文化景观，惩戒与人类个体的成长如影随形。牢笼作为监狱的文化隐喻，从现实到虚拟世界，可谓无处不在。人从未真正走出牢笼，这样说似乎并不为过。边沁、福柯、戈夫曼、菲利普·津巴多（Philip Zimbardo），这些学者各自从不同视角对监禁问题做过深刻反思，其思想成果是宏观监狱学研究的宝贵资源。显然这个名单还有进一步补充的必要，但是仅仅研读这四位大师级学者的作品就足以使监狱学突破当下狭隘的视野。

第一节　惩戒文化

2020年12月，教育部颁布《中小学教育惩戒规则（试行）》，并于2021年3月1日起施行，这是我国首次以部门规章形式对教育惩戒做出规定。该规则出台前后学界关于教育（教师）惩戒权多有讨论，其中涉及的问题对监狱学颇有启示。从广义来理解，罪犯改造是一种特殊的教育活动，其中必然包含教育惩戒的因素。从刑罚学视角看，监狱本身就是对犯罪人实施惩罚和教育的场所，是以“惩罚性”为前提而体现的“教育性”。可以说，监狱和惩戒有着不解之缘，监狱文化必然包含惩戒文化。

一、惩戒的含义

惩戒现象在人类社会广泛存在。从词源来看，“惩戒”主要有两种含义：（1）以过去的失败作为教训。《汉书·诸侯王·表二》：“汉兴之初，海内新定，同姓寡少，惩戒亡秦孤立之败，于是剖裂疆土，立二等之爵”。（2）惩罚以示警诫。汉蔡邕《蔡中郎集·故太尉乔公庙碑》：“禁锢终身，没入财赂非法之物，以充帑藏，惩戒群下。”① 《辞海》对惩戒的解释与此近似：“惩治过错，警戒将来。也指引以为戒，即以过去的失败作为教训。”②

在现代汉语中，惩戒是指“通过处罚来警戒”（《现代汉语词典》），与古代“惩诫”词义较为接近。其中处罚是手段，警戒是目的。而在现

① 《词源》（修订本），商务印书馆1988年版，第635页。

② 《辞海》（缩印本），上海辞书出版社1990年版，第1808页。

代英语中，没有专门表示“惩戒”的词汇，与其意思相近的词汇有 discipline（惩罚）、punish（处罚）、reprimand（斥责）（《牛津高阶英汉双解词典》），它们共同的意思是通过处罚限制或制止某些行为发生。这与汉语惩戒的意思略有不同。①

惩戒的本质是惩罚，而惩戒的目的在于警戒和教育。② 可以说，对惩戒最简单解释是：惩罚以示警诫。惩罚在于使被惩罚的对象产生某种损失，产生一种负面的情感体验。英国著名法理学家哈特认为惩罚定义有五个基本要素，其中第一个要素是：“它必须与痛苦或其他相关的在通常意义上理解的不愉快有关。”③ 另有学者认为，“刑罚以其惩罚的严厉性为本质属性。”④ 但是所有的惩罚都有惩戒的效果，监禁刑尤其具有惩戒的目的。⑤

二、惩戒的种类

惩戒在家庭、学校和社会广泛存在，构成了完整的体系。从犯罪预防来看，惩戒既包括事后的惩罚，也包括为减少更严重不法行为发生的

---

① 参见张中原：《教育惩戒的人性论审视》，载《教育研究与实验》2020 年第 4 期。

② 邱兴隆不赞同刑罚的本质是教育，因为“某些刑罚方法具有教育性，但教育并非一切刑罚方法的共同属性”。但是，我们不能否认，所有刑罚的目的，都带有一定的教育性，虽然有的是针对刑罚对象的教育，有的是针对社会公众的教育。正如福柯所说，“如果刑罚要保护社会，就要做到避免产生敌人：所以需要起到警戒潜在敌人的作用”。参见邱兴隆等：《刑罚学》，中国政法大学 1999 年版，第 55 ~56 页；［法］米歇尔·福柯：《惩罚的社会》，陈雪杰译，上海人民出版社 2018 年版，第 87 页。

③ Hart, H. L. A. , *Punishment and Responsibility*: *Essays in the Philosophy of Law* （*2nd ed.* ）, Oxford University Press Inc. , 2008 , p. 5.

④ 邱兴隆等：《刑罚学》，中国政法大学出版社 1999 年版，第 55 页。

⑤ 即便是惩罚中最极端和最严厉的形式“死刑”也具有惩戒的目的性，这种目的性在于预防不法之徒重蹈覆辙，也即体现一般预防价值。正如福柯所说，“犯人仅仅是惩罚的目标之一。因为惩罚首先是针对其他人的，针对潜在的罪犯”。参见［法］米歇尔·福柯：《规训与惩罚：监狱的诞生》，刘北成、杨远婴译，三联书店 1999 年版，第 122 页。

预防性惩戒。监狱刑罚为前者的典型，后者则以预防未成年人犯罪为表现。惩戒的类型可以按不同标准进行划分，如惩戒的严重程度、发生领域以及惩戒主体等。

（一）按惩戒发生领域分

对于个体成长来说，惩戒发生的最初领域是家庭。中国民间流行“不打不成器”“棍棒之下出孝子”的俗语，西方也有“省了棍子，坏了孩子”之类的谚语。这些流行语说明，惩戒乃至体罚在中西方的传统时代普遍存在。父母教育子女，使用的惩戒形式包括：训斥、责骂（如余华的小说《活着》中福贵爹对福贵少爷的训斥和责骂）、吓唬、罚站、罚跪（《红楼梦》中贾代儒对贾瑞使用过这一惩戒手段）、冷暴力、关小黑屋（站走廊）、身体击打（古代的家法，如《红楼梦》中宝玉挨打的情节，这一点可以分为不同级别）。

学校是惩戒活动发生的又一重要领域，古今中外的教育活动似乎都与惩戒分不开。中国最早的教育学经典《礼记·学记》有“夏楚二物，收其威也”之说，其中“夏”通“榎”“槚”，是一种落叶乔木，为圆形；“楚”是一种落叶灌木，方形。“夏楚二物”指的就是责罚学生的木质工具。根据后人的解释，这句话的意思就是“以二物为扑，以警其怠忽者，使之收敛威仪也”。[①]“教育学之父”夸美纽斯认为，“有需要的时候就应当利用责备或惩罚，斥责或鞭挞。这种惩罚永远应该当场执行，使邪恶刚一出现就可以受到遏抑，或尽可能连根拔除”。[②] 从古代中国、古希腊、古罗马、古代埃及，直至现代学校，惩戒似乎是一种教育活动的副产品，从来没有消失过。只是随着社会的不断进步，体罚逐渐减少，取而代之的是其他相对“文明”的惩戒方式。从目前中国的学校来看，

① 陈澔：《礼记集说》，上海古籍出版社1987年版，第199页。

② ［捷］夸美纽斯：《大教学论》，傅任敢译，人民教育出版社1984年版，第184页。

教师往往会使用批评、训诫、请家长、停止学生的某种权利等方式来惩戒学生。

2021年3月1日起施行的《中小学教育惩戒规则（试行）》（教育部令第49号），首次对教育惩戒的概念作出了界定：

> 本规则所称教育惩戒，是指学校、教师基于教育目的，对违规违纪学生进行管理、训导或者以规定方式予以矫治，促使学生引以为戒、认识和改正错误的教育行为。

通过《中小学教育惩戒规则（试行）》的颁布我们可以做三个方面的延伸思考：一是教育活动中本来就有惩戒存在，但是过去很可能并不规范；二是教育活动需要惩戒，但是随着社会形势变化以及价值观转变，许多教师对学生“不会管”“不敢管”“不愿管”；三是在教育实践中，关于什么是教育惩戒、为什么进行惩戒、在什么情况下进行惩戒，惩戒形式有哪些，存在模糊认识。

实际上，1995年制定、2021年修改的《教育法》早就规定，教师负有“制止有害于学生的行为或者其他侵犯学生合法权益的行为，批评和抵制有害于学生健康成长的现象”的义务，学校有“对受教育者进行学籍管理，实施奖励或处分”的权利。2009年8月，教育部印发《中小学班主任工作规定》，其中明确，班主任在日常教育教学管理中有采取适当方式对学生进行批评教育的权利。但是《教育法》和《中小学班主任工作规定》的规定显然过于原则，不便于具体操作。

《中小学教育惩戒规则（试行）》规定，学生有下列情形之一，学校及其教师应当予以制止并进行批评教育，确有必要的，可以实施教育惩戒：

（1）故意不完成教学任务要求或者不服从教育、管理的；

（2）扰乱课堂秩序、学校教育教学秩序的；

（3）吸烟、饮酒，或者言行失范违反学生守则的；

（4）实施有害自己或者他人身心健康的危险行为的；

（5）打骂同学、老师，欺凌同学或者侵害他人合法权益的；

（6）其他违反校规校纪的行为。

《中小学教育惩戒规则（试行）》同时规定，学生实施属于《预防未成年人犯罪法》规定的不良行为或者严重不良行为的，学校、教师应当予以制止并实施教育惩戒，加强管教；构成违法犯罪的，依法移送公安机关处理。

社会生活离不开秩序，遵守社会秩序是每一位公民的义务，常见的社会秩序包括社会管理秩序、生产秩序、交通秩序和公共场所秩序。为了维护社会秩序，需要制定相应的社会规则（纪律、道德、法律等），而对于破坏社会规则的越轨行为、失范行为乃至于违法犯罪行为，相关机构会使用相应手段对行为主体实施惩戒。在社会惩戒体系中，最为典型的莫过于针对犯罪行为的刑罚体系。而监狱就是对判处死刑缓期二年执行、有期徒刑、无期徒刑的罪犯执行刑罚、实施惩罚和改造的专门刑罚执行机关。

（二）按照惩戒严重程度分

在上述三个领域，惩戒措施都存在从小到大、从轻微到严重的不同等级。单纯从惩罚的角度来看，可以从细微的不便（罚款、暂扣营业执照、车辆等）直至刑罚中的死刑。

在学校教育领域，《中小学教育惩戒规则（试行）》规定：教师在课堂教学、日常管理中，对违规违纪情节较为轻微的学生，可以当场实施以下教育惩戒：

（1）点名批评；

（2）责令赔礼道歉、做口头或者书面检讨；

（3）适当增加额外的教学或者班级公益服务任务；

（4）一节课堂教学时间内的教室内站立；

（5）课后教导；

（6）学校校规校纪或者班规、班级公约规定的其他适当措施。

而对于学生违反校规校纪，情节较重或者经当场教育惩戒拒不改正的，学校可以实施以下教育惩戒，并应当及时告知家长：

（1）由学校德育工作负责人予以训导；

（2）承担校内公益服务任务；

（3）安排接受专门的校规校纪、行为规则教育；

（4）暂停或者限制学生参加游览、校外集体活动以及其他外出集体活动；

（5）学校校规校纪规定的其他适当措施。

小学高年级、初中和高中阶段的学生违规违纪情节严重或者影响恶劣的，学校可以实施以下教育惩戒，并应当事先告知家长：

（1）给予不超过一周的停课或者停学，要求家长在家进行教育、管教；

（2）由法治副校长或者法治辅导员予以训诫；

（3）安排专门的课程或者教育场所，由社会工作者或者其他专业人员进行心理辅导、行为干预。

对违规违纪情节严重，或者经多次教育惩戒仍不改正的学生，学校可以给予警告、严重警告、记过或者留校察看的纪律处分。对高中阶段学生，还可以给予开除学籍的纪律处分。对有严重不良行为的学生，学校可以按照法定程序，配合家长、有关部门将其转入专门学校教育矫治。

在政治生活领域，《中国共产党党章》第七章“党的纪律”第40条规定：党的纪律主要包括政治纪律、组织纪律、廉洁纪律、群众纪律、工作纪律、生活纪律。坚持惩前毖后、治病救人、执纪必严、违纪必究，抓早抓小、防微杜渐，按照错误性质和情节轻重，给以批评教育直至纪律处分。第41条规定了对党员的五种纪律处分：警告、严重警告、撤销党内职务、留党察看、开除党籍。

在社会管理层面，对于失信被执行人的惩戒包括对乘坐交通工具选择、在星级以上宾馆、酒店等进行高消费、购买非经营必需车辆等方面进行限制。

（三）按照惩戒的来源分

根据惩戒实施的主体不同，惩戒可以分为正式惩戒和非正式惩戒两种。其中，正式惩戒主要是由合法的社会管理机构或执法机关做出的，如行政处罚机关或审判机构做出的各种处罚；非正式惩戒，主要是由个人或者非正式群体做出的惩戒，如在同伴游戏中的惩戒措施。两者的主要区别在于惩戒实施主体是否具有法定职权。科尔曼在讨论惩罚时曾经举过一个例子：一位母亲领着三岁的孩子在柏林的街道上走，孩子把一块糖纸随手扔在地上。一位老年妇女见此情景，上前责备孩子乱扔糖纸，并批评母亲未教育好孩子。[①] 显然，这个例子中的惩戒就是非正式的。

马歇尔·克林纳德（Marshall B. Clinard）和罗伯特·迈耶（Robert F. Meier）对正式和非正式惩戒进行了比较，他们认为，正式的惩戒包括罚金、没收财产、缓刑、监禁、死刑等，而非正式的惩戒包括诋毁、嘲笑、排斥、街头正义等（见表4-1）。

---

① 参见［美］詹姆斯·科尔曼：《社会理论的基础》，邓方译，社会科学文献出版社1990年版，第269页。

表 4-1　奖励与惩罚的类型

类型	积极（奖励）	消极（惩罚）
正式	晋升	罚金/没收财产
	奖金	缓刑/撤销
	奖品/奖章	监禁
	荣誉头衔	拷打/死刑
非正式	吻/拥抱	诋毁
	表扬	嘲笑
	尊重	排斥
	信任	"街头正义"

资料来源：See Terance D. Miethe, Hong Lu, *Punishment*: *A Comparative Historical Perspective*, Cambridge University Press, 2005, p. 3.

三、惩戒的必要性与合法性

（一）惩戒的必要性

惩戒现象和行为在社会生活中俯拾皆是，可谓一种惩戒文化景观。个体的成长伴随着惩戒的过程，缺乏惩戒，甚至难以学习和内化社会规范。"除非幼儿在家里以某种方式喂养和养育，否则不能建立任何法律体系或道德准则。"[①] 例如，早在婴儿时期，个体就要被训练如何排便。根据弗洛伊德的人格发展理论，人类个体早期的性心理发展如果不能顺利完成，那么有可能在成年时期出现心理问题。成年人规范意识的形成，哪怕是道德观念的建立也要诉诸"良知的惩罚"，甚至有时候这种特殊的道德诉求伴随着"体罚"的威胁。[②] 意大利犯罪学家巴伦·拉斐尔·加

① H. L. A. Hart, *The Concept of Law*, Clarendon Press, 1961, p. 194.

② See H. L. A. Hart, *The Concept of Law*, Clarendon Press, 1961, p. 180.

罗法洛（Baron Raffaele Garofalo）也承认，“道德习俗教给青少年一些教训，于是他们通过经验和几乎是无意识的方式，认识到在不同情况下应采取什么样的行为”。[①]

“如果任何行动者不服从规范，必须对其实施惩罚，只有这样，规范方能行之有效。”[②] 成年人进入社会之后的规则意识养成，可以通过操作性条件反射理论得到解释。根据美国心理学家伯尔赫斯·弗雷德里克·斯金纳（Burrhus Frederic Skinner）提出的操作性条件反射理论，日常生活中人的行为大部分是操作行为（有机体自发作出的随意反应），行为的发生主要受强化规律制约。基于这一理论，当个体做出某一行为而获得积极强化后，这种行为在其后发生的概率就会增加。当个体做出某种反应后，呈现一个厌恶刺激或不愉快刺激，以消除或抑制此类反映的过程，称作惩罚。惩罚是通过呈现厌恶刺激降低反应在将来发生的概率。[③]

根据上述理论，人的学习过程就是行为不断被强化或者抑制的过程。要取得学习的成功，使用奖惩手段是必要的条件。如果我们把这个理论的应用范围推广一下，从孩子使用刀、叉、勺、筷到言谈举止，无一例外都包含教育和惩戒的成分。[④] 没有教育和惩戒，人类个体只是生物个体，而不能成长为社会个体。在著名的印度“狼孩”案例中，卡玛拉在进入米德纳波尔孤儿院 3 年 6 个月之后才开始在辛格夫人帮助下习惯穿衣服。[⑤] 可见，教育在个体发展当中的作用何等重要，在教育学上这种作用被称作“主导作用”。而教育之所以能够成功，表扬和批评是必不可少

---

① ［意］加罗法洛：《犯罪学》，耿伟、王新译，中国大百科全书出版社 1995 年版，第 229 页。

② ［美］詹姆斯·科尔曼：《社会理论的基础》，邓方译，社会科学文献出版社 1990 年版，第 294 ~ 295 页。

③ 参见冯忠良等：《教育心理学》（第 2 版），人民教育出版社 2010 年版，第 102 ~ 103 页。

④ 在餐桌上，如果小孩把筷子插在饭碗里，或者拿着筷子指向别人，甚至用左手拿筷子，很可能会被家长打手。上学之后如果坐姿、书写出现问题，会被老师批评；如果出现更严重的错误，被罚抄写生字也是常见的惩戒方式。

⑤ 参见叶奕乾等：《图解心理学》，江西人民出版社 1982 年版，第 64 页。

的手段。也可以说，在教育过程中，教育者一方面要促进个体符合教育目标的知识和能力、价值的增长，另一方面要防止个体向不良方向发展。在预防性教育中，惩戒必不可少。

在此，笔者提出教育的三个维度：一是塑造的教育，二是预防的教育，三是矫正的教育。这三个维度的教育密不可分，往往你中有我、我中有你，只不过在实际教育活动中，有时塑造的成分多些，有时预防或矫正的成分多些而已。在福柯看来，“纪律也带有一种特殊的惩罚方式”。无论是士兵还是学生，当其不能正确使用步枪或者未完成作业的时候，都会被“规训处罚”。这种“规训处罚”带有矫正性，具有缩小差距的功能。因此，可以说“惩罚就是操练”。① 学校教育的机制如此，同侪的互动——如游戏行为——惩戒更是必要成分。人类个体在此类奖惩机制的作用下逐渐习得社会规范，完成自身的基本社会化。

在文化领域，古代对官员的贬谪是一种典型的惩戒，白居易的《琵琶行》是他被贬九江时所作。苏轼一生多次遭贬，他在《自题金山画像》中用“问汝平生功业，黄州惠州儋州”这样的诗句记录了惩戒的历程。

（二）惩戒的合法性

韦伯曾经给出一个关于权威的理想类型——合法权威、传统型权威、超凡魅力型权威。② 在其他的译本中，这一分类也被表述为支配的三种类型，即法制型支配、传统型支配和卡里斯玛支配。其中，在法制型支配中，一个人之所以服从是由于他服膺“依法制定的一些客观的、非个人性的秩序”；在传统型支配中，支配者个人“因踞有传统所认可的支配地

---

① ［法］米歇尔·福柯：《规训与惩罚：监狱的诞生》，刘北成、杨远婴译，三联书店 1999 年版，第 202～203 页。

② 参见［德］马克斯·韦伯：《经济与社会》（第 1 卷），阎克文译，上海人民出版社 2010 年版，第 322 页。

位而得到他人的服从”。[①] 这种类型的支配（统治、权威）“建立在对于习惯和古老传统神圣不可侵犯性的要求之上”，其要求服从的基础为：“服从我，因为我们的人民一直这样做”。[②] 本书在此引述韦伯的理论，意在回应惩戒的合法性讨论中的习惯法问题。韦伯的理论说明，关于权威（支配）的认定标准是多元的，合法性的惩戒不能简单理解为国家法律体系内的惩戒（非个人性），它还可能源自信仰、传统、集体情感等。为了说明这个问题，可以借用朱晓阳《罪过与惩罚：小村故事：1931～1997》的思想观点，该书的第一章“惩戒：超越犯罪学视野的主题”很契合本章的内容。

《罪过与惩罚：小村故事：1931～1997》的开篇讲述了一个民间惩戒案例。1992 年，在川甘陕三省交界某山村，一家四口人连同两个外地客商，被数十名村民活活打死并焚尸，原因是怀疑被害者与抽猪胆有关。从国家法律层面来看，这是一个典型的因为愚昧无知导致的“滥杀”事件。相同的故事，经过社会学家重新解读，加入了时间和社会背景两个维度，尤其从乡村人际关系以及民间“人情”“报”等文化背景来看，村民聚众放火杀人又似乎是一种合于“习惯法”的行动。[③]

该书认为，从广泛的社会学/人类学背景考察，越轨、惩戒（惩罚）、社会控制等所波及的既有国家法律也有社会规范、“集体情感”。惩戒（惩罚）既可以由国家的中介如村干部实施，也可以由非政府的中介如某一村民、某一农户、宗族或村落的代表（村民委员会等）实施。惩罚的形式极其广泛，可以是闲言碎语、诅咒谩骂、孤立、拘禁、“群体监督”、

---

① ［德］韦伯：《经济与历史；支配的类型》（韦伯作品集 2），康乐等译，广西师范大学出版社 2004 年版，第 303 页。

② ［英］弗兰克·帕金：《马克斯·韦伯》，刘东、谢维和译，四川人民出版社 1987 年版，第 111～112 页。

③ 参见朱晓阳：《罪过与惩罚：小村故事：1931～1997》，天津古籍出版社 2002 年版，第 2～5 页。

驱逐、杀害或者其他形式的政治暴力。[①] 由此，一些当代人类学家认为，"任何社会的社会控制正式规范和亚集团的非正式规范都应视为法"，原因是"这些规范都有法的特征"。[②]

王笛在《袍哥：1940年代川西乡村的暴力与秩序》一书的开篇也讲述了一个有关"私刑"的故事。1939年在四川成都附近"望镇"，佃户雷明远在河滩上用手枪对女儿（以及传说与她有染的一个裁缝）执行了死刑。虽然根据民国的刑法，雷明远的行为可以被判死刑或无期徒刑，但是公开枪杀两人的行为却被家人和乡邻默许了。作者于是得出了结论，认为家法和国法相互依赖，两者都支持父权专制。"一个国，皇帝就是家长；一个族，族长就是家长；一个家，父亲就是家长。这些人对他们属下的成员，有着惩罚之权，甚至生杀大权。"[③]

以上对《罪过与惩罚：小村故事：1931～1997》和《袍哥：1940年代川西乡村的暴力与秩序》中故事的叙述，其实只想说明一个道理：在这个社会上，存在惩戒文化，监狱不过是这种惩戒文化的一种象征性符号。惩戒的合法性来源是多元的，来自传统和民间的惩罚权威似乎天然被接受了。可以说，不但合法组织有惩戒权，而且民间一直就保存着惩戒传统。

有学者通过考察中国西部乡村的民谚和俗语，并参考数据调查和访谈得出结论，认为在乡村教育实践中存在"惩罚导向"和"权威导向"。前者体现为"不打不成器""棒下出孝子""三句好话不如一鞭子""打出的孝子惯出的贼""三天不打，上房揭瓦""严是爱，松是害""打是疼，骂是爱，不打不骂才是害"等；后者则有"天地为大，亲师为尊""一日为师，终生为父""严师出高徒""不听老人言吃亏在眼前""要给

① 参见朱晓阳：《罪过与惩罚：小村故事：1931～1997》，天津古籍出版社2002年版，第5～8页。

② 朱晓阳：《罪过与惩罚：小村故事：1931～1997》，天津古籍出版社2002年版，第8页。

③ 王笛：《袍哥：1940年代川西乡村的暴力与秩序》，北京大学出版社2018年版，第13～14页。

孩子一副好心肠，不给孩子一点好脸色”等。由此作者认为，在乡间真实的教育生活中，指导人们教育行为的不是法律，而是已深入人心教育孩子的“理”，这些“理”在家长、教师甚至孩子们心中的地位比法律还要高。那些惩罚与权威导向的“理”，赋予惩戒乃至体罚以合法性。①

2007年在甘肃的一项调查也支持了上述论点。研究者发现，无论是农村还是城市的小学都有超过一半以上的教师“并不否定体罚的教育作用”，他们对体罚的态度是“依具体情况而定”。而在农村中学，非常反对体罚学生的教师仅占20.2%，表示“依具体情况而定”的教师占58.9%；在省城中学这两项指标分别是26.8%和49.6%。②

根据福柯的理论，整个社会都在使用类似刑罚机构的“教养技术”，“通过不断将矫正艺术与惩罚权力混合，‘监狱’的普遍性使惩罚之变得自然与可接受的标准降低了”。规训机制无所不在，“对是否正常进行裁决的法官无所不有。我们生活在一个教师—法官、医生—法官、教育家—法官、‘社会工作者’—法官的社会里。规范性之无所不在的统治就是以他们为基础的”。③

从某种程度上看，学校教育和监狱对人的改造有许多相近之处。《尚书·舜典》：“象以典刑，流宥五刑，鞭作官刑，扑作教刑，金作赎刑。”④ 其中“扑作教刑”只有“学校、典礼诸事用之”，是老师对“不率教”“犯礼”者的惩戒，不列于五刑之内。⑤ 但是将学校教育中的惩戒与刑罚相提并论，是颇值得思考的。

---

① 参见高小强：《论乡村教育中的“理”与惩罚之关系》，载《上海教育科研》2009年第10期。

② 参见王慧：《农村中小学教师素质的现状、问题及对策研究——以积石山县为个案》，西北师范大学2008年硕士学位论文，第33页。

③ ［法］米歇尔·福柯：《规训与惩罚：监狱的诞生》，刘北成、杨远婴译，三联书店1999年版，第343、348、349页。

④ 李民、王健撰：《尚书译注》，上海古籍出版社2004年版，第14页。

⑤ 参见闫晓君：《汉初的刑罚体系》，载《法律科学（西北政法学院学报）》2006年第4期。

四、“作为惩戒结果的监禁”和“监狱中的惩戒”

监狱和惩戒具有天然的内在联系，这种联系可以从两个方面来分析。一方面，监禁是惩戒的结果和表现；另一方面，在监狱中还包含惩戒的元素。

监狱是专门的刑罚执行机关，也可以说是专门的惩戒机关。从监狱这种机构的设置初衷来说，或者从监狱的功能来说，它都是作为惩戒结果而存在的。犯罪人被监禁在监狱内，这本身就是一种对他的惩戒。就第一层意义而言，监狱作为一个惩戒机构，体现了作为结果的惩戒。可以说，监狱在人类社会生活中是作为惩戒符号或者意象存在的。

第二层意义上，在监狱服刑过程中，罪犯违反监规纪律乃至于“又犯罪”，也要使用惩戒措施。根据我国《监狱法》的规定，罪犯破坏监管秩序，监狱可以给予警告、记过或者禁闭处罚。构成犯罪的，依法追究刑事责任。警告、记过、禁闭属于行政处罚措施，对于构成犯罪的则采取刑事处罚。这个层面的惩戒就类似于其他社会组织当中的惩戒，只不过这里的惩戒更加具有法治意义。本书讨论的监狱中的惩戒，是与教育改造罪犯相关联的。需要指出的一点是，那种认为罪犯因为犯了罪，所以在监狱中就应当施加惩罚的观点，已经被学界所摒弃了。作为自由刑的监禁，已经是犯罪人所承受的惩罚，不应在监禁过程中再施加额外的惩罚。不以改造人为目的的惩罚，等同于不人道的折磨。

一篇网文论及学校教师对学生的惩罚问题，观点很有启发。该文以《西游记》中唐僧给孙悟空念紧箍咒为例，认为孙悟空到西天得正果的时候，他会深深感谢唐僧，但是取经路上被唐僧念咒念得头痛欲裂满地打滚时，他心中肯定对师父怀有怨恨。[①] 其实在监狱里民警对罪犯的惩戒也是如此，监狱民警就像唐僧一样，光靠慈悲可能无法感化罪犯（孙悟空）。要降伏调教罪犯，还必须有强制性手段、惩罚性措施。唐僧对孙悟空念紧箍咒，过程肯定很痛苦，但是最终的结果是好的。民警对罪犯的惩戒，看似一种管理，实际是以教育为目的。看似惩罚，过程痛苦，实际是大慈大悲。

但是，除了上述法律明确规定的惩戒措施之外，在改造罪犯过程中，还要结合监管改造、教育改造的需要而使用其他惩戒手段，例如，批评教育、扣分、责令写检查、减少拨打亲情电话次数或者停止拨打亲情电话、减少采买额度或者停止采买、停止会见、集训（严管）等。如果要完善监狱内的惩戒体系，就要取法一般教育活动中的惩戒原则。

苏联教育家安东·谢苗诺维奇·马卡连柯（Антон Семёнович Макаренко）在教育矫正违法犯罪儿童方面积累了丰富经验，他的教育理论对罪犯改造具有重要借鉴意义。由于教育对象的特殊性，他从来不否认惩罚的作用。马卡连柯认为，“教育工作实际上带有预防性质，在于跟学生不良的行为表现作斗争”。[②] 因此，“凡是需要惩罚的地方，教师就没有权利不惩罚。在必须惩罚的情况下，惩罚不仅是一种权利，而且是一种义务”。[③] 他承认“教育和制裁办法都是有不小的教育作用的”，“合理的惩罚制度不仅是合法的，而且是必需的。这种合理的惩罚制度有助于形成学生的坚强性格，能培养学生的责任感，能锻炼学生的意志

---

① 参见空山：《老师还能惩罚学生吗？〈西游记〉给你答案！》，载微信公众号“今日教育传媒”2022 年 5 月 17 日，https：//mp. weixin. qq. com/s/rvGWSJ976ZJNIVWjxDoETg。

② ［苏联］安东·谢苗诺维奇·马卡连柯：《论共产主义教育》，刘长松、杨慕之译，人民教育出版社 1981 年版，第 35 页。

③ ［苏联］安东·谢苗诺维奇·马卡连柯：《论共产主义教育》，刘长松、杨慕之译，人民教育出版社 1981 年版，第 280 页。

和人格，能培养学生抵抗引诱和战胜引诱的能力”。[①] 为此，他提出了惩罚的原则和注意事项，认为惩罚需要满足六个方面要求：[②]

第一，惩罚不应该只是使人身体上受痛苦。

第二，只有被惩罚者理解到全部的问题是集体保卫公共利益的时候，换句话说，只有他知道集体要求他什么和为什么要求他的时候，惩罚才是有意义的。

第三，只有集体利益真正被破坏，并且破坏者轻视集体的要求，公然而且有意地进行这种破坏的时候，才应当使用惩罚。

第四，在某种情况下，如果破坏者声明，他服从集体命令，准备以后再不重复自己的错误，惩罚应当取消。

第五，惩罚的内容本身并不重要，重要的是惩罚事实的本身以及表现在这一事实上的集体责备。

第六，惩罚应当是教育。

也有学者提出教育惩戒中的其他注意事项，例如，要重视惩戒的前提、惩戒制度须透明、惩戒实施要公允、要准确把握惩戒时机、惩戒之后要反思等。[③] 这些原则或者注意事项对于改造罪犯很有启发。当我们从教育视角看监狱文化的时候，就会承认惩戒是必不可少的。学校教育在法治社会背景下重提惩戒问题，监狱也要思考如何有效利用惩戒达到教育和管理罪犯的目的。

---

① ［苏联］安东·谢苗诺维奇·马卡连柯：《论共产主义教育》，刘长松、杨慕之译，人民教育出版社1981年版，第356～357页。

② 参见［苏联］安东·谢苗诺维奇·马卡连柯：《论共产主义教育》，刘长松、杨慕之译，人民教育出版社1981年版，第170～171页。

③ 参见江萍：《教育惩戒中的“五须”》，载《新智慧》2020年第1期。

第二节　监 禁 文 化

一、监禁文化释义

监禁是对自由的限制或剥夺，如果从文化视角来审视这种限制或者剥夺人身自由的行为，可以发现一个监禁行为或场所的连续体。因为，监禁行为不仅发生在法定的自由刑执行机构，还可能发生在其他场所。

从监狱史视角来看，对监狱可以有广义和狭义两种理解。狭义的监狱是关押已决犯、执行自由刑的特殊机构；广义的监狱，“则泛指凭借国家强制力为后盾，拘束、限制人身自由的关押或劳动场所”。其外延包括已决犯和未决犯乃至于少年罪犯、失教者的感化教养机构，皇室贵族的软禁之地，宗室贵族、地主、军阀、土豪、族祠私设的牢房等。[①] 可以说，这些广义的监狱也都属于监禁场所。

如果我们对监禁的定义做进一步扩大理解，可以从福柯意义上的规训机构或者戈夫曼的“全控机构”思想中得到启发，那么带有监禁性质的场所更加广泛。个体从身体上被物理隔离于外部社会，行动在时间和空间上受到限制，都可以视为广义的监禁。

余秋雨在《行者无疆》中记录了德国海德堡大学校园里的一个特殊“监狱”。这座“监狱”共有四间“监房”，是校方处罚调皮学生的场所。从 1912 年到 1914 年使用了两年。酗酒、打架或者触犯其他规矩的学生，就被关到这个“监狱”，饮食只供应面包和水。[②] 现在，这所特殊的监狱已经成为海德堡大学校园内的一处景致，但它却不时唤起人们关于监禁

① 参见薛梅卿主编：《中国监狱史》，群众出版社 1986 年版，第 1 页。
② 参见余秋雨：《行者无疆》，华艺出版社 2001 年版，第 154 页。

的文化记忆。

从文化的角度来看，监禁文化已经渗透至社会生活的众多领域，监禁技术在学校、军营、医院、工厂中被广泛应用，造成了一种“类监狱化社会”或者“全控机构”的文化景观。

关于监禁文化，我们首先想到的是边沁发明的圆形监狱设计。之后是福柯对规训的敏锐思考，他在《规训与惩罚》的开篇用了五页篇幅来描写达米安刺杀国王之后被实施肉刑和生命刑的过程。之后，福柯笔锋一转，揭示出从身体规训到精神规训的重大转变。实际上，所有的规训，不管针对身体还是精神，最终都是实施于或者说作用于精神。正如津巴多在《路西法效应：好人是如何变成恶魔的》一书中揭示的真理——有哪一种牢狱比心牢还深？

但是在这种种监禁的不幸之外，还有一个值得思考的边际效应存在，就是监禁也会生产出一种“反监禁”精神。人类总是善于在不幸中发现希望，正如津巴多在《路西法效应：好人是如何变成恶魔的》一书的最后，将人类为恶的不幸转化为对英雄主义的礼赞一样。在监禁的环境中，也会诞生伟大的思想，也能看到人性的熠熠光辉。正如陈独秀所说，“世界文明的发源地有二：一是科学研究室，二是监狱”。[①]

二、监禁事件的文化解读

历史上，不乏名人身陷囹圄的事件。监禁生活给他们造成了怎样的影响，对于监禁生活，这些人有着怎样的内心体验，留下了怎样的思考，这是研究监禁文化需要关注的问题。遗憾的是，很多著名的监禁事件都湮没于往昔，成为感慨和凭吊的对象。例如，著名词人南唐后主李煜，

---

① 陈独秀：《研究室与监狱》，载《每周评论》1919 年 6 月 8 日第 25 号。

作为亡国之君成为宋太祖的阶下囚，在生命的最后岁月只能慨叹“无限江山，别时容易见时难”。更为著名的是“靖康之耻”。1126 年（宋钦宗靖康元年）闰腊月二十五，金兵攻陷汴京（今河南开封），北宋灭亡。徽钦二帝及其皇室宗族、王公大臣、宫女、匠役 1 万余人被俘北迁。经辗转迁徙，于1130 年（宋建炎四年）9 月 2 日到达金国胡里改路，即辽代的五国头城（今黑龙江省依兰县松花江边旧古城）。在五国城，二帝一行一直过着囚禁生活。

相比之下，有两个非典型“监禁体验者”的经历更值得研究，一是著名爱国将领张学良，二是汉代史家司马迁。前者虽然没有被关入正式监狱，却被软禁半个多世纪之久；后者被迫接受酷刑中最耻辱的宫刑，留下了分析“受刑心理”的千古名篇。

1936 年 12 月 12 日，西安事变爆发。杨虎城与张学良发动兵谏，逼蒋抗日，直接促成抗日统一战线。西安事变和平解决后，张学良执意送蒋介石赴南京。1936 年 12 月 31 日，抵达南京后的第 5 天，张学良遭军法会审，判刑 10 年。其后，蒋介石呈请国民政府发布“特赦令”，赦免张的 10 年徒刑，但是“仍交军事委员会严加管束”。案件审判长李烈钧评价说：蒋介石“表面上特赦了张学良，但实际上把张学良终生禁锢”。[①] 随后，张学良随蒋介石辗转浙江奉化溪口、安徽黄山、江西萍乡、湖南郴州、沅陵、贵州修文、黔灵山、开阳县、桐梓县等地软禁。1946 年 10 月，张学良被押解至重庆歌乐山松林坡。11 月 2 日，由重庆飞抵台湾，囚禁于新竹县五峰乡井上温泉。1957 年，张学良被迁至高雄西子湾囚禁。直至 1990 年，张学良才彻底获得人身自由。

张学良先后被蒋介石、蒋经国父子囚禁长达 54 年之久。监禁岁月给他留下了怎样的记忆和感受，我们从他晚年的一番感慨可推测一二：“我

① 刘长春、赵杰：《张学良》，中央文献出版社 2008 年版，第 165 页。

的事情是到三十六岁，以后就没有了。真是三十六岁，从二十一岁到三十六岁，这就是我的生命。”① 可见，作为一名军人和政治人物，失去自由就等于失去了生命。被剥夺自由的张学良，仅仅作为一个符号而存在，不能履行社会责任，遑论实现政治抱负。监禁对于一个政治人物如此，对于普通人来说，莫不如此。

司马迁受宫刑事件更令人嘘唏。公元前 99 年（汉武帝天汉二年），司马迁因“李陵之祸”下狱，“幽于圜墙之中”。经审讯，司马迁获“诬罔主上”罪名，按律当斩，被立即关入监狱，准备处以极刑。但是，著述“草创未就”，为完成父亲遗志，他决心“忍辱含垢”，毅然于公元前 98 年（天汉三年）选择以腐刑赎身死。② 根据古籍记载，用以执行腐刑（宫刑）的“蚕室”是一种特别监狱。由此可知，司马迁对于监禁当有强烈体验。在此背景下，司马迁借给朋友回信之机，留下千古名篇《报任安书》。从监禁和刑罚文化视角看，《报任安书》无异于刑罚体验者的自我心理分析。

文章重点从“辱”字入手，分析了刑罚对人精神的打击（尤其是意志和尊严的摧毁）。司马迁认为被囚受刑是一种耻辱，而受“腐刑”更是奇耻大辱。“太上不辱先，其次不辱身，其次不辱理色，其次不辱辞令，其次诎体受辱，其次易服受辱，其次关木索、被箠楚受辱，其次剔毛发、婴金铁受辱，其次毁肌肤、断肢体受辱，最下腐刑极矣！”既然自己接受的刑罚是酷刑中的“最下”“极”“辱”，个人尊严便无从谈起。对此，司马迁以“猛虎”自喻慨叹道：“猛虎在深山，百兽震恐，及在槛阱之中，摇尾而求食，积威约之渐也。”因此，“士”一旦“交手足，受木索，暴肌肤，受榜箠，幽于圜墙之中”，同样“见狱吏则头抢地，视徒隶

① 唐德刚：《张学良口述历史》，中国档案出版社 2007 年版，第 123 页。

② 参见季镇淮：《司马迁》，上海人民出版社 1955 年版，第 67 ~68 页。

则心惕息”，这都是“积威约之势也”。[①]

信中，司马迁列举一系列史例，言明王侯将相因犯罪落入法网，被囚禁在监狱受辱的情形：“西伯，伯也，拘于羑里；李斯，相也，具于五刑；淮阴，王也，受械于陈；彭越、张敖，南面称孤，系狱抵罪；绛侯诛诸吕，权倾五伯，囚于请室；魏其，大将也，衣赭衣，关三木；季布为朱家钳奴；灌夫受辱于居室。”接下来就是那段流传千古的名句：[②]

> 盖文王拘而演《周易》；仲尼厄而作《春秋》；屈原放逐，乃赋《离骚》；左丘失明，厥有《国语》；孙子膑脚，《兵法》修列；不韦迁蜀，世传《吕览》；韩非囚秦，《说难》《孤愤》；《诗》三百篇，大抵圣贤发愤之所为作也。此人皆意有所郁结，不得通其道，故述往事、思来者。

念及历史上被囚禁及接受其他刑罚的王侯将相，得出“倜傥非常之人”的“发愤之所为作”都来自“意有所郁结，不得通其道”之故。从中可以看出，监禁文化在历史上绝不鲜见；同时也能理解，监禁和刑罚如何摧残人的精神，而意志坚强之人又是如何获得精神升华的。据此论者认为，第一个提出“诗穷而后工”之说的并非欧阳修，而是司马迁。[③]

《史记》太史公自序也有一段相近的文字，参照阅读，可以深刻体会作者“肠一日而九回”的痛苦和屈辱：“七年而太史公遭李陵之祸，幽于缧绁。”乃喟然而叹曰：“是余之罪也夫？是余之罪也夫！身毁不用矣。”退而深惟曰：“夫诗书隐约者，欲遂其志之思也。昔西伯拘羑里，演周易；孔子厄陈蔡，作春秋；屈原放逐，著离骚；左丘失明，厥有国语；

---

① 参见（汉）司马迁：《报任少卿书》，载中华书局编辑部编：《名家精译古文观止》，中华书局1993年版，第222页。

② （汉）司马迁：《报任少卿书》，载中华书局编辑部编：《名家精译古文观止》，中华书局1993年版，第223页。

③ 参见杨牧之：《理想、毅力与“名山之作”——重读司马迁的〈报任安书〉》，载《文史知识》1985年第9期。

孙子膑脚，而论兵法；不韦迁蜀，世传吕览；韩非囚秦，说难孤愤；诗三百篇，大抵贤圣发愤之所为作也。此人皆意有所郁结，不得通其道也，故述往事，思来者。”① 确如文章所说，“人固有一死，或重于泰山，或轻于鸿毛”。司马迁选择为理想而活，最终完成“名山事业”，恰恰说明“困厄”对重塑人精神的巨大作用。

三、监禁的相关理论

（一）边沁的“圆形监狱”

在西方早期监狱学发展史上，除了监狱改良始祖约翰·霍华德（John Howard）以及《论犯罪与刑罚》的作者切萨雷·贝卡里亚（Cesare Bonesana Beccaria）之外，杰里米·边沁（Jeremy Bentham）是另外一位被频繁提及的学者。关于边沁写作名为《监狱学》的著作，目前尚无史料支持。② 但是，他曾经设计出著名的“圆形监狱”（panopticon）却是不争的事实。

根据文献记载，“圆形监狱”最初的设计并非仅仅针对监狱，还涉及学校、工厂、军营等机构，但这个设计在监狱系统的影响最大。“圆形监狱”的设计灵感来自边沁的兄弟詹姆斯·塞缪尔·科尔曼（James Samuel Coleman），后者当时在俄罗斯波坦金庄园建造了一个新型的纺织厂，监工在监视工人时可以不被发现。受此启发，边沁觉得这个设计可以移

---

① （汉）司马迁撰，（宋）裴骃集解，（唐）司马贞索引，（唐）张守节正义：《史记》（四），中华书局 2011 年版，第 2858 页。

② 参见《中国劳改学大辞典》边沁词条认为，边沁于 1791 年著《监狱学》一书。该书并没有像《论犯罪与刑罚》一样传世，更没有被译为中文。但是关于边沁曾写作《监狱学》的这一观点见于多种《监狱学》教材中。2021 年 3 月 23 日，笔者就此问题求证吴宗宪教授，得到的回答是：“初步推断，应该没有这样的专书（专著）。”同时，吴教授提供了五篇关于边沁的原始文献，笔者浏览之后未发现边沁出版《监狱学》著作的线索。关于边沁的词条，参见中国劳改学会编：《中国劳改学大辞典》，社会科学文献出版社 1993 年版，第 169 页。

植到监狱管理当中。[①]

“圆形监狱”的理念几乎是众所周知的。在这个设计中，囚犯的牢房将处于圆周上，而看守的房间（监视塔）将占据中心。囚犯们总是处于看守的监视之下，而看守则不能被囚犯看到。这种设计的好处在于，囚犯不知道哪一刻看守在监视他，因此他会觉得他时刻都在监视之中。

尽管边沁对设计倾注了多年心血并多方游说，圆形监狱计划却没有在英国付诸实施，而是在西班牙、荷兰、美国甚至古巴成为现实。边沁关于持续监控的思想在今天的矫正实践中也能发现其踪迹。[②]

（二）福柯的规训和监视

在监禁文化发展史上，圆形监狱具有里程碑式的意义。关于这个设计究竟有怎样的意涵，可以从福柯的规训理论中窥得一斑。

经过福柯的阐释，“圆形监狱”（panopticon）转换为“全景敞视主义”（panopticism）这一更加形象的名称，进而由一个单纯的建筑设计演变为具有形而上学意义的哲学概念。与边沁在设计圆形监狱时的初衷——它可以应用于各种监督场景——近似，福柯进一步发挥了这种思路，使之成为在学校、工厂、医院、军营、监狱乃至于社会日常监督中广泛应用的理念。在福柯这里，建筑的物质层面已经不重要，重要的是建筑背后的设计思路和理念。这种理念早在边沁时代就已经提出，即“权力应该是可见的但又是无法确知的”。[③]

要理解福柯的“全景敞视主义”思想，必须回顾他关于刑罚发展史

---

① See Robert Alan Cooper, *Jeremy Bentham, Elizabeth Fry, and English Prison Reform*, Journal of the History of Ideas, Vol. 42: 4, p. 676 (1981); Also see Mary Bosworth, *Encyclopedia of Prisons and Correctional Facilities*, SAGE Publications, Inc., 2005, p. 663.

② See Mary Bosworth, *Encyclopedia of Prisons and Correctional Facilities*, SAGE Publications, Inc., 2005, p. 663.

③ ［法］米歇尔·福柯：《规训与惩罚：监狱的诞生》，刘北成、杨远婴译，三联书店 1999 年版，第 226 页。

的梳理。在《规训与惩罚：监狱的诞生》一书开篇，福柯使用了三页篇幅详细描写了1757年3月2日发生在巴黎的一次行刑场景，谋刺国王的达米安“被送到格列夫广场。那里将搭起行刑台，用烧红的铁钳撕开他的胸膛和四肢上的肉，用硫磺烧焦他持着弑君凶器的右手，再将熔化的铅汁、沸滚的松香、蜡和硫磺浇入撕裂的伤口，然后四马分肢，最后焚尸扬灰”。紧接着，笔锋一转，福柯展示了80年后“巴黎少年犯监管所”规章中列出的作息时间表。在福柯看来，公开处决和作息时间表各自代表了一种惩罚方式，通过这种转换，“惩罚体制在重新配置”。① 这种重新配置的结果是，“将肉体作为刑罚主要对象的现象消失了”，“刑罚逐渐不再是一种公开表演”，“刑罚越来越有节制”，“人们不再（或基本上不再）直接触碰身体，而是触碰身体以外的东西”。刑罚的对象发生了变化，“刑罚的重心不再是作为制造痛苦的技术的酷刑，其主要目标是剥夺财富或权利”。那么，福柯所说的“身体以外的东西”到底是什么呢？“答案似乎就在问题之中：既然对象不再是肉体，那就必然是灵魂。”② 对人的灵魂实施刑罚，不同于对肉体的惩罚，其主要机制是“规训”（discipline）。“规训”这个词在法文、英文和拉丁文中不仅有纪律、教育、训练、校正、惩戒多种意蕴，而且还有作为知识领域的“学科”之意味。可以说，该词是学科和训练的合一，也即通过训练形成一定的行为模式。

在规训的过程中，“一目了然的监视设施”——“圆形监狱”——

① ［法］米歇尔·福柯：《规训与惩罚：监狱的诞生》，刘北成、杨远婴译，三联书店1999年版，第3、6、7页。

② ［法］米歇尔·福柯：《规训与惩罚：监狱的诞生》，刘北成、杨远婴译，三联书店1999年版，第8、9、11、16、17页。

是发挥重要作用的机制。[①] 在“全景敞视主义”管理机制下，被规训（监禁）对象因为无法确知何时被监视，所以只能认为时刻被注视和监督，进而逐渐将这种外部监督内化为自我监督。在这样的机制作用下，人的身体和精神的双重“规训”完成了。可以说，精神惩罚造成的痛苦，可能比肉体上的痛苦更加强烈。因此，惩罚的对象看似改变了，但是肉体的痛苦并没有消失。正如福柯所说，“即便是最单纯的监禁也总会造成一定程度的肉体痛苦。”[②]

福柯的深刻之处在于，他通过监狱这个隐喻敏锐地捕捉到“全景敞视主义”作为规训机制对整个社会的渗透。他使用“规训化社会”“监狱群岛”和“监狱网”等不同概念来表达这样的观点：“规训机制逐渐扩展，遍布了整个社会机体，所谓的规训社会（姑且名之）形成了。”[③] 他甚至认为，监狱在刑法出现之前就已经存在，因为“如果一种机构试图通过施加于人们肉体的精确压力来使他们变得驯顺和有用，那么这种机构的一般形式就体现了监狱制度，尽管法律还没有把它规定为典型的刑罚”。[④]

1840 年 1 月 22 日，梅特莱农场正式开始使用，福柯将其视为监狱体制最终形成的日期。在福柯看来，作为收容少年犯和寄宿生的梅特莱农场是最极端的规训机构，它是对各种行为进行强制的技术集大成的标本。在这里囚犯被分配在等级严明的小班里，这些小班同时奉行家庭、军队、

---

① “一目了然的监禁设施”是日本学者樱井哲夫对 panopticon 的翻译。他指出，panopticon 中的 pan 来自希腊语 pâas（所有的）的中性形式 pân。opticon 是由希腊语的 optikós（眼睛的）的中性形式 optikón 演变而来的单词，合在一起的意思是“看穿一切的眼睛”。参见［日］樱井哲夫：《福柯：知识与权力》，姜忠莲译，河北教育出版社 2001 年版，第 199 页。

② ［法］米歇尔·福柯：《规训与惩罚：监狱的诞生》，刘北成、杨远婴译，三联书店 1999 年版，第 16 页。

③ ［法］米歇尔·福柯：《规训与惩罚：监狱的诞生》，刘北成、杨远婴译，三联书店 1999 年版，第 235 页。

④ ［法］米歇尔·福柯：《规训与惩罚：监狱的诞生》，刘北成、杨远婴译，三联书店 1999 年版，第 259 页。

工厂、学校、司法五种模式，既有由两个“老大哥”与“兄弟”组成的“家庭”，又有监工和工头；既有班长、组长、军事操练、被褥检查，也有每天一小时或一个半小时的授课；既有在谈话室进行的“司法”惩治，也有单独禁闭。梅特莱农场既收容少年犯也收容替代家长管教的寄宿生，因此它“位于严格意义的刑罚范围的边界”，它是刑法领域之外一系列机构组成的“监狱群岛”中最著名的一个。梅特莱农场的出现，标志着一个新时代的诞生。这个时代的特征就是把监狱刑罚程序变成教养技术，扩散到各种最单纯的纪律中，并将其从刑罚机构扩散到整个社会机体。①

通过“规训化社会”“监狱群岛”和“监狱网”等概念，福柯使监禁问题从法律层面上升到社会学和哲学层面，变成一种思想文化上的反思。从监狱到学校、工厂、医院、军队，这些机构的共同点在于对人的全方位规训。监禁已经超越刑罚，甚至超越社会层面进入心灵层面。而关于这一点的进一步揭示，需要通过对戈夫曼和津巴多的作品解读来实现。

（三）戈夫曼的“全控机构”

戈夫曼出生于加拿大，1944 年毕业于多伦多大学，后来到美国芝加哥大学求学，1953 年获得博士学位，是“符号互动论”命名者赫伯特·布鲁默的学生。戈夫曼是符号互动论的代表人物，他以“日常生活中的自我呈现”“污名”“面对面互动”等研究闻名于世，而他以精神病院为基础进行的“全控机构”研究则为他赢得了广泛的关注。②

1956 年，美国国家精神健康研究所提供了一笔资助，并允许戈夫曼在华盛顿特区一家大型城市精神病院（圣伊丽莎白精神病院）对病人开

---

① 参见［法］米歇尔·福柯：《规训与惩罚：监狱的诞生》，刘北成、杨远婴译，三联书店 1999 年版，第 337～343 页。

② 尽管戈夫曼的著作有多种，但是《收容所》是在学术和专业领域被引用最多的作品。See Greg Smith, *Erving Goffman*, Routledge, 2006, p. 76.

展研究。根据戈夫曼自己的说法，他在这所精神病院作了1年的实地研究。1961年，他杰出的民族志研究成果《收容所》出版了。[①] 在这部著作中，戈夫曼提出了一个重要的学术概念——“全控机构”（total institutions）。[②] 所谓“全控机构”可以被描述为：一个居住和生活的场所，其中一大群境况相近的个体在一段时间内被区隔于外部社会，并共同过一段封闭的、被正式管理的生活。[③]

《收容所》一书由四篇独立的文章构成，其中第一篇文章是“全控机构”的特征。在这篇文章中，戈夫曼首先对社会机构进行了分类，他认为在众多的社会机构中，有一类机构很特别。其特征是“与外部社会相互隔离并设置了互动的障碍”，构成这些隔离障碍的物理装置包括紧锁的大门、高墙、带刺的铁丝网、悬崖、水域、森林、荒原等。[④] 他分析了华盛顿圣伊丽莎白精神病院病人的经历，以及任何其成员的时间和空间受到严格监控和限制的机构的状况。这些机构被他称为“全控机构”。[⑤] 戈夫曼采用马克斯·韦伯理想类型的方法，将“全控机构”分为五类：[⑥]

第一类机构用于照顾能力丧失并无社会危害性的人，如救助盲人、老人、孤儿和贫民的场所。

---

① “Asylum”一词有避难所、庇护所、精神病院等不同含义，前两者的英文表述是“a shelter from danger or hardship”，后者对应的英文表述是“a hospital for mentally incompetent or unbalanced person”。国内不同著作在表述该书时的用词不同，本文遵照国内戈夫曼思想研究专家王晴锋的译法，表述为收容所。同时，笔者认为，这个概念更具价值中立性，可以涵盖精神病院、监狱等不同类型的“全控机构”。

② “全控机构”这一概念是戈夫曼在他的导师芝加哥大学的埃弗雷特·休斯（Everett Hughes）1952年的一次研讨班（seminar）上第一次听说的，但使之成为一个重要的社会学名词的却是戈夫曼。See Greg Smith, *Erving Goffman*, Routledge, 2006, p. 70.

③ See Erving Goffman, *Asylums: Essays on the Social Situation of Mental Patients and other Inmates*, Anchor Books, 1961, XIII.

④ See Erving Goffman, *Asylums: Essays on the Social Situation of Mental Patients and other Inmates*, Anchor Books, 1961, p. 4.

⑤ See Philip Manning, *Erving Goffman and Modern Sociology*, Polity Press, 1992, p. 8.

⑥ See Erving Goffman, *Asylums: Essays on the Social Situation of Mental Patients and other Inmates*, Anchor Books, 1961, p. 4 – 5.

第二类是为那些无力照顾自己但是对社会构成威胁的群体设立的机构，如结核病疗养院、精神病院、麻风病院等。

第三类是出于保护社会不受有意威胁而非保护被收容者利益的机构，如监狱、战俘营、集中营等。

第四类是为了高效完成某项任务而设立的，如军营、船只、寄宿学校、工作营地、殖民地等。

第五类是隐居并服务于宗教修行的机构，如修道院、寺院等。

在现代社会，个体每天睡觉、娱乐和工作的场所不同、陪伴者不同、管理者也不同。并且一般来说，这三个领域不存在一个总体性计划。但是“全控机构”的核心特征在于，它打破了通常相互分隔的这三个生活领域的界限。首先，生活的所有方面都集中在同一个地方，接受同一个权威的管理；其次，成员日常活动的每个阶段都在一大群其他人在场的情况下进行，他们待遇一致，并被要求一起做同样的事情；再次，每天的活动都按照严格的时间表开展，并且所有活动程序由一个明确的正式制度系统和一组官员自上而下实施；最后，为实现机构的官方目标，所有强制执行的活动都被整合成一个理性计划。①

“全控机构”当中有两类人员：被收容者和工作人员。其中，工作人员实行“八小时工作制”，可以与外部社会互动，而被收容者与外部世界接触的机会则受到限制，这很符合监禁的特点。同时，“全控机构”还是一个改变人的强制场所，每个都是一项自然的实验。② 这类机构还导致个体的私人空间保障无法实现，被收容者经常被要求进行医疗或者安全检查，因此被暴露在他人甚至异性的面前。另外，集体睡眠制度、没有门的厕所以及随时可以被他人看到的隔离室等元素，都造成了个人隐私的

① See Erving Goffman, *Asylums: Essays on the Social Situation of Mental Patients and other Inmates*, Anchor Books, 1961, p. 6; Also see, *Greg Smith*, *Erving Goffman*, Routledge, 2006, p. 71.

② See Erving Goffman, *Asylums: Essays on the Social Situation of Mental Patients and other Inmates*, Anchor Books, 1961, p. 7, 12.

暴露。[①] 综合这些特征，不禁让人形成一种印象："全控机构"就是某种程度上的监禁机构，而监狱则是"全控机构"的极端形式。

如果说福柯是以监狱为中心向外扩展，发现了学校、工厂、军营等设施的"监禁性"，那么戈夫曼则以精神病院为案例，总结了"全控机构"的"监禁性"特征。福柯使用规训、监视等概念，深描出"监狱"的诞生及其广泛影响，戈夫曼则另辟蹊径，从一个非法定监禁机构中发现了"监禁性"。其使用的"全控机构"概念，别出心裁，揭示出这类机构对人的全方位控制和接管。两相比较发现，尽管学科背景、时代和地域不同，研究方法各异，但是两人都对监狱等机构的问题及其负面影响敲响了警钟。他们站在人类命运的高度深刻反思，发现了类型化设施的共性问题，为理解监禁文化提供了"支援意识"（subsidary awareness）。其重要的启示是，监禁存在一个渐变的连续体。所谓渐变，是指对人身体和思想的监管、限制程度上存在差异；而"连续"则是指，尽管程度不同但是监管和限制是共同的。在戈夫曼看来，精神病院的病人，实际上就类似于监狱中的囚犯。[②]

在分析福柯和戈夫曼的理论之后，需要继续追问的是：监禁对人心理将产生怎样的影响？为什么在"全控机构"中被收容者（inmates）变得麻木、被动、呆板、习得性无助？[③] 工作人员会"从天使变成恶魔"？心理学家津巴多就此问题进行了探索并尝试给出答案。

（四）津巴多与"路西法效应"

"菲利浦·津巴多"的名字总是与"斯坦福监狱实验"连在一起，这个实验为他赢得了荣誉，也让他备受情感折磨，原因是他通过这个实

---

① See Erving Goffman, *Asylums: Essays on the Social Situation of Mental Patients and other Inmates*, Anchor Books, 1961, p. 24.

② See Greg Smith, *Erving Goffman*, Routledge, 2006, p. 70.

③ 意味深长的是，inmates 这个概念在英文监狱学文献中经常被用来指称监狱中的囚犯。

验看到了“狱卒的恶行恶状”以及自己“姑息的罪恶”。

某种程度上，津巴多的实验也受到了戈夫曼的启发。他和另一位学者将“全控机构”思想应用于对一所高中的研究，并使用 *Social Roles, Role - playing and Education: the High School as Prison* 作为文章标题，因为他认为这个高中的情境有时候很像监狱。①

1971 年 8 月 14 日（周日）至 19 日（周五），为了解社会情境的力量如何影响人的行为和心理，确切地说，“一个人在适应新角色的时候究竟经历了什么样的变化”，心理学家津巴多在斯坦福大学乔登大楼地下室进行了为期 6 天的模拟监狱实验。

津巴多通过广告招募了 24 名被试者，以每天 15 美元为报酬，计划进行 14 天的实验。对被试者随机进行分组，9 名扮演犯人，9 名扮演看守（分三组），6 名候补。进入模拟监狱情境后，看守命令犯人脱光衣服裸体站立，双脚开立，并在身上撒粉除虱，以号码代替名字。犯人穿上统一的“囚服”，看守则携带警棍、带着太阳镜，“就像许多机构的习惯，如新兵营、监狱、疗养院、低等工作场所等，对犯人的羞辱才刚开始”。②

实验的效果很快出现，看守肆意侮辱、折磨犯人，而犯人则出现“习得的无助感”心理反应。其中有一半人因为出现了情感及认知失调，而必须提前释放。留下来继续实验的人当中，大部分变得只服从狱卒的命令而不再思考。举止变得死气沉沉，简直像“行尸走肉”。③ 最终，原计划进行 14 天的实验不得不在第 6 天提前结束。

斯坦福大学监狱实验得到的一个主要结论是：“不论是细微或者明显

---

① 参见［美］菲利普·津巴多：《路西法效应：好人是如何变成恶魔的》，孙佩妏、陈雅馨译，三联书店 2010 年版，第 300 页，注释。

② ［美］菲利普·津巴多：《路西法效应：好人是如何变成恶魔的》，孙佩妏、陈雅馨译，三联书店 2010 年版，第 46～47 页。

③ 参见［美］菲利普·津巴多：《路西法效应：好人是如何变成恶魔的》，孙佩妏、陈雅馨译，三联书店 2010 年版，第 232 页。

的情境因素，皆可支配个体的抵抗意志……一系列心理动力运作过程，包括去个人化、服从权威、被动面对威胁、自我辩护与合理化，都是诱发好人为恶的因素。”①

匿名性和去个人化降低了个人责任归属感，助长了暴力等越界行为。在实验中，制服、装束和面具的采用掩盖了个人一般面目，而编号、囚服也让罪犯扮演者更具服从性。当群体中的所有人都处于去个性化状态，就会出现心智运作方式的改变：感觉支配理性，行动凌驾反思。② 这一点适合解释狱卒的虐待行为，也适合解释罪犯的屈从行为。“囚犯从一开始失去自由，接着失去隐私，最后失去个人的身份意义，一连串构成了一套完整的去个性化过程。这过程将囚犯从他们的过去、社群以及家庭中割离，然后由当下现实取代了正常的现实。”③

在斯坦福监狱实验之后，美国伊利诺伊州的埃尔金州立医院开展了一项“精神病房模拟实验”，其结果支持了津巴多的“斯坦福监狱实验”。29 位该院的工作人员被监禁在该院的精神病房中长达三天，他们在病房中必须饰演“病患”。结果，模拟病人的行为表现竟然和真正的病人毫无区别：有六人试图逃跑，两人退缩到自己的世界中，两人不断啜泣完全失去控制，还有一人已经接近精神崩溃边缘。大多数人都出现压力、焦虑、挫折感和绝望反应。75% 的人表示他们受到拘禁、失去身份认同，自己被忽视、不被当人对待而没有人关心。他们甚至“忘记这只是一场实验”，并开始“觉得自己真是病人”。④

---

① ［美］菲利普·津巴多：《路西法效应：好人是如何变成恶魔的》，孙佩妏、陈雅馨译，三联书店 2010 年版，前言、第 5 页。

② 参见［美］菲利普·津巴多：《路西法效应：好人是如何变成恶魔的》，孙佩妏、陈雅馨译，三联书店 2010 年版，第 259 页。

③ ［美］菲利普·津巴多：《路西法效应：好人是如何变成恶魔的》，孙佩妏、陈雅馨译，三联书店 2010 年版，第 265 页。

④ 参见［美］菲利普·津巴多：《路西法效应：好人是如何变成恶魔的》，孙佩妏、陈雅馨译，三联书店 2010 年版，第 293 页。

斯坦福监狱实验在学界和社会公众中产生了广泛影响，并持久不衰。洛杉矶一个摇滚乐团以此命名，根据实验改编的德国电影在全球上映。阿布格莱布监狱、关塔那摩监狱虐囚事件发生后，斯坦福监狱实验的警告被重新激活。早在实验结束后，津巴多就着手写作，并于2007年出版了《路西法效应：好人是如何变成恶魔的》一书。他在书中不仅详细介绍了实验过程，还对实验以及人类历史上发生的“恶性”进行了反思。作者显然对监狱持有消极态度，认为“所有的监狱都有一些隐约的压迫”，监狱中“情感被压抑、禁止、甚至扭曲”，并断言“监狱是个野蛮的国度，能够激发人类天性中极恶的一面。监狱是暴力及犯罪的温床，在这方面的贡献远胜于它促进的建设性改造。60%或更高的再犯率说明了一件事：监狱已经成为刑事重罪要犯的旋转门……作为社会的犯罪控制工具，监狱是彻底失败的社会实验”。①

尤其值得关注的是，津巴多对监禁的思考并没有止步于有形的监狱，他将这种反思的目光投向内心。并提出如下问题：“什么样的地牢比诸心牢幽暗？什么样的狱吏较诸自我无情？”在他看来，人类的一些心理——如羞怯感——就是“自我加诸的监牢”。“人类不是命运的囚犯，而是他们心灵的囚犯。”津巴多引用罗斯福总统的这句名言，将监狱限制自由的隐喻暴露无遗。②

四、监禁的文化意蕴

直到今天，人们仍然会用监狱来隐喻痛苦。心理学家奥斯瓦尔德·施瓦茨（Oswald Schwartz）有一句名言广为流传：“人生最大的幸福是美

---

① ［美］菲利普·津巴多：《路西法效应：好人是如何变成恶魔的》，孙佩妏、陈雅馨译，三联书店2010年版，第244、265页。

② 参见［美］菲利普·津巴多：《路西法效应：好人是如何变成恶魔的》，孙佩妏、陈雅馨译，三联书店2010年版，第20、287页。

满的婚姻，不幸的婚姻无异于活着下地狱。”[①] 而读过让－雅克·卢梭（Jean－Jacques Rousseau）《社会契约论》的人，一定记得那句名言：“人是生而自由的，但却无往不在枷锁之中。自以为是其他一切的主人的人，反而比其他一切更是奴隶。”[②] 监禁是自由的对立面，监禁场所和监禁体验作为文化符号和文化心理已经深深嵌入人类文化版图之中。

（一）监禁对自由和主体性的剥夺

诚如托马斯·霍布斯（Thomas Hobbes）所说，自由的本义是指“没有阻碍的状况”。监禁是对人的“束缚”和“包围”，使人“只能在一定的空间之内运动”。[③] 更为可怕的是，它不仅剥夺了人的自由，还把人降格为物，消解了人的主体性。津巴多借用马丁·布伯（Martin Buber）的理论，认为人性化的关系是我—你（I－You）关系，而去人性化（dehumanization）的关系则是我—它关系（I－It）。随着时间的逝去，去人性化的施为者（agency）会被吞没进入负面性的经验，造成“我”发生变化，并且产生出客体与客体间或施为者与受害者之间的“它—它”关系。“于是人们通过标签、刻板印象、标语和形象宣传的方式，助长了将某类他者视为次等人、劣等人、非人、下等人、可有可无之人或者是‘禽兽’的错误概念。”[④]

古罗马哲学家爱比克泰德（Epictetus）在《谈话录》中写道：“当一个人所做的是和自己的意愿相违背的，他就将自己置于监牢中。”[⑤] 这显

---

① ［澳］奥斯瓦尔德·施瓦茨：《情爱心理探索》，志琦、诸中青译，黄河文艺出版社 1988 年版，第 314 页。

② ［法］卢梭：《社会契约论》，何兆武译，商务印书馆 1963 年版，第 6 页。

③ ［英］霍布斯：《利维坦》，黎思复、黎廷弼译，商务印书馆 1985 年版，第 162 页。

④ ［美］菲利普·津巴多：《路西法效应：好人是如何变成恶魔的》，孙佩妏、陈雅馨译，三联书店 2010 年版，第 264 页。

⑤ ［美］查尔斯·艾略特主编：《哈佛百年经典》，张春、朱亚兰译，北京理工大学出版社 2014 年版，第 118 页。

然是一个关于监狱的隐喻，意思是“哪里有违背意志，哪里就是人的监狱”。关于监禁对人的主体性的消解，除了思想史上的思考，还可以从文学史上获取大量资源。因为灵魂枯竭，生命接近尾声，所以《死屋手记》将监狱比喻为“死屋”——“对于我在这十年的刑期里，我从来没有单独一个人待过。还有什么比这更可怕、更令人痛苦的呢？工作时永远有卫兵看守，在狱室里就和两百名同伴在一起，没有一次，没有一次是一个人的，不过我必须习惯的只是这些吗？”① 在话剧《雷雨》中，蘩漪把那个毁灭她人格的周公馆比喻为监狱，她控诉道：“我忍了多少年了，我在这个死地方，监狱似的周公馆，陪着一个阎王十八年了，我的心并没有死；你的父亲只叫我生了冲儿，然而我的心，我这个人还是我的。”②

然而，因为有了对自由的剥夺，反而让自由弥足珍贵。通过监禁对自由的剥夺，更能凸显自由和人的尊严、主体性的可贵。在《死屋手记》结尾，当“我”的脚镣被砸掉的那一刻，“我”的内心呼喊着：“是的，愿上帝保佑！自由，新的生命，新的生活，死人复活了……多么美妙的时刻啊！”③ 小说《基督山伯爵》的结尾也有一句广为流传的话：“人类智慧全部包含在这两个词中”，这就是“等待和希望”。④ “自由是人之为人最本质的渴望”，⑤ 冲破牢笼，从奴役中解脱，是从“物”到“人”的回归。

（二）监禁是生命的“停滞”和“枯萎”

监禁的封闭环境严格限制了人的社会互动，个体的社会角色变得单一化，不能履行应有的社会义务。个人的生活空间消失，隐私被公之于

---

① ［俄］陀思妥耶夫斯基：《死屋手记》，耿济之译，天津人民出版社2017年版，第11页。
② 曹禺：《雷雨》，载《曹禺选集》，人民文学出版社2004年版，第169页。
③ ［俄］陀思妥耶夫斯基：《死屋手记》，耿济之译，天津人民出版社2017年版，第306页。
④ 参见［法］大仲马：《基督山伯爵》（下），郑克鲁译，译林出版社2020年版，第1240页。
⑤ 向世陵主编：《中国哲学智慧》，中国人民大学出版社2000年版，第225页。

众，其日常活动按照作息时间表被规划，并时刻处于监督管理之下。

监禁生活单调重复，所以被囚禁者的时间感觉异于常人，他们会注意一些日常生活中不被注意的现象，“计数”成为常见的监禁反应。周作人1949年1月26日离开老虎桥监狱，做《拟题壁》一首：“一千一百五十日，且作浮屠学闭关。今日出门桥上望，菰蒲零落满溪间。”小说《死屋手记》中有一名囚犯爱好数木桩，他每天数一根，一千五百根他全都数得清楚，并且认得出来。从剩下的木桩数量就知道他还要在监狱待上多少天。[①]《绞刑架下的报告》中有一段名句：“从门到窗户是7步，从窗户到门也是7步。我已经很熟悉了。在庞克拉茨牢房这段松木地板上，已不知道来回地走了多少次。”[②] 作家金敬迈入狱的第二天就开始“数日子”，“两千六百八十三天，是我一天天数一天天熬过来的。不，不是一天天地熬，是一小时一小时地熬。也不，是一分钟一分钟、一秒钟一秒钟地熬，独身一人在单身牢房里苦苦地熬过来的”。他在牢房里看到的天空也被详细地计算着：“一个铁框里，三条铁板横着，七根铁柱竖着，把一块长方形的天间隔成三十二块更小的长方形。我天天仰着脖子看我的这三十二块小天。”[③]

2020年以来，“社死”这个网络流行语引发了学界关注。“社死”是“社会性死亡”的简称，其本意与“肌体死亡”“代谢死亡”相对，是“亲友和邻居所共知的死亡”。[④] 在网络用语中，“社死”用以指当众出丑丢脸，颜面扫地，感觉像死了一样。但是从社会性死亡的本意来说，罪犯入狱才是真正的“社死”。因为服刑意味着个体“与世隔绝”，失去原

① 参见［俄］陀思妥耶夫斯基：《死屋手记》，耿济之译，天津人民出版社2017年版，第9页。

② ［捷］尤利乌斯·伏契克：《绞刑架下的报告》，徐耀宗、白力殳译，中国青年出版社1995年版，第24页。

③ 金敬迈：《好大的月亮好大的天哪》，载《中国作家》2001年第5期。

④ ［美］托马斯·林奇：《殡葬人手记：一个阴森行业的生活研究》，张宗子译，新星出版社2015年版，第139页。

有的社会身份，在社会化过程中习得的社会规范、社会角色都不再有意义。一切重新开始，罪犯不再是父亲、妻子或儿子、女儿，不再是教授、处长，甚至不再是路人甲，他的社会标签只有一个——罪犯。他不能想吃就吃，想睡就睡，他的一切行动都必须按照作息时间表统一进行，与其他人步调一致。不但他的身份消失了，个体的“时间”也消失了。站在管理者的角度考虑，从行为到思想，最理想的状态当然是“整齐划一”。从“时间”管理的角度看，就是做到“步调一致”。但是从罪犯个体角度看，其结果无疑是“社死”。所以，福柯认为，监禁刑实际上是一种“以时间为变量，用以替代其他模式中所有规定的变量的体系”，“社会就是要占有剩余的生活时间，以惩罚个人”。①

在某种意义上，监禁要比死亡更加可怕。阿根廷电影《谜一样的双眼》中，被害人的丈夫银行职员里卡多·莫拉雷斯对杀人凶手戈麦斯的私人监禁，被他自己说成“杀死了戈麦斯，完成了复仇”。电影里有一个情节，被囚禁了25年的戈麦斯见到联邦法院职员本哈明·埃斯波西托的时候说：“求你了，告诉他，告诉他至少和我说说话……”②

实际上，25年前莫拉雷斯就曾询问本哈明，如果案子告破，会拿凶手怎么办。本哈明告诉莫拉雷斯：“强奸和谋杀罪。不过他还是会活着。我们没有死刑。”莫拉雷斯当即表示：“我也不认可死刑。”他解释说，“他们会先强奸他再杀了他吗？不会。他们只不过给他打一针，让他像小睡一会那样就过去了。这本来就不公平。我倒想跟他换一换。”莫拉雷斯坚定地说：“就让他慢慢衰老，让他没有意义地活着。”确实，因为“没有意义地活着”，监禁几乎就是生命的停滞和枯萎。

通过本章的讨论，我们可以形成这样的认识：不论学校还是监狱，

---

① ［法］米歇尔·福柯：《刑罚的社会》，陈雪杰译，上海人民出版社2018年版，第60、92页。

② 金敬迈在狱中时曾经感慨：“对于单身监禁的囚犯来说，被提审也是一种‘享受’，它至少也算是一种人与人之间的交流。”参见金敬迈：《好大的月亮好大的天哪》，载《中国作家》2001年第5期。

似乎存在很多共性。例如，作为一种社会化的重要的场所，学生在学校中不仅需要学习班级的课程，还通过学校的管理方式习得了社会规范。根据伊利奇的观点，学校除了获取技能和知识、习得主导价值观、分配职业角色等任务，还充当监护机构的角色。学校实际上通过纪律和管制灌输“被动摄取”（passive consumption），导致学生不加批判地接受现有的社会秩序。学生在学校初步了解到工作的世界会是什么样子，并且知道要守时并努力完成权威所布置的任务等。① 而监狱为了管理和矫正罪犯采用的规训和监控技术，只是这种价值观念和行为模式的放大版。

---

① 参见［英］安东尼·吉登斯:《社会学》（第5版），李康译，北京大学出版社2009年版，第582～583、585页。

第五章　从影视和文学作品看监狱文化

影视和文学作品是现实的反映，透过影视和文学作品，可以向社会展示监狱文化，也可以折射不同时代、不同地域监狱文化的特点。影视作品通过特殊的语言符号传递形象、丰富、直观的监狱文化形态，文学作品则在表达监狱文化的细腻性和深刻性方面更胜一筹。本章选取具有代表性的影视和文学作品，通过分析具体情节，展示其中丰富的监狱文化信息。

第一节　从影视作品看监狱文化

电影《一一》中有一句台词说，“电影发明以后，人类的生命比起以前至少延长了三倍”。我们通过一部部电影，体验几十倍于自己人生的经验。影评人韩松落关于电影与时间的关系也有一句精彩的表述：“电影和我们达成了默契，它的手段我们心知肚明：让人生加速，让时间在各种情节、经验、景观中变得浓密，而不是那么荒芜和漫长。”[①] 尽管两者的意思似乎相反，但是都在试图说明电影和时间（人生）的关系。通过电影，我们体验别样的人生。因为在看电影的过程中，我们并非置身事外，而往往是沉浸其中。

一、关注监狱影视的原因

表现监狱题材的影视作品很多，网络上有各种十大监狱电影排行榜，甚至有网友罗列了六十部监狱电影。欧美影视剧中，《肖申克的救赎》《绿里奇迹》《巴比龙》《越狱》《金蝉脱壳》等对于影迷来说耳熟能详，韩国电影《和声》《七号房的礼物》的豆瓣评分都在8.5分以上。国产电影方面，具有代表性的是1985年张良导演的《少年犯》和1995年谢晋导演的《女儿谷》，电视剧《女子监狱》和《巡回检察组》是其中的代表作，其他包含监狱情节的电影不计其数。港片方面，知名度较高的有《监狱风云》《力王》《火烧岛》《旺角监狱》《反贪风暴4》等。

从电影节奖项来看，监狱题材电影经常受到评委的青睐。2010年，

① 韩松落：《为了报仇看电影2：猛虎细嗅蔷薇》，凤凰出版传媒集团、译林出版社2011年版，序。

影片《预言者》在第35届法国电影凯撒奖中大获全胜，并入围第82届奥斯卡奖最佳外语片奖提名。《凯撒必须死》斩获第62届柏林电影节金熊奖，《肖申克的救赎》《绿里奇迹》也都入围了当年的奥斯卡最佳影片的提名，这样的例子不胜枚举。[①] 监狱题材电影之所以受到广泛关注，不外乎以下几个方面原因：

第一，监狱本身的封闭性和神秘性，激发了观众的猎奇和窥视心理。有电影理论认为，电影天然具有一种"窥视"型的观看方式，观众在秘密观看他人之中获得了快乐。[②] 监狱是禁锢之地，戒备森严，对于监狱中囚犯的陌生化社会，普通人只能通过新闻或者传闻获得少量信息。对于观众来说，监狱电影仿佛打开了神秘帷幕的一角，观众借此能不带任何危险地详细观察监狱社会。

第二，监狱是犯罪、暴力、控制和反抗等矛盾冲突的交汇之所，因此可以制造激烈的戏剧冲突。电影要吸引人，必须设置戏剧冲突，而冲突其实就是个体的需要和目标实现之间的障碍。普通人都祈求生活安逸、平和、自由，但是监狱中囚犯的生活恰恰相反。他们被剥夺了自由，生活在封闭场所，环境恶劣，每天要按照管理者的安排参加活动。因此，监狱中囚犯的所欲所求与目标达成之间天然存在种种障碍，这些障碍恰恰是戏剧冲突的触发点，也是吸引观众眼球的卖点。

第三，监狱中封闭、狭窄、处处受限的空间特性，弱肉强食的生存法则，是现实社会的一面镜子，放大了人们内心的焦虑感，唤起了观众关于痛苦的记忆。观众希望通过银幕看到别样的人生，但是更希望从屏幕上看到自己的身影。的确，"不是每个人都会面临绝境，但无常的生活会给每一个人都带来痛苦，这种痛苦或许没有江湖故事中的张无忌那么

---

① 参见赵俊：《1990年代以来欧美监狱题材电影研究》，南京师范大学2015年硕士学位论文，第1页。

② See Robert Edgar – Hunt et al. , *Basics Film – Making*: *The Language of Film*, AVA Book Production Pte. Ltd. , 2010, p. 17.

轰轰烈烈，但在本质上是一样的。因而我们才会在看电影时对一个虚构的人物投注感情。但这样的电影故事美妙之处就在于它能通过人物，带观众一起逃离那个绝境。”① 正如著名美国导演弗兰克·卡普拉所说，“电影是三种通用语言之一，另外两种语言是：数学和音乐”。看电影的过程有很强的代入感，作为观众我们会感同身受，和电影中的人物一起深入险境，感受其喜怒哀乐，甚至沉浸其中，不能自拔。监狱电影所反映的种种人物挫折与不幸，能引发观众的共鸣，产生深刻的观影体验。

二、监狱电影的主题解读

监狱题材电影的主题一般包括监禁痛苦、抗争、追求自由、死亡、人性思考等，综合学界的研究，将主题分为以下几个方面。

（一）生存与适应

监狱题材电影往往会塑造一个对监狱完全陌生的主角，他在刚刚进入监狱的时候，对于监狱的险恶和“罪犯守则”（监狱亚文化）完全陌生。这个人可能是无辜者［如《肖申克的救赎》中的安迪（Andy）、《巴比龙》中的巴比龙（Papillon）］、轻罪者（《监狱风云》中的阿耀），甚至是抱着某种目的故意混入监狱的人［如《越狱》中的麦克（Mike）、《反贪风暴4》中的陆志廉］。无论是新犯人还是老犯人，在监狱中面临的首要问题是如何适应监狱生活，换言之是如何在监狱复杂的环境中生存下去。

《肖申克的救赎》有一个经典场景：安迪和其他犯人入监当天，瑞德

① 中央电视台电影频道，“第十放映室”春节特别节目“电影过年之天下江湖7”解说词。

（Red）和一些老犯人打赌，谁是第一晚崩溃的那个人。因为“大多数新来的在第一天晚上，都几乎要疯掉，有的会嚎啕大哭起来，每次都有。问题是，这一次会是谁?”除了要战胜“剥夺的痛苦”，罪犯还要想办法对付坏人的纠缠。安迪刚进监狱时目睹了一个青年上吊自杀的场景，他不堪忍受同性性侵的折磨而选择结束生命。安迪本人也没能摆脱“姊妹”帮的骚扰，他得到的结论是“要对付这群姊妹只有两种办法，要不就是力拼之后不敌，要不就是从一开始就认了”。[①]

《监狱风云》中的阿耀因为无意中得罪了帮派老大大屯和监护科科长雄哥，埋下了祸根，导致服刑生活困难重重。《反贪风暴 4》中新入监的陆志廉为了能在监狱“混”下去，必须在两个监狱派别（头目分别是黄文彬和曹元元）之间进行选择。

（二）禁锢与解脱

监狱这种制度设计是自由的对立面，监禁是对人的主体性的消解，预示着人的正常社会身份的丧失。因此，监狱是代表禁锢的符号，所有的入狱者都必须遵守纪律，服从管理。监狱管理者对每个新入监的罪犯所说的话，都是强调监狱纪律的不可违抗性。《肖申克的救赎》中，监狱长诺顿（Norton）在向新收罪犯训话，一名罪犯突然发问：“我们什么时候吃饭?”警卫队长哈利（Hadley）对他恨恨地说：“我们什么时候让你吃，你就吃！让你拉，你就拉！让你撒尿，你就撒尿!”诺顿补充说：“我只相信两件事：纪律和圣经。你们谁也离不开这两样。你们的灵魂属于上帝，肉体归我管。”《巴比龙》中，监狱长的开场白如下：“我知道你们很多人此刻正想着逃跑，只要愿意，你们随时可以试试。随便你试，想什么时候试就什么时候试。我们会很乐意开枪打你。不过，即便你们

① ［美］斯蒂芬·金：《肖申克的救赎》（纪念珍藏版），施寄青、赵永芬、齐若兰译，人民文学出版社 2016 年版，第 18 页。

躲过了子弹，我们还有两名24小时值勤的警卫。从林，在那里最好的事情就是饿死。你也可以选择大海，在那里鲨鱼也总是饿着肚子。第一次逃跑如果侥幸没死，你会单独禁闭两年。第二次关五年，随后就是恶魔岛上的终身监禁。如果你犯下谋杀罪，你将被处决。就这样。”

解脱的途径有三个，一是越狱，另外两个是死亡和救赎。《肖申克的救赎》和《巴比龙》的主角，最终成功越狱。布鲁克斯（Brooks，《肖申克的救赎》）和于洛（Julot，《巴比龙》）是死亡的代表。救赎的难度最大，需要的条件也最多，但是在电影当中，救赎也是最有深度的主题。在《肖申克的救赎》中，安迪通过播放《费加罗的婚礼》以及赢得啤酒，短暂地获得了两次精神自由。并且，通过图书馆的成功建立，改变了看似不能改变的现实，算是一种救赎。而《绿里奇迹》中的约翰·科菲（John Coffey）通过以身表法，代替真正有罪的人完成了救赎。

（三）自由与抗争

关于美剧《越狱》，一篇影评这样写道：“一个男人，三年苦心经营，自投罗网，原来是为了拯救自己受陷害被判死刑的哥哥。监狱里环境的艰险、道德的沦丧、人性的泯灭，丝毫不能动摇他磐石般的信念。”[①]

在这段文字当中，环境的艰险、道德的沦丧、人性的泯灭，可以概括社会公众对监狱的一般文化印象。人性在这里会有改变，或者说人性当中的恶会彻底展现。“是监狱中复杂多变的环境，每个人都在信任与不信任之间走着钢丝，一点微小的变化就足以使朋友变成敌人。”确实，“用朋友这个词或许有些不准确，同盟更加合适”。[②] 因为，在这样的特殊环境当中，每个人都在为自己打算。但是，即便在监禁这种惩罚中最极端的形式下，依然有人为了自由而与命运抗争。

---

① 廖若晨星：《越狱——不是电影，胜似电影》，载《当代人》2006年第12期。

② 廖若晨星：《越狱——不是电影，胜似电影》，载《当代人》2006年第12期。

根据真实故事改编的电影《巴比龙》，讲述了主人公两度因为逃跑被单独监禁（正如监狱长当初宣布的，第一次两年，第二次五年），第三次终于靠一袋椰壳和潮水的帮助逃离恶魔岛的经历。而《肖申克的救赎》中，安迪依靠知识优势帮助大家赢得了喝啤酒的权利。“我们坐在那喝啤酒，感觉阳光暖烘烘地洒在肩上……我们喝了二十分钟，这二十分钟让我们感到自己又像个自由人，好像在自己家屋顶上铺沥青、喝啤酒。”① 他还利用工作便利，给全体狱友播放莫扎特的歌剧《费加罗的婚礼》，虽然听不懂，但大家感受到了自由的味道。他被罚单独关禁闭两周，但有脑海里的音乐、心中的莫扎特陪着，他并不难熬，他说，“心若是牢笼，处处为牢笼，自由不在外面，而在于内心”。安迪和巴比龙具有一定的可比性，正如瑞德的评价：“有些鸟天生就是关不住的，它们的羽毛太鲜明，歌声太甜美、也太狂野了，所以你只能放它们走，否则哪天你打开笼子喂它们时，它们也会想办法扬长而去。”②

除上述主题外，与监狱的冰冷形成对比的还有温情。韩国电影《和声》和《七号房的礼物》就着力表现了这个主题。因为失去自由，人性光辉也就显得弥足珍贵。黑暗冰冷的监牢内阳光满满，这正是捕获人心的关键。

三、电影中监狱形象的建构

（一）监禁意象的符号化

电影和小说等文学作品不同，观众只能通过画面和声音来解读电影所要建构的意义世界。导演想要告诉观众，故事是发生在监狱之中，那

① ［美］斯蒂芬·金：《肖申克的救赎》（纪念珍藏版），施寄青、赵永芬、齐若兰译，人民文学出版社2016年版，第28～29页。

② ［美］斯蒂芬·金：《肖申克的救赎》（纪念珍藏版），施寄青、赵永芬、齐若兰译，人民文学出版社2016年版，第69页。

么会使用哪些画面呢？如果我们看一下美剧《越狱》或者《反贪风暴4》的海报画面就会知道，监舍的墙壁、铁丝网、铁窗的栏杆都是通用的符号。《监狱风云》中有一个经典画面：俯拍全景镜头下，透过铁蒺藜防护网，身着清一色土黄色囚犯的罪犯双手抱头下蹲。《肖申克的救赎》中，囚车缓缓驶入监狱大门，老犯人们在隔离网的两侧喧嚣、骚动，新犯人鱼贯而入，他们仿佛是被挑选的商品，又像笼中的动物。电影《巴比龙》的第一个镜头是深色牢门中间的一个狭小开口，一名囚犯的脑袋勉强从开口中探出，紧接着推出片名 PAPILLON。这样的画面极富冲击力，观众一看就能推测出这是一部与监禁有关的影视剧。墙壁、铁丝网、铁栏杆都是一种符号，在监狱题材的电影里使用符号化电影语言是必然选择。

除此之外，经常和监狱关联在一起的图像符号包括：光头、文身、囚服、编号牌、铁窗、高墙、岗楼、警戒线、囚车（警车）、手铐、脚镣、海洋中的孤岛、囚室、禁闭室、身着制服的看守等。行动符号包括：打指模、拍档案照、脱光衣服、身体检查、冲水清洗、撒消毒粉、分发囚服卧具等。相关的声音符号包括：镣铐声、关闭（打开）铁门声、警笛声等。歌声也可能成为一种符号，如在《监狱风云》中，周润发扮演的钟天正第一次在剧中出现时唱的那首《铁窗红泪》就是经典的香港囚歌："离开温暖甜蜜的家庭，我又回到苦窑里。隔着铁窗望着明月，心中徒伤悲。天涯海角到处流浪，何时还我自由身……"

根据弗迪南·德·索绪尔（Ferdinand de Saussure）的结构语言学理论，电影中的这些符号实际上都是"能指"（signifier），而它们所对应的"监狱形象"是所指（signified）。电影中监狱形象的构建就是使用这些能指符号来唤起观众对监狱的想象。

（二）人物形象的两极分化

几乎所有的监狱电影都设定了一个二元对立的结构，如正义—邪恶，柔弱—强权，真诚—虚伪，自由—禁锢，坚强—懦弱，忠诚—背叛，等等。用法国符号学大师罗兰·巴特（Roland Barthes）五种符码理论解释，这属于典型的“象征符码”。[①] “象征符码”通常以对照方式呈现意义，所以就电影来说，“只有通过这种对比模式，观众才能在‘发生什么’之上（之外），从概念上‘阅读’文本，知道它的‘意思’”。[②]

通过分析情节就会发现，监狱电影经常会使用强烈的对比来推进情节发展。例如，《肖申克的救赎》中的安迪面对莫须有的罪名，在大奸大恶中仍然保持内心向善，《监狱风云》中的阿耀屡遭陷害却始终不屈不挠，《绿里奇迹》中的科菲遭误判而代人受过，却始终闪耀着人性（神性）的光辉。

人物的设定更能体现两极分化的对比，监狱长诺顿、警卫队长哈利（《肖申克的救赎》），监护科老大“鬼见愁”雄哥、帮派老大大屯（《监狱风云》），监狱长沈国强、曹元元（《反贪风暴 4》），哈比、佩西（Percy）（《绿里奇迹》），都是“恶”和“坏”的一面；而安迪（《肖申克的救赎》），阿耀、阿正（《监狱风云》），陆志廉（《反贪风暴4》），科菲（《绿里奇迹》）则代表着“善”和“好”。

监狱电影是集中表现善恶矛盾冲突的地方，并且善恶也不是完全绝对的，例如《监狱风云》中阿耀，本来不屑和监狱中的流氓、混混为伍，但是在他即将离开监狱的时候，却能深刻感受到自己身上的犯人“标签”。用他自己的话说，“进来太久了，外面的环境怕会不习惯，而且有过案底，找事也比较难找”。在暴力中也有温情和侠义，在正义的借口下也有不公和丑陋。

---

① 关于五种符码理论，参见［法］罗兰·巴特：《S/Z》，屠友祥译，上海人民出版社 2012 年版，第 25 ~ 33 页。

② Robert Edgar - Hunt et al. , *Basics Film - Making*: *The Language of Film*, AVA Book Production Pte. Ltd. , 2010, p. 30.

（三）电影画面的色调处理

有人说，拍电影就是“用光绘画”。[①] 出于表现主题的需要，监狱电影的色调一般以晦暗为主。海报上的人物，往往是一脸冷峻。一些类似的色调，还在集中营类电影里得以展现。例如，《大偷袭》中战俘营里美军肮脏的军服、羸弱的身形，《军舰岛》中的韩国劳工大部分时间在泥泞肮脏的环境中工作，加上幽暗的光线、污秽不堪的衣服，营造出令人窒息的氛围。

《肖申克的救赎》里，当安迪刚刚进入肖申克监狱那幢建筑的时候，电影画面的处理就使用了压抑的灰暗色调。微弱的光线从插着铁条的狭窄窗子映射进来，把罪犯的身影投射在地面上，根本看不清罪犯的面孔。这种处理方式一方面让观众产生压抑感，另一方面也预示了主人公未来不可捉摸的命运。

（四）罪犯守则的展现

《监狱风云》中，大屯和雄哥合谋陷害阿耀，让傻标怀疑阿耀“摆了他一道”。阿耀、阿正与傻标、大屯两个帮派以及监护科科长雄哥的种种矛盾，都是围绕“摆道”这个焦点展开的。所谓“摆道”就是“出卖”或者到管理者那里去告发、陷害某罪犯，这是监狱中罪犯守则里最大的忌讳。根据上一章的介绍，中外监狱罪犯守则当中最重要的一条，就是“少管闲事”，并且警告犯人“勿与管教人员走得太近”。阿耀这个“凯子”由于不懂监狱禁忌，吃尽了苦头。

影视剧表现的监狱管理状况也能充分反映监狱亚文化。例如，电视剧《巡回检察组》中，罪犯米振东由于不买“牢头”黄四海的账，所以被其手下用自制的“纸刀”多次划伤后背，最终因伤口感染而晕倒。但

---

① See Robert Edgar – Hunt et al. , *Basics Film – Making*: *The Language of Film*, AVA Book Production Pte. Ltd. , 2010, p. 20.

是米振东最终也没有将加害者的名字透露给监狱民警，守住了“罪犯守则”的底线。之后，黄四海及其亲信胡大军等人认为米振东“够刚”“是条汉子”，逐渐停止了对他的打击报复。米振东处理问题的方式与《监狱风云》中的阿耀形成鲜明对比，更符合“罪犯守则”中“像个男人”这一条。在监狱这个特殊社会中，软弱是不被推崇的性格，刚强、义气才是江湖推崇的价值观。

四、监狱电影的启示

电影中的监狱形象设计，从主题、符号化、人物关系、情节等方面，迎合了社会公众对监狱的刻板印象，印证了我们在第三章关于监狱亚文化的论述。从更为广泛的意义上解读监狱题材电影，我们还能看到其中反映的更为广泛的社会现实。

（一）失序社会的隐喻

司法腐败，监狱黑暗，罪犯堕落，帮派林立，暴力丛生，狱警执法犯法，残暴严苛，性侵犯，秩序混乱……这些对监狱阴暗面的刻画让人联想起央视电影频道“第十放映室”对电影《倩女幽魂3：道道道》的解读：

> 当黄霑的音乐再次响起时，徐克和程小东的倩女幽魂系列的第三部“道道道”开场了，当梁朝伟饰演的小和尚，伴随着音乐出场时，我们不得不相信，书生宁采臣真的已经一去不复返了。兰若寺旁的小镇，这个乱世的标本，如今已经陷入了彻底的癫狂。仁义道德已经完全沦落，剩下的只有无休止的暴力……

这里所说兰若寺旁的小镇，不正是电影中监狱的隐喻吗？或者说，监狱就是乱世或者地狱的标本。正如一位研究者所说，香港的监狱电影为了反映港英政府统治时期社会管理的混乱状况，塑造出一个“模型”或者说“架构”：在1987～2000年所拍摄的监狱题材电影中，推动电影情节发展的线索大部分都是邪恶的“警察”与善良的“囚犯”之间的矛盾。[①]

电影《囚室211》讲述了一个尴尬而凶险的故事：新任监狱看守胡安（Juan）提前入狱体验工作，结果突遭犯人暴动，他独自一人身陷暴徒重围无法脱身。为避免被当作人质，胡安只能乔装罪犯，骗取暴动策划者的信任。影片大部分画面都在表现监狱骚乱场景，将一个躁动不安、险象环生的环境展示得淋漓尽致。通过屏幕，观众看到了失去秩序的社会是多么可怕，这种感受恰恰通过监狱题材电影得到充分表现。

（二）“体制化”的隐喻

一个人如果有强大的内心，可以达到“身在牢狱，心已自由”的境界。反之，即便在自由的社会环境中，也可能时时感受到内心的重重枷锁。

在电影《旺角监狱》中，当得知自己被假释的消息，罪犯阿辉内心中的另一个“我”不屑地说：“切，还不是从这个牢转到另一个牢？你出生就是在旺角，现在离开监狱还不是回到旺角？旺角也是一个监狱。”这段台词揭示了电影的主题——对某些人来说，生活就是牢狱。阿辉是一名前社团成员，他执行杀人任务被判终身监禁，坐监30年后获假释。但是，深受精神分裂折磨的他，始终认为自己还在监狱中，认为旺角就是一个大监狱。在阿辉发病时，女主角大凤对他说：“你早做完了。”阿辉（陈志辉）回答：“赤柱是做完了，旺角一辈子也做不完。”虽然这仅仅

---

① 参见李卓：《1987－2000年香港监狱题材电影审美特征研究》，长安大学2020年硕士学位论文，第10页。

是精神分裂症患者的一句疯话，但是却引发了我们对“体制化”社会的反思。

《肖申克的救赎》中，瑞德对体制化有一个解释：“这些墙很有趣。刚入狱的时候，你痛恨周围的高墙；慢慢地，你习惯了生活在其中；最终你会发现自己不得不依靠它而生存，这就叫体制化。”“体制化”可以说是监狱化的放大版，在军营、医院、教养院中都是一样的。最经典的例子当然是《肖申克的救赎》中的老“布鲁克斯”。他在这个重型监狱待了50多年，对监狱各项制度和各种关系熟稔于心，作为图书管理员的他每天循规蹈矩，帮助狱友进行“地下交易”游刃有余。用瑞德的话来说，“他在这里待了五十年，五十年！他只知道这里。在这里他是一个重要人物，是一个受过教育的人。出去了，他啥也不是”。

电影《飞越疯人院》并非监狱题材电影，但是从广义的监禁文化来审视电影主题，《飞越疯人院》乃至《感化院》《军舰岛》等影片却更能给我们以文化的启示。从戈夫曼的“全控机构”来看，精神病院是“体制化”“规训”的另一个经典例证。在精神病院里，护士长瑞秋（Ratched）就是“监狱长”，所有的病人都是“罪犯”。“罪犯”每天按照规定的作息时间表吃药、康复训练、娱乐，一举一动都要按照规矩进行，甚至抽烟都要举手申请批准。更有意思的是，主人公墨菲是为了逃避监狱的劳动而装病到精神病院的，没想到医院在“制度化”和“规训”方面相比监狱有过之无不及。

（三）对矫正制度的反思

“你问我，我改过自新了吗？我甚至不知道什么叫改过自新，至少我不晓得那在监狱里代表了什么意思，我认为那只是政客爱用的字眼，这个词也许有一些其他的含义，也许有那么一天，我会明白它的含义。但那是未来的事了……而监狱里的囚犯早就学会不要去多想未来。"① 瑞德的这段夫子自道或许有失偏颇，但是监狱本身的制度设计缺陷导致对罪犯的矫正效果不佳，也是不争的事实。

而对于反思矫正制度来说，德国电影《感化院》（Freistatt）尤其值得一看。电影讲述的是在1968年的德国，本应作为青少年矫正机构的感化院实际上成为变相监禁场所的故事。

14岁男孩沃尔夫冈（Wolfgang）性格外向，正值青春叛逆期，他和继父关系不睦，成为对方的"眼中钉"。在一场冲突之后，继父和生母一起将沃尔夫冈送入了感化院。吃着母亲做的蛋糕，他以为像母亲承诺的，能在圣诞节那天回家，然而等待他的却是充斥着体罚和折磨的监禁生活。感化院里的孩子都是所谓的"问题少年"，如同监狱一样，感化院同样奉行弱肉强食的生存法则。在这一"全控机构"中，他们被迫接受"准军事化"的统一管理，每天参加体力劳动，稍有不从就会被舍监体罚。更可怕的是，管理者还施行"一人犯错，全体受罚"的"连坐"制度，以达到孩子们相互监督、自我监视的效果。影片最后，继父丧生，沃尔夫冈得以离开感化院。但是，他走到家门口却没有走进去，他拿着"借"来的钱坐了一辆不知开往何方的火车，从车窗向外眺望陌生的社会，沃尔夫冈的眼神里充满了迷茫。影片以真实事件为基础改编，据称，1945年以后德国有80万名青少年被关在3000个这样的感化院中。②

监狱题材电影的积极方面，犹如黑夜中的灯火，在幽暗中显现出人性的光辉。例如，对自由和希望的执着，自我救赎，在暴力压迫下的温情，抱团取暖式的友谊，残忍和无情之下的恻隐之心，乃至于上帝的意外眷顾……这些积极方面，可能表现为公正的上级，腐败分子最终得到

---

① ［美］斯蒂芬·金：《肖申克的救赎》（纪念珍藏版），施寄青、赵永芬、齐若兰译，人民文学出版社2016年版，第3页。

② 星期五文艺：《关于感化院、斯坦福监狱实验、临沂四院的启示……》，载豆瓣电影网2022年3月5日，https：//movie. douban. com/review/9768109/。

严惩，大恶之人恶有恶报的结果，等等。但是，正如前文所说，这些所谓的积极方面，在电影所要表现的主题中只是一种点缀，好让不幸的人生显得没有那么令人彻底绝望。

总之，监狱题材电影，正如社会公众对监狱的刻板印象一样，以暴力、混乱和幽暗为主要基调，这一方面是罪犯亚文化的真实反映，另一方面也反衬出温情的可贵。

第二节 从文学作品看监狱文化

文学有认识价值和审美价值，可以让人们通过艺术形式审视历史。文学有教育价值，文以载道，好的作品可以教化世风，发挥批判的作用。一般来说，通过文学艺术形式形成的文化印象更深刻。就学术研究而言，文学作品还具有史料价值。因为文学作品是现实的反映，所以可以作为重要的史料，监狱文学可以反映特定时代的监狱历史。没有《狱中杂记》，我们就很难对清代刑部监狱的管理状况有细致的认识。诚如胡适所说，史料的来源“大要以‘无意于伪造史料’一语为标准。杂记与小说皆无意于造史料，故其言最有史料的价值，远胜于官书。”[①]

一、监狱文学的概念和分类

（一）基本概念：监狱文学、牢狱文学、大墙文学、文学监狱叙事

与监狱电影相对应，表现监狱主题的文学作品可以称为监狱文学。但是作为严谨的学术概念，监狱文学并没有一个公认的定义。以“监狱

① 陈东原：《中国妇女生活史》，商务印书馆2015年版，第1页。

文学”为关键词通过中国知网进行篇名检索，截至 2022 年 2 月 27 日，获得 17 条结果。其中，排除“文学……监狱”“监狱……文学”“……文学监狱”等结果后，仅有三篇文章直接讨论“监狱文学”：《铁窗里的声音：美国监狱文学概述》（黄贺 2011 年）、《新时期监狱文学的展开》（刘颖 2014 年）、《监狱文学的特点与审美指涉》（李田 2018 年）。[①] 遗憾的是，后两篇文章都没有对监狱文学做出界定，而黄贺在文章中则引用了台湾地区学者黄文成博士的观点，认为监狱文学一般包括两类：“一类是业已成名的作家或普通囚犯入狱后在监狱之内的所有写作；另一类是他们出狱后对于监狱生活的书写。”[②] 另一位我国台湾地区学者王建国在其博士论文《百年牢骚：台湾政治监狱文学研究》中将其研究对象限定为政治犯在监狱中（或出狱后）所创作的“内容与监狱有关”的文学作品。[③] 可见，两位学者不约而同从身份（囚犯）角度对监狱文学进行了界定。

与监狱文学相近的概念还有两个，一个是牢狱文学，另一个是大墙文学。早在 20 世纪 30 年代，作家周立波就在一篇评论文章中使用了“牢狱文学”的概念，认为“用牢狱生活作题材，还没有写成更大的作品”。[④]

大墙文学的概念与从维熙的小说《大墙下的红玉兰》有关。1978 年，作家从维熙完成了中篇小说《大墙下的红玉兰》（发表于 1979 年《收获》第 2 期），开辟了新时期文学创作的新领域——大墙文学，从维熙由此也被王蒙称为“大墙文学之父”。另一位被誉为“大墙文学”作

---

① 刘颖文章中所说的“监狱文学”除了涉及描写监狱的文学作品外，还把监狱民警创作的一般文学作品也纳入讨论范围，例如，张建秋的《小镇上店》、王传敏的《好风如水》、夏苏平的《吴韵浅语》等。这种界定思路可以称为“身份说”。参见刘颖：《新时期监狱文学的展开》，载《犯罪与改造研究》2014 年第 1 期。

② 黄贺：《铁窗里的声音：美国监狱文学概述》，载《北京航空航天大学学报（社会科学版）》2011 年第 5 期。

③ 参见王建国：《百年牢骚：台湾政治监狱文学研究》，台南，成功大学 2006 年博士学位论文，第 14～16 页。

④ 周立波：《一九三五年中国文坛的回顾》，载《读书生活》1936 年第 5 期。参见《周立波三十年代文学评论集》，上海文艺出版社 1984 年版，第 151 页。

家的是张贤亮，他以《土牢情话》《绿化树》《男人的一半是女人》等作品记录了特殊时代的监狱历史。尽管大墙文学的概念在文学界尽人皆知，但是进入21世纪这个概念并未得到广泛使用，大墙文学被认为是“新时期”特有的文学景观，成为文学史上的历史概念。

或许正是因为对上述概念不甚满意，李显鸿博士又提出了一个更具包容性的概念——文学监狱叙事，认为“监狱叙事”是“以存在于监狱空间的人物和事件为叙述对象的虚构性文学叙事作品”，并提出文学监狱叙事的三大元素：监狱题材、叙事形态、文学特征。①

如果对上述概念进行比较分析就会发现，涉及监狱问题的文学作品在不同研究者的心中有着不同的涵盖范围。牢狱文学和大墙文学这两个概念出现于特定历史时期，在此可以不进行讨论。两位台湾地区学者使用的虽然是同一个概念（监狱文学），但是两者的认识又有些微差异，黄文成博士将监狱文学的作者限定为“罪犯”（包括成名的作家入狱），王建国博士在此条件基础上又增加了一个条件——政治犯。相比之下，李显鸿博士使用的“文学监狱叙事”概念最为宽泛，可以将所有涉及监狱事件和人物的文学作品都纳入讨论视野，可惜他将体裁限定为“虚构”文学作品。

在笔者看来，要讨论文学作品中反映的监狱文化问题，既要重点关注虚构作品，又不能将回忆录等“非虚构”作品排除在外。例如，张贤亮的《我的菩提树》、从维熙的《走向混沌三部曲》、严祖佑的《人曲》等，可以与虚构作品对比参照，发挥重要的史料价值。服务于监狱文化研究的需求，笔者把监狱文学界定为：以监狱为核心题材的文学作品。②

① 参见李显鸿：《中国当代文学监狱叙事话语的嬗变》，武汉大学2011年博士学位论文，第1页。

② 江苏司法警官高等职业学校的李田也对监狱文学做出过一个定义，认为监狱文学是以监狱为情节发展的主要环境，以监狱人物和生活为主要内容，并能够表现作者对监狱生活认识和理解的一种文学形式。参见李田：《监狱文化建设语境下的监狱文学范畴与价值指涉》，载中国监狱工作协会监狱文化专业委员会编：《监狱文化研究》（2017年度），中国监狱工作协会监狱文化专业委员会2018年内部印行，第176页。

显然，笔者不同意“作者说”，即认为监狱文学必须出自“罪犯”之手；也不同意“窄化”监狱文学的外延，即把非虚构作品拒于监狱文学范围之外。同时，笔者认为监狱文学的范围也不能任意扩大解释。监狱中的一般服刑人员的创作，如监狱小报上发表的罪犯散文、诗歌，如果仅仅是抒发思乡之情、生活感悟，不宜纳入监狱文学之列。

（二）监狱文学分类

王建国博士在其论文中，将监狱文学分为诗歌、散文和小说三大类。笔者大体同意王建国博士的分类，认为监狱文学是关于监狱的体验、情感反映和思考认识，体裁可以是诗歌、小说、散文或者回忆录、自传等纪实文学。同时认为监狱文学可以从不同视角分为不同类型。

文学作品指涉的“监狱”一般泛指各种监禁机构。既有关押已决犯的监狱，也有看守所，甚至包括劳动教养场所。例如，《我的菩提树》实际是作者张贤亮被劳动教养生活的反映，但是作者对外一直称被“劳改”。《黑日》的作者邱兴隆，虽然被收押在看守所，但是他仍然将书名定位为“监狱亚文化”。尤其需要注意的是，邱兴隆是专门研究刑罚问题的法学专家，可见约定俗成的观念对于人的影响之巨。

1. 按照时间分类

按照时间分，监狱文学显然可以分为古代、近现代和当代三个时间段。古代的监狱文学主要以诗歌为主，散文方面第二章分析的《狱中杂记》最具有代表性。近代的监狱文学作品中，晚清谴责小说作家李伯元的《活地狱》是揭露监狱黑暗现实的佳作。该书由十五个独立短篇构成，以犀利的描写暴露了晚清官僚的贪婪无耻，衙役的横行无忌，以及刑罚的残酷恶毒。[①] 作家阿英在《晚清小说史》中对《活地狱》的评价是：

---

① 参见刘建萍：《暴露衙门黑暗的第一书——评李伯元的〈活地狱〉》，载《福建教育学院学报》2004 年第 1 期。

“这是一部非常重要的社会史料书，中国监狱史，可惜没有写完……以这样特殊有意义的姿态，出现于当代文坛，却是非常值得注意的，因为这是描写监狱黑暗，写惨毒酷刑的第一本书。”①

现代的监狱文学作品，以三十年代的“牢狱文学”为代表。有学者将这个时期的监狱文学分为三类：第一类是一些左翼作家——如陈白尘、艾芜、吴奚如、罗烽、舒群、陈荒煤、端木蕻良、萧军、白朗等——以牢狱作为小说或戏剧的创作题材进行的创作；第二类是以牢狱经历为核心的纪实作品，如方志敏的《狱中纪实》、杜重远的《狱中杂记》等；第三类是作家在狱中记下当时的情感与感想，如瞿秋白《多余的话》、夏明翰的《就义诗》、艾青在狱中创作的二十六首诗歌、方志敏的《可爱的中国》与《清贫》、章乃器的《出狱前后》等。②

当代监狱文学作品，按照李显鸿博士的观点，可以分为“十七年”、新时期和新世纪三个阶段。具体内容将在后文详细分析。

2. 按对监狱制度的态度分类

按照作品对监狱制度的态度，可以将监狱文学大体分为歌颂型和反思型两大类。

歌颂型的代表包括《当代中国监狱纪实丛书》《中国有座鲁西监狱》《一座监狱的剪影》《大墙内外》《监狱警察》《狱警放歌》《狱警抒怀》《清河水蓝蓝》《犯罪：教育与惩罚——监狱故事》等。

《当代中国监狱纪实丛书》由三本书组成，分别是李忠效的《再生之地——中国普通监狱纪实》、孙晶岩的《重绽芬芳——中国女子监狱纪实》、王霞和谢学枫的《走向新岸——中国未成年犯管教所纪实》。司法部原副部长范方平在序中写道：“这是我国建国以来，写得较好的歌颂党

① 阿英：《晚清小说史》，江苏凤凰文艺出版社 2017 年版，第 198 页。

② 参见张芝秀：《论三十年代左翼作家的“牢狱小说”》，山西大学文学院 2013 年硕士学位论文，第 1 页。

和政府监狱工作方针政策和监狱人民警察的报告文学丛书。”

《中国有座鲁西监狱》的作者是王光明和姜良纲，最初刊载于《人民文学》2001年第12期，2002年由作家出版社出版。该书以鲁西监狱的建设和发展为线索，歌颂了监狱人民警察自力更生、艰苦创业、开拓进取，忠实执行国家法律，把青春年华奉献给教育人、改造人的监狱事业的崇高精神。

《一座监狱的剪影》为报告文学集，作者为顾笑言，1984年由群众出版社出版，内收《一座监狱的剪影》《默默无闻的英雄》《从监狱归来的人们》三篇作品。在该书的内容简介中写道：作者以生动的笔调，有利的例证，介绍了山东潍坊劳改支队在劳改工作中做出的突出贡献，热情地歌颂了默默无闻地为党工作的管教人员，真实地反映了十一届三中全会以来党的劳改政策的新胜利。

反思型的作品包括《我的菩提树》《人曲》《好大的月亮好大的天哪》《苏北利亚》等。《苏北利亚》的作者于疆是一名大学生“右派”，在苏北集体农场度过了20多个春秋，该书记录了作者如何一步步从理想主义者变成现实主义者的过程。对当年的极“左”路线，作者作出了深刻的反思和批判。《好大的月亮好大的天哪》为《欧阳海之歌》作者金敬迈所写，记录了作者遭迫害入狱后的所见所闻所感。[①] 从某种意义上说，从维熙和张贤亮的作品可以归入监狱文学中的“伤痕文学”，当然也属于反思型作品。

批判现实是文学本来就有的功能，监狱是守法和违法冲突之地，也是正邪两种势力、真善美和假恶丑并存的场所，出现两类作家和两类作品本属于自然之事。但是不同的作者会有不同视角，有过服刑体验或者监狱工作经历的人与专业作家相比是不同的。外行看热闹，看到了岁月

① 参见金敬迈：《好大的月亮好大的天哪》，载《中国作家》2001年第5期。

静好的风景；内行看门道，看出了“一地鸡毛”的问题。

3. 按照体验方式与真实性分类

根据监狱文学作品是否以事实、亲历为标准，可以分为纪实文学和非纪实文学。其中，前者包括报告文学、历史纪实、回忆录、传记等多种形式，后者则以小说为代表。[①]

监狱题材的小说自不必说，前述“牢狱文学”和“大墙文学”中的多数作品都可以归入其中。但是张贤亮的《我的菩提树》是一个特例，关于这部作品，一般将其归入长篇小说之列，而黄集伟对它的评价是：“短短的‘日记’原文加上长长的‘注释’，构成了这部20余万字的《我的菩提树》”，并说它“最不像是一部小说”。[②] 根据笔者的判断，这部作品缺乏小说的基本要素，也不符合小说的特征，应当归入纪实文学之列。而从维熙的《走向混沌三部曲》、严祖佑的《人曲》、王学泰的《监狱琐记》毫无疑问属于纪实文学。

4. 按照作者身份分类

按照作者身份来分，大致可以将监狱文学分为三类：

第一类作者是曾经在监狱服刑的罪犯，出狱后根据经历写成文学作品，并且作者大多使用笔名，例如，哥们儿的《四面墙》，阳光下的《走出高墙：一个大学生囚徒的故事》，白露、刘念国的《狱霸——我躲猫猫的故事》等。

第二类作者是监狱民警出版的反映监狱现实的作品，如浙江监狱民警张邦友（与章珂合作）的《女子监狱》、司法部预防犯罪研究所高文

① 此处借鉴了李辉关于纪实文学的定义，他认为纪实文学“是指借助个人体验方式（亲历、采访等）或使用历史文献（日记、书信、档案、新闻报道等），以非虚构方式反映现实生活或历史中的真实人物与真实事件的文学作品，其中包括报告文学、历史纪实、回忆录、传记等多种文体”。参见李辉：《纪实文学：直面现实，追寻历史——关于〈中国新文学大系〉纪实卷（1977—2000）》，载《南方文坛》2009年第1期。

② 黄集伟：《注释灵魂——读〈我的菩提树〉》，载豆瓣读书网2022年2月27日，https://book.douban.com/subject/1432544/。

（笔名得子）的《狱城之恋》、江苏民警山风（笔名）的《追逃》《面具》《越狱》《方向》《监狱局长》《减刑》等多部长篇小说、贵州监狱民警姜东霞的《女囚门》、湖南监狱民警丁雪山的《狱警情怀》、江苏监狱管理局民警张晶的《总矫正师》、吉林监狱民警于海涛的《辉发河传》、河南监狱民警杜毅文的《太行分界线》等。

第三类作者是专业作家经历牢狱之灾后的作品，例如，从维熙的系列作品《大墙下的红玉兰》《远去的白帆》《风泪眼》《走向混沌三部曲》等，张贤亮的《土牢情话》《绿化树》《男人的一半是女人》《我的菩提树》等，金敬迈的《好大的月亮好大的天哪》，严祖佑的《人曲》等。①

根据以上分类来统计，监狱文学作品数量惊人。仅以唐代诗歌为例，有研究者查检收集其中的牢狱诗计有140余首。② 而不同时期小说、纪实文学类作品，更难以胜数。为保证研究的深入性，本书将重点选取新时期和新世纪两个时间段，通过代表性作品分析其中的监狱主题。

二、劳改时代与新时期监狱文学

中华人民共和国成立之后，在革命根据地监所工作实践基础上，借鉴苏联监狱工作经验，在党的领导下，逐步创建了有中国特色的劳动改造制度。1949年的《中国人民政治协商会议共同纲领》、1954年《宪法》都对劳动改造制度作出明确规定，并以《劳动改造条例》形式加以固定。直至1994年《监狱法》颁布之前，劳动改造一直是中国监狱话语体系的

---

① 有的学者将郭明的《监狱的隐喻》归入监狱文学之列，笔者不同意这种观点，这一著作实际是使用叙事方式表达了作者的学术思想。作者在后记中给著作的定位——“骡文本”——是相对恰当的：“它既非‘科学著作’也非‘文学作品’，却兼有‘学术思想’和‘文学叙事’的双重特征”，“我以为解读‘监狱现象’仅有‘驴文本’（科学文本）和‘马文本’（文学文本）不够，还需要‘骡文本’（综合文本）”。参见郭明：《监狱的隐喻：来自铁窗的人生故事》，学林出版社2010年版，第241~242页。

② 参见隋天天：《唐代牢狱诗研究》，内蒙古师范大学2020年硕士学位论文，第12页。

核心概念。因此，可以把1949年至20世纪90年代称为中国监狱的劳改时代。其中，尤以中华人民共和国成立至1978年之前的这段时间最为典型。以从维熙、张贤亮、金敬迈、严祖佑等人的作品为代表的新时期监狱文学，正是劳改时代监狱文化的一种反映。换言之，新时期监狱文学与劳改时代的监狱工作现实是一种对应关系。

（一）敌我矛盾与阶级改造

有学者认为，中国监狱改造罪犯的历史可以大致分为两个阶段，前一阶段（改革开放前）罪犯改造的指导思想是“以阶级斗争为纲”，核心概念是“阶级”，其实质是阶级改造。① 在党的十一届三中全会之前，监狱被定位为“人民民主专政的工具”，是“刀把子、枪杆子、命根子”。反革命罪犯和人民群众的关系被解读为敌我矛盾，政府成了民警的代名词。

根据严祖佑的描述，20世纪60年代，“阶级敌人”定为四个类型，称为四类分子。即地主分子、富农分子、反革命分子和坏分子。“其中以坏分子范围最广泛，凡有贪污、腐化、流氓盗窃等刑事行为，以及偷鸡摸狗者，皆可列入。一旦被戴上‘帽子’，即被剥夺一应权利和尊严，永远沦为贱民。又或于其中加入‘右派’分子，称为五类分子。”②

而在被改造对象序列当中，反革命犯和“右派”、知识分子在监狱中地位比普通刑事犯（盗窃、强奸、杀人）要低下。这是特定历史时期的特有的监狱文化景观。小说《远去的白帆》中，劳改队队长对普通刑事犯信任有加，而对不卑不亢的知识分子十分厌恶。“罗锅”队长阎本善宁可用原来某市的妓院老板当班长，也不用知识分子协助其工作。在“劳

① 参见陈士涵：《论阶级改造——关于新中国监狱史若干问题的探讨与思考》，载《中国监狱学刊》2007年第2期。

② 严祖佑：《人曲》，东方出版中心有限公司2012年版，第33页。

改队”里，“右派”身处底层的底层，“是最卑贱、最轻微的小草，谁都可以在你脊梁上践踏上几脚”。[①]

知识分子犯人“很自觉地认为自己与刑事犯不同。刑事犯即使对人造成了伤害，也是‘人民内部矛盾’，知识分子犯人却是‘敌我矛盾’”。[②]

（二）劳动改造和思想改造

1954 年政务院发布的《劳动改造条例》开宗明义规定：“根据《中国人民政治协商会议共同纲领》第七条的规定，为了惩罚一切反革命犯和其他刑事犯，并且强迫他们在劳动中改造自己，成为新人，特制定本条例。”[③] 为了“用辛勤的汗水洗刷罪恶的灵魂”，让罪犯在劳动中改造自己成为“新人”，劳动是不可或缺的手段。《大墙下的红玉兰》记录了罪犯劳动的场面：“约莫有二里多地远的盐碱滩上，巨大的引黄工程正在进行。穿着一色灰的地段，是劳改犯挖掘的工地。”“这是一条‘U’字形引水大渠，宽二十米，犯人们用抬筐把渠心的泥土，像蚂蚁搬家那样往两旁高堤上抬。年轻力壮的犯人，在寒风中光着脊梁，嘴里叫着号子，沿着 60 度的倾斜上坡，抬着帆布做成的泥兜，向高堤上登攀……”[④]

在《我的菩提树》中，张贤亮将大量笔墨用在记录劳动方面。根据他的说法，“体力劳动既然是改造人思想的唯一有效手段，就要像病人服药一样，一天也不能中断”。例如，1960 年 7 月 11 日，这一天的劳动是“基建运土坯”，7 月 11 日之前是水田里的劳动。7 月 12 日，“今天仍然是运土坯”。劳改农场的老政委甚至会亲自上阵，手把手教劳改中的知识分子怎样拿镰刀，怎样捆稻子，怎样装车。“可以说对我们的教育改造事

---

① 从维熙：《远去的白帆》，载《从维熙集》，海峡文艺出版社 1986 年版，第 203 页。

② 张贤亮：《我的菩提树》，北京十月文艺出版社 2012 年版，第 48 页。

③ 司法部劳改局编：《劳改工作手册（1954. 8—1987. 2）》，司法部劳改局 1987 年印行，第 71 页。

④ 从维熙：《大墙下的红玉兰》，花城出版社 2010 年版，第 11 页。

事操心。”[①]

20 世纪 50 年代末 60 年代初，劳改场所曾经一度出现“超体力劳动”问题，“一九五八年‘大跃进’，我们常常从能看见手指时干到看不见手指时，一天要干十八小时”。[②] 1962 年，刘少奇在《关于公安政法工作的指示》中对此提出批评，“这几年不是改造第一，而是生产第一，搞奴隶劳动，越劳动越坏”。[③] 劳动过量有时候被罪犯视为畏途，严祖佑在军天湖农场时，“相邻中队一个狱友，因不堪承受沉重苦役，在一次出工时，有意将自己的脚背伸到一头大公牛的足下……”[④]

这个时期的监狱工作，除了劳动改造特色之外，思想改造也无疑是重中之重。而针对思想进行的改造活动，往往通过读报学习、领导讲话、相互批判、小组讨论等形式开展。严祖佑回忆，20 世纪 60 年代上海市第一看守所相当重视犯人的“思想教育”，除了每天读报一小时之外，还经常发一些具有教育意义的书刊供犯人阅读。在提篮桥监狱，关押在小监室的普通犯人每天早饭后以小组为单位在走廊“集中学习”：或“交流改造心得”，或“批斗反改造分子”。到了年终，犯人还要紧紧围绕“剥、揭、斗、批、挖”对自己的一年的“改造表现”作一次深刻的回顾和检查。具体而言，就是要对每个人“剥”犯罪画皮、“揭”犯罪动机、“斗”犯罪思想、“批”犯罪危害、“挖”犯罪根源。作者说：“我身陷囹圄十四年，这五个字就追随了我十四年。”[⑤]

根据张贤亮的总结，“犯人的生活虽然紧张，却也丰富多彩：除了劳动之外，还要听报告，还要开小组会，又有民主监督、相互揭发、积极

① 张贤亮：《我的菩提树》，北京十月文艺出版社 2012 年版，第 7、13～19 页。

② 张贤亮：《我的菩提树》，北京十月文艺出版社 2012 年版，第 69 页。

③ 刘少奇：《关于公安政法工作的指示》（1962 年 4 月 28 日），载司法部劳改局编：《毛泽东等老一辈革命家论改造罪犯工作》，法律出版社 1993 年版，第 20 页。

④ 严祖佑：《人曲》，东方出版中心有限公司 2012 年版，第 343 页。

⑤ 严祖佑：《人曲》，东方出版中心有限公司 2012 年版，第 53、181～182、242 页。

检举、征求签名给某人处分等等，更经常举行庆功会、斗争会”。这些无疑是思想改造途径。有一名农民犯人，在一次小组会上积极发言表态，发誓好好改造：“过去我只知道有个鬼门关，现在，我知道了还有一个世界关（观）。这个世界关（观）呀，比鬼门关还难过……”①

（三）饥饿的囚徒

关于饥饿，莫言、刘震云、刘庆邦都有精彩的作品展示。但是通过阅读新时期监狱文学，对于饥饿会有更深刻的认识。严祖佑形象地将犯人称为“饭人”，因为“活生生的人一旦关进监狱，原有的七情六欲中，七情已被铁门无情地割断，男女之欲也只能寄托于想象之中，或者停留在百无聊赖之时的口舌之上”。因此，犯人们想尽办法将仅有的一点点吃的享受放大。犯人老倪用两个大茶缸将米饭和蔬菜分开，先慢慢吃完菜，再吃饭。并且慢慢咀嚼，“一直要嚼到饭渣在唾液中完全溶化，才又挑起另几颗饭粒。”他的一顿午饭，可以一直吃到下午发开水。② 老几则发明一个“大舌头”——把轮胎片绑在筷子上，紧贴着大号搪瓷缸内膛走，把每一丁点食物都舔进嘴里。③

为了吃饱饭，一些犯人的做法令人匪夷所思。梁葫芦隐瞒狱友刘胡子的死亡事实，占了尸首一个月的食物定量。④ 张贤亮用一条棉裤换了老乡几袋子西瓜，然后从上午吃到黄昏，最后把西瓜全部吃完。⑤ “能活下去是囚犯的第一宗旨，在这一主导精神指挥之下，牙膏、牙粉、鞋底、棉絮，无所不吃。”最吓人的是“右派”陆丰年，他在清河农场服刑时，把抓到的一条蛇、一只蛙、一只癞蛤蟆和一只老鼠放在一口小铝锅中煮

---

① 张贤亮：《我的菩提树》，北京十月文艺出版社2012年版，第58、72页。
② 参见严祖佑：《人曲》，东方出版中心有限公司2012年版，第35页。
③ 参见严歌苓：《陆犯焉识》，作家出版社2011年版，第63页。
④ 参见严歌苓：《陆犯焉识》，作家出版社2011年版，第62页。
⑤ 参见张贤亮：《我的菩提树》，北京十月文艺出版社2012年版，第125～127页。

熟吃了，结果险些丧命。[①]

（四）法治建设的滞后

正如第一章所说，中华人民共和国成立之初，法制尚不健全，法律的空缺在当时是由“政治—政策”来填补的。

例如，对劳改和劳教的区分，在特殊的年代界限十分模糊。就连当事人也把自己劳动教养的经历视为劳改。张贤亮在《我的菩提树》中记录：“8 月 12 日，开 1960 年上半年年度奖惩大会。逮捕十人，毕业十三人。”作者解释说：[②]

> 这里要注释的是：怎么开奖惩大会时又逮捕人？什么叫“毕业”？劳改犯人难道还会再次被逮捕？原来，确切地说，我们现在是在“劳动教养”。劳动教养在那时据说是“敌我矛盾按人民内部矛盾处理”的一种行政处罚形式。也就是说，政府没有把我们这些本来是敌人的人当作敌人对待，而是非常宽大地把我们集中在农场里，让我们学会农业劳动技能，好重新做人。但这个农场却属于公安系统的劳改局领导，除了没有布设军队警卫，其他一切仍按劳改的办法管理。看来我们似乎高于正式的劳改犯人，可是自我们知道了正式劳改犯人竟有许多待遇比我们还好些的时候，我们就不禁羡慕起正式的犯人来。
>
> 正式犯人每人都有一定的刑期，那是由法院判决的，即使他们劳动不积极，只要不重新犯罪，刑期满了也要将他们释放。而劳动教养却没有刑期，说是什么时候改造好了什么时候“毕业”。

---

① 参见从维熙：《走向混沌三部曲》，中国社会科学出版社 1998 年版，第 161、163 页。

② 张贤亮：《我的菩提树》，北京十月文艺出版社 2012 年版，第 68 ~69 页。

三、矫正时代与新世纪监狱文学

根据郭明的观点，中国监狱刑罚实践大致可以分三个时代：1901～1949年的教诲刑（以日为师）、1949年至今的改造刑（以俄为师）以及1994年以来的矫正刑（以美为师）。[①] 这里所说的矫正时代，大概对应的是改革开放以来的中国监狱实践。20世纪90年代之前，学界重在强调改造和矫正两者的差别，一般将改造视为中国监狱工作特有的概念，矫正则被看作西方监狱制度的特有概念。20世纪90年代中后期，随着国际交往的增加，国内越来越多学者开始使用“矫正”一词。并且随着《监狱法》颁布，之前的各种改造、劳改话语都发生了转变。为此，笔者以出版于新世纪的四部作品——《女子监狱》《女囚门》《面具》《太行分界线》——为样本，对这一时期的监狱文化问题进行分析。这四部作品的作者都来自监狱系统，从其创作背景看，反映了20世纪90年代的监狱实践和监狱文化状况。其中《女囚门》和《女子监狱》的故事时间可能稍早一点，书中出现的男女犯共处一所监狱以及创建“亲情餐厅”、探索“亲情会见”等情节，都是过渡时代的痕迹。

（一）裙带关系和“关系犯”

长期以来，监狱民警的来源主要有三个：大部分是军转干部，另外两部分是院校毕业学生和民警子女转干。1990年7月至9月的调查显示，监狱民警的来源构成已由1983年“严打”前以复员军人为主逐渐变为以大中专毕业生、干工子女内招录干为主。以江苏省监狱系统为例，民警中军转干警1690人，占15.2%；大中专毕业生、干工子女内招录干干警

---

① 参见郭明：《〈契约刑论与新兴古典监狱学〉导论》，载《中国监狱学刊》2020年第1期。

6535 人，占 62.2%。[①] 这种状况进入 21 世纪之后仍未彻底改变。2020 年出版的一本反映上海市南汇监狱的纪实文学作品《别样的人生》中，一名监狱民警这样概括南汇监狱民警构成："一部分是'军转干'，一部分是在监狱工作了几十年的民警，有的甚至是'警察世家'，可以称为'老法师'。另一部分就是科班出身的大学生。"[②]

同时，由于监狱最初布局多在远离中心城市的偏远地区，交通不便、信息闭塞，导致民警队伍人才交流不畅。监狱系统内部招工招干，致使监狱民警队伍"近亲繁殖"，出现了严重的裙带关系。一些监狱甚至出现了"夫妻同在一个科，外甥打水舅舅喝，儿子开车老子坐，亲家办公桌对桌"的状况。在小说《女子监狱》中，之江女子监狱政委罗大鹏就来自"警察世家"，其父亲罗志毅曾做了近30 年的改造工作。小说《面具》中，玉兔监狱副监狱长舒进一家三代都在监狱工作，其主要亲属关系，可以用图 5 -1 表示：

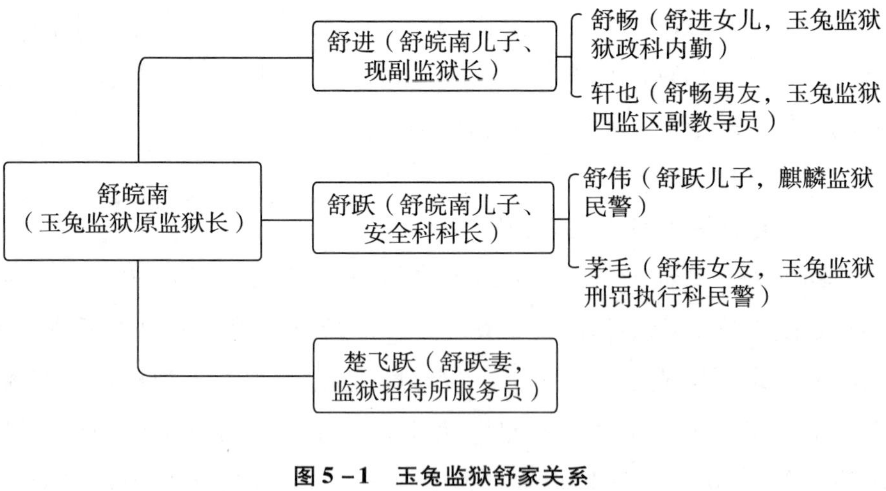

图 5 -1　玉兔监狱舒家关系

---

① 参见张金桑、冯崇伦、杨淑华、李奇：《沿海开放地区劳改干警队伍新情况新问题的调查》，载《犯罪与改造研究》1991 年第 2 期。

② 澎湃新闻调查新闻部编：《别样的人生》，文汇出版社 2020 年版，第 7 页。

监狱工作条件艰苦，监狱民警“献了青春献终身，献了终身献子孙”，一方面展现了监狱民警的无私奉献精神，另一方面也暴露了监狱系统盘根错节的裙带关系。裙带关系造成的种种弊端不言而喻，从小说《太行分界线》中燕南监狱五监区监区长张吉星和监狱纪委书记的矛盾可见一斑。本来两人都属于监狱子弟“警二代”，但是纪委书记是“坐地户”，喜欢拉拢本监狱子弟排挤和打压张吉星等“外来户”，最后还把自己的“关系户”谢振江安排到五监区担任副监区长，几十年的矛盾逐渐激化。《面具》一书反映了玉兔监狱在推进纯工人企业改制中遇到的重重阻力，许多监狱民警的亲属就在企业工作，要把企业推向社会，就会遇到来自方方面面的阻挠。痞子民警吴文革甚至跑到监狱长乔颖尔办公室磨刀，变相威胁领导。

复杂的关系网导致另外一个特殊服刑人员群体——“关系犯”——的出现。在《太行分界线》中，罪犯尚存明是风宜县公安局胡政委的“关系”，胡政委通过文瑞华的同学县刑警大队大队长褚兴华将尚存明安排到文所在的五监区。而原五监区副监区长谢振江在监区的“关系犯”竟然多达30人。其中有6名刑期长、恶习深的罪犯“大部分都在三分监区干杂活，而且都是烧水、打饭、小组长、库管员这样轻松的活儿”。[①]小说《面具》里，明氏财团老总明哲英的弟弟明哲雄也是一个典型的“关系犯”。他哥哥可以打通关节为他选择服刑监狱，也能找到监狱长将其安排到有明氏企业投资项目的监区。玉兔监狱分管监管改造的副监狱长林郡望的一段内心独白形象地注释了这种微妙的关系博弈：[②]

> 乔颖尔要求他将新来的犯人明哲雄分配到四监区，说是出于劳务加工需要。他并不想听乔颖尔解释，他照办……不要说党委书记发话了，就是其他监狱领导，他也责无旁贷。谁没有

---

① 杜毅文：《太行分界线》，江西高校出版社2017年版，第53页。

② 山风：《面具》，南京出版社2007年版，第66页。

这样的人际关系，谁没有七大姑八大姨？都不是生活在真空中，有亲近的人来托请，你能以“按照法律程序和制度来办”来回答？

“监狱，一个高素质的警察队伍和社会渣滓囚犯杂陈的圈子，一个封闭的社会。我相信，这个社会里没有比监狱身份更集中更混杂更密集的小社会了。”[①] 小说《方向》引子中的这段话，生动概括了监狱社会的复杂性。

（二）违规减刑

监狱虽然相对封闭，但是与社会仍然保持着千丝万缕的联系，“关系犯”的存在就是一个有力的证明。照顾“关系犯”的形式一般有两种，一个是把“关系犯”安排到一些特殊岗位，使之能够轻松拿到考核积分，同时也让服刑生活过的舒服一些。另一个更重要的形式是在减刑方面予以照顾。《面具》中职务犯米光耀的大姨子千方百计接近监狱民警文其一，甚至找到痞子警察吴文革，目的就是希望米光耀能在监狱中得到照顾。大老板明哲英为了帮助监狱长乔颖尔，不惜动用社会关系请省领导到监狱参观视察，根本目的也无非是为弟弟明哲雄改造铺路。小说《方向》中，监狱长的司机小宫虽然是一个工人，但是因为属于监狱的“警二代”，在警察堆里有不少哥们儿，还是“一把手”的身边人，所以就能通过各种方式达到照顾“关系犯”的目的。网友贵妃醉酒托他照顾表弟二呆，小宫找到一监区监区长，监区长答应“给他先当个学习组长，多捞点分，以后再给他干个劳动组长。”[②]

“关系犯”和相关民警有着不可告人的利害关系，动了犯人，也就等于触动了相关民警的利益。《太行分界线》中，新任五监区教导员文瑞华

---

① 山风：《方向》，云南人民出版社 2010 年版，第 5 页。

② 山风：《方向》，云南人民出版社 2010 年版，第 40 页。

把谢振江的几个关系户从杂工分监区调到了其他分监区的劳动岗，结果得罪了狱政管理科副科长谢振江，导致五监区考核成绩从原来的全监狱第二名滑落到倒数第一名。在此之前，谢还给文专门打了电话抱怨："哥们儿，你可不够意思。"①

五监区管教干事孟国锋曾经跟新任教导员文瑞华汇报："五监区押犯500多人，是全监狱最大的监区，每年减刑的人数就有150人左右。减刑的人里边大部分没有关系，都是凭自己的改造成绩和考验期，但是总有一部分人是托关系或直接找上门，这大概占三成以上。"②

"有钱钱改造，有人人改造，没钱没人就在监狱老老实实待着！"③罪犯群体中流行的俏皮话一定程度上印证了监狱"减假暂"中存在的乱象。监狱即社会，改造即生活。监狱文学真实地反映了监狱现实，也是社会现实的一面镜子。监狱文化岂不是社会文化的缩影？

（三）监狱中的性文化

性问题是研究监狱社会和监狱文化不能回避的问题。美国学界在梳理监狱文化研究历史时，往往会提及1934年菲什曼的 *sex in prison*: *Myths and Realities* 一书，并认为该书是男性监狱性问题的开山之作，也是首次以较为科学方法对高戒备监狱男犯进行的研究。④

监狱文学中反映的性文化主要以同性恋为主，也涉及性幻想、性交

---

① 杜毅文：《太行分界线》，江西高校出版社2017年版，第86页。

② 杜毅文：《太行分界线》，江西高校出版社2017年版，第17页。

③ 章珂、张邦友：《女子监狱》，人民文学出版社2001年版，第97页。

④ See Catherine D. Marcum, Tammy L. Castle (edited), *Sex in Prison*: *Myths and Realities*, Lynne Rienner Publishers, Inc., 2014, p. 4. 林茂荣、杨士隆：《监狱学：犯罪矫正原理与实务》，台北，五南图书出版股份有限公司2014年版，第147页。

流，甚至男女犯之间的情书往来。① 《女子监狱》中有这样一段描述："熄灯前后，是女监最热闹的时候。女犯们半卧在自己的床上闲聊，聊着聊着就要斗起嘴来。"因容留、介绍卖淫罪被判刑的陈二奶改造表现差劲，"但到了晚上，女犯们还真的少不了她。她每天晚上总能把话题引到大家最感兴趣的男人女人上来，以一个个或荤或素的故事送走一个个漫漫长夜。"②

《面具》中明哲雄胁迫、性侵罪犯权易，反映出监狱社会中性压抑的客观存在与复杂的权力关系。《女囚门》中，主人公米兰最初被迫与女犯"西瓜皮"、冷白冰"处朋友"，最终发展到主动找冷白冰寻求心理安慰。监狱举办大型文艺汇演，因为是男犯女犯一起参加，结果变成了部分罪犯传递情书的良机。③

《女子监狱》试图借女狱医和女犯之口对性压抑做出解释。在女犯叶文丽看来，女犯在监狱中最大的痛苦不是失去自由，而在于性压抑。女狱医描述，一个女犯甚至跟她说："医生，如果有来世，我再也不做女人了。"这个女犯出现"腹部胀，心里烦，动不动就要发无名火"等问题，不过她丈大就在这个时候来看她，"与她说了话，握了握手，不知为什么，晚上例假就来了……"④ 在《重绽芬芳——中国女子监狱纪实》中，上海女子监狱监狱长樊天敏也认为，长期的禁欲生活会导致女人浮躁，"心里有一股无名火，就必然表现在与同类之间的打斗上"。⑤

---

① 需要指出的是，监狱历来被认为是一个单一性别的社会，但在监狱中不同性别罪犯的接触机会并非没有。在20世纪80年代之前，独立建制的女性罪犯关押机构很少。女犯一般单独关押在男犯监狱独立设置的大队（监区）之中。截至1987年，全国单独设置女子监狱（或者女分监）的省份只有12个。另外，男犯监狱中会有一些女性技术人员、教学人员出现，而男民警在女犯监狱中工作也是一种普遍现象。参见杨木高：《新中国60年女犯改造工作的历史回顾与展望》，载《犯罪与改造研究》2011年第4期。

② 章珂、张邦友：《女子监狱》，人民文学出版社2001年版，第129页。

③ 参见姜东霞：《女囚门》，中国文联出版社2004年版，第151~154页。

④ 章珂、张邦友：《女子监狱》，人民文学出版社2001年版，第241~242页。

⑤ 孙晶岩：《重绽芬芳——中国女子监狱纪实》，长虹出版公司2002年版，第131页。

（四）罪犯群体中的复杂权力关系

"关系犯"的存在或明或暗，但罪犯群体中还有一些特殊身份的犯人是得到监狱管理者认可的，这些罪犯或者担任班组长，或者担任各类"员"。他们手中都掌握一定的权力，是沟通民警和普通罪犯的中介，在实践中有的将其视为"拐棍"，列入取缔对象。但是现实中，担任一定职务的罪犯又不可或缺，于是就在罪犯群体中出现了一个"特殊群体"，形成了一种特殊的人际关系。

在小说《女子监狱》中，之江女子监狱肖若琳监狱长对罪犯小组长进行民主测评，结果近一半的小组长没有达到规定的满意率。被撤的小组长找到队长哭哭啼啼，部分监狱民警也纷纷找肖若琳说情。肖若琳监狱长分析其中的奥秘在于："当小组长可以加分，加分到一定数目就可以呈报减刑，罪犯减刑透明度很高，没人敢明目张胆地说情，可弄个小组长当当，得到的好处既隐蔽又实惠。"① 小说中，有一段女犯甘婷婷巴结小组长杨晓芸的描写：②

> 甘婷婷跟进来，捋起袖子说："一大盆衣服，洗累了吧，来，来，我帮你洗。"
>
> 杨晓芸有点惶恐，忙说："不用不用。"
>
> 甘婷婷直言不讳："你是小组长，你的马屁不拍，我拍谁去？"
>
> ……
>
> 杨晓芸停下手中的活，正色道："甘婷婷，你别讽刺我。"
>
> 甘婷婷趁机夺过一件脏衣服，帮她搓洗起来："我没有说半句假话呀，虽然我头一次进监狱，心里琢磨琢磨，这监狱也是社会啊，社会上行得通的，在监狱里也照样行得通。队长又不

---

① 章珂、张邦友：《女子监狱》，人民文学出版社2001年版，第163～164页。

② 章珂、张邦友：《女子监狱》，人民文学出版社2001年版，第83页。

能一天到晚跟在我们屁股后面，你要不是队长信得过的人，能当上小组长?”

甘婷婷向小组长杨晓芸示好，尽管话说得过于露骨，但是却反映了罪犯群体中存在复杂权力关系网络的现实。

以上仅用四部作品作为分析对象，难免有挂一漏万之嫌。改革开放以来，监狱系统涌现出很多优秀文学作品，如高文的《狱城之恋》、张晶的《总矫正师》、张建秋的《我的囚犯，我的兄弟》、于海涛的《辉发河传》等，如果能进行系统梳理，相信会有更多创获。从监狱文化视角来看，对上述四部作品蕴含的丰富信息挖掘也不够充分，这个遗憾只能等待将来有机会再弥补。

第二编

当代中国监狱文化实践与反思

第六章　当代中国监狱文化的发展历程

“当代中国监狱文化建设”是具有特殊时空意义的概念，特指中国监狱系统自20世纪80年代以来有目的、有组织、有计划地开展的各类文化活动。20世纪80年代，这类文化活动逐渐纳入“监区文化建设”这一特定范畴，其后逐步发展，从监区文化到监狱文化，从监狱文化到文化监狱，至今方兴未艾。梳理史料，可以发现一条监狱文化建设发展的清晰轨迹（见图6－1）。监狱文化发展的影响因素，既来自监狱系统内部，也与社会政治、经济、文化思潮演进密切相关。

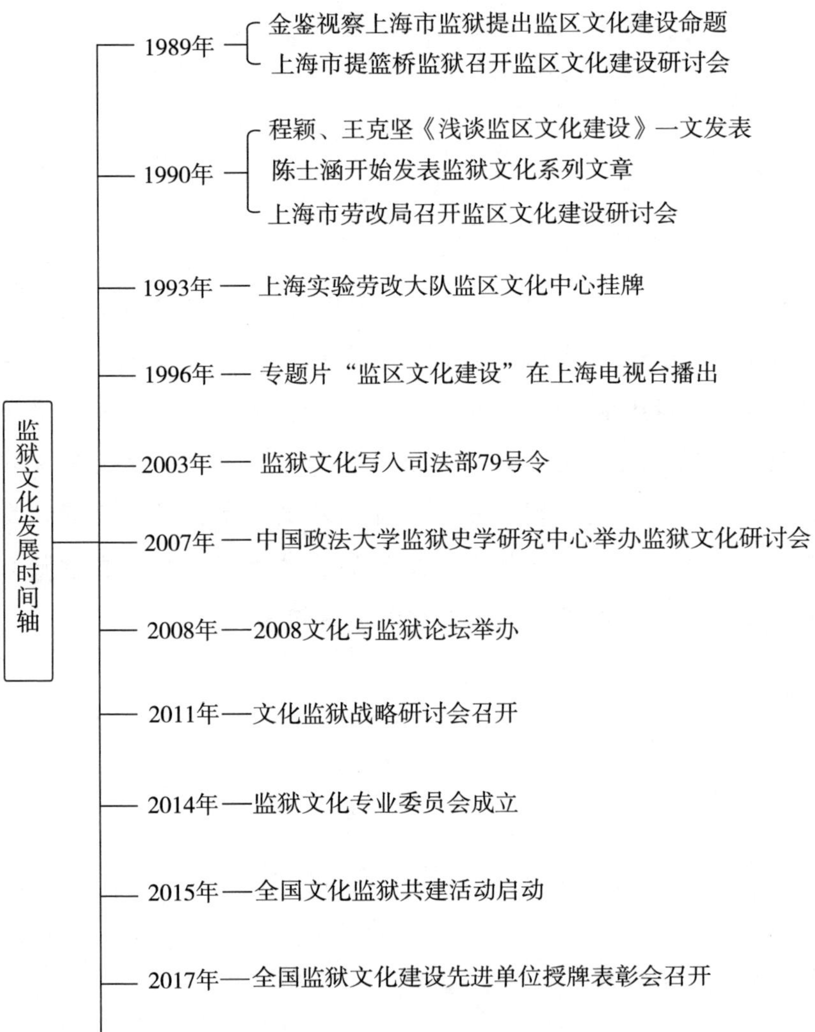

图6-1 监狱文化发展时间轴

第一节　监狱文化命题的提出

关于监狱文化发展的历程，王明迪曾经提出，1952 年“一劳”会议《决议》中关于“对罪犯开展认罪服法教育、劳动改造世界教育、时事教育、罪犯前途教育和生产知识教育，以启发罪犯劳动改造自己、重新做人的自觉性”，这些都体现了“以文化人”的思想。1954 年“二劳”会议《决议》要求“建立和健全教育制度，编写教材，拟定年度、季度的具体教育计划”。1955 年“三劳”会议报告具体规定，建立教育制度，固定教育时间，在大队一级设立报告员，建立教育准备会，创办油印小报或壁报、黑板报、建立图书馆或阅览室，广泛开展文娱体育活动，经常放映电影。其后，从“四劳”到“八劳”，直到 1982 年颁布试行《监狱、劳改队管教工作细则》，陆续对教育任务、内容、原则、类型、方法、形式等提出要求、做出规定。但是总体来看，这些认识还都处于自发、自在状态。① 也就是说，监狱文化这一命题或者研究方向真正“浮出水面”，是在 20 世纪 80 年代。关于监狱文化为什么在 20 世纪 80 年代产生，在实践中的具体状况如何，正是本章要回答的问题。

一、监狱文化命题提出的时间

监狱文化实践早已存在，但是监狱文化这个命题的确切提出时间是

---

① 王明迪：《监狱文化建设与管理创新》（代序），载马志冰、赖德毅主编：《监狱文化建设与监狱管理创新工作研究》，法律出版社 2014 年版。也有学者提出，20 世纪 50 年代，为改造历史反革命犯，监狱组织罪犯演出《白毛女》《周扒皮》《一贯道害人》等剧目，收效很好。并认为，新中国从创建监狱事业开始“就把监区文化建设作为教育改造罪犯的重要辅助手段”。参见贾洛川主编：《罪犯教育学》，广西师范大学出版社 2008 年版，第 244 页。

20世纪80年代。

关于监狱文化这个概念的提出，从理论上讲，第一个说法是：20世纪80年代初，陈浩然在《狱政管理与犯罪学研究的又一理论》中，首次披露美国一犯罪学专家开了监狱文化研究之先河。[①] 这一说法出自上海监狱系统胡经建的一篇文章，但是经笔者多方查找，没有发现《狱政管理与犯罪学研究的又一理论》这篇文献。不过，根据胡经建文中的说法推测，美国犯罪学专家进行的监狱文化方面的研究，与本书所说的“当代中国监狱文化”的内涵是有所区别的。当代中国监狱文化，主要是从监狱内部所倡导的主流文化层面上说的（监狱文化Ⅲ），而美国学者所说的监狱文化很可能是一个更加宽泛的概念，更接近罪犯亚文化（监狱文化Ⅱ）。

从实践方面看，陈士涵提出，1989年4月，上海市监狱（1995年6月更名为提篮桥监狱）在多年实践的基础上提出了一个改造罪犯的新课题——监区文化建设。

查阅相关文献发现，1990年7月16日至19日，上海市劳改局“监区文化建设，罪犯思想政治教育研讨会”召开，时任司法部金鉴副部长到会讲话。[②] 而在这次会议召开的前一年，确切地说是1989年4月20日，提篮桥监狱内部曾经举办过一次“监区文化建设”研讨会。这是从现有文献中发现，最早以“监区文化”为主题的研讨会。[③]

《上海监狱志》记载：1996年11月27日，上海电视台、劳改局电教中心制作的专题片《监区文化建设》在上海电视台播出。[④] 然而，《上海

① 参见胡经建：《监狱文化新论》，载《劳改劳教理论研究》1991年第4期。

② 参见《上海监狱志》编纂委员会编：《上海监狱志》，上海社会科学院出版社2003年版，第66页。

③ 此次研讨会载入上海提篮桥监狱大事记，这条信息由提篮桥监狱刘中心警官代为查阅。陈士涵提出，“1989年4月，上海市监狱（提篮桥监狱）提出了一个改造罪犯的新课题——监区文化建设”，这是其史实基础。

④ 参见《上海监狱志》编纂委员会编：《上海监狱志》，上海社会科学院出版社2003年版，第976页。

监狱志》没有监狱文化或监区文化章节，只在第五章教育改造设置了第六节辅助教育。其中的读书活动、文体活动、兴趣小组、报纸书籍等内容，实际上都是监狱文化的重要组成部分。

相关文献资料显示，有六位学者在监狱文化研究中开风气之先，他们分别是程颖、王克坚、陈士涵、胡经建、孙平和周剑萍。其中，程颖、王克坚共同撰写的文章《浅谈监区文化建设》发表于1990年第2期《劳改劳教理论研究》杂志，这是目前查阅到的第一篇公开发表的相关文章。其余四位作者的文章都发表于1991年，分别是陈士涵的《监狱文化建设与罪犯改造》（载《社会科学》1991年第4期）、胡经建的《监狱文化新论》（载《劳改劳教理论研究》1991年第4期）、孙平的《监狱亚文化研究》（载《法律科学》1991年第4期）、周剑萍的《监狱文化与犯人矫治》（载《社会》1991年第8期）。[①]

20世纪80年代末至90年代初，从监狱文化或者监区文化研究看，当时的监狱文化实践主要表现为环境方面的整治、文体活动等初级形式。正如胡经建所说，“一般来说，偏重管理的警官认为搞绿化、卫生，造成一个稳定良好的改造环境，就是监狱文化。”[②] 至少在实践上，对监狱文化的思考还未深入精神影响或者价值导引层面。一般认为，监狱文化建设在形式上与文化教育实践、特殊学校兴办密不可分。

---

① 需要说明的是，这里提及的5篇文章都发表于公开发行的学术期刊。在1990年前后，监狱系统内部发行的期刊也发表了一定数量以监狱文化为主题的论文，例如，上海的《劳改劳教通讯》1989年第7期发表《试论监区文化建设》（吴煜卿、石定根、孙莉萍撰稿），同年第9期发表《提篮桥监区文化初探》（上海市监狱撰稿）。1990年，陈士涵在《劳改理论与实践》第4期发表《论上海市监狱的文化建设》；同年他在《劳改劳教通讯》第9～12期连续发表《我看监狱文化——监狱文化思考之一》《监狱文化建设的途径——监狱文化思考之二》《论监狱文化建设的基石——监狱文化思考之三》《论文化性和生物性——监狱文化思考之四》4篇文章。然而，此类文献数量大、馆藏分散、尚未全部数字化，受检索条件限制，本书未将其列入讨论范围。

② 胡经建：《监狱文化新论》，载《劳改劳教理论研究》1991年第4期。

二、提出监狱文化命题的背景

（一）“文化热”

监狱文化的出现有一个不可忽视的外部诱因，那就是20世纪80年代兴起的“文化热”。十一届三中全会之后，中国进入改革开放新的历史时期。随着经济、政治改革的不断深入，思想文化领域出现了一个持续近十年的文化研讨热潮，这就是思想界熟知的20世纪80年代“文化热”。1985年，学者甘阳写道：“一九八五年以来，所谓的‘文化’问题已经明显地一跃而成为中国的‘显学’。从目前的阵阵‘中国文化热’和‘中西比较风’来看，有理由推测：20世纪80年代中后期，一场关于中国文化的大讨论很可能会蓬勃兴起。”①

20世纪80年代“文化热”大体可以分为两个阶段：一是从1981年至1984年，为“文化热”的酝酿阶段。二是从1984年年底至1989年上半年，是“文化热”的高潮阶段。有学者认为，1987年是这场“文化热”的高潮点。②

文化热的产生有两个方面原因，一方面是对“文化大革命”十年的反思，另一方面是对中国未来现代化发展的前瞻。

关于“文化大革命”十年造成的文化荒芜，何怀宏《饥渴年代的读书生活》一文做过生动记述：“记得那时不仅几乎是无书可读，也差不多无暇读书……”“但书的确也是一种奇怪的东西：虽然经过多次抄家、交书和处理（焚毁或回收到收购站重新变为纸浆），总还是会有漏网的：读书人过久了不读书，就还是憋不住，会想着法子、找出各种‘理由’来

---

① 甘阳：《八十年代文化讨论的几个问题》，载甘阳主编：《文化：中国与世界》（第1辑），三联书店1987年版，第3页。

② 参见宗胜利：《80年代“文化热”研究综述》，载《理论前沿》1996年第16期。

读书（比如说‘批判需要’）。到我读高中的后期，学校终于以‘学文’为主了，上课也稍稍正常了。1972 年年初高中毕业之后我又当了一年搬运工，而我也幸运地有了几个好读书的朋友。我们常常交换书籍，或到收购站守候旧书，甚至偶尔有机会的话，铤而走险到封存的学校图书馆窃书（当时颇赞同鲁迅小说中的一个说法‘窃书不算偷’）。”①

或许正是由于“文化大革命”时期文化窒息形成的反弹，在中国走向开放之后，20 世纪 80 年代“文化”讨论和“文化”活动异常活跃。“文化热”中出现了三个最活跃的知识群体，包括以金观涛等为代表的“走向未来”丛书编委会、以甘阳等为代表的“文化：中国与世界”编委会和以汤一介、李泽厚、庞朴为代表的“中国文化书院”。这三个群体通过编译书籍、举办文化活动等方式形成特定知识群体，其知识取向大致可以概括为：“走向未来”丛书的科学主义、“文化：中国与世界”的人文关怀和“中国文化书院”的传统文化认同。②

“文化热”中出现了百家争鸣的文化景象，当时各种讨论和相关论著提出具有代表性的文化观点包括“儒学复兴”论、“西体中用”论、“全盘西化”论、“综合创造”论等。③ 可以说，监狱文化命题在 80 年代监狱系统出现，与“文化热”这一时代背景不无关系。④

（二）监狱工作发展对“软件”的呼唤

通过文化改造罪犯，带有“春风化雨”“润物细无声”等特点，这种“柔性”方式恰恰是对刑罚、监管等“刚性”方式的有益补充。

---

① 何怀宏：《饥渴年代的读书生活》，载《鞍钢日报》2009 年 12 月 15 日，第 3 版。

② 参见贺桂梅：《1980 年代“文化热”的知识谱系与意识形态》（上），载《励耘学刊（文学卷）》2008 年第 1 期。

③ 参见宗胜利：《80 年代“文化热”研究综述》，载《理论前沿》1996 年第 16 期。

④ 参见其实，不止监狱文化的出现与“文化热”息息相关，校园文化这个概念也是在“文化热”中出现的。参见高占祥主编：《论校园文化》，新华出版社 1990 年版，第 169 页。

陈士涵指出，“在劳改工作整个系统工程中，如果说狱政管理、教育改造和劳动改造是‘硬件’的话，那么监狱文化建设则是‘软件’，其独立存在的价值是由它的‘软件’特点所决定的”。①

监狱文化建设代表着一种新观念、新思考，对监狱工作发展具有启发性。李霍平在文章中提出，“那些束缚生产力发展旧观念、旧习惯，极大地阻碍了劳改工作的发展，要使劳改工作得到进一步发展，就要冲破这看不见的牢笼，把建设优秀的监区文化尽早提上日程”。②

（三）监狱工作的深刻变化——特殊学校化

在分析监狱文化产生的历史背景和动因时，多数学者认为20世纪80年代兴起的办特殊学校活动不容忽视，有的学者甚至认为“‘监区文化建设’，也是监狱办特殊学校的一种表现”③。陈士涵则明确指出，20世纪80年代之后，监狱工作发生了一系列带有新时期时代特征的深刻变化。这些深刻变化孕育了监狱文化建设这个新课题。其中，尤其需要关注的是监狱的特殊学校化、行刑社会化和改造手段多元化，直接成为这个新课题产生的历史条件。④

“我们的监狱其实是学校”，这是毛泽东同志1960年提出的重要论断，这也是中国监狱教育改造工作的重要理念之一。⑤ 这一理念的渊源可以上溯至共产党领导下的革命根据地监所时期。1931年5月10日，《陕甘宁边区高等法院对各县司法工作的指示》中明确规定：“犯人每天必须认字、读报及听课”，“有专门学识的，也准许专门研究或写作”。当时的

① 陈士涵：《监狱文化建设与罪犯改造》，载《社会科学》1991年第4期。

② 李霍平：《关于监区文化的几点思考》，载《劳改劳教理论研究》1991年第4期。

③ 王明迪、兰洁、王平：《监狱工作与监狱理论研究改革述评》，载王明迪、郭建安主编：《岁月铭记——新中国监狱工作50年》，法律出版社2000年版，第47页。

④ 参见陈士涵：《监狱文化建设与罪犯改造》，载《社会科学》1991年第4期。

⑤ 参见王雪峰：《中国教育改造工作的四个重要理念》，载《中国司法》2012年第12期。

边区监所还制定了《课堂规则》，以落实这一指示精神。[①] 1945 年 1 月 6 日，延安《解放日报》发表《高等法院监狱犯人生活》，文中写道："犯人进监狱，虽然被限制了自由，但就他们所过的教育生活来说，入监狱就是入学。"罪犯在狱中主要学习三个方面课程，即生活教育、政治教育、文化教育。其中文化教育的主要内容是教识字、讲卫生、学算术、阅书报，写墙报和社会常识等，其目的在于增强罪犯的文化知识。[②]

中国监狱创办"特殊学校"，实践"我们的监狱其实是学校"的理念，大致经历了三个阶段：自然发展阶段、规范发展阶段和巩固提高阶段。[③]

1. 自然发展阶段

自然发展阶段是指 1949 年至 20 世纪 70 年代前。一些监狱从改造罪犯需要出发，开始自发尝试课堂教学方式。此后，一些条件较好的监狱逐渐将罪犯组织起来，编成教学班进行规范化课堂教学。

2. 规范发展阶段

规范发展阶段始于 20 世纪 70 年代。当时"三课"教育在监狱中成为一种客观要求并逐渐为人们所接受，监狱中相继出现了特殊学校。[④] 例如，1974 年浙江乔司、蒋堂等劳改支队的一些大队、中队逐步在罪犯中开设扫盲、高小、初中、高中等文化班，十里丰支队四大队又在罪犯中开设了农机维修等技术班。1979 年，辽宁凌源一支队在罪犯中较为系统地开展了文化、技术教育，到 1987 年年初，全支队已经办文化班 13 个、技术班 31 个，入学人数达 1217 名，配有教员 68 名。[⑤] 在此阶段，中央

---

① 参见杨殿升、张金桑主编：《中国特色监狱制度研究》，法律出版社 1999 年版，第 170 页。

② 参见中华人民共和国司法部编：《中国监狱史料汇编》（下），群众出版社 1988 年版，第 303 页。

③ 参见王明迪主编：《罪犯教育概论》，法律出版社 2001 年版，164 ~ 165 页。

④ 参见王明迪主编：《罪犯教育概论》，法律出版社 2001 年版，第 164 ~ 166 页。

⑤ 参见杨殿升、张金桑主编：《中国特色监狱制度研究》，法律出版社 1999 年版，第 176 ~ 177 页。

对开办特殊学校提出了明确要求。

1981 年，第八次全国劳改工作会议在北京召开，同年 12 月经党中央、国务院批准的《会议纪要》提出："要加强对罪犯的教育改造工作，把劳改场所办成改造罪犯的学校。" 1982 年 10 月，公安部在山东潍坊召开全国重点劳改单位现场会，正式提出监狱办特殊学校的历史任务。会议交流了各地办学的经验，参观了潍坊劳改支队（现为山东省潍坊监狱）的办学现场，提出了争取在三五年内把全国劳改单位分期分批办成改造罪犯的学校的五条标准。在这次会议上，山东潍坊劳改支队被命名为山东潍坊育新学校，这是全国监狱系统办的第一家特殊学校。

1985 年，司法部在京召开全国劳改场所办特殊学校经验交流会，提出争取在五年左右时间把全国大多数劳改场所基本上办成改造人、造就人的特殊学校的目标。① 在这一阶段，全国各地监狱管理机关和监狱积极创办特殊学校，特殊学校建设进入了快速、规范发展期。②

3. 巩固提高阶段

巩固提高阶段起始于 20 世纪 90 年代。经过 80 年代的发展，特殊学校在规模和效果上都提升了层次。随后，司法部提出了特殊学校上等级的工作思路和工作要求，提出创办部级和省级优秀特殊学校，制定下发了《特殊学校上等级检查验收细则（试行）》，以办特殊学校带动整个监狱工作发展的活动在全国范围展开。这一时期，部分省（区、市）在条件较好的监狱率先创办了省级优秀特殊学校。1992 年全国监狱系统优秀特殊学校开始出现，辽宁省瓦房店劳改支队、山东省潍坊监狱和河南省第一监狱成为首批获此殊荣的单位。③

---

① 参见杨殿升、张金桑主编：《中国特色监狱制度研究》，法律出版社 1999 年版，第 177 ~ 178 页；王明迪、郭建安主编：《岁月铭记——新中国监狱工作 50 年》，法律出版社 2000 年版，第 46 页。

② 参见王明迪：《罪犯教育概论》，法律出版社 2001 年版，第 165 页。

③ 参见王明迪：《罪犯教育概论》，法律出版社 2001 年版，第 165 ~ 166 页。

第二节　早期监狱文化建设：以提篮桥监狱为例

在“文化热”背景下，监狱文化建设命题最早由上海监狱系统提出。上海市劳改局组织召开了相关理论研讨会，上海监狱系统民警积极开展理论研究，上海市相关期刊刊载了大量相关文章。1993 年 4 月，上海白茅岭农场实验劳改大队“监区文化中心”挂牌。① 在上海市监狱系统内部，提篮桥监狱是监狱文化建设的“排头兵”，因此本节以提篮桥监狱为例讨论早期监狱文化建设的基本情况。

一、监狱文化建设的基本形式

（一）读书活动

20 世纪 80 年代后期，上海监狱系统逐渐把组织罪犯阅读有益书籍作为提高文化水平、教育改造罪犯的手段之一。1984 年 4 月起，上海监狱系统围绕“改造人、造就人”的总目标，倡导“读书、明理、立志、做人”，开展“走向明天”的读书活动。

提篮桥监狱 1986 年开设“新岸书店”，为罪犯供应图书。首次开放便深受欢迎，罪犯购买踊跃，半天销售金额 2000 余元。②

1991 年，上海市劳改局对罪犯读书活动做出进一步部署，筹建局、监狱和各劳改队的读书活动指导委员会。按罪犯的文化程度、阅读水平和兴趣分层次组建读书小组；办好图书馆、阅览室、推荐适合罪犯阅读

---

① 参见曾庆志：《让罪犯在希望中改造——从实践中谈监狱文化建设》，载王肇远主编：《分类改造文集》，上海市白茅岭农场 1993 年内部印行，第 249 页。

② 参见上海监狱志编纂委员会编：《上海监狱志》，上海社会科学院出版社 2003 年版，第 376 页。

的书目，开办专题讲座、举行演讲活动、征文活动，做好读书指导。

1993 年 1 月 19 日，作家叶永烈到提篮桥监狱为读书小组作读书辅导，并担任读书小组的狱外辅导员。

1994 年，提篮桥监狱为深入持久开展读书活动，采取了三项措施：

一是“保重点”，对坚持数年的读书小组重点扶持；

二是“广参与”，吸引罪犯自愿参加适合个人兴趣爱好的读书活动；

三是“抓特色”，结合罪犯的不同特点开展分层次读书和分类读书。

到 1994 年年末，提篮桥监狱共建立罪犯读书小组 62 个，劳改积极分子中心读书小组 13 个，参与读书活动的罪犯达 1600 余人。各大队还加强了图书室建设，狱内罪犯人均藏书量达到了 10 册以上。

（二）文体活动

1979 年，提篮桥监狱在上海监狱系统首先成立罪犯文艺演出队。监狱还成立了“新岸艺术团”，1984 年上半年自编、自导七场沪剧《路，就在脚下》。该剧讲述了一个青年罪犯在服刑中受到顽危犯的引诱拉拢，再入歧途，经过干部的挽救，终于觉醒，走向新生的故事。该剧在狱中演出数十场，反响强烈。当年 7 月下旬，该剧在上海市政府礼堂演出 3 场，市领导及文化教育界、新闻界知名人士出席观看，深受感动。

1991 年 9 月，提篮桥监狱举行首届“文化艺术节”。历时一个半月的艺术节中，有以大队为单位的歌咏比赛，有罪犯的小发明、小制作成果评展，有以忏悔为主题的“爱我中华”演讲赛，有鞭挞不良行为、树立改造新风的小品比赛，还有诗会、书展等。

自 20 世纪 80 年代中期起，提篮桥监狱每三年举办一届运动会。1995 年第四届运动会，设有篮球、排球、小足球、乒乓、康乐球、象棋、围棋、军旗、扑克以及队列、拔河比赛等12个竞赛项目，参与者近2000人次。[①]

（三）兴趣小组

早在1972年，上海监狱系统就开始在监狱中组织兴趣小组，例如，少管所成立了美术、书法、园艺、编织等小组，后来曾经中断。

1983年3月，提篮桥监狱举办首届“习美”书画艺术展览。展出书法、绘画、篆刻、雕塑、布贴等工艺品250多件（幅）。1986年，组织59名参与“习美”创作的罪犯参观上海美术馆，激发其创作灵感。

所谓“习美”，是在服刑人员中开展书法、绘画、工艺美术等艺术活动的特称。服刑人员在艺术学习中逐渐净化心灵、洗涤灵魂、陶冶情操、磨练品性，在美的追求中荡涤丑恶。[②]

1993年12月20日，提篮桥监狱在十字大楼举行了第十一届“习美”书画展开幕式。这一届“习美”展共展出作品281件，分为三个部分：第一部分是雕塑、雕刻作品，第二部分为油画、宣传画、手工艺作品，第三部分为书法、绘画、篆刻作品。[③]

1989年，提篮桥监狱七大队成立诗歌兴趣小组，开展写诗、赛诗、评诗活动。定期编印《新荷》诗集，编成文化丛书之一——《炼狱心声集》。

（四）编辑报纸、出版书籍

解放初期，上海各监狱、劳改队就采用黑板报、墙报和刻钢板印小

---

① 参见上海监狱志编纂委员会编：《上海监狱志》，上海社会科学院出版社2003年版，第377～378页。

② 参见徐逸鹏：《洗涤灵魂远离丑恶提篮桥监狱开展“习美”活动硕果累累》，载《新民晚报》2003年11月20日，第2版。

③ 参见《上海市监狱举行习美书画展》，载《劳改劳教通讯》1994年第2期。

报等形式报道狱内改造简况、新风好事，批评歪风邪气，交流改造心得。后来，劳改处编印《上海劳改报》，提篮桥监狱主办《劳改报》1981 年 4 月创刊。该报最初不定期编印，后改为每月两期，定期编印（15 日、30 日）。①

提篮桥监狱在 20 世纪 90 年代曾经出版“监区文化丛书”，包括《炼狱心声集》《两地书》《忏悔录》。其中《炼狱心声集》1990 年 4 月编印，为诗歌集，收录提篮桥监狱 98 名罪犯的 139 首诗作；《两地书》为书信集，1992 年编印，共收 173 篇书信。有社会各界人士、罪犯亲友写给罪犯的书信，也有罪犯寄给社会人员的书信，还有刑满释放人员写给监狱民警以及服刑罪犯的书信。《忏悔录》1993 年 3 月编印，收集忏悔材料 74 篇，记录了罪犯从犯罪到服刑改造、醒悟忏悔的心路历程。

1999 年，提篮桥监狱还编印了《新荷诗选》。该书编印于《新荷》诗刊创刊 10 周年之际，是从已编印的 53 期《新荷》近 5000 首诗作中精选的 200 余首诗作汇编而成。② 充分反映了监狱文化的丰硕成果。

这个阶段的监狱文化建设还处于起步阶段，内容和形式还比较原生态，主要是读书、办报、文体活动等。还没有做到有意识进行文化反思和高层次设计与运作，但是所开展的各种活动取得了良好社会效应，并为监狱文化理论研究奠定了实践基础。

二、监狱文化建设的实践基础

提篮桥监狱，包括国内的其他一些监狱，在提出监狱文化建设这个

---

① 参见上海监狱志编纂委员会编：《上海监狱志》，上海社会科学院出版社 2003 年版，第 381 页。

② 参见上海监狱志编纂委员会编：《上海监狱志》，上海社会科学院出版社 2003 年版，第 382 页。2004 年，上海提篮桥监狱从 70 期《新荷》诗刊 5000 多首囚诗中选出 100 多首，编辑出版《罪魂与诗神》，反映了《新荷》诗刊 15 年的成长经历。参见上海市提篮桥监狱主编：《罪魂与诗神》，文汇出版社 2004 年版，第 170～200 页。

课题之前，做了很多跟文化相关的实际工作，可以视为监狱文化建设的实践基础。这些实际工作包括开展“三课”教育，美化监区环境，开展各类文体活动等。

在提篮桥监狱，有意识地通过开展与文化有关的活动来改造罪犯，形成了多个品牌，如上文所说的“习美”，以及“新岸科技开发室”、“翻译室”、新岸艺术团等。此处重点通过几个案例说明科技开发和智力开发的情况。

提篮桥监狱有个罪犯名叫林某康，这个罪犯 18 岁因抢劫罪被判处有期徒刑两年，之后又因为抢劫被判处无期徒刑，是一个累犯。在监狱里，他属于让民警头疼的罪犯，“上铐”和“关禁闭”几乎是家常便饭。为了改造他，民警把他调到了翻译室，没想到这个办法起到了意想不到的效果。提篮桥监狱的翻译室最早设立于 1958 年，承接社会上的外文资料和书籍翻译任务，所有翻译人员都是罪犯。林某康文化程度不高，写检查都是错误连篇，外文字母一个不认识。他的任务就是誊写别人的译稿，抄在方格纸当中。一开始，林某康把这个任务视为一种折磨，要求回到原来的罪犯当中。但是民警没有同意他的要求，而是要求他每天规规矩矩坚持誊写。无奈之下，林某康只能认真完成任务，碰到不认识的字或者照猫画虎，或者问问其他罪犯，或者查一下字典。两年时间，林某康已经抄写了一百余万字，通过抄写《福特》《格蒂》《股票入门》等作品的译文，他逐渐发生了变化，面前仿佛打开了一扇大门，走进了一个五光十色的文化世界。他开始如饥似渴地学习文化，性情也发生了明显的改变，脏话少了，人也变得安静了。过去林某康的母亲来探视，经常哭着回去。发了改变之后，林母总是乐呵呵的，觉得孩子有出息了。[①]

其实，这种例子在提篮桥监狱有很多。有的罪犯，通过学习绘画，

---

① 参见上海市监狱：《提篮桥监区文化初探》，载《劳改劳教通讯》1989 年第 9 期。

性情发生了改变，从“粗人”变成了“细人”。不再觉得无聊和空虚，兴趣发生了转移，觉得过去为了一些小事争吵毫无意义。①

《劳改劳教通讯》原副总编辑丘峰提交给2008年文化与监狱论坛的一篇论文中列举了多个案例，说明上海提篮桥监狱自20世纪80年代末以来文化建设方面的成绩。他指出，监狱文化建设“首先要求民警树立文明形象”。举例说，提篮桥监狱“习美”小组一个叫严大地的民警因为有坚实的绘画基础，所以能亲自示范，戳穿罪犯练习绘画时故意拖延的伎俩。经过耐心教育，那名罪犯不但绘画水平提升了，还明白了做人的道理，最终得到转化，多次减刑。②

而在新岸科技开发室，罪犯周某和朱某等人研究出海上救生专用反光膜，经交通部评定，此产品填补了这个领域的空白。他们还研究出水溶性涂料，获得了全国科技金奖。③ 另一个罪犯，原来曾经是盗窃汽车的高手。民警利用他盗窃汽车的“高超技术”启发他研究汽车防盗的思路，四个月时间，他研究出的汽车防盗装置，被评为上海市优秀发明四等奖。又经过多年攻关，他推出了全新产品“蓝盾汽车防盗装置”，变被动防盗为主动防盗，在全国“星火杯”创造发明竞赛上获得二等奖。与此同时，这个罪犯在思想上也有所转变，认识到了自己的罪行，重新发现了人生价值，并影响了其他罪犯。④

还有一个罪犯王某，原系上海服装进出口公司司机，因盗窃罪于1980年被判处有期徒刑15年。在提篮桥监狱服刑期间，在民警的支持和鼓励下，发明了“星球大战棋”，由上海市专利事务所冯晓明律师作为其

① 参见上海市监狱：《提篮桥监区文化初探》，载《劳改劳教通讯》1989年第9期。

② 参见丘峰：《重视监狱文化对罪犯的改造——以上海提篮桥监狱习美小组和新岸科技开发室为例》，载于保忠主编：《2008文化与监狱论坛》，中国民主法制出版社2009年版，第17页。

③ 参见丘峰：《重视监狱文化对罪犯的改造——以上海提篮桥监狱习美小组和新岸科技开发室为例》，载于保忠主编：《2008文化与监狱论坛》，中国民主法制出版社2009年版，第18页。

④ 参见丘峰：《重视监狱文化对罪犯的改造——以上海提篮桥监狱习美小组和新岸科技开发室为例》，载于保忠主编：《2008文化与监狱论坛》，中国民主法制出版社2009年版，第19页。

代理人，向国家专利局提出专利申请，获得了专利权证书。他发明的"星球大战棋"和他的照片被载入《中国专利发明者名录》。王某在狱中还成功设计了"三人国际象棋"，1992 年获得国家非职务发明专利证书。这是他在服刑期间获得的第二项国家专利证书。①

1993 年《上海科技报》也曾经报道了提篮桥监狱服刑人员吴某发明"窗外自动防雨晒衣架"的消息。吴某原系上海建材局工程师，因贪污受贿罪被判刑入狱。改造期间，民警一方面对其进行法治、政策和前途教育，另一方面积极为其创造条件，鼓励支持他开展科技发明和智力开发，为他解决技术发明经费、材料等实际困难。吴某发明的自动防雨架具有使用方便、实用性强、价格较低廉等特点，适合多雨地区居民特别是双职工家庭使用，该发明获得了国家专利证书。②

1993 年，女犯李某君设计了供旅游事业和野外作业用的充气式拱形帐篷，并申请"实用新型专利"；罪犯刘某则设计融书写和改正功能于一体的"带有改正液的笔"，在当年 9 月申请"实用新型专利"。两项申请经过国家专利局上海代办处受理，分别通过审查二部和六部的审查，决定授予专利权。③

上海市提篮桥监狱在改造罪犯的同时，尊重人才，尊重科学，充分发挥罪犯的聪明才智，鼓励他们创造发明，获得了改造效果和社会效益双重效应。1995 年举行的监狱第四届科技节上，服刑人员申报全国"星火杯"的 15 项创造发明全部获奖。其中，救生设备逆向反光材料荣获全

---

① 参见《在押犯王某获非职务发明专利》，载《文汇报》1990 年 4 月 25 日，第 2 版；《在押犯人发明三人国际象棋》，载《文汇报》1992 年 7 月 31 日，第 2 版。转引自上海监狱志编纂委员会编：《上海监狱志》，上海社会科学院出版社 2003 年版，第 941、949～950 页。

② 参见《监狱犯人发明"窗外自动防雨晒衣架"获国家专利》，载《上海科技报》1993 年第 7 期，第 3 版。转引自上海监狱志编纂委员会编：《上海监狱志》，上海社会科学院出版社 2003 年版，第 953 页。

③ 参见《上海市监狱两项发明被授予专利》，载《劳改劳教通讯》1994 年第 2 期。

国十年优秀发明成果及第九届全国发明展览会金杯奖。[①]

三、上海监狱系统提出监狱文化命题的原因

1990年7月16日至19日，在监区文化研讨会上，时任上海劳改局局长王飞指出，具有上海地方特色的劳改工作，应该包括分类改造、规范化管理、监区文化、综合治理。[②]

关于为什么会关注监狱文化问题，王飞局长的讲话可以提供一个思路。他指出，上海改造工作的目标分为三个层次，第一个层次是收得下、管得住、跑不了；第二个层次是在前者的基础上，做到改造好；第三个层次是创建具有中国特色的劳改工作。这是比较高的目标。王飞认为，上海提出第三个层次的目标，是基于三个有利条件。其中，第一个就是"工农业生产搞得还不错，有饭吃，工资发得出，于是就不安现状，想追求一个高层次的目标"。[③]

时任司法部劳改局副局长王明迪在发言中也提出了相似的观点。他说，劳改工作当前面临很多困难，但是外部条件正在逐步改变。国务院已经专门发了文件，解决劳改工作中突出的问题。"由于当前国家财政比较困难，这个方案不可能一步到位，但前景是好的。这样，我们就有可能拿出更多的精力来考虑如何加强改造工作的问题。"[④]

王飞和王明迪两位领导讲话的基本精神具有一致性，说明监狱改造

---

① 参见《"大墙"里冒出科技人才》，载《新民晚报》1995年12月19日。转引自上海监狱志编纂委员会编：《上海监狱志》，上海社会科学院出版社2003年版，第959～960页。

② 参见《上海的改造工作要瞄准目标，奋力拼搏——王飞局长在监区文化建设研讨会上的讲话》，载《劳改劳教通讯》1990年第9期。

③ 《上海的改造工作要瞄准目标，奋力拼搏——王飞局长在监区文化建设研讨会上的讲话》，载《劳改劳教通讯》1990年第9期。

④ 《充分运用有利于改造的条件不断提高教育改造层次——司法部劳改局副局长王明迪在上海市劳改局"监区文化建设研讨会"上的讲话》，载《劳改理念与实践》1990年第4期。

罪犯工作必须有稳定的外部条件保障。如果监狱经费不能得到保障，监狱长把主要精力放在民警发工资问题上，就没有精力思考改造罪犯的问题，也就不会出现监狱文化这种比较高层次的目标追求。

《论语》中孔子提出过“庶富教”的思想：子适卫，冉有仆。子曰：“庶矣哉！”冉有曰：“既庶矣，又何加焉？”曰：“富之。”曰：“既富矣，又何加焉？”曰：“教之。”① 经济发展，文化勃兴，这似乎是一个规律，从二十所监狱文化先进单位的分布看，与胡焕庸线高度重合。说明监狱文化的发展与监狱的治理水平，具有高度一致性。经济发展，监狱没有后顾之忧，因而能一心一意搞改造工作。正如过去流行的一句话，“一心一意抓生产，三心二意抓改造，闲来无事抓队伍”。这句话反映出监狱体制改革前，罪犯改造工作的无奈。

监狱文化命题在上海监狱系统被提出的另一个原因，与上海监狱系统的历史传统和积淀有关。上海 1843 年开埠，1845 年开辟租界，成为中国较早对外开放、接收西方文化、在贸易、法律制度等方面开启现代化进程的地方。1903 年，号称“远东第一监狱”的上海提篮桥监狱启用。与此同时，现代监狱制度也开始在上海租界初现端倪，这一制度的内容包括：监管人员的设定和职责、监所的分类、囚犯的待遇和劳动、苦役犯人的惩处规则等。② 徐家俊基于研究认为，提篮桥监狱是清末民初中国第一座现代化监狱，其表现可以概括为：近代第一座建筑面积最大、收押罪犯最多的大型监狱，中国第一座在罪犯中实行“以分减刑”的监狱，中国第一座在建筑、物品采购中运用招标方式的监狱，中国第一座综合利用科技成果实行管理的监狱，中国第一座建立少年犯监的监狱，中国第一座同步建设、同步启用医院的监狱，中国第一座登报公开招聘典狱

① （宋）朱熹撰：《四书章句集注》，浙江古籍出版社 2014 年版，第 113 页。

② 参见王立民：《上海租界与上海法制现代化》，载《法学》2006 年第 4 期。

长的监狱，提篮桥监狱还建有完善的规章制度、管理制度和档案管理制度。①

在上述两个因素的共同作用下，上海市监狱系统一方面重视实践探索，另一方面也重视理论探讨。《上海监狱人权记录》序章中有一段话，描述了上海监狱系统理论探讨的繁荣景象："上海的监狱在改造罪犯的同时改造了监狱自身。一个又一个研究所成立了，一个又一个学术团体形成了，一次又一次学术理论研讨会举行了，一期又一期学术刊物出版了……这一切，都是从监狱这块土壤里破土而出的，为监狱带来理性的精神，学术的氛围，思辨的色彩。"② 有领导的高度重视，有良好的外部保障条件，有深厚的文化传统积淀，有理论研讨的氛围，在这些要素共同作用下，监狱文化命题在上海监狱系统被提出不足为奇。

四、监狱文化建设的两个主体

在提篮桥监狱的文化建设方面，两个主体都已经充分显现。在罪犯方面，有两个主要品牌，一个是"习美"小组，另一个是科技开发室；在民警方面，上海市监狱系统提出了"红烛"精神。

上海劳改劳教系统的民警为"两劳"事业无私奉献的精神，被誉为"红烛"精神。许多民警名为上海人，却长年累月在偏僻山区工作。老一代中，许多人牺牲了，还有许多人退休以后仍留在军天湖农场、白茅岭农场等遍布他们足迹的土地上。

关于"红烛"精神，原上海市劳改局局长王飞说，"红烛"精神不是哪个人先提出来的。"红烛"精神是广大干警经过党的长期教育和几十

① 参见徐家俊：《提篮桥监狱：清末民国时期中国第一座现代化监狱》，载马志冰、朱济民、姜晔主编：《中国监狱制度现代化的历史、理论与实践》，法律出版社 2013 年版，第 1～14 页。

② 王飞主编：《上海监狱人权记录》，上海人民出版社 1992 年版，第 9 页。

年的创业，逐步形成的一种奉献精神。1990 年，王飞局长回忆了“红烛”精神的发现过程。1987 年，上海市劳改局在总结一个大队工作的时候，发现这个大队民警队伍之所以富有战斗力，她们之所以能够战胜困难，夺得胜利，主要靠三种精神，而无私奉献就是其中的一种主要精神。当时在总结这个经验后，也曾经在全局范围内进行宣传，号召全局民警、工人学习这种奉献精神。但是，当时没有引起普遍重视。1988 年，王飞局长和黄顺才等领导参加军天湖农场成立三十周年场庆，观看文艺演出过程中，一出名为“红烛颂”的舞蹈引发了各位领导的重视，并受到了感染。据王飞局长回忆，他和黄顺才同志的想法“不谋而合”，“我们的干警、工人就像是燃烧的红烛，照亮别人，燃尽自己”。认为“红烛”精神恰到好处地反映了“两劳”系统广大干警工人的精神风貌，于是在全局范围内掀起了宣传“红烛”精神的活动。①

在弘扬“红烛”精神过程中，上海监狱系统提出了“六个提倡六个反对”的主张，具体内容包括：提倡忠于事业，反对“一切向钱看”；提倡全局观念，反对本位主义；提倡顽强拼搏，反对畏难不前；提倡艰苦奋斗，反对铺张浪费；提倡廉政，反对腐败；提倡同心同德，反对内耗干扰。②

1990 年，上海人民广播电台与劳改局共同邀请作家深入“两劳”第一线，采写闪耀着“红烛”之光的干警工人们的先进感人事迹。③ 最终的活动成果，以《红烛之光》笔会系列作品形式在电台连播。《红烛之光》是峻青、周嘉俊、吴芝麟、彭瑞高、田永昌、肖关鸿、季振邦、蒋

---

① 参见王飞：《拥抱监狱工作——我的实践与思考》，上海社会科学院出版社 2011 年版，第 166 ~ 167 页。

② 参见王飞：《拥抱监狱工作——我的实践与思考》，上海社会科学院出版社 2011 年版，第 53 页。

③ 参见《上海一批作家讴歌“红烛精神”》，载《新民晚报》1990 年 10 月 26 日，第 1 版。转引自上海监狱志编纂委员会编：《上海监狱志》，上海社会科学院出版社 2003 年版，第 942 页。

丽萍、林伟平、陆萍、曾元沧等20多位作家作者深入各“两劳”单位采访后撰写的。作品真实地反映了“两劳”系统民警和工人为社会安宁、为改造罪犯，几十年如一日的那种既平凡又崇高的“燃烧自己，照亮别人”的“红烛”精神。[①]

1993年11月1日，上海市劳改局举行了“红烛”精神表彰会。会议授予22名科技人员“红烛精神奖”“烛光奖”荣誉称号，并对其中3名有突出贡献的科技人员各给予5000元奖励。

第三节　从监区文化、监狱文化到文化监狱

关于监狱文化的表述方式，笔者曾经提出过一个观点：是一个从监区文化到监狱文化再到文化监狱的演变过程。[②] 撰写本书过程中，通过检索20世纪80年代的文献，笔者认为在监区文化之前其实应该加上“狱内文化”这个概念。在20世纪80年代末期（确切地说是1989年），时任司法部金鉴副部长最早提出这个课题的时候，并没有使用“监区文化”或者“监狱文化”这样的概念。新闻报道根据金鉴副部长的讲话，将其表述为“狱内文化”。其后，逐渐在各种场合才逐渐使用“监区文化”这个概念。与此同时，理论探讨中也有学者使用“监狱文化”这种表达方式。

一、1989年“狱内文化”的提出

1989年2月27日，司法部副部长金鉴和司法部劳改局副局长王明

① 参见《上海作家采写〈红烛之光〉》，载《每周广播电视报》1990年12月29日，第1版。转引自上海监狱志编纂委员会编：《上海监狱志》，上海社会科学院出版社2003年版，第942页。

② 参见王雪峰：《监狱文化：一个概念三种理解》，载《中国司法》2011年第4期。

迪、劳教局副局长翁鑫水等一行五人，在上海市司法局、劳改局领导黄顺才、王飞、颜锦章以及监狱长刘云耕陪同下，视察了上海市监狱，参观了罪犯监舍、监控室、翻译室、“习美”展览、劳动工场等场所。在观看新岸艺术团演出后，金鉴副部长对在场人员和艺术团团员说：“在改造中需要文化和艺术，但狱内的文化和艺术必须有利于犯人的改造，有利于提高文化素养，有助于美化心灵。艺术团要多创作一些反映犯人改造生活和改造成果的作品。”

关于这次视察，查阅上海劳改局主办的《劳动理论与实践》杂志的报道，没有标注具体的日期。根据该杂志1990年第4期对“监区文化建设，罪犯思想政治教育研讨会”的报道信息可以推测，这次参观是1989年2月的事情。查阅《上海监狱志》大事记，1989年2月27日至3月4日，司法部副部长金鉴等7人视察市监狱、少管所第七劳改支队、第二劳改总队、劳改警校。可以推测，金鉴副部长参观提篮桥监狱的时间应该是1989年2月27日。

《劳动理论与实践》1990年第4期封二刊登了《监区文化建设，罪犯思想政治教育研讨会在沪举行》报道，文中称：“这次研讨会是从去年2月金鉴副部长在视察上海市监狱时提出‘狱内文化’问题以来，上海第一次举行的专题研讨会。”

可以说，这是关于监狱文化问题的早期表述。但是，这一时期使用的概念还没有统一。1989年，金鉴副部长在参观提篮桥监狱时说的是，“狱内的文化和艺术必须有利于犯人的改造，有利于提高文化素养，有助于美化心灵。”这或许就是“监区文化建设，罪犯思想政治教育研讨会在沪举行”报道中出现“狱内文化”的依据。

二、1990年研讨会与监区文化

1990年7月16日至19日，上海市劳改局管教处与上海市犯罪改造研究所联合召开“监区文化建设，罪犯思想政治教育研讨会”。司法部副部长金鉴、司法部劳改局副局长王明迪参会并做了重要讲话。上海市司法局局长李庸夫、副局长黄顺才，上海市劳改局局长王飞、局党委书记颜锦章出席了研讨会。复旦大学、上海师范大学的专家教授在研讨会期间做了学术报告。与会代表近60人，提交论文近30篇，研讨会的主要议题包括：监区文化的内涵、监区文化产生的历史条件、监区文化在改造罪犯工作中的功能、如何建设监区文化、民警和罪犯在监区文化建设中的地位问题等。

金鉴副部长在研讨会上做了重要讲话，他开宗明义提出：“监区文化建设的问题，是我去年在上海市监狱看了犯人新岸艺术团的演出后提出的，上海的同志对这个问题很认真，今天听了大家的发言很受启发，说明上海的同志思想很敏感。”①

金鉴副部长讲话中首先讨论了开展监区文化建设的重要性，认为是“改造人工作的需要”，是“当前形势的需要”，是“确保狱所稳定的需要”，是“适应当前在押犯结构变化的需要”。

谈及开展监区文化建设是“改造人工作的需要”时，金鉴副部长讲，要实现把犯人改造成守法公民和有用之材这个目标，必须采用多种手段，其中包括文化手段。他认为在做好改造工作方面，劳动改造是主要手段，教育改造是基本手段，文化建设是“重要的辅助手段”。

金鉴认为，监区文化建设在当时还是个薄弱环节，具体表现为：有的地方犯人的精神生活很贫乏；有的地方，学习老看《犯人守则》，要不就是读报纸，而一些不怎么好的歌曲，在犯人当中很流行；有的少管所，一群十四五岁的人还在玩丢手绢。所以说，实践提出了问题，就是如何用文化手段来为改造人服务。

---

① 《开展监区文化建设为“改造人”服务——司法部副部长金鉴在上海市劳改局监区文化建设研讨会上的讲话》，载《劳改理论与实践》1990年第4期。

金鉴在论及开展监区文化建设是“当前形势的需要”时指出，整个社会都在进行社会主义教育，监狱也有一个占领社会主义阵地的问题。有些监狱存在一些消极现象，有的犯人赌博、喝酒，有的谈论下流淫乱的东西，所以要通过占领阵地来起到改造熔炉的作用。

金鉴还特别强调，押犯的年龄结构特点是35岁以下的占80%以上，其中25岁以下的占60%，青年人占大多数。“这些人虽然知识比较缺乏，经验也不多，但是他们对知识和新鲜的、感兴趣的东西有追求的欲望，对知识和文化有容易接受的有利条件，我们要充分利用这个特点，加强引导，千方百计把他们拉过来。”①

讲到如何做好监区文化建设的文章，金鉴提出了五个方面的思路：一是要重视文化环境建设，二是继续抓好文化学习，三是开展文体活动，四是开展读书活动，五是利用第十一届亚运会召开之际，对犯人进行爱国主义教育。②

讲话最后，金鉴还提出了关于监区文化建设中需要注意的四个问题：第一，先抓典型，逐步推开；第二，要从实际出发，不强求一律；第三，要有专门人研究；第四，要从大处着眼，小事着手。③

王明迪副局长在研讨会发言中提出，监区文化这项工作“过去也不是没有做，但是破题是最近两年的事，因此可以说这是老工作、新课题。这次研讨会，标志着这项工作由自在开始转向自为”。④

王明迪副局长认为，监区文化主要是监区的精神文明建设，丰富犯

① 《开展监区文化建设为“改造人”服务——司法部副部长金鉴在上海市劳改局监区文化建设研讨会上的讲话》，载《劳改理论与实践》1990年第4期。

② 参见《开展监区文化建设为“改造人”服务——司法部副部长金鉴在上海市劳改局监区文化建设研讨会上的讲话》，载《劳改理论与实践》1990年第4期。

③ 参见《开展监区文化建设为“改造人”服务——司法部副部长金鉴在上海市劳改局监区文化建设研讨会上的讲话》，载《劳改理论与实践》1990年第4期。

④ 《充分运用有利于改造的条件不断提高教育改造层次——司法部劳改局副局长王明迪在上海市劳改局“监区文化建设研讨会”上的讲话》，载《劳改理论与实践》1990年第4期。

人的精神生活，充实他们的精神世界，从这个角度促进犯人的思想改造。他认为可以从六个方面进一步探讨和实施监区文化：第一，加强“三课”教育，无论是政治思想教育、文化教育还是技术教育，都属于监区文化的范畴；第二，进一步发展群众性的文化娱乐和体育活动，包括图书、报刊、影视节目、广播、唱歌、演戏、书法、绘画、工艺美术以及各类体育活动；第三，犯人的举止言论，文明礼貌，也可以纳入监区文化的范畴；第四，要把握好舆论宣传工具，如《劳改报》、黑板报、广播等；第五，要注意环境建设；第六，要大力开展融知识性、趣味性、思想性于一体的寓教于文、寓教于乐的各种活动。[①]

值得注意的是，王明迪对监区文化与特殊学校的关系有独到的认识。从这次会议的发言可以看出，他将“三课”教育也归入监区文化的一部分。直至1999年，在他和兰洁、王平共同撰写的一篇文章中，仍有类似的表述：“监狱办特殊学校有多种形式，不能仅仅理解为‘三课’教育，如前几年开始推行的‘监区文化建设’，也是监狱办特殊学校的一种表现。”[②]

会议的30多篇论文提出了不同的观点，例如，对于监区文化的定义，有“氛围”说、“特殊”说、“作用”说、“成果”说等不同认识。研讨还论及监区文化的功能、怎样建设监区文化、干警和罪犯在监区文化建设中的地位与作用等问题。《上海监区文化研讨会纪要》总结认为，研讨会“留给与会者思考的大量实践与理论问题还有待进一步深化，特别是基层单位文化建设的实际操作，还缺乏有说服力的样板，一些实际工作中已经显示稳定作用的文化活动和文化现象，由于理论滞后，其经

① 参见《充分运用有利于改造的条件不断提高教育改造层次——司法部劳改局副局长王明迪在上海市劳改局“监区文化建设研讨会”上的讲话》，载《劳改理论与实践》1990年第4期。

② 王明迪、兰洁、王平：《监狱工作与监狱理论研究二十年改革述评》（上），载《犯罪与改造研究》1999年第1期。

验也未得到充分总结与升华”。[①]

王明迪副局长在会议讲话中提及，山东省提出了建立思想政治教育的五个体系，其中第四个就是“建立健康向上，丰富多彩的监区文化体系”。[②] 可见，对于监区文化建设问题，除上海外，其他一些地方也已经开始重视。

三、中国政法大学监狱史学研究中心系列会议与监狱文化

2004 年 10 月，中国政法大学监狱史学研究中心在京举办“中国监狱文化传统与现代文明”学术研讨会，参会代表包括来自北京大学、中国人民大学、中国政法大学、中央司法警官学院等高校以及司法部监狱管理局、中国监狱学会、燕城监狱、北京市监狱管理局、天津市监狱管理局、上海市监狱管理局、大连旅顺日俄监狱旧址博物馆的专家学者等 40 余人。2006 年，监狱史学研究中心与天津市监狱管理局共同编辑出版会议文集《中国监狱文化的传统与现代文明》。

其后，监狱史学研究中心又陆续主办多次研讨会，编辑出版《监狱文化与矫正工作研究》(2008 年)、《监狱文化建设与监管安全工作研究》(2011 年)、《中国监狱制度现代化的历史、理论与实践》（2013 年)、《监狱文化与监狱管理创新工作研究》(2014 年）等文集。这些会议议题各有侧重，但主旨都围绕监狱文化展开。监狱史学研究中心举办会议、出版文集，产生了广泛影响，这在 21 世纪第一个十年为监区文化研究转向监狱文化研究做出了重要贡献。

需要指出的是，监狱史学研究中心围绕监狱文化组织的系统研讨，

---

① 夏艺凯执笔：《上海监区文化研讨会纪要》，载《劳改理论与实践》1990 年第 4 期。

② 《充分运用有利于改造的条件不断提高教育改造层次——司法部劳改局副局长王明迪在上海市劳改局“监区文化建设研讨会”上的讲话》，载《劳改理论与实施》1990 年第 4 期。

与当前监狱系统的监狱文化建设和理论研讨（本书第七章所说当代中国的监狱文化实践）既有重合，也存在一定差异。监狱实务部门一般从工作角度出发，着重研究当下监狱内部的文化现象、文化活动，并对这些现象和活动进行分析、思考。监狱史学研究中心的系列研讨虽然也以监狱文化之名展开，但是着重从“监狱作为文化现象”的角度介入问题，实际上讨论的是监狱文化Ⅰ。例如，文集《中国监狱制度现代化的历史、理论与实践》收录《清代监狱文化的标本——内乡县衙监狱遗址考察研究》一文，重点分析了内乡县衙监狱的名称、位置的文化内涵、监区分类的相关规定，狱神庙、狴犴神像的文化象征意义，乃至于狱吏狱卒“滥用酷刑作为谋生手段”的原因等。[①] 这些内容无疑属于历史意义上的监狱文化现象，或者说从文化视角解读监狱历史问题。与当下监狱实务部门倡导的监狱文化建设（监狱文化Ⅲ）有联系，但侧重点大相径庭。

再以《中国监狱文化的传统与现代文明》一书为例，其中涉及文化的论题包括：从当今监狱人文管理看传统文化传承、中国监狱建筑文化、中国传统监狱文化的形成、中国古代死刑的文化透视、监狱改造工作文化内涵等。甚至其中绝大部分论题并未出现“文化”二字，如监狱历史发展的一般规律及其启示、我国监狱的传统劳役刑罚、清末近代监狱制度的引进、罪犯婚姻权的特性等。虽然如此，中国政法大学监狱史学研究中心举行的系列研讨以及出版的系列文集，对于推进监狱文化问题讨论发挥了重要作用，丰富了监狱文化理论研究的视角，成为监狱文化研究历程中不可或缺的重要组成部分。

当然，如上文所说，这个系列研讨中仍不乏对当下监狱文化建设的关注。例如，《监狱文化与矫正工作研究》所收40篇论文中有12篇直接讨论了监狱（监区）文化建设实务问题，这些文章的作者是来自北京、天津、

---

① 参见林乐鸣：《清代监狱文化的标本——内乡县衙监狱遗址考察研究》，载马志冰、朱济民、姜晔主编：《中国监狱制度现代化的历史、理论与实践》，法律出版社2013年版，第141～151页。

湖北、浙江、广东等省市监狱管理部门、监狱的一线民警。值得注意的是，该文集收入的《监狱文化的变迁》是唯一一篇译文，该文虽然名为监狱文化，但其内容并非当下所说的“监狱文化建设”，主要涉及20世纪90年代美国监狱的罪犯亚文化现象，属于本书所说的监狱文化Ⅱ。[①]

中国政法大学监狱史学研究中心系列会议丰富了监狱文化的概念，会议和文集将监狱文化进一步具体化。监狱文化不仅是当下的，还是历史的；不仅是物理隔离的监狱之中的，还涉及监狱之外的；不仅是中国的，还是国际的；不仅是正向的，还有负面的。可以说，监狱史学研究中心所秉持的监狱文化观是最广义的监狱文化观。

四、2008年论坛与文化监狱的提出

如果说，20世纪90年代上海组织的监区文化研讨会是监狱文化这个课题的破冰之举的话。那么进入21世纪，中国政法大学监狱史学研究中心组织的系列研讨会，可谓监狱文化研究深化的重要推手。而“2008文化与监狱论坛”的举行，再次让监狱文化步入新阶段。

这一方面表现为在监狱文化建设上更加自觉，更加普遍，更加突出个性；另一方面对文化在监狱发展中的作用的认识更加深化。

2008年11月18日至19日，由广东省监狱学会和广东省珠江文化研究会主办、佛山监狱承办的“2008文化与监狱论坛”，在佛山监狱成功举行。来自全国12个省（区、市）、中国政法大学、西南政法大学、南京大学、中央司法警官学院等11所知名院校和研究机构的80多名专家学者参会。与会者从不同角度阐述了对监狱文化建设的见解。司法部原常务副部长金鉴，中国监狱学会副会长沈白路，广东省司法厅、省监狱

① 参见［美］杰弗里·亨特等：《监狱文化的变迁》，赵晶译，载马志冰、郭炜主编：《监狱文化与矫正工作研究》，法律出版社2008年版，第267~279页。

管理局、佛山市委政法委、佛山市司法局相关领导出席论坛。

这次会议的一大亮点就是“文化监狱”概念的提出。佛山监狱领导在主题演讲中介绍，佛山监狱自2005年开始就把文化监狱建设作为引领监狱工作的“三大任务”之一，积极拓展文化建设的深度和广度，取得了可喜成果。

关于文化监狱的提出，与会者也有不同认识，但是多数学者持支持态度。中国政法大学王平教授认为，佛山监狱关于文化监狱的提法和实践已经引起了理论和实务部门的高度关注，并产生了积极影响，尽管文化监狱的提法还有值得商榷的地方，但是大方向是正确的，实践效果也是好的。[①] 西南政法大学王利荣教授提出，文化监狱或者监狱文化建设，都不可忽视对人的关注。[②]

2011年7月9日至10日，佛山监狱联合兰州大学法学院在兰州共同举办“文化监狱战略研讨会”，此次会议可视为2008年论坛的“余响”。[③] 与会代表包括来自兰州大学、华侨大学、《犯罪与改造研究》杂志社、西南政法大学、中央司法警官学院、浙江警官职业学院和江苏省监狱管理局的学者专家。论坛以广东佛山监狱文化监狱建设为个案，围绕文化监狱建设的历史意义和现代价值、文化监狱提升发展战略两个专题进行了热烈、深入的学术探讨，为文化监狱发展战略的第二个五年规划提出了意见和建议。

---

① 参见杨龙胜：《积极推进社会主义监狱文化建设——2008文化与监狱论坛综述》，载《犯罪与改造研究》2009年第1期。

② 参见杨龙胜：《积极推进社会主义监狱文化建设——2008文化与监狱论坛综述》，载《犯罪与改造研究》2009年第1期。

③ 这次会议的名称有两种表述，一是“文化监狱战略研讨会”，二是“文化监狱高端论坛”。参见《“文化监狱战略研讨会”在兰州召开》，载《犯罪与改造研究》2011年第10期；杨龙胜：《文化引领中国监狱行刑模式高端论坛热议文化监狱》，载《犯罪与改造研究》2011年第12期。

第七章　当代中国的监狱文化实践

兴起于20世纪80年代的监狱文化建设活动，经过30余年的发展，目前已经在全国监狱系统深入人心。之所以这样说，依据在于以下五点：

第一，监狱系统普遍开展监狱文化建设。监狱文化建设俨然是一种潮流和趋势，成为改造罪犯的重要手段和措施，出现人人争说“监狱文化”的景象。

第二，涌现出一批具有代表性的监狱文化建设单位，中国监狱工作协会监狱文化专业委员会于2017年和2019年两次评选了“先进单位”（“全国监狱文化建设先进单位”“全国监狱文化建设先进经验重点推荐单位”）。

第三，举办了一系列会议和论坛，展开监狱文化建设理论反思。例如，2008文化与监狱论坛、2011年文化监狱高端论坛、中国监狱工作协会监狱文化专业委员会举行的系列会议、中国政法大学监狱史学研究中心发起的系列会议。

第四，成立了相关专业委员会，创办专门期刊。2014年9月23日，中国监狱工作协会监狱文化专业委员会正式成立，专委会创办会刊《监狱文化》（季刊），为监狱文化理论研讨和经验交流搭建了平台。

第五，出版了一系列著作。其中有代表性的包括：孙平著《文化监狱的构建》（中国政法大学出版社2007年版），马卫国编著《囹圄内外——中国古代监狱文化》（浙江大学出版社2013年版），孙平著《监狱亚文化》（社会科学文献出版社2013年版），朱志杰著《监狱文化与哲学》（伊犁人民出版社2015年版），刘方冰著《文化治理与监禁生态》（江苏凤凰文艺出版社2016年版），范方平主编《监狱文化解读》（中国长安出版社2016年版），徐晓刚主编《监狱文化略论》（中国监狱工作协会监狱文化专业委员会组编，时代出版传媒股份有限公司2018年印行）以及马志冰主编的系列论文集等。

第一节　监狱文化建设总体分析

一、监狱文化建设的现状

2016 年 12 月 19 日至 21 日，中国监狱工作协会监狱文化专业委员会 2016 年“全国监狱文化建设先进监（所）案例评审会”在安徽合肥召开，会议评选出全国监狱系统 10 家先进单位。会议决定，自 2017 年 3 月起对入选的 10 所监狱进行现场调研复评。2017 年 11 月 16 日，全国监狱文化建设先进单位授牌表彰会暨经验交流会在山西省太原市召开，中国监狱工作协会领导和全国 20 多家省（区、市）司法厅、监狱管理局、监狱（所）等近 80 名代表出席会议，全国共有 10 所监狱被评为“全国监狱文化建设先进单位”。这 10 所单位分别是：上海市提篮桥监狱、四川省雷马屏监狱、云南省小龙潭监狱、山西省太原第一监狱、陕西省红石岩监狱、广东省阳江监狱、江西省赣州监狱、山东省微湖监狱、内蒙古自治区呼和浩特第二监狱、安徽省女子监狱。

2019 年 4 月 17 日至 18 日，监狱文化专业委员会 2019 年工作会议暨全国监狱文化建设先进经验推荐会在广西桂林举行。来自全国监狱系统的领导、专家学者、参评单位代表等 80 余人参会。广西壮族自治区桂林监狱、广东省梅州监狱、陕西省富平监狱、四川省女子监狱、北京市女子监狱、浙江省女子监狱、上海市五角场监狱、山东省临沂监狱、河北省唐山监狱、河南省洛阳监狱 10 所监狱脱颖而出，成为“全国监狱文化建设先进经验重点推荐单位”。

以下论述，重点以上述 20 家监狱文化建设先进单位为对象，分析当前监狱文化建设的一般情况和特点。

（一）监狱文化建设的普遍性与不平衡性

从20世纪80年代肇始，经过了90年代和21世纪头十年的发展，监狱文化已经在全国监狱系统普遍开展。2013年，司法部预防犯罪研究所对全国32个省（区、市）及新疆生产建设兵团监狱系统进行调查，将“特色文化改造”列为五种教育改造创新模式之一。[①] 这充分说明，监狱文化建设的创新性、实效性已经获得普遍认可，并在改造罪犯工作中发挥了重要作用。

目前，被评为“先进单位”的20所监狱分布在14个省（区、市），“文化监狱共建单位”（包括观察单位）涉及省份（区、市）共计11个。[②] 除此之外，地处华北的天津，华中的湖南、湖北，华东的福建，华南的海南，西南的重庆、贵州等省（区、市）虽然没有单位获批“先进”或者参加“文化监狱共建”，但监狱文化建设水平也都相对较高，在会议交流材料或新闻报道中均有相关信息。在2019年全国监狱文化建设先进经验重点推荐单位评选活动中，地处西北的新疆推荐了三个单位。其中乌苏监狱的“八大主题文化”“八大特色文化”、巴音郭楞监狱的“红色文化”“励志文化”“廉洁文化”“安全文化”，女子监狱的传统文化教育都富有特色。2017年，中国监狱工作协会监狱文化专业委员会开展“中国监狱文化建设标准体系建设研究”征文和理论研讨活动，共收到88篇论文，获奖论文反映出甘肃、青海、宁夏、新疆生产建设兵团监狱管理局等单位监狱文化建设的情况。其余省份（区、市）监狱文化开展情况，

---

① 参见中国监狱罪犯教育改造模式研究课题组：《中国监狱罪犯教育改造模式研究》，载《中国监狱学刊》2014年第3、4期。

② 2015年1月，佛山监狱邀请广西钦州监狱、江苏省江宁监狱、江西省赣州监狱、辽宁省凌源监狱管理分局、山东省鲁南监狱、山西省太原第一监狱、云南省小龙潭监狱、浙江省女子监狱8所监狱，开展文化监狱共建活动。2016年5月5日至6日，第四届文化监狱共建活动在江西省赣州监狱举行，四川省雷马屏监狱、安徽省铜陵监狱、青海省西川监狱作为文化观察单位参加。2016年9月21日至23日，辽宁省凌源监狱管理分局承办第五届文化监狱共建交流会。其间召开文化监狱共建秘书处会议，讨论同意四川省雷马屏监狱、青海省西川监狱加入文化监狱共建单位。

可以从监狱管理局门户网站新闻中得以了解。

根据黑龙江省监狱管理局官网新闻，松滨监狱 2017 年监狱工作会议提出全年重点抓好八项工作，其中第二条是“重点抓教育改造，着力提升罪犯安全管控能力。努力提高科学化教育水平，不断深化监区文化建设，建立‘一区一品一主题’的监狱文化；提高专业化教育水平和社会化教育水平。”①

吉林省监狱管理局官网信息：2015 年 3 月 10 日，吉林省监狱管理局发文提出，结合 2015 年监狱工作要求，决定在罪犯中开展“践行《弟子规》文明树新风”活动。工作要求中提出，以丰富多彩的监狱文化活动为载体，形式多样地宣传文明言行对于人际和谐、人格魅力、个人修养等方面的重要意义。②

西藏自治区司法厅官网报道了曲水监狱文化建设的情况。西藏曲水监狱成立于2004 年，2013 年组建关押“顽固犯”专门监区，适应工作需要，监区民警创造性地提出了“蝶梦文化”。“监”“茧”同音，“破茧成蝶，重获新生”成为“蝶梦文化”的主体含义，而“蝶梦”两个字音译成藏语也有美好的寓意。2020 年 1 月 23 日，监狱组织“亲情驿站”主题帮教活动，作为“蝶梦”文化组成部分之一，这次活动获得圆满成功。③

综上所述，监狱文化在全国监狱系统普遍开展，这一判断是有客观事实依据的。然而，监狱文化建设水平存在地区差异，这一点也不可否认。如果我们把两次评审的“先进单位”在地图上做出标记，就会发现一个规律：这些标记都位于“黑河—腾冲一线”东南，也就是说，监狱

---

① 《松滨监狱召开 2017 年监狱工作会议》，载黑龙江省监狱管理局网，http：//jyglj. hlj. gov. cn/system/201702/101421. html。

② 参见《吉林省监狱管理局关于印发〈在罪犯中开展“践行《弟子规》文明树新风”活动实施方案〉的通知》，载吉林省监狱管理局网，http：//jyj. jl. gov. cn/gsgg/201507/t20150730_3532240. html。

③ 参见《曲水监狱“蝶梦”文化之“亲情驿站”主题帮教活动圆满成功》，载西藏自治区司法厅网，http：//sft. xizang. gov. cn/xwzx/ztzl/shzqx/201909/t20190923_ 95776. html。

文化建设“先进单位”几乎都分布于著名的地理分界线“胡焕庸线”东南一侧，这一分布状况反映出经济和文化发展水平在监狱文化建设上发挥着巨大影响。

（二）监狱文化建设中的表述与分类

一般认为文化可以分为物质、制度和精神三个方面，但是具体到监狱文化建设实践中，不同单位对监狱文化的表述和分类则见仁见智。表述的差异，折射出对监狱文化的不同理解，从中也可以反映出不同单位监狱文化建设的重心所在。

从表7-1的信息来看，关于监狱文化的分类一般基于两种思维模式：一是对文化“三分法”的套用，将监狱文化分为物质文化、精神文化和制度文化三类。例如，四川省雷马屏监狱，将监狱文化分为精神文化、制度文化、行为文化、物质文化。二是从民警和罪犯两大主体视角，将其分为两大方面（可以称为“二分法”），这一分类的占比最高。例如，江西省赣州监狱的文化强警、文化育新，内蒙古自治区呼和浩特第二监狱的警察文化、改造文化，陕西省红石岩监狱的警营文化、改过文化，浙江省女子监狱的白玉兰—警营文化、破茧成蝶—矫正文化，北京市女子监狱的警营“家”文化、监区“润”文化，四川省女子监狱的木兰—警察文化（警营文化、廉政文化）、新绿—改造文化。广东省梅州监狱的“三分法”——组织文化、队建文化、矫治文化，山西省太原第一监狱的“四分法”——民警文化、服刑人员文化、企业文化、社区文化，显然也是在“二分法”基础上的丰富化。当然，也有的单位在监狱文化分类上突破了这两种模式，从文化建设价值取向方面，将监狱文化分为忠诚、奉献、责任、安全、育新、廉政等（如山东省微湖监狱）。

表7-1　监狱文化分类

监狱名称	监狱文化分类	数量/个
洛阳监狱	视觉文化、现代文化、行为文化、传统文化、警营文化	5
梅州监狱	组织文化、队建文化、矫治文化	3
唐山监狱	引领文化、成长文化、第一文化、暖心文化、自省文化、塑人文化	6
桂林监狱	监狱文化、警营文化、监区文化	3
临沂监狱	启蒙教育、感化教育、情境教育（法礼艺教育）	3
富平监狱	红色文化、法制文化、改过文化、德善文化	4
五角场监狱	价值文化、团队文化、群众文化、环境文化、廉政文化	5
四川女子监狱	木兰—警察文化（警营文化、廉政文化）、新绿—改造文化（监区文化、企业文化）	2（4）
浙江女子监狱	白玉兰—警营文化、破茧成蝶—矫正文化	2
北京女子监狱	警营“家”文化、监区“润”文化	2
雷马屏监狱	精神文化、制度文化、行为文化、物质文化	4
红石岩监狱	警营文化、改过文化、环境文化	3
提篮桥监狱	监区文化、艺术矫治、罪犯智力开发、分类改造、综合治理、心理咨询六大特色工作	6
阳江监狱	组织文化、改造文化、劳动改造文化、警队文化、环境文化	5
赣州监狱	文化强警、文化育新	2
小龙潭监狱	员工文化、狱内文化、企业文化、廉政文化	4
微湖监狱	忠诚、奉献、家园、管理、执行、责任、安全、育新、廉政、后勤十种文化	10
呼和浩特第二监狱	警察文化、改造文化、环境文化	3
太原第一监狱	民警文化、服刑人员文化、企业文化、社区文化	4
安徽女子监狱	理念文化、行为文化、视觉文化	3

（三）监狱文化建设经验总结的基本形式

各单位对监狱文化建设经验的总结概括，一般可以分为数字式、文字式、关键词、象征物、地域文化、历史传统六种方式。

1. 数字式

将监狱文化的要点用数字形式加以概括和归纳，便于记忆和传播。例如，上海市五角场监狱将中长期发展目标定位为——“六个气场”、“六个一流”和“六个化”。其中“六个气场”指正气汇聚之场、文化孕育之场、育人改造之场、安全合围之场、才能竞技之场、团结和谐之场，“六个一流”指监狱硬件设施一流、特色教育改造一流、现代警务管理一流、民警队伍建设一流、后勤服务保障一流、监狱文化建设一流，“六个化”指标准化、规范化、信息化、集约化、精细化、实战化。

江西省赣州监狱在文化强警方面构建了“12345 模式”，即 1 个考核办、2 个管理平台、3 个服务窗口、4 个工作室、5 个运转枢纽，实现团队协作。

云南省小龙潭监狱在狱内文化建设方面，提出了“教育矫正 128 体系”——建立一项保障，依托两个平台，构建八大体系。“一项保障”即建立龙潭书院基础保障，提升发展教育矫正质量。“两个平台”即依托服刑人员教育专网和电化教育系统两大平台，注入新型教育矫正力量。构建“八大体系”即构建一套入监教育与评估体系、构建一套完整科学的教学体系、构建一套特色矫正方法体系、构建一套劳动矫正体系、构建一套宜工则工、宜农则农的职业技能培训体系、构建一套文化建设体系、构建一套特殊罪犯教育管控体系、构建一套出监教育与评估体系。在其他监狱，类似的总结方式包括“135 工程”“126 工程”“624 工程”等。

山东省微湖监狱提出开展“十个一”文化载体建设，这“十个一”具体是指：

一是完善“一字一景”。在罪犯生活、学习场所醒目位置，以牌匾等形式悬挂监区文化品牌的主题字；设置儒学文化长廊，完善阅览、收听、收看场所，建成微机室、成果展室等。

二是制作“一歌一影”。每个监区创作一首彰显文化底蕴和改造精神的区歌，制作一部展现监区文化建设特色，体现儒家文化、主流文化有机结合的宣传片。

三是举办“一讲一坛”。组建罪犯思想教育讲师团，利用思想课等时间在监区巡回宣讲；各监区结合实际，推出“润思论坛”“尚善论坛”等形式多样的文化论坛活动。

四是创新“一册一艺”。各监区编写一册《监区学习手册》，内容涵盖监区文化、传统美德等；成立一支文艺表演队，定期编排演出与监区文化紧密结合的主题晚会。

五是开展“一读一评”。为罪犯购买优秀书籍，每月开展“读一本经典好书”活动，使好书成为陶冶情操的有效载体；开展“文化评议”活动。每月进行一次评议，评选“雷锋之星”“感恩之星”等，努力挖掘监区文化的“闪光点”，发动罪犯积极点评身边事。

2. 文字式

上海市五角场监狱在改造文化方面提炼出“归”“善”“禁”三字，其中“归”字立方向，“善”字重提升，“禁”字兜底线。

山东临沂监狱将针对罪犯开展的教育概括为“法”“礼”“艺”三个方面，“法”是指以法为教、循法守正，提升法治意识；“礼”是指导德齐礼、克己复礼，遵循传统礼法；“艺”是指以技自强、先难后获，体现劳动价值。同时，引导罪犯逐步深化对沂蒙红色文化的心理感知，积极开展以“读、拍、唱、观、写”等为载体的系列活动。“读”——组建红色读书会，开展“读书月”“诵经典”活动；“拍”——拍摄制作《沂蒙精神催开新生之花》《高墙内的沂蒙红》等教育片，以及《二号监舍》《太阳下》《永不休止的音符》《穿越迷雾的阳光》等剧目20余部；

“唱”——创作《誓做沂蒙好儿郎》等歌曲10余首，举办“沂蒙颂歌”“狱园红歌会”等大型合唱音乐会；“观”——组织罪犯观看电视剧《沂蒙》、大型水上实景演出《蒙山沂水》、50余部高水平的红色影片；“写”——鼓励有特长的罪犯创作文学作品和书画作品，组织罪犯撰写接受红色文化教育的心得体会。

组织罪犯精学《弟子规》是山西省太原第一监狱的特色文化活动，在学习方式上，监狱总结了讲、读、背、写、展、演等方式。“讲”，就是聘请专家进行培训讲解；“读”，就是要求所有服刑人员都要熟读《弟子规》；“背”，就是要求具有初中以上文化水平的罪犯必须背会《弟子规》；“写”，就是要求服刑人员撰写心得体会；“展”，就是将罪犯学习《弟子规》的心得体会、书法、绘画、雕刻、剪纸等作品在全监巡展；“演”，就是组织罪犯进行学习《弟子规》的现身说法演讲，或将罪犯学习《弟子规》的情景改编成文化节目，向罪犯家属和社会汇报演出。①

江西省赣州监狱将其监狱文化建设体系概括为“四可”：文化可视，让文化看得见、展得出；文化可意，让文化有内涵、有思想；文化可用，让文化切实际、见实效；文化可塑，让文化齐聚焦、能生根。

3. 关键词

四川省女子监狱的“韧·嬗”：“韧·嬗”为核，木兰为形，文化核心形神一体。“韧·嬗”木兰神形相依，对女监文化精髓作出了高度概括。

北京市女子监狱的“家、润”：聚焦于女警特点和女性罪犯教育改造需求，提出了“凝心·塑警·铸魂”的警营“家”文化和“润心·育人·更生”的监区“润”文化。

---

① 参见焦宁亚：《传承三晋历史文明，建设特色文化监狱——山西太原第一监狱加强监狱文化建设之探索》，载《中国司法》2010年第9期；陈金锁、贾秋海：《文化监狱建设之体系架构与实践路径——以太原一监特色文化建设为例》，载中国监狱工作协会监狱文化专业委员会编：《监狱文化研究》（2015年度），中国监狱工作协会监狱文化专业委员会2016年内部印行，第98~99页。

河南省洛阳监狱在环境方面凸显“启明”这一价值追求（刑罚执行理念和教育改造的美好愿望）。具体来说，就是以“启”和“明”为主线，以“启知启善、明法明德”为主题，立意启知善，明法德。教学楼命名“启明楼”，八栋监舍楼分别命名为明法楼、明德楼、启知楼、启善楼，春晓楼、夏清楼、秋悟楼、冬行楼。会见室命名为明礼楼，禁闭室命名为明省楼，监狱医院命名为明仁楼，服刑人员食堂命名为明俭楼，通向“启明楼”的道路命名为“启明大道”。

山西省太原第一监狱将“正心”确定为教育设施和教育体系建设的主题之一，建有“正心运动场”，开播正心广场视频，开通正心教育改造网，编辑出版《正心导报》。

广西壮族自治区桂林监狱以“召唤”文化为主题，通过召唤石、召唤广场、《召唤》报，体现“真诚感召唤醒失足囚子走回正道”的价值主题。

4. 象征物

将监狱文化的核心价值追求寄托于某种与此价值密切相关的实物，以取得即景生情的效果。

如上文所述，四川省女子监狱选定“木兰”作为监狱文化的“文化图腾”，其寓意在于借其兰之高洁，木之挺拔，代言女民警“韧”的精神；以辛夷（木兰的别称）入药的功效，喻指女性服刑人员“嬗”的追求。

浙江省女子监狱用积极向上、美丽高雅的白玉兰作为女警的精神象征物，以“破茧成蝶、焕然新生”的丝绸文化隐喻服刑人员的精神追求，将监狱文化建设主旨概括为“玉兰树下彩蝶飞”，意指以“女监精神”为内核的白玉兰警营文化和以“破茧成蝶”为内核的矫正文化。同时，在监狱各项文化建设工作中，始终贯穿玉兰和蝶、丝绸等象征物。例如，“白玉兰”之星评选、监狱 LOGO 中的白玉兰图案、双面杭绣《绣出彩蝶飞》、大型改造舞蹈《蚕梦》、《芬芳的白玉兰》MV、“闪光的白玉兰”图片展、年度十大白玉兰宣讲活动、白玉兰征文比赛、监内白玉兰树与桑树相邻而植等。

其他监狱使用的象征物包括木棉（广东省梅州监狱）、徽骆驼（安徽省女子监狱）、山海棠（广西壮族自治区桂林监狱）、大雁（北京市监狱管理局清河分局柳林监狱）等。

选取象征物能收到意想不到的效果，暗合于修辞学中的隐喻。“隐喻”一词来自希腊语 metaphora，其前缀 meta 的意思是“超越”，而词根 pherein 的意思是“传送”。是指通过一套特殊的语言学程序，将一对象的“诸方面”转换到另一对象上，以达到第二个对象“似乎”可以被说成第一个对象的效果。[①] 通过这种“转换”或者“传送”，实现了一般性陈述无法获得的语言效果。例如，以“白玉兰”或者“木兰”隐喻女性民警，实现了逻辑语言无法达到的生动、形象效果，同时“白玉兰”“木兰”蕴含的丰富信息，也为解读女民警优秀品质拓展了想象空间。

5. 地域文化

服刑人员多来自本地，对于地域文化易于认同，所以借用地域文化也是监狱文化建设重要途径之一。

山西被誉为华夏文明的“主题公园”，史称“三晋”，“三晋文化”自然成为山西省太原第一监狱文化建设的重要元素。太原一监建有“三晋文化”墙，三晋名人、三晋名胜、三晋典故、晋商精神渗透于文化建设的方方面面。早在 2006 年，太原一监就提出“传承三晋历史文明，建设特色文化监狱”，明确将三晋历史文明作为丰厚的教育改造资源，作为推动监狱工作创新发展的持续动力。

---

① 参见［英］泰伦斯·霍克斯：《隐喻》，穆南译，北岳文艺出版社 1990 年版，第 1 页。

江西省赣州监狱的押犯90%以上为客家人，据此现实，监狱将客家文化融入教育改造，提出“以苏区精神铸警魂，以客家文化育新人”的口号。客家文化广场建有六组客家精神群雕，根据客家文化的内涵，监狱提炼出六种客家精神，客家谚语、客家门匾、客家版的行为规范《服刑改造训言》、十二监区客家山歌、十九监区客家采茶戏等无不体现丰富的地方文化特色。

呼和浩特第二监狱根据地处内蒙古自治区草原文化氛围浓郁的特点，在监狱文化创意上凝聚草原文化“崇尚自然、践行开放、恪守信义”的理念，建成一面狱训墙、两条文化长廊、三个文化园、七座主雕塑、十六座附属雕塑为主体的草原特色景观，形成了彰显草原特色的环境文化。草原文化园“苏力德”雕塑、“升腾的火焰”铁艺镂空雕塑，具有浓郁蒙古族特色。表达草原文化“崇尚自然、践行开放、恪守信义”的理念，寓意“广博包容、坚毅忍耐、乐观向上、勇敢勤劳”的草原精神。

6. 历史传统

社会学家龙冠海认为，“从个别社会的立场来讲，一个社会的文化是该社会所建立的，由一代传到下一代的生活方法之总体”。[①] 如果将监狱视为一个小型社会，那么监狱文化无疑也带有传承性。为此，我们将监狱文化理解为在长期监狱工作实践中形成的一种风气和精神。同时，这种风气和精神还要为监狱中的大多数成员所认同和共享。因此，许多单位在监狱文化建设过程中，都注重开发利用本监狱特有的历史传统资源，以增强认同感和凝聚力。

前文提及的上海市提篮桥监狱历经英国租界、日本侵略统治、汪伪时期、国民政府统治和共产党管理五个阶段，是迄今为止中国仍在发挥司法功能的百年老监狱之一，是见证中国近百年来司法进程的“活化

① 龙冠海：《社会学》，台北，三民书局1986年版，第147页。

石”。同时，也是监狱文化这一命题的发源地。提篮桥监狱罪犯“习美”展创办于1983年，30多年来在国内外影响深远，受到社会各界好评，作为典型被写入《中国改造罪犯的状况》白皮书。监狱的新岸艺术团成立于1985年，艺术团成员均来自在押罪犯，新岸艺术团成立至今共创作各类节目400余个，为来自大墙内外的观众演出近6000场，观众近百万人次。经过30多年孜孜以求的探索与发展，监狱形成了半年一届书展、一年一次歌会、一年一届美术展、两年一届文艺汇演、三年一届运动会的文化发展模式。

四川省雷马屏监狱是一座具有浓厚红色文化基因的监狱。1952年，时任中共西南局第一书记、西南军区政委的邓小平同志亲自批准创建雷马屏监狱，第一批监狱民警1194名主要由老红军、老八路及解放军指战员构成，其中党员、团员占67%。1956年，在10个月的平叛自卫战斗中，共发生65次交火，歼灭、劝降土匪1183人，我方牺牲23人。英烈用鲜血捍卫了政权，捍卫了监狱。以此为背景，雷马屏监狱将“灵秀峨眉山，红色雷马屏”确定为精神文化体系的主题。

陕西省富平监狱有着悠久的革命历史，是中国共产党创建并一直延续下来最早的监狱。1937年7月，陕甘宁边区高等法院看守所在延安清凉山建立，这是新中国监狱事业的重要发源地。1942年9月，高等法院看守所更名为陕甘宁边区监狱。1949年西安解放，陕甘宁边区监狱迁至西安市青年路，接收改造国民党陕西省第一监狱，并改名为陕西省第一监狱。1966年4月，陕西省第一监狱迁至富平县庄里镇。1995年，更名为陕西省富平监狱。在监狱文化建设规划过程中，监狱民警再上延安法院山，探访监狱旧址，开展现场调研。深入挖掘监狱红色法治文化基因，确定了“传承红色基因，用革命传统精神建设富平监狱”的文化建设主题。

二、监狱文化建设的特点

（一）监狱文化建设的系统性

与20世纪90年代的监狱文化早期探索相比，21世纪的监狱文化建设日益理性和自觉。同时，对监狱文化建设的理解更加全面和系统。

例如，安徽省女子监狱引进CIS系统（企业形象识别系统），将监狱文化确立为监狱理念文化体系（MI理念识别系统）、行为文化体系（BI行为识别系统）、视觉文化体系（VI视觉识别系统）三大方面。其中，理念文化体系包括“德馨文化”、治监理念、女监“四自”精神、监狱标识识别系统、“六个一工程”（监狱精神、监徽、监旗、监歌、监花、监狱宣传片）等子系统；行为文化体系包括安全文化、法治文化、制度文化、行为文化、改造文化、廉政文化、社团文化、武鹰文化等子系统；视觉文化体系包括“一区一环两轴三核”——监狱办公区，以环形跑道为主体，德馨文化广场、崇法、正德路两条道路作为监狱建筑中心两轴，以生活区、习艺区、教学就餐区为监狱建筑群的三个核心区。

北京市女子监狱为体现分类的科学性，实现监狱文化建设从“碎片化”到“系统化”转变，对已经开展的文化项目进行全面梳理，将项目确定为市局、监狱、监区三个层次，常规、创意、品牌三个类别（见图7-1）。[①]

---

① 参见刘迎春、张涵：《北京市女子监狱监区文化建设的实践》，载《犯罪与改造研究》2015年第10期。

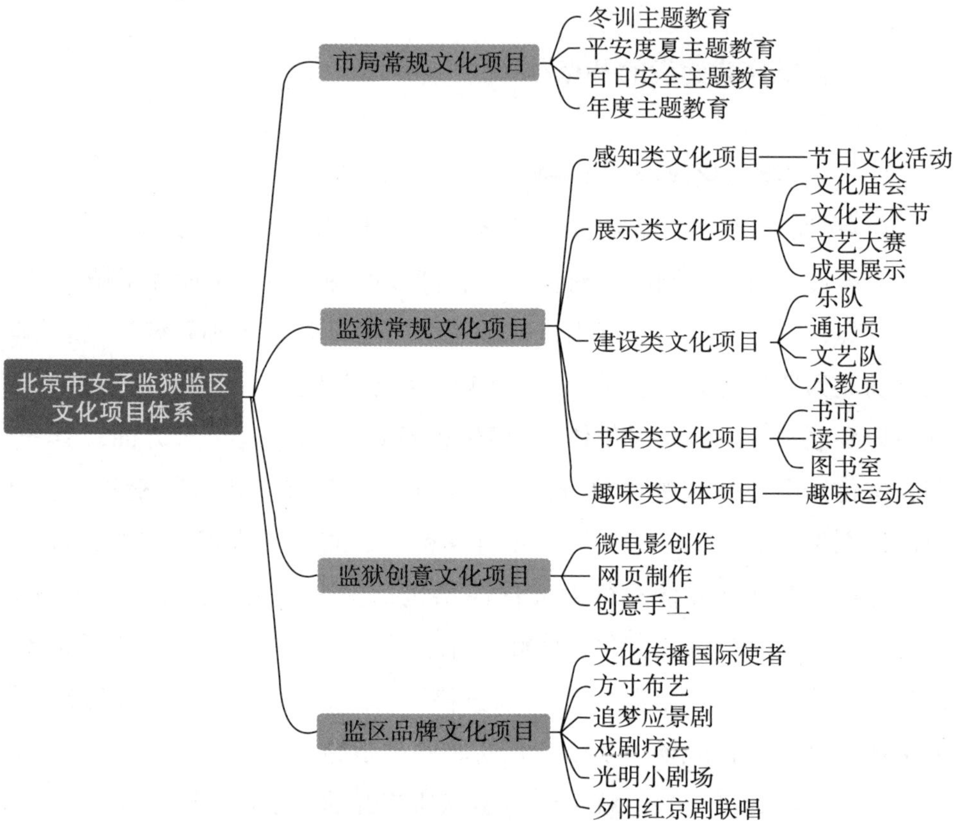

图7-1 北京市女子监狱监区文化项目体系

（二）监狱文化建设的精细化

如前文所述，在监狱文化建设中目前已经普遍注重系统化，在总结经验时直接使用某某工程、某某体系这样的表达方式。例如，云南省小龙潭监狱的教育矫正“128体系”、狱内文化建设“135工程”、龙潭书院特色“126工程”、出监教育“624工程”等。山西省太原第一监狱也多次使用数字式某某工程的表述。体系化的另一个侧面就是将监狱的方方面面都纳入监狱文化建设范围。“一区一品”“一字一景”，监狱文化设计遍布监狱各个角落，真正达到了“事事有文化，处处有教化，时时有变化”的效果。[①]

从文化建设的物质载体来看，各监狱多以石、泉、灯箱、牌匾、雕塑、楹联、文化园、文化墙、文化广场等为表现形式。其中仅以广场为例，20所“先进单位”参评材料中出现的广场多达11个，具体名称如表7－2所示：

表7－2　监狱广场名称

序号	监狱名称	广场名称
1	安徽女子监狱	德馨文化广场
2	太原第一监狱	法德文化广场
3	赣州监狱	苏区精神广场、民警核心价值观广场、客家文化广场
4	雷马屏监狱	红色广场
5	阳江监狱	茶花广场
6	红石岩监狱	“善”“德”文化广场
7	临沂监狱	沂蒙红色文化广场
8	洛阳监狱	启明文化广场
9	桂林监狱	召唤广场

各个监狱从时间（贯穿罪犯服刑始终）、空间（罪犯生活区、生产区、教学活动区、体育运动区、民警工作生活区等）、主体（民警、罪犯、企业、社区）、存在形态（物质、制度、精神等）各个方面进行了全方位、全流程设计，力图将文化渗透到监狱工作的方方面面。

广东省阳江监狱改造文化分为三个部分，其中监区文化部分除了推行“一分区一特色、一监区一品牌”，打造庭院文化之外，还着力打造

① 参见中国监狱罪犯教育改造模式研究课题组：《中国监狱罪犯教育改造模式研究》（下），载《中国监狱学刊》2014年第4期。

“床前文化”。其具体做法是：在罪犯床前设置“亲情伴我行”“心灵小园地”“星语心愿”等温情小板，用于张贴亲人照片、书写近期心情词句或励志警句等，让每名服刑人员都有属于自己的一块“专属小天地”，缓解思亲情绪，促进改造。

山西省太原第一监狱对传统文化、三晋文明进行了充分挖掘，把教学楼命名为“教育矫正楼”，设立“忠、孝、仁、义、礼、智、信”七个特色文化教室，在教学楼大厅悬挂《荀子·劝学》全文木雕，以“明德楼”“至善楼”命名罪犯监舍楼，在罪犯生活区设置三晋名人、三晋名胜、二十四孝故事、《弟子规》释义与箴言、国学经典语录等彩图素描或浮雕、用三晋地域特色文化对全监楼、堂、馆、室、厅、廊、场、舍进行装点……将文化融入改造的方方面面。①

（三）监狱文化建设的自觉性

监狱文化建设发轫于改造罪犯的实际需要，回应“文化热”“提升国家文化软实力”和“文化兴国”战略的时代呼唤，从早期的零散、自发到逐渐系统、自觉，反映了监狱系统对文化追求自觉性的不断提升。

对文化建设的推进工作，浙江省女子监狱第七届监狱党委班子提出，“要用一流文化铸就一流监狱。要运用文化的功能推进全局发展，加强‘系统规划，全面部署，顶层设计，高层推动’文化统筹”，决定将文化能量转化为改造服刑人员成为新人的动力。在这一共识之下，浙江女监的文化建设每年一个主基调，一步一个脚印。从2012年到2017年，经过启动年、推动年、推广年、深化年、提升年、总结年，最终建成“全国监狱文化建设先进经验重点推荐单位”。

四川省女子监狱的文化建设也经历了类似的过程，1998～2007年是

① 参见太原一监编：《特色文化监狱试验：以太原第一监狱为例》，山西省太原第一监狱2016年内部印行，第71页。

监狱新绿品牌萌芽、文化原生环境形成时期，2008～2012 年是组织文化凝练、文化体系建设觉醒阶段，2013～2017 年是“韧·嫱”体系成型、文化实践成效突显时期，2018～2022 年是文化战略升级、文化影响向外辐射时期。

2006 年，山西省太原第一监狱提出建设“富有浓郁三晋地域特色的文化监狱”目标。2009 年，太原一监又明确提出“传承三晋历史文明，建设特色文化监狱”。2013 年，监狱党委决定“不断引申‘特色文化监狱’建设”，提高“特色文化体系建设”。经过十多年努力，太原一监已经成为国内监狱文化建设领域的一面旗帜，于 2016 年入选“全国监狱文化建设先进监（所）案例十佳”。2017 年，山西省监狱管理局对太原一监提出监狱文化建设“提档升级”的要求，充分体现了监狱文化建设的自觉性。

不可否认的是，当前监狱文化建设中也出现了一种倾向——把日常工作一律视为文化建设，导致监狱文化成为无所不包的概念。例如，有的监狱把监狱构建的人防、物防、技防体系归入“安全文化体系”。把监狱创建数字化法庭，实现减刑、假释案件办理“全程留痕”，审判信息化全程覆盖，归入“推进法治文化建设”。也有的监狱把利用社会力量、亲情力量感化罪犯，开展家电维修、汽车电气、物流管理等实用技能培训，举办临释人员就业推荐会等活动，也上升为一种文化建设。这些做法无疑有“过度诠释”之嫌，因为很多都是常规工作，其他监狱也在做。当然，如果从监狱文化Ⅰ这个层面来理解，将这些工作说成监狱文化无可厚非。但如果在监狱文化Ⅲ的意义上说，这种做法值得商榷。

三、监狱文化实践的“五种符码”

法国符号学家罗兰·巴特（Roland Barthes）在《S/Z》一书中重新

解读奥诺雷·德·巴尔扎克（Honoré de Balzac）的小说《萨拉辛》，提出了五种符码（code）的主张。五种符码后来被广泛应用于文本分析和电影分析当中。十年前，笔者曾经将监狱文化建设内容分为五个层面。[①]现在看来，这种五个层面的概括虽然仍有一定解释力，但是在使用中略显呆板和生涩。此处，借用罗兰·巴特的思想，将五个层面转化为五种符码。不同符码可以实现灵活组合，并且同样的符码可能体现于不同层面，在使用中自由度更大。

罗兰·巴特的五种符码分别是阐释符码、情节符码、意素符码、象征符码、文化符码，[②]这五种符码分别是五种"能指"，其"所指"为不同的意义。罗兰·巴特认为，五种符码可以理解为五种声音，经验的声音（布局符码）、个人的声音（意素符码）、科学的声音（文化符码）、真相的声音（阐释符码）、象征的声音（象征符码）。声音"织入文之内"，"众声音（众符码）的汇聚成为写作，成为一个立体空间"。[③]同样，物质、制度、精神、环境和活动五种符码，也是监狱文化实践中的五种声音。众声合鸣，共同谱写出一首首各具特色的监狱文化交响曲。

2003 年颁布的《监狱教育改造工作规定》（司法部令第 79 号）第五章对"监区文化建设"做出规定，下面使用五种符码对其内容进行分析。

第三十二条：监狱应当组织罪犯开展丰富多彩的文化、体育等活动，加强监区文化建设，创造有益于罪犯身心健康和发展的改造环境。（活动符码、环境符码）

第三十三条：监狱应当办好图书室、阅览室、墙报、黑板报，组织

---

① 参见王恒勤主编：《中国特色社会主义监狱理论体系研究》，河北大学出版社 2011 年版，第 282 页。

② 关于这五种符码的名称，不同翻译者的译名不同，此处采用了屠友祥的翻译，参见［法］罗兰·巴特：《S/Z》，屠友祥译，上海人民出版社 2012 年版，第 25～33 页。

③ ［法］罗兰·巴特：《S/Z》，屠友祥译，上海人民出版社 2012 年版，第 23、33 页。另外，此处的布局符码即情节符码，在书中作者偶尔使用不同表达方式。

开展经常性的读书、评报活动。（活动符码、物质符码）

第三十四条：监狱应当根据自身情况，成立多种形式的文艺表演队、体育运动队等，组织罪犯开展文艺、体育活动。（活动符码、制度符码）

第三十五条：监狱应当根据条件，组织罪犯学习音乐、美术、书法等，开展艺术和审美教育。（活动符码、制度符码）

第三十六条：监狱应当建立电化教育系统、广播室，各分监区要配备电视，组织罪犯收听、收看新闻及其他有益于罪犯改造的广播、影视节目。（制度符码、活动符码、物质符码）

第三十七条：监狱应当根据教育改造罪犯的需要，美化监区环境，规范监区环境布置。（环境符码）

第三十八条：监狱应当在国庆节、国际劳动节、元旦、春节和重大庆祝、纪念活动，以及每月的第一天，组织罪犯参加升挂国旗仪式。（精神符码、活动符码）

除《监狱教育改造工作规定》第五章所列的各种符码，综合上文分析各监狱在实践中运用的多种符码（声音），可以大致为五种符码增添如下相关项目：

物质符码：图书室、阅览室、墙报、黑板报、狱内小报、景观石、泉、灯箱、牌匾、雕塑、楹联、文化园、文化墙、文化广场等。

制度符码：各类涉及监狱管理和改造的法律法规、制度、规范等。

精神符码：在国庆节、国际劳动节、元旦、春节和重大庆祝、纪念活动中，组织罪犯参加升挂国旗仪式，监狱Logo、标志、象征物、狱训、核心精神、理念、广场、道路、楼宇命名等。

环境符码：美化监狱、监区环境，规范监区环境布置。

活动符码：经常性的读书、评报活动、多种形式的文艺表演队、体育运动队等，组织罪犯开展文艺、体育活动、组织罪犯学习音乐、美术、书法等，开展艺术和审美教育。

当然，五种符码之间会存在相互交叉的情况，尤其是精神符码与其他四种符码之间存在重合的可能。原因在于，无论是物质创制、制度建立，还是环境布置、活动安排，其中无不包含精神追求。而精神符码的独特性在于，它在体现精神（或者说价值追求）方面更为直接。而其他四种符码则需要经由某种中介来完成这一目的。

第二节　监狱文化建设个案分析

本节以广东省佛山监狱和四川省女子监狱为个案，对当前中国监狱文化建设状况进行分析。之所以选取这两所监狱，主要基于两点考虑：其一，这两所监狱是笔者亲自实地考察参观过的监狱，有深切的体会；其二，这两所监狱既有代表性，又特色鲜明。佛山监狱虽然原为佛山市属，未能入选20所“先进单位”，却是监狱文化建设的探路者、排头兵，在系统内享有“南佛山北太一”的美誉。四川省女子监狱以“木兰·新绿”为象征物，充分体现了监狱文化建设的性别特点，为监狱文化研究注入了新思考。

一、广东省佛山监狱

广东省佛山监狱地处广东省佛山市高明区，始建于1958年，倚山面水，占地1502亩。监狱先后隶属于江门、肇庆、佛山专员公署公安处、省公安厅和省司法厅劳改局，1992年10月划归佛山市管辖，2019年12月收归省级直管。

根据门户网站介绍，佛山监狱取得了一系列成绩：2001年挂牌成立全国第一个“服刑人员法律援助部”，2002年被省司法厅命名为“省级现代化文明监狱”，2003 年被中央综治委评为“全国刑释解教人员安置帮教工作先进集体”，2004 年被评为“广东省安置帮教先进集体”和“佛山市维护社会安全稳定先进单位”，2005 年被司法部评为“全国监狱劳教系统文明执法先进单位”，2006 年被佛山市政府评为“先进集体”，2008 年被广东省监狱管理局评为“先进集体”，2010 年被司法部评为“全国监狱劳教工作先进集体”，2011 年被省司法厅授予集体二等功。至 2019 年实现连续 22 年监管安全、24 年生产安全，累计改造罪犯 4 万多人。

佛山监狱 2005 年提出了文化监狱建设目标，2006 年将文化监狱建设列为监狱的“三大任务”之一，2007 年在新建文化广场竖起全国监狱系统第一座皋陶像，2008 年佛山监狱以党委一号文件形式发布《关于进一步推进文化监狱建设的实施意见》，并在当年 10 月承办“2008 文化与监狱论坛”。经过多年努力，佛山监狱文化建设取得了令人瞩目的成绩，创出了品牌，办出了特色，于 2010 年荣获“全国监狱劳教工作先进集体”称号。

佛山监狱文化建设从两大维度展开：从存在形态维度，将监狱文化分为精神文化系统、制度文化系统和物质文化系统；从主体形态维度，将监狱文化分为警察文化系统、矫正文化系统和企业文化系统。（见图 7－2）[①]

---

① 关于佛山监狱文化建设的相关内容，主要参考《构建监狱文化建设体系的实践与思考》一文，该文收入于保忠主编：《2008 文化与监狱论坛》，中国民主法治出版社 2009 年版，第 3～9 页。

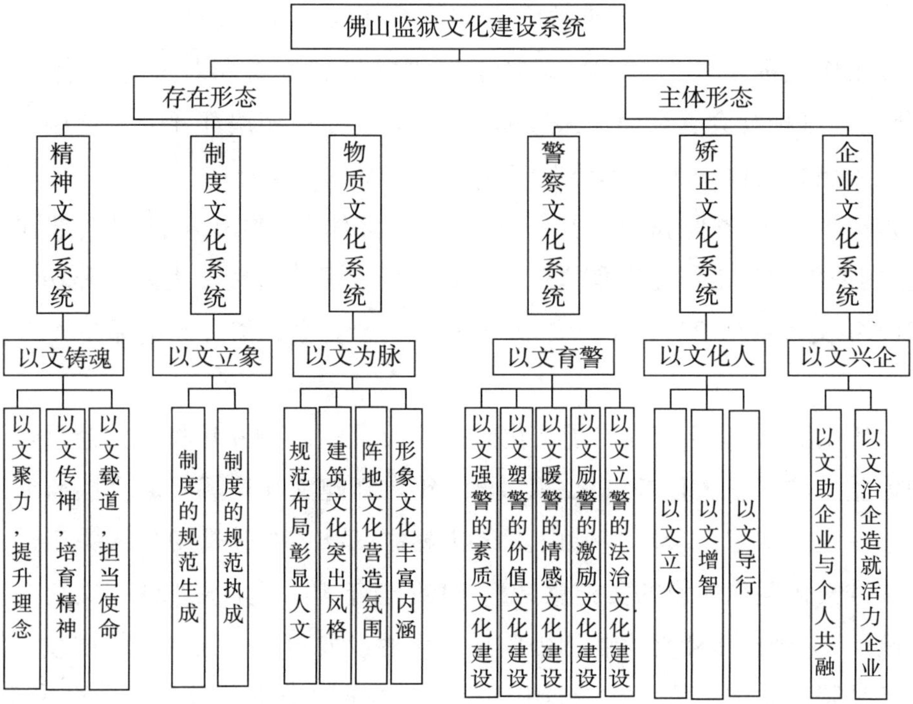

图 7－2　广东省佛山监狱文化建设系统

（一）存在形态视角的监狱文化建设体系

1. 以文铸魂，培育精神文化

精神文化部分，主要在于构建监狱的理念体系，培育监狱精神，形成核心价值体系，为监狱建设发展提供正确导向和精神动力。

实践中，佛山监狱通过开展佛监人精神大讨论、文化论坛、文化建设主题口号征集、监狱文化标识制作活动，凝聚民警战斗力，不断升华“自强不息、知难而上”的敬业精神、“团结协作、舍小家顾大家”的奉献精神、“崇尚法治、公正执法”的法治精神、“与时俱进、敢为人先”的创新精神。同时，监狱各级领导带头弘扬理念精神，做到理论学习好、开拓创新好、团结协作好、勤政廉洁好、工作业绩好，塑造领导良好形象，做精神理念的宣传者和实践者，为监狱改革发展提供精神动力。这部分内容被概况为“以文聚力，提升理念”。

在服刑人员方面，佛山监狱广泛开展“六个一”经典文化教育，举办“珠江风情”服刑人员书画作品展、灯饰制作、舞狮活动，修其身养其性。监狱利用纪念日和民族传统节日——如国庆节、建军节、母亲节、警察日、环境保护日、建监纪念日等——打造节庆文化。佛山监狱将这部分活动概括为“以文传神，培育精神”和“以文载道，担当使命”。

2. 以文立象，加强制度文化

一是制度建设规范化。以创建部级现代化文明监狱为目标，以规范执法管理环节为切入点，先后对300多项规章制度进行清理、修改。进一步规范制度建设程序，完善执法责任制、执法过错追究制、执法监督机制等多项制度。

二是制度执行规范化。监狱每年组织全体民警签订“一状五书”（反腐保廉责任状、党风廉政建设目标责任书、廉洁自律保证书、不收受和赠送红包承诺书、警察工作时间外承诺书、警察重大事项报告书）和各部门“一把手”安全“责任状”，强化领导责任意识，监狱安全稳定责任落实到监狱工作的每一个环节、每一个岗位、每一名警察。服刑人员减刑假释等也严格执行“四榜定案制度”（资格榜、合议榜、提请榜、裁定榜），并坚持“三公开”（程序公开、名单公开、条件公开），建立了民警规范执法的长效机制。

3. 以文为脉，建设物质文化

佛山监狱通过科学规划文化设施、提升文化形象、建设文化阵地等措施，为民警职工和服刑人员提供更多学习知识、开阔眼界、陶冶性情的空间和场所。

一是监舍规划布局彰显人文生态。整个监狱布局、建筑风格、色调与生态环境相协调，力争与大自然和谐共处。每幢监舍周围栽种香樟树，寓意活力、常新，对服刑人员具有潜移默化的影响；对于长期与服刑人员打交道的监狱民警来说，蕴含“兼济天下、独善其身”的寓意。

二是监狱文化形象力求内涵丰富。根据建设一流现代化文明监狱目标，设计制作体现监狱特色、历史传统的形象标识。图案以狴犴为创作模型，寓意责任和希望。

三是阵地文化建设努力营造良好氛围。具体措施包括，加强民警职工的文化娱乐、文化宣传、舆论导向和警示教育的“四个阵地”建设，建设皋陶广场，树立标志性塑像，每月举办“文化大舞台”活动。加快服刑人员文化阵地“七个一工程”（一个广播站、一间图书阅览室、一块宣传栏、一份刊物、一个活动场地、一个文化品牌、一支文化队伍）建设。

四是监狱建筑力争突出岭南风格。建筑布局理念，既考虑工作、监管的实用功能，又力求与自然环境有机结合，凸显特色建筑的人文风格。

（二）主体形态视角的监狱文化建设体系

1. 以文育警，提升警察文化

通过充分发挥警察文化的导向、约束、激励、融合和凝聚功能，提升警察文化品位、文化素养和综合素质，使“文化润心、文化修身、文化强警”理念深入人心，提升民警素质，形成具有佛山监狱特色的警察文化。

一是以文强警的素质文化建设。监狱每年通过开展“菜单式、体验式、开放式、自学式、网络式”全员脱产培训，多层次、多渠道、多形式提高民警综合素质，优化了民警队伍结构，使整体素质得到提升。通过加大资金投入，初步实现监狱办公自动化、网络化，提高了工作效率。

二是以文励警的激励文化建设。最大限度地激发民警活力，通过竞争上岗等方式实施“升降激励”，做到任人唯贤，唯才是举；通过开展警察岗位考核和部门绩效考核实施“奖惩激励”，把民警个人工作实绩、部门绩效与考核挂钩，强化岗位责任制；通过开展岗位创优和立功创模等实施“荣誉激励”，让优秀人才脱颖而出。激发基层民警的忧患意识和进取意识，营造爱岗敬业、公正执法、文明管理、科学改造的工作氛围。

三是以文暖警的情感文化建设。通过开展建监纪念日、从事监狱工作 20 年座谈会、“佛监是我的骄傲，我是佛监的自豪”征文和演讲比赛活动，使监狱民警充分参与监狱建设，形成共同的目标、理想。成立调研小组、兴趣小组、学习小组，定期开展理论调研、文艺活动、体育比赛和业务技能竞赛，丰富民警精神生活，陶冶情操。

四是以文塑警的价值文化建设。每年开展廉政教育学习月活动，通过加强对决策和执法等重点环节的过程监督，定期走访合作厂家等有效方式，形成了监狱“大教育、大走访、大监督、大档案”的党风廉政建设特色体系。

五是以文立警的法治文化建设。通过建立民主决策机制、“一把手”监督机制、执法责任制、执法过错追究制度等，牢固树立依法治监观念，自觉做依法决策、依法行刑、依法管理、依法办事模范，自觉做守法、护法、用法榜样，力争使监狱的每个执法环节、执法行为都遵循法律、符合规范。

2. 以文化人，打造矫正文化

一是以文立人。通过发挥文化积极作用，影响服刑人员的思想、行为、生活方式，充分调动服刑人员的改造积极性，提高教育改造质量。努力打造文化品牌工程，逐步形成“一监区一品牌”的文化发展模式。积极弘扬传统文化，通过开展“六个一”经典文化教育，激发了服刑人员积极进取、勇于创新、奋发向上的改造热情。

二是以文增智。将文化技术教育作为服刑人员增长文化知识，增强生活技能的重要手段，使服刑人员“学会做人学会做事”。与区教育局、区劳动社会保障局联合办学，较早实现了服刑人员文化和技术教育社会化办学，提高服刑人员文化素质。通过邀请司法行政部门安置办、社区组织、劳动和社会保障部门的社会形势介绍会，已就业刑释人员的事迹报告会等形式，培养服刑人员的就业创业意识。根据社会需求变化，不断调整培训内容，增加培训项目，加强服刑人员职业资格鉴定考证的组织和管理，扩大国家职业资格证书颁发范围，提高服刑人员职业技能素质和就业竞争能力，并通过实施政府免费就业培训工程，举办狱内招聘会，为刑释人员提供就业创业机会。

三是以文导行。完善劳动报酬发放制度，有效调动服刑人员参加劳动改造的积极性，促进监狱企业的创新发展。建立财产刑履行制度，要求服刑人员主动履行财产刑，用实际行动重获亲人和社会谅解。在服刑人员中开展自觉履行民事赔偿、补偿、捐赠活动，为消弭服刑人员与被害人的矛盾冲突疏通渠道。开展“六个感恩”活动，要求服刑人员给亲人邮寄节日贺卡，加强与亲属的感情联系。

3. 以文兴企，建立企业文化

通过建立富有特色的监狱企业文化，为监狱企业发展提供精神动力。大力培育先进监狱企业文化，形成企业文化特色，促进生产发展。不断调整民警和服刑人员精神状态，激发创新意识，充分发挥主人翁作用，推动监狱企业发展。开展全员劳动竞赛、“产品质量年”活动，增强市场观念和竞争观念。改革服刑人员劳动报酬分配制度，使其树立正确的价值观念。重视服刑人员的技术教育和技能培训，使其回归社会后有所作为。

佛山监狱通过监狱文化建设，带动了民警队伍建设，激发了罪犯改造热情，提升罪犯改造效果，有效提高了监狱软实力。

二、四川省女子监狱

四川省女子监狱位于成都市东部新区养马镇，地处沱江中游。监狱始建于1963年，1964年2月由资阳县迁至现址。先后为四川省简阳劳动改造管教大队、劳动改造支队、四川省简阳少年管教所，1998年4月改建为“四川省女子监狱”。早在监狱改建之初，四川女监就意识到文化育人的重要性，积极探索文化兴监之道。经过20多年的发展，逐渐形成独具女性特色和行业印记的四川女监文化。

（一）文化发展之路

四川女监文化建设的先导性一以贯之，其发展历程大致可以概括为四个阶段。

1. 萌芽阶段（1998～2007年）

萌芽阶段自监狱改建初期开始，主要以“新绿”文化品牌的创生为标志。2000年，四川女监组建成立罪犯新绿艺术团。之后，新绿小报、新绿广播站、新绿讲师团、新绿艺术节等一系列文化载体相继诞生，并创作、推广了一大批优秀的文化艺术作品，打造了女监独特的“新绿”文化名片。

2. 觉醒阶段（2008～2012年）

历经十年发展，四川女监文化呈现出单元化繁荣局面。同时，文化形态发展也陷入“瓶颈”。为明确文化建设主线，绘制文化建设蓝图，2008年四川女监启动组织文化建设工程，编印女监《组织文化手册》《监狱视觉文化设计标准》《监狱景观设计方案》，首次提出理念文化，初步规范制度文化、行为文化和物质环境文化。在《组织文化手册》中提出，“用文化的理念来引领工作思路，用文化的方式来推动监狱工作，用文化的内涵来提升监狱的层次和品味，用文化的功能来发展监狱事业”。

3. 成型阶段（2013～2017 年）

这一时期的重要标志是“韧·嬗”体系成型。在这个阶段，监狱重点着眼于文化载体、文化景观、文化成果的呈现和丰富，警营文化、廉政文化、监区文化、企业文化四大版块逐渐充实。2017 年，深度契合四川女监精神和气质的“韧·嬗”木兰文化内核应运而生，“一体两极四维”的文化体系已现雏形。

4. 升级阶段（2018～2022 年）

着眼文化战略升级，以增强文化“传播力、影响力、渗透力、扩张力”为发展目标，四川女监制定了具有战略性的第三个五年规划。2018 年，监狱被纳入全省第一批次文化监狱建设重点（试点）单位，2019 年被确定为全国十所文化监狱建设先进经验推荐单位之一，文化影响向外辐射。

（二）文化建设体系

四川女监在监狱文化建设实践上笃行致远，同时在文化建设体系总结提炼方面独具匠心。既有“一体两极四维”的静态概括，也有“4 + X”文化树的动态隐喻，同时又有“符码”式的宏观总结。

1. “一体两极四维”文化体系

四川女监以“木兰”为总象征物，以“韧·嬗”为内核，围绕民警与罪犯两个主体，将文化的治监育人功效深入渗透到“警营、廉政、监区、企业”四维，构建出“一体两极四维”文化体系。（见图 7－3）

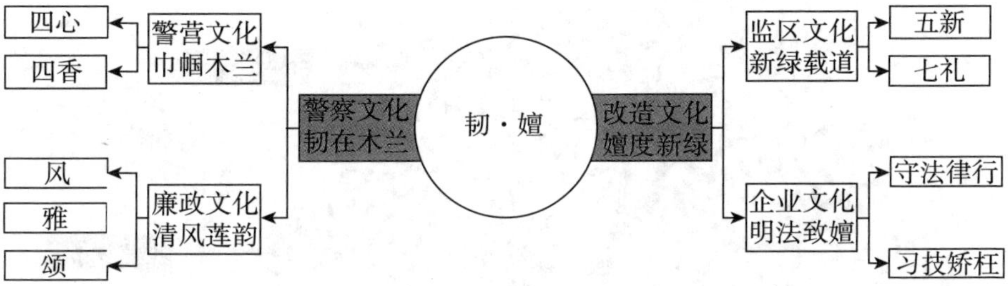

图 7-3　四川省女子监狱文化理念框架

作为象征物，木兰的高洁、挺拔，喻指女民警矢志不渝、刚柔相济之“韧”；作为中药的辛夷（木兰），有祛风散寒、通窍止痛之功效，暗合矫治罪犯，使之改恶从善、向善趋美之“嫜”。以“韧·嫜”二字为核，“一合女监人刚柔并济、百折不挠之品质，二合服刑者破邪立正、蜕变新生之历程。”“韧·嫜”木兰神形兼备，是对四川女监文化精神的高度凝练。

“韧·嫜”基础之上，进一步提炼“韧在木兰，嫜度新绿”，恰好指向“民警-罪犯”这一既对立又依存的两极，并进一步引领警察文化和改造文化。

进而，由“韧在木兰”领衔警营文化、廉政文化，以“嫜度新绿”引领监区文化、企业文化，构建了监狱文化建设的四维构架。

2. “4+X”文化发展格局

四川女监用参天大树类比监狱文化体系，合理解读“警营、廉政、监区、企业”四维的关系。在监狱文化这棵大树上，廉政文化为根，警营文化为干，监区文化作叶，企业文化育花，以X代表多元文化之果，培育出根深叶茂、木秀于林的文化之树。（见图7-4）

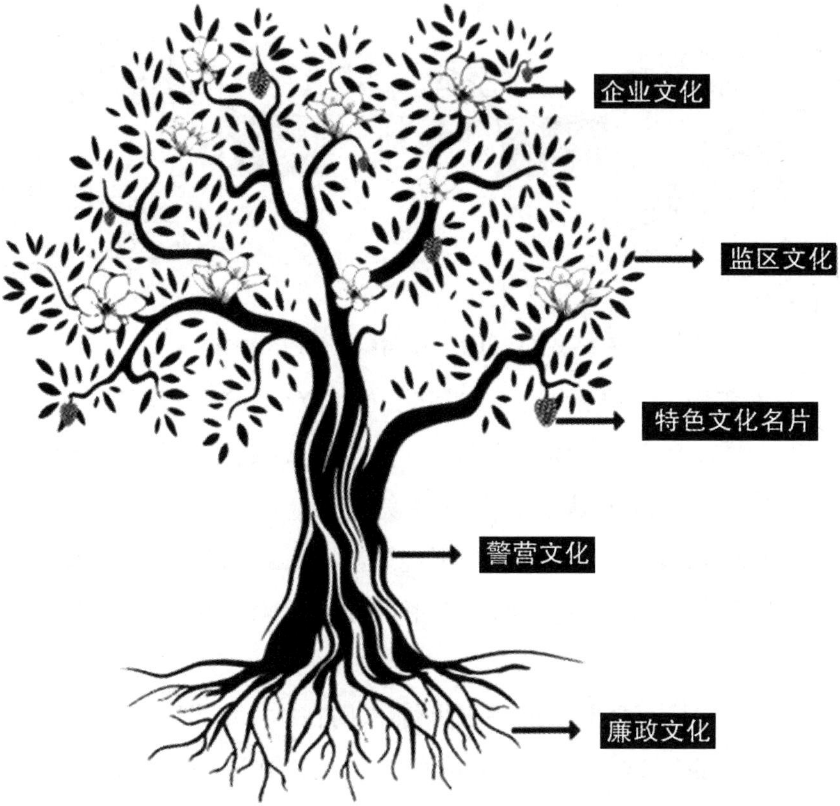

图7－4　四川女监监狱文化“4＋X”发展格局

其中，廉政文化以“廉洁风雅颂”为主题，营造女子监狱风清气正的氛围；警营文化以“女监精气神”为主题，“四香”（书香明志、茶香静心、花香扬善、墨香抒怀）陶冶民警情操，提升气质，达到“四心”（初心笃行，正心明德，慧心求变，齐心聚力）目标；监区文化以“一苇女校”为中枢，形成“三破三立”入监文化，“悟律知行”普通监区文化，“破壳更生”出监文化，“爱在一起”特殊病犯监区文化，最终以“七礼”教化达“五新”转变；企业文化以“守法律行、习艺矫枉”为主题，将“明法致嫺”基本理念贯穿于罪犯劳动改造全过程。

“4＋X”中的“X”是文化果实，表现为各种有影响力的文化名片。主要包括：

（1）木兰品牌。木兰姐姐、木兰哥哥人偶和系统卡通形象、表情包，木兰诗社创作的诗歌，《四川女监杂志》，“木兰花园”内外宣微信公众号。

（2）新绿品牌。新绿艺术团、新绿小报、新绿艺术节等。

（3）生态品牌。四川女监建有“清风园、风荷廊、水华印象、上雅林”，将政治生态融入园林之美，展现美化和教育作用。

3. “符码”式总结

精神文化。回应法治社会“法安天下，德润人心”基本方略，承继“忠诚、尚法、自强、和谐”四川监狱精神，提炼出“奉法自强，明德致新”的狱训。以此为“魂魄”，凝聚监狱精神文化，统帅监狱文化建设。

制度文化。2010 年，以《四川监狱规范性制度文件汇编》为蓝本，编订《四川省女子监狱制度汇编》。2018 年，以示范监狱创建为目标，结合《四川监狱管理规范》地方标准，全面对标规章制度，修改、新建制度百余项，为监狱工作运行奠定了制度基础。

行为文化。在精神文化的指引和制度文化的规范下，四川女监民警养成了以“刚·正”为特点的行为风格。达到了民警队伍忠诚可靠，执法形象公正文明的效果。

物态文化。四川女监的物态文化以“整·洁”为特征，三个子系统各具特色：功能区域系统日趋完备，环境器物系统尽善尽美，视觉辨别系统一目了然。

（三）监狱文化特色分析

四川女监的文化建设充分体现了女性思维的形象性特点，善于运用文学意象、象征和隐喻表现文化价值追求，寄情于物，托物言志，形象、细腻而不失系统性。

1. 形象生动

四川女监经常用丰富的形象展示监狱文化建设成绩。提出“七味良药”之说。在药理解释上，类比“红橙黄绿青蓝紫”七色绚烂之义，注入“日月金木水火土”七曜之魂，比喻改造罪犯时的“对症下药”。

“七味良药”之中，日·红为“涤新良药”，金·黄为“育新良药”，木·绿为“润新良药”，水·青为“塑新良药”，火·橙为“自新良药”，土·紫为“从新良药”，月·蓝为“沐新良药”。“七味良药”分别对应不同改造方法和形式，共同发挥“度化女囚，治本修心”功效。

在解释“韧在木兰”时的表述是：“韧以物表，为木兰。兰生于木，其柔，花似幽兰，有清雅高洁之姿；其刚，干如楷模，具根深质密之本，刚柔并济，柔韧多姿。木兰入方，去沉疴；木兰为舟，渡人心；木兰化笔，书未来。”可谓文字典雅，意味深长。

2. 细致入微

在监狱视觉辨别系统设计方面，以藏蓝和桃红为基本色调，统一定制狱内门牌标识。以警徽和托举的双手为要素，设计监狱形象标识，用于文件盒、书籍等正式办公领域；绘制了“韧”文化和新绿文化 Logo，用于水杯、雨伞、餐具等生活领域，让文化触目即得。

3. 体系完备

从前述文化建设体系的总结方面，我们已经可以感受到四川女监在文化建设体系上的用功之勤。而对于文化系统的三级层次的思考，也在细节上体现出文化建设体系的完备性。以图 7－5 为例，“一苇女校”的设计，既体现了细致入微的思考，也展现了对体系化构建的良苦用心。

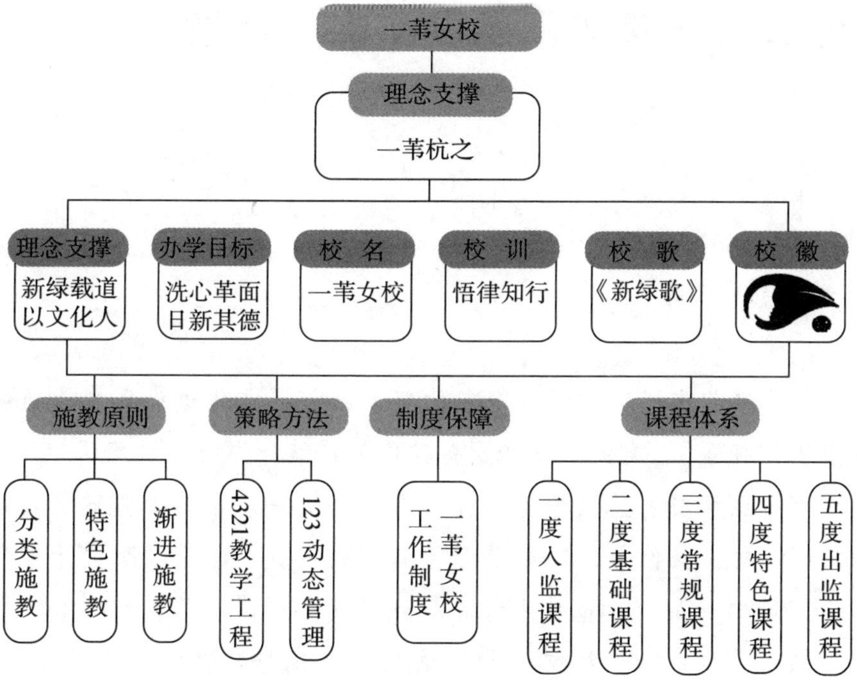

图7－5　"一苇女校"教育体系构架

"一苇女校"的命名出自《诗经・国风・河广》"谁谓河广，一苇杭之"句。"一苇"隐喻一叶扁舟，在水中载度女性罪犯在"溯洄"却"道阻""溯游"却"难觅"的重生路上"嬗度新生"。"一苇"是"新绿"品牌的重要载体之一，寓意仁者之心施及草木，仁爱度化，催绿初生，绽放美丽。"体系完整，逻辑清晰，评建结合，特色鲜明。这是在夯实底线安全观基础上向治本安全奋进的有力措施。"这是教育体系科学性论证过程中，高校专家做出的高度评价，在一定意义上也是对四川女监文化建设高度评价。

第八章　监狱文化建设面临的问题

正如本书前文所述，经过多年的努力，监狱文化建设已成为监狱工作的重要“抓手”，有的监狱甚至将其作为监狱工作的统领。同时，监狱文化研究也已经成为监狱理论研究重要方向之一。但是，监狱文化命题甫一提出，关于其价值，实务层面就有不同声音，理论层面关于监狱文化建设“问题”的研讨也从未停止。到底哪些活动属于监狱文化，监狱文化的核心是什么，传统文化和地域特色文化与监狱文化是什么关系，罪犯亚文化是否属于监狱文化，监狱文化建设应当从何处入手，监狱文化建设如何获得民警和罪犯的认同，已经在监狱文化建设上取得优秀成绩的单位如何突破“瓶颈”，监狱文化建设面临着哪些问题，等等，这些问题都期待理论上的思考和回应。

本章采用文献法和访谈法，梳理分析监狱文化建设面临的问题，为进一步推进监狱文化建设提供研究基础。

第一节 基于文献的研究

一、文献总体情况分析

2022年3月20日，通过“知网”（CNKI）进行文献检索，以“监狱文化”为题名检索关键词，共获得293条结果。其中学术期刊216篇，报纸47篇，学位论文13篇，会议论文6篇，学术辑刊4篇，特色期刊7篇。通过对293篇文献进行可视化处理，能直观体现1991~2022年监狱文化相关文献的总趋势、作者分布、作者机构分布等情况（见图8-1、图8-2、图8-3）。从总体上看，2007~2018年是监狱文化研究与新闻报道的热点期，年度文献数量均超过10篇。2010年文献量达到峰值，相关文献共计31篇。此后，文献数量在波动中逐渐减少，但仍然保持在年均8篇左右数量。文献来源以司法行政系统公开发行期刊为主，如《犯罪与改造研究》《中国监狱学刊》《中国司法》《河南司法警官职业学院学报》《安徽警官职业学院学报》等，这五种期刊是发表监狱学研究成果最集中的平台。文献作者主要来自司法行政系统警察类院校师生、相关研究机构、监狱管理部门工作人员和监狱一线民警。[①]

① 需要说明的是，《中国监狱学刊》2021年刚刚列入“知网”检索范围，因此这一结果并不能反映监狱文化研究相关文献的真实数量。这也是本书将相关会议文献列入检索分析对象的重要原因。

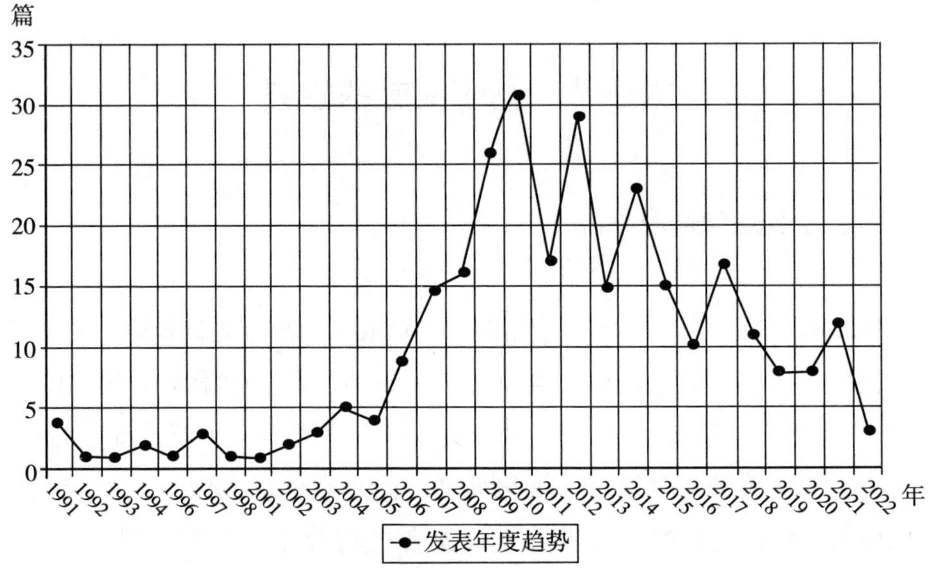

图 8-1 文献总趋势

在学术期刊发表的 216 篇文献中，包括相关监狱的经验介绍、书评书讯、会议综述、监狱文学评论、域外监狱文化评论等，这些文献与本章主题——监狱文化建设面临的问题——相关度较低，因此不作为分析样本，此类文献共计 164 篇。通过阅读剩余 52 篇文献内容发现，其中涉及“监狱文化建设面临的问题”这一主题的文献共计 10 篇，其中 1 篇与后续文集文献重复，实际有效文献共 9 篇。最终，确定这 9 篇文献为本节文献回顾所涉及的期刊文献来源。

鉴于监狱工作的特殊性，在实践中大量监狱学文献不能通过学术期刊呈现，各种会议论文集反而能集中反映相关研究主题。在监狱文化研究领域，如本书前文所述，中国政法大学监狱史学研究中心组织的系列会议，“2008 文化与监狱论坛”以及中国监狱工作协会及其所属监狱文化专业委员会举办的多次理论研讨会，都是监狱文化相关论文较为集中的交流平台。此处，选取其中讨论监狱文化基本理论问题较集中的 5 部论文集，以其中所收录文章为样本进行分析。这 5 部论文集分别是：

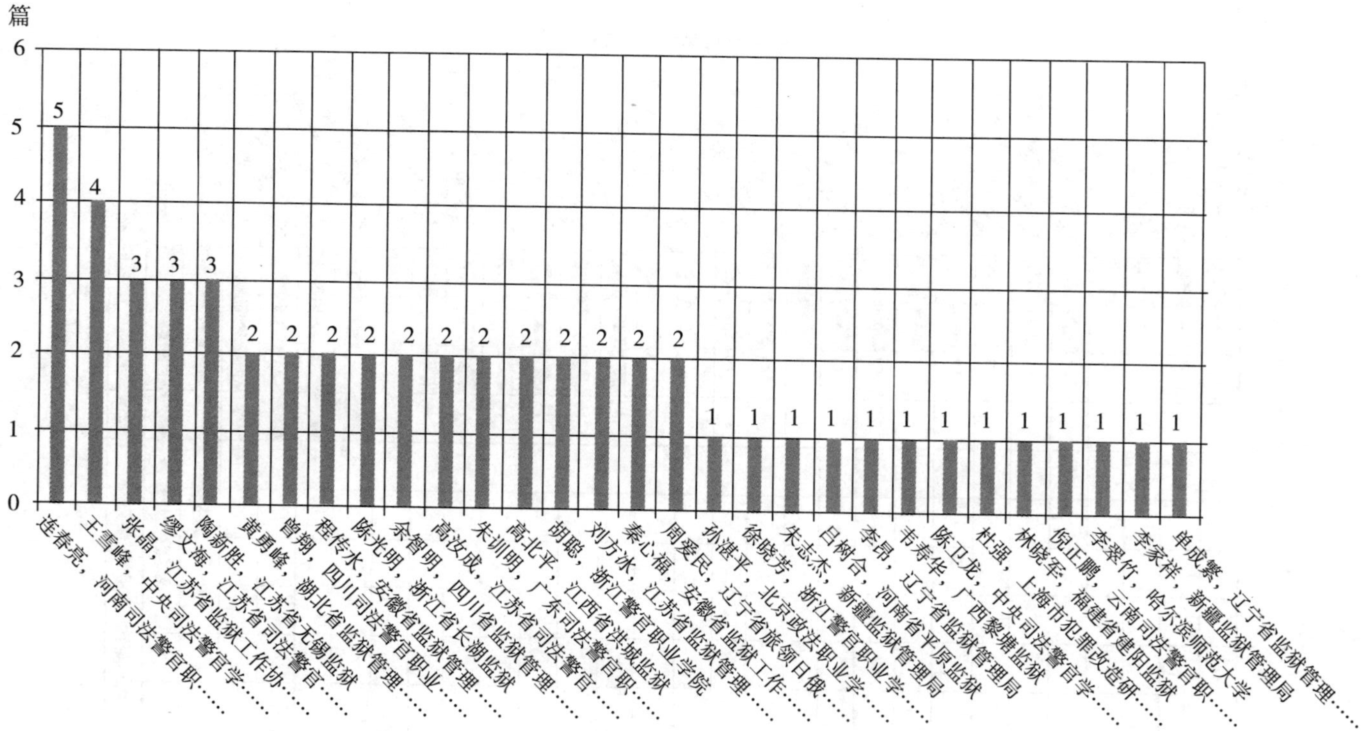
篇
6
5
4
3
2
1
0
5
4
3
3
3
2
2
2
2
2
2
2
2
2
2
2
2
1
1
1
1
1
1
1
1
1
1
1
1
1
连春亮，河南司法警官职……
王雪峰，中央司法警官学……
张晶，江苏省监狱工作协……
缪文海，江苏省司法警官……
陶新胜，江苏省无锡监狱
黄勇峰，湖北省监狱管理……
曾翔，四川司法警官职业……
程传水，安徽省监狱管理……
陈光明，浙江省长湖监狱
余智明，四川省监狱管理……
高汝成，江苏省司法警官……
朱训明，广东司法警官职……
高北平，江西省洪城监狱
胡聪，浙江警官职业学院
刘方冰，江苏省监狱管理……
秦心福，安徽省监狱工作……
周爱民，辽宁省旅顺日俄……
孙港平，北京政法职业学……
徐晓芳，浙江警官职业学……
朱志杰，新疆监狱管理局
吕树合，河南省平原监狱
李昂，辽宁省监狱管理局
韦寿华，广西黎塘监狱
陈卫龙，中央司法警官学……
杜强，上海市犯罪改造研……
林晓军，福建省建阳监狱
倪正鹏，云南司法警官职……
李翠竹，哈尔滨师范大学
李家祥，新疆监狱管理局
单成繁，辽宁省监狱管理……

图 8-2　作者分布

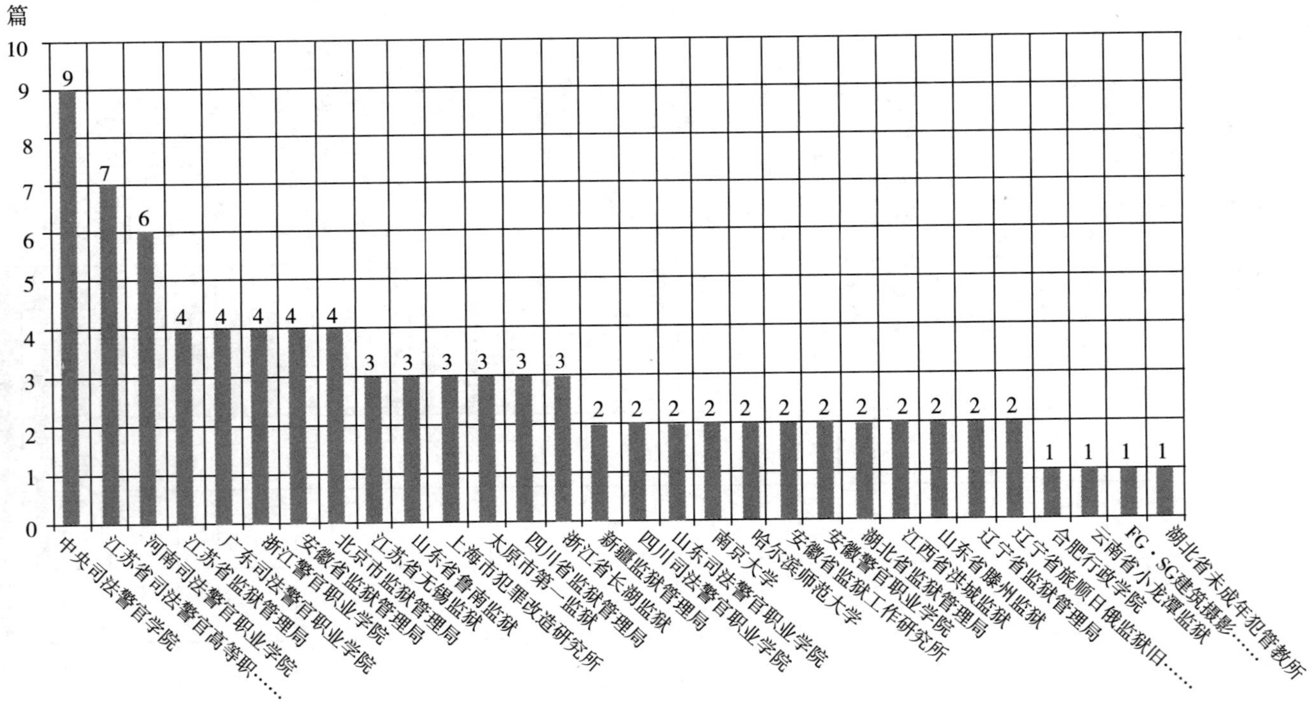
篇
10
9
8
7
6
5
4
3
2
1
0
9
7
6
4
4
4
4
4
3
3
3
3
3
3
2
2
2
2
2
2
2
2
2
2
2
2
1
1
1
1
中央司法警官学院
江苏省司法警官高等职……
河南司法警官职业学院
江苏省监狱管理局
广东司法警官职业学院
浙江警官职业学院
安徽省监狱管理局
北京市监狱管理局
江苏省无锡监狱
山东省鲁南监狱
上海市犯罪改造研究所
太原市第一监狱
四川省监狱管理局
浙江省长湖监狱
新疆监狱管理局
四川司法警官职业学院
山东司法警官职业学院
南京大学
哈尔滨师范大学
安徽省监狱工作研究所
安徽警官职业学院
湖北省监狱管理局
江西省洪城监狱
山东省滕州监狱
辽宁省监狱管理局
辽宁省旅顺日俄监狱旧……
合肥行政学院
云南省小龙潭监狱
FG・SG建筑摄影……
湖北省未成年犯管教所

图 8-3 作者机构分布

《2008 文化与监狱论坛》、《监狱文化与监狱管理创新工作研究》、《监狱文化建设优秀论文集》、《监狱文化研究》（2015 年度）、《监狱文化研究》（2017 年度）。5 部论文集文章与期刊文献的详细信息见表 8－1。

表 8－1　“监狱文化建设面临的问题”文献信息

代码	文献来源	文章总数/篇	目标文章数/篇	出版时间/年
A	《2008 文化与监狱论坛》	32	4	2008
B	《监狱文化建设优秀论文集》	40	8	2013
C	《监狱文化与监狱管理创新工作研究》	37	5	2014
D	《监狱文化研究》（2015 年度）	40	9	2016
E	《监狱文化研究》（2017 年度）	30	5	2018
F	CNKI 检索期刊论文	52	9	1991～2022
合计		201	40	

二、监狱文化建设“问题”综述

研究者将表 8－1 中的 40 篇文献分类逐一进行研读，通过归纳和比较其中所列“问题”，将“问题”大致归为 13 类，分别是认识问题、投入问题（物质保障不够、硬件问题等归入此类）、民警素质问题、民警工作繁重问题（民警身兼多职、多重角色、民警压力大等问题归入此类）、监狱的封闭性问题（与此相关的文化建设视野狭窄问题归入此类）、教育不足问题（宣传不够问题归入此类）、制度保障不足问题（责任不明问题归入此类）、目的不明问题、特色不突出问题（创新不足、针对性不强问题归入此类）、系统性不足问题（缺乏规划问题归入此类）、深度不够问题（重表层、轻深层等问题归入此类）、专业人才缺乏问题（建设水平不高问题归入此类）、研究思考不够问题等。根据这 13 类问题，对 40 篇文献中各类问题出现的频率进行统计，最终结果呈现为表 8－2，其中文献编号分别对应表 8－1 文献来源代码。

表 8－2　40 篇文献“问题”统计

文献篇号	认识	投入	民警素质	民警工作繁重	监狱封闭	教育不足	制度保障不足	目的不明	特色不突出	系统性不足	深度不够	专业人才缺乏	研究思考不够
A1	√	√	√	√	√	√							
A2	√	√			√		√						
A3	√	√			√		√	√	√				
A4	√												
B1									√	√	√		
B2	√	√							√	√			
B3	√						√			√	√		
B4	√				√				√	√			
B5	√	√			√		√						
B6	√												
B7	√											√	
B8									√				
C1	√				√			√	√		√		
C2	√	√		√	√	√			√				
C3	√								√	√		√	
C4	√	√			√		√		√				
C5	√						√		√	√			√
D1	√	√			√			√					
D2	√					√			√		√		

续表

文献篇号	认识	投入	民警素质	民警工作繁重	监狱封闭	教育不足	制度保障不足	目的不明	特色不突出	系统性不足	深度不够	专业人才缺乏	研究思考不够
D3	√	√	√				√	√				√	
D4	√						√				√		
D5	√	√		√	√								
D6	√			√								√	√
D7						√			√		√		
D8	√	√			√				√	√			
D9	√	√				√	√		√				
E1	√			√								√	
E2	√	√			√					√			
E3											√		
E4	√	√					√						
E5	√				√			√		√	√		
F1								√		√	√		√
F2					√				√	√			√
F3	√							√	√	√	√		
F4	√									√	√		
F5	√				√				√		√		
F6					√				√		√		
F7				√		√				√			
F8	√	√			√		√						
F9	√					√				√	√		
频次	32	15	2	6	17	7	11	7	19	15	14	5	4

根据表8-2统计结果，现有文献关于监狱文化建设面临的“问题”排名前七项依次为：认识问题、特色不突出问题、监狱的封闭性问题、投入问题、系统性不够问题、深度不够问题和制度保障问题。这七项的统计频次均超过10次，说明这七个方面是研究者最关注的问题。现将七个问题详述如下。

（一）认识问题

在40篇文献中，共有32篇文献将认识问题列为监狱文化建设遇到的突出问题，占比最高。并且，“认识问题”的频次远超过位列第二的“特色不突出”问题（19次）。这说明，绝大多数研究者都认为：在监狱文化建设过程中，认识问题的影响最大、最突出。

文化无所不在，但是真正落在监狱工作实践中又往往不易把握，结果监狱文化常常会被边缘化，出现“说起来重要，干起来次要，忙起来不要”的现象。与刑罚执行、狱政管理、教育改造和劳动改造这些硬性工作目标相比，文化建设虽然“高大上”，但是在民警眼里显得“虚化”和“抽象”，是“形象工程”，属于锦上添花的活动，其作用经常被理解为“辅助性”的。[①] 因此，实践中不少监狱把文化建设视为“时尚”和“点缀”，应时应景，奉行简单的“拿来主义”，甚至克隆效仿。[②] 这几乎是研究者讨论“认识”问题时诟病最多之处。

在将监狱文化建设“虚化”和“边缘化”的心态下，出现了一些相关错误论调。例如，北京的一位民警在论及警察文化建设的认识欠缺时，概括出“三无认识”，即“无用论”、“无关论”和“无奈论”。[③] 云南的

① 参见周广洪、余飞：《试论破解监狱文化改造的“碎片化”困境》，载《中国司法》2019年第5期。

② 参见朱阳宇：《现代监狱文化建设研究》，载《犯罪与改造研究》2017年第4期。

③ 参见任启才：《对新时期加强监狱人民警察文化建设的几点思考》，载于保忠主编：《2008文化与监狱论坛》，中国民主法制出版社2009年版，第134~135页。

两位民警从总体上讨论监狱文化建设时，指出监狱文化建设过程存在“无用论”、“活动论”和“速成论”三种误区。[①] 显然，如果监狱领导或者民警认为监狱文化“无用”，与己无关，可以“应景”“速成”，必然将其置于可有可无的点缀地位。

由此，就会出现监狱文化建设“记在纸上，贴在墙上，停留在口头上，落实在会议上”等现象。[②] 或者“唱腔高、动作小，活动开展多、系统提升少，政工部门开展多、其他部门开展少，对外宣传搞得多、对内塑造搞得少”的流弊。[③] 实践中，把监狱文化建设简单等同于监狱中的监舍、教室、生产车间、监狱整体环境的布置，或者等同于监狱开展的各种文化娱乐活动，此种情况也不鲜见。[④]

（二）特色不突出问题

监狱文化是一种特殊的文化表现形式，应当展示监狱特有的品质，反映中国监狱特有的传统精神，讲好“中国故事”。但是，在实践中，也出现传统精神削弱，特色泯灭的问题。有论者指出，“无私奉献的敬业精神，是我国监狱工作长期积累的宝贵精神财富”，但是随着社会发展，“经济发展市场化、监狱布局城市化和干警来源社会化”，“献了青春献终身”“以厂（场）为家”等传统精神传承困难，部分干警的责任感和事

---

① 参见程芳、马媛媛：《浅议监狱文化建设》，载于保忠主编：《2008 文化与监狱论坛》，中国民主法制出版社 2009 年版，第 213 页。

② 参见乔新月、曹欣、王群牛：《从提升监狱发展软实力的高度审视与思考当前监狱文化建设的核心内容与发展路径》，载马志冰、赖德毅主编：《监狱文化建设与监狱管理创新工作研究》，法律出版社 2014 年版，第 107 页。

③ 参见韩万平、李志高：《二十一世纪监狱文化建设的若干构想》，载中国监狱工作协会监狱文化专业委员会编：《监狱文化研究》（2015 年度），中国监狱工作协会监狱文化专业委员会 2016 年内部印行，第 102 页。

④ 参见连春亮：《监狱文化建设：误区、要素与原则》，载《河南司法警官职业学院学报》2008 年第 2 期。

业心有所降低。[①]

创新意识不足是导致特色不突出问题的原因之一，监狱系统长期以来有着“纪律部队”“服从命令听指挥”的优良传统，但也容易导致“坐等上级指示”“领导叫干啥就干啥”等问题。更有甚者，认为管理罪犯就是“守住人头”，根本不考虑如何提升工作效率和水平。这些因循守旧的思想体现在监狱文化建设上，容易导致机械落实上级部署，开展完成上级任务等倾向。致使监狱文化建设无特点，无特色，缺乏针对性。[②]

创新意识不足的另一种表现是缺乏精神独立性，把监狱文化建设当做一种时尚，缺乏主见，人云亦云。具体表现为，“国外有什么、别的监狱搞什么，就跟着学什么，只要有新的做法、新的经验出台，马上就去克隆、仿效”。[③]

（三）监狱的封闭性问题

监狱具有封闭性，这是由其特殊功能和目的决定的，本无可厚非。但是在监狱文化建设过程中，监狱封闭性的弊端会暴露无遗。例如，民警接触社会机会少、社交面小、观念保守、视野狭窄，等等。

造成监狱封闭性的原因可以从两方面来分析，一是现实工作性质原因，二是历史原因。从第一个方面看，由于监狱系统实行垂直式管理，监狱工作的保密性、监管安全需要等原因造成了封闭式管理。致使监狱与社会交流偏少，社会的时代精神、文化成就和现代科技被人为阻隔，

---

① 参见乔新月、曹欣、王群牛：《从提升监狱发展软实力的高度审视与思考当前监狱文化建设的核心内容与发展路径》，载马志冰、赖德毅主编：《监狱文化建设与监狱管理创新工作研究》，法律出版社 2014 年版，第 108 页。

② 参见蒋海东：《创新管理角度下进一步深化文化监狱建设初探》，载中国监狱工作协会编：《监狱文化建设优秀论文集》，中国监狱工作协会 2013 年内部印行，第 103 页。

③ 连春亮：《监狱文化建设：误区、要素与原则》，载《河南司法警官职业学院学报》2008 年第 2 期。

监狱也就难以充分利用社会文化资源为监狱文化建设注入活力。[①]

从第二个方面看，20 世纪 90 年代之前，由于监狱布局问题，客观上造成监狱与文化中心的疏离。四川一名监狱民警在论及四川监狱时指出，由于历史原因，四川监狱大多地处“老少偏穷”地区，环境封闭，文化滞后，导致民警的思想观念“先天不足”。[②] 河北监狱系统的民警也有类似表述：“由于历史原因，监狱大多地处‘老少边穷’地区，环境封闭，文化落后”，“农村意识”和“大墙意识”较重，安于守成。[③]

监狱封闭，“内情不得外出，外情不得内入”，其结果导致监狱文化建设呈现封闭状态，研究相关问题的学者被挡在监区门外，监狱难以从外界获得有益于自身完善与发展的信息资源。[④] 在某种程度上，这也是监狱学研究水平难以提升的原因之一。

（四）投入问题

在谈及监狱文化建设时，多数论者认为，监狱文化建设需要人力、物力和财力投入保障。在 40 篇文献中，有 15 篇涉及当前监狱文化建设投入不足问题。

投入不足有多种表现形式，一方面，监管安全和劳动生产任务繁重，挤占时间和资源，导致文化建设方面的物力和财力投入有限，文化活动、文化教育设施落后；另一方面，虽然设立了民警阅览室、健身室，但是

---

① 参见朱阳宇：《现代监狱文化建设研究》，载《犯罪与改造研究》2017 年第 4 期。

② 参见谭文：《对四川监狱文化建设的思考》，载马志冰、赖德毅主编：《监狱文化建设与监狱管理创新工作研究》，法律出版社 2014 年版，第 140 页。

③ 参见乔新月、曹欣、王群牛：《从提升监狱发展软实力的高度审视与思考当前监狱文化建设的核心内容与发展路径》，载马志冰、赖德毅主编：《监狱文化建设与监狱管理创新工作研究》，法律出版社 2014 年版，第 108 页。

④ 参见孟令明：《构建现代监狱文化建设标准体系浅析》，载中国监狱工作协会监狱文化专业委员会编：《监狱文化研究》（2017 年度），中国监狱工作协会监狱文化专业委员会 2018 年内部印行，第 289 页。

使用率不高，图书资料和健身器材长期没有更换，形同虚设。①

人力资源投入不足与对监狱文化的认识不无关系。由于将监狱文化看成“业余文化”，所以监狱管理者只愿意在“业余”时间开展活动。在一线警力严重不足的情况下，监狱领导不愿意将过多人力投向监狱文化建设领域。②

文化建设投入问题上存在地区差异性。从文献梳理结果看，将投入（尤其是财力投入）列为“问题”的，经济欠发达地区监狱偏多。例如，四川省监狱系统民警在文章中称：“四川监狱的总体印象就是一个‘穷’字，所带来的直接后果是，监狱工作运作困难，监狱硬件设施落后，监狱民警收入偏低。”间接的后果则是，监狱把主要精力用在确保监狱安全和提高经济效益方面，监狱文化建设投入资金不足。③

（五）系统性不够问题

论者普遍认为，监狱文化建设是一个系统工程，需要全方位努力和多部门配合，长期坚持方能有所收获。从前章的案例也可以发现一个规律，监狱文化建设成效显著的单位，一般都兼顾多个主体、多个领域，着力构建富有特色的监狱文化体系。但是，个别单位存仍存在监狱文化建设系统性不够的问题，具体表现为规划性、连续性、全局性缺失。例如，有的单位文化活动往往由监狱各职能部门单独组织，相互间缺少沟通和协调；有的“就文化谈文化”，没有将文化建设与其他工作结合起

---

① 参见陈智敏、郑美辉：《浅谈监狱民警文化建设的现状与对策》，载中国监狱工作协会监狱文化专业委员会编：《监狱文化研究》（2015 年度），中国监狱工作协会监狱文化专业委员会 2016 年内部印行，第 231 页。

② 参见陶纯、陆建武：《深化监区文化建设提升教育改造水平》，载于保忠主编：《2008 文化与监狱论坛》，中国民主法制出版社 2009 年版，第 207 页。

③ 参见谭文：《对四川监狱文化建设的思考》，载马志冰、赖德毅主编：《监狱文化建设与监狱管理创新工作研究》，法律出版社 2014 年版，第 141 页。

来；[①] 有的表现为监狱管理局、监狱、监区、民警等主体在思想认识上、执行力度上未做到高度统一；有的表现为对于每项活动、每项措施、每个环节应发挥什么作用，没有准确把握和清醒认识；有的活动安排没有具体目标，内容随意，没有将文化建设各要素有机联系起来。[②]

有学者指出，一些监狱经常开展一系列文化主题活动，但活动主题并不紧密相关。有时候围绕节日主题开展活动，有时候是按照上级要求开展文化活动，有时候结合监狱自身特点开展活动。“每类文化改造的内容基本上是不相关的，活动内容也没有结合押犯实际情况，而是为了因时、因景的需要而开展”。这样做一来割裂了文化主题脉络联系，二来“劳民伤财”。[③]

（六）深度不够问题

多位研究者指出，监狱文化可以分表层文化、深层文化，或者显性文化、隐性文化。同时也认为，当前的监狱文化建设往往只在标语口号、宣传图册、文体活动等表层文化方面发力，对于职业精神、价值追求等深层文化缺乏得力措施。

例如，有论者指出，在监狱文化建设中，“对表层的物质文化、浅层的行为文化关注多，对制度文化及深层的精神文化即人的素质、价值观念、精神理念等方面探究不够。”[④]

也存在做了很多工作，但是缺乏凝练的情况。“搞了很多图文并茂的

---

① 参见北京市未成年犯管教所课题组：《监狱文化构建体系的探讨与实践》，载中国监狱工作协会编：《监狱文化建设优秀论文集》，中国监狱工作协会2013年内部印行，第47页。

② 参见蒋海东：《关于推进监狱文化建设的思考》，载《中国司法》2014年第9期。

③ 周广洪、余飞：《试论破解监狱文化改造的“碎片化”困境》，载《中国司法》2019年第5期。

④ 孟令明：《构建现代监狱文化建设标准体系浅析》，载中国监狱工作协会监狱文化专业委员会编：《监狱文化研究》（2017年度），中国监狱工作协会监狱文化专业委员会2018年内部印行，第290页。

上墙、上报的宣传内容，但是就是没有一个明确表达的、全体人员都入口、入脑、入心的核心价值观”。[①]

也有论者批评监狱文化建设“看似正确实则有误的现象”，认为最突出的就是对监狱核心价值观总结提炼失之草率。许多“××监狱精神”的表述，集中于“团结、奉献、忠诚、务实、为民”等词汇，基本上是政法干警核心价值观的翻版。[②]

（七）制度保障问题

制度保障缺乏，一般体现为监狱文化活动开展的零散性、随意性，表面看似热闹，却难以持久。这正是监狱文化“说起来重要，干起来次要，忙起来不要”的原因。[③]

有的单位虽然也制定了相关制度，但是不能落地，成为一纸空文。在监管安全和劳动生产双重压力下，监狱文化建设往往成为可有可无的“摆设”。[④] 有可能出现“眼高手低、好高骛远、激情决策的现象”，甚至监狱文化项目“无规划、无目标、无组织、无保障、盲目上马、乱铺摊子、四面开花，很难形成攻坚合力”。[⑤]

其他还有不少问题表现，诸如“临时性工作多，长期抓、抓长期的

---

① 刘津：《基于管理的监狱文化建设研究》，载中国监狱工作协会编：《监狱文化建设优秀论文集》，中国监狱工作协会2013年内部印行，第92页。

② 参见田洪元：《浅析当前监狱文化自信的缺失》，载中国监狱工作协会编：《监狱文化建设优秀论文集》，中国监狱工作协会2013年内部印行，第177～178页。

③ 参见高仕仲、王成：《推进监狱文化建设提高民警队伍素质》，载于保忠主编：《2008文化与监狱论坛》，中国民主法制出版社2009年版，第142页。

④ 参见杞彦：《关于监狱文化建设的实践与思考——云南省保山监狱文化建设初探》，载中国监狱工作协会监狱文化专业委员会编：《监狱文化研究》（2015年度），中国监狱工作协会监狱文化专业委员会2016年内部印行，第330页。

⑤ 刘文喜、姚飞：《对构建监狱文化建设标准体系的思考》，载中国监狱工作协会监狱文化专业委员会编：《监狱文化研究》（2017年度），中国监狱工作协会监狱文化专业委员会2018年内部印行，第145页。

少；实用多，真正占领的阵地少。”[①]“仅仅停留于听动员、看文件、搞竞赛的形式”，往往是“‘戏’来群众热，人走‘戏’就凉”。[②]

有的单位，监狱文化建设“没有明确的方向、目标、模式或概念，更没有长远规划，存在‘东一榔头西一棒子’的现象”。同时，由于没有明确的制度，导致“监狱文化建设工作分散于监狱办公室、政治处、老干科、工会、教育科等部门，各部门各行其是”，难以形成科学的监狱文化建设体系。[③]

以上观点是基于文献做出的梳理和总结，或许难以反映监狱文化建设全貌，但庶几可窥其一斑。如果上述七个方面问题能得到重视，相信将有益于监狱文化事业的良性发展。

第二节　基于访谈的研究

一、研究对象

根据研究主题，基于研究者本人的理论背景、实际经验、对访谈对象的熟悉程度，以及对监狱文化研究状况的把握程度，本次研究采用立意取样（purposive sampling）方法，选择能为研究问题提供最大信息量的样本。大致确定访谈范围后，根据访谈过程中“理论饱和”的程度，最终完成对 18 名对象的深度访谈（in – depth interview）。在研究对象选

---

① 乔新月、曹欣、王群牛：《从提升监狱发展软实力的高度审视与思考当前监狱文化建设的核心内容与发展路径》，载马志冰、赖德毅主编：《监狱文化建设与监狱管理创新工作研究》，法律出版社 2014 年版，第 108 页。

② 张贵灵：《强势廉政文化孕育“阳光监狱”》，载马志冰、赖德毅主编：《监狱文化建设与监狱管理创新工作研究》，法律出版社 2014 年版，第 221 页。

③ 参见唐康、王穹：《规范监狱文化建设的思考——以建立监狱文化馆为视角》，载马志冰、赖德毅主编：《监狱文化建设与监狱管理创新工作研究》，法律出版社 2014 年版，第 195 页。

择上，兼顾性别、年龄、从事监狱工作时间、地区分布、工作岗位状况、职级等因素，以提升研究样本的代表性。

研究对象需满足以下条件：（1）必须有十年以上监狱相关工作经验，包括监狱一线实务工作、监狱管理工作、监狱理论教学和研究工作（对应表8－3的从业时间）；（2）熟悉监狱文化建设实务或理论研究；（3）具备一定理论研究兴趣，这一点主要以发表相关文章、参与监狱文化理论研究相关活动为标准。

基于上述条件，最终共计确定18名访谈对象。其中女性8名，男性10名；在相关院校从事监狱学教学和研究的2名，在监狱一线工作的民警10名，在监狱管理局工作的民警6名（见表8－3）。6名在监狱管理局工作的受访者，除2名外其他4名均有从事监狱一线工作经历，熟悉一线实际情况。

表8－3 访谈对象基本情况

编码	F1	F2	F3	F4	F5	F6	F7	F8	F9	F10	F11	F12	F13	F14	F15	F16	F17	F18
性别	男	男	女	男	女	男	女	男	女	男	女	男	女	男	女	男	男	女
年龄	67岁	58岁	46岁	56岁	46岁	55岁	50岁	49岁	47岁	58岁	46岁	49岁	43岁	55岁	45岁	67岁	60岁	50岁
从业时间	20年	36年	23年	34年	22年	34年	23年	20年	24年	38年	26年	24年	13年	23年	22年	34年	17年	30年
岗位	院校	机关	一线	一线	一线	机关	机关	一线	机关	机关	一线	一线	一线	一线	一线	机关	院校	一线
职称职级	教授	二级调研员	二级警长	二级高级警长	一级警长	副研究员	三级调研员	二级警长	一级警长	二级调研员	三级高级警长	二级警长	二级警长	一级警长	一级警长	—	教授	一级高级警长

续表

编码	F1	F2	F3	F4	F5	F6	F7	F8	F9	F10	F11	F12	F13	F14	F15	F16	F17	F18
地区	H_1	N_1	J_1	G	H_2	A	N_2	S_1	S_2	J_2	B	F	H_3	T	H_4	Z	S_3	Y
备注		有监狱一线工作经历							有监狱一线工作经历	有监狱一线工作经历						有监狱一线工作经历		

说明：为保护受访者隐私，本表对地区信息进行了技术处理。

二、研究方法

监狱文化问题具有价值关涉性和内容丰富性，不同主体对监狱文化的理解也因兴趣、需要、经历和知识背景等不同而有所差异。为深入探寻从业者对监狱文化问题的“理解”，本次研究以质性研究（qualitative research）为取向，采用深度访谈法（in－depth interview）获取第一手研究资料。研究开始阶段采用半结构访谈方法（semi－structured interview）做引导，半结构访谈主题为：您如何理解监狱文化？您认为，监狱文化到底是什么？您觉得，监狱文化建设目前存在哪些问题？您觉得，未来监狱文化建设需要从哪些方面来完善？

访谈过程中根据研究目的和研究设计，对访谈问题进行弹性调整，以求更加深入地了解访谈对象关于监狱文化的认识、感受和态度。访谈大致分为两个阶段，第一阶段从 2021 年 12 月至 2022 年 1 月，访谈 5 人，这一阶段主要对访谈方式和问题进行初步尝试。第二阶段为 2022 年 2 月至 3 月，访谈 13 人。访谈问题进一步精确，重点围绕监狱文化建设面临的问题展开。受疫情影响，除1名以外其余17名受访者均以线上访谈方式完成。

访谈结束后，遵循扎根理论三级编码方式对访谈资料进行编码。开放式编码阶段，研究者尽量“悬置”个人“倾见”，将资料打散，赋予概念，创建新主题，再以新的方式进行组合，确定类属。① 对原始访谈资料的分析概念标签的识别时，通过抽象化处理，确定46个类属。轴心式编码阶段，重点在于发现和建立概念、类别之间的各种联系，包括因果关系、时间关系、语义关系等，以展示资料各部分的有机关联。② 在上一级编码基础上，通过建立概念和类别之间的联系，进一步归纳出16个范畴。选择式编码阶段，研究者在开放式编码和轴心式编码基础上，进一步整合类属和范畴，选择确定核心范畴。在本研究中，最终通过归纳、整合、比较，确定了7个核心范畴：人的因素、资金、系统性、中心工作、特色、深度、研究。三级编码过程见表8-4。

表8-4　三级编码过程示意

一级编码	二级编码	三级编码
认识高度不够；与真正的监狱文化还有距离；没有把改造犯人提高到文化层面来认识；没有新的视角；窄化了监狱文化的外延；觉得文体活动就是监狱文化	认识高度广度	人的因素
需要有专业的人干专业的事；警察的思想都跟不上改造需要；本单位没有这样的人才	人才缺乏	
领导还是不太重视；换了领导就不再提了；换个领导就换个提法；人的要素体现文化理念	领导重视	
挣钱弥补经费缺口；南方经济比较发达	资金缺乏	资金
资金要有保证；用钱的制度上掣肘	资金保障	

① 参见陈向明：《质的研究方法与社会科学研究》，教育科学出版社2000年版，第332页。

② 参见风笑天：《社会研究方法》（第4版），中国人民大学出版社2013年版，第292页；陈向明：《质的研究方法与社会科学研究》，教育科学出版社2000年版，第333页。

续表

一级编码	二级编码	三级编码
省里没有统一要求；各自为战	统一规划	系统性
不能持之以恒；监区领导换班之后不连续；缺乏传承会出问题	持之以恒	
改造犯人这就是一种文化；关注改造罪犯的主业才真是在文化上发力	为改造服务	中心工作
生产任务比较重；没有突出提升文化改造素质能力的意识	让位生产和监管	
我们监狱改造跟外国的差异没有提炼；我们改造罪犯的方法总结不够；需要总结我们的“传家宝”；按照西方的来管理不利	中国特色	特色
好多东西跟别的单位都一样的；文化和监狱工作的结合上脱节；没有体现监狱作为特殊场所的文化	监狱特色	
监狱文化应该从人上“下功夫”；要通过物质的形式转移到人的身上；人除了吃饭还有别的追求	人是文化的核心	深度
要挖掘精神层面的东西；我们还是放在很浅、很狭隘的方面；教育改造犯人最理想状态就是解决“心”的问题；忽视了精神、内涵；打造一个氛围；一个单位要看它的精气神	关注精神	
监狱的个性、品质的沉淀；文化是灵魂的东西，急不来	需要沉淀	
内涵的研究不多；罪犯的文化建设研究不够	监狱文化研究	研究
罪犯的亚文化研究不够；犯人之间的文化不能忽视	亚文化研究	

三、研究发现与讨论

（一）人的因素是影响监狱文化建设的首要因素

文化就是“人化”，人与文化息息相关。监狱文化建设需要决策者的重视和支持，需要具体实施者的视野和素质，也需要专业人才的参与。同时，“人”对文化的理解和认识也影响着监狱文化建设的水平。

我们地区偏僻，我们的人员构成，有一些有创造力的小孩（年轻民警），也没有精力投入到这方面。（F5）

F5 是黑龙江省某监狱的基层民警，她的话很有代表性，吐露出经济欠发达地区监狱文化建设的无奈。

在文献研究部分，曾提及监狱文化建设中的认识问题，有论者指出监狱文化“无用论”在一些监狱中盛行。“无用论”的出现与民警的认识有关，与基本素质也不无关系。正如前文所说，我国的监狱民警从 20 世纪 90 年代以来一直存在三种来源：转业军人、大专院校（20 世纪 90 年代之前包括一些中专层次的警校）毕业生、子承父业的“警二代”。第三类人在有的地方被戏称为“老法师”，他们管理罪犯颇有一套经验，有独到的办法，甚至能从罪犯的肢体动作和眼神洞察心理。但这类民警“只会做不会讲，经验很难传给年轻人”。[①]

1997 年，笔者在某监狱实习锻炼。一日，在政治处看到一名工作人员正在统计监狱民警学历，他高兴地告诉笔者：“我们监狱已经符合司法部‘568’工程要求了。”[②] 我当时的感受是，监狱民警的学历层次真是堪忧。中央司法警官学院监狱学系原主任杜雨曾经担任过监狱基层民警，他讲过一个关于“卡队长”的经典故事：某监狱民警点名，将“卞”姓读成“卡”。卞姓罪犯提醒民警，“队长，我姓卞。”这位民警竟然吼道：

---

① 胥辉：《新的历史时期的新命题》，载澎湃新闻调查新闻部编：《别样的人生》，文汇出版社 2020 年版，第 7 页。

② 这里指的是“九五”期间，全面实现“568”工程，即全国监狱干警具有大专以上文化程度的要达到 50%，科级干警达到 60% 以上，省局和监狱领导班子成员要达到 80% 以上。2001 年司法部颁发的五年教育培训规划，又提出“7910”工程，即三级干部具有大专以上文化程度的分别达到 70%、90% 和 100%。参见王明迪：《一个甲子的辉煌——新中国监狱工作 60 年的回顾》，载《犯罪与改造研究》2009 年第 10 期。

"我说你姓卡，你就姓卡!"后来，罪犯在背后都戏称其为"卡队长"。还有一名民警回忆，刚到监狱工作，老民警向他传授管犯人的"五字真言"：出工、收工、滚。[①] 这些故事从一个侧面反映了八九十年代部分监狱民警素质的真实状况。虽然已经步入21世纪的第二个十年，监狱民警学历有了普遍提升，但是监狱管理当中的一些积习仍未完全消除，民警对监狱文化的认识也存在偏差。正如一位受访者所说：

民警的认识方面，并没有把"用文化改造犯人"提高到文化层面来认识。绝大多数警察会认为，什么文化改造犯人，就是我们过去的"三课"教育。从押犯60%都是初中以下文化程度来看，还不是对牛弹琴。(F10)

与普通民警相比，决策者是左右监狱文化建设水平更重要的因素。有时候，监狱管理者的站位、眼光和视野甚至成为影响监狱文化成败的关键。南北方两位民警的话说出了同样的观点：

一个领导一个样，当时那个领导的时候，主抓监狱文化，换了一个领导就不再提了。当时有个局长他重视，所以全省监狱都搞，大概2014年前后。他下去之后，就不怎么做了。(F7)

文化比较好的省份，(监狱管理局) 局长、分管副局长、教育改造处长，这三个人如果有文化，就是说人的因素重要，就能体现文化理念。(F10)

有一次，山东省监狱管理局犯罪研究所首任所长祝效民在鲁南监狱调研。晚间散步时，他临时提议"到监狱三个主要领导家中，进行一次未曾告知的文化调查，看看他们藏书、阅读、格调、情趣的真实情况"。结果让"调查者"为之一惊：监狱长家中的书香，政委家中的画作经典，

① 2018年5月24日，河南某监狱民警在中央司法警官学院讲座记录。

副书记家中的书画泼墨，都使“我们”折服。同行者感慨：有这样高品位、爱读书的监狱领导，“文化鲁南”一定会行稳致远。[①] 这个事例说明，监狱管理者的文化素养、文化态度与监狱文化建设密切相关。正如一位受访者所说，“领导要有思想，下面的人还要有思想和文化内涵，才能做出来一点东西。”（F15）

（二）资金状况和使用制度是制约监狱文化建设的客观因素之一

正如上一章所揭示的，20 所监狱文化建设“先进单位”的地理分布，几乎都位于“胡焕庸线”东南侧。这似乎说明，监狱文化建设与经济发展水平之间存在某种联系。在访谈中，虽然有一位来自西南某省的监狱领导表示，“资金、理念都不是问题”（F18）。但是，还是有多位受访者承认，资金是制约监狱文化建设的客观因素。并且，越是经济欠发达地区，这种认识越普遍。一位来自西北的受访者在谈及监狱文化建设时颇为无奈，他坦言：

> 经济工作压力比较大。过去到现在，经费跟原来比有所提高，但是远远不能满足工作需要。所以，工学矛盾比较突出。像北京的监狱，保障水平高，但是下面的监狱主要的改造任务是在劳动改造方面，挣钱弥补监狱工作所需经费缺口。（F2）

在这位民警的想象中，北京的监狱是不缺资金的，它们“保障水平高”。但是，在北京的民警看来，南方的监狱文化建设之所以走在前列，仍然与南方经济发达有直接关系。而北京监狱系统似乎也有本地的困惑，不仅仅是“有没有钱”的问题，还有“怎么用钱”的问题：

---

① 参见陈进：《走在监狱文化建设的路上》，载“幸福的黄丝带”微信公众号 2022 年 3 月 6 日，https://mp.weixin.qq.com/s/XFzO0kd5zCY6nahqu57p-g。陈文所说的“监狱文化”是从广义上理解的监狱文化。不是狭义的，其中主要是监狱文化宣传。

南方比较经济发达，有钱。说实在的，北京这边，财政给什么钱，就用什么钱。五千元就上会。监狱文化，形式上要有，实质也要有，面上的，也要有，形式上的投入就是不足的。设施、场所，也要有。犯人的人均教育经费多年不变，没有钱。从用钱的制度上掣肘，所以有钱没法花。（F11）

同样地，在北京监狱民警眼中“经济发达”的南方，资金保障同样不能忽视：

我们监狱也曾经找一个公司，需要一些文化策划公司。光设计费就是几十万元，还有各种物料费用，这方面资金要有保证。（F15）

可见，资金问题的确是制约监狱文化建设的客观因素之一，只不过不同地区资金问题的表现不同。并且，资金问题并不仅仅是“缺钱”，它本身也是一个复杂的问题。可能一个监狱的资金并不紧张，但是监狱领导“志不在此”，他们就可能在监狱文化建设上不舍得投入。另一个问题是，如果监狱的资金确实紧张，监狱领导就会把主要精力投入生产劳动方面，客观上也会影响监狱文化建设。这一点很可能正是经济欠发达地区监狱文化发展缺乏持续性的深层次原因。

关于资金与监狱文化建设之间的关系，研究者想借用管理学者弗雷德里克·赫茨伯格（Frederick Herzberg）提出的“双因素理论”来尝试做个解释。赫茨伯格曾经将影响管理效率的因素分为两种，一种称为“保健因素”（satisfier factor），另一种称为“激励因素”（hygiene factor）。“保健因素”包括基本工资、工作条件、人际关系等，“激励因素”包括成就感、认可度、责任感、晋升机会和个人成长等。① 当保健因素缺

① 参见［美］小约翰·谢默霍恩：《管理学原理》，甘亚平译，人民邮电出版社2005年版，第171～172页。

乏时，员工会不满意，但是满足保健因素只能保证“没有不满意”；而激励因素才是真正让员工感到满意的因素，激励因素缺失，会导致“没有满意”。资金充足，监狱文化不一定能发展得好。但是资金不到位，监狱文化很可能搞不好。所以，对于监狱文化建设而言，资金应该是一个“保健因素”而非“激励因素”。换言之，资金是监狱文化建设的“必要非充分条件”。

（三）监狱文化建设缺乏系统性是较为普遍的现象

文化需要传承，需要历史积淀。对于监狱文化建设来说，也需要长期坚持，系统建设。对此，多位受访者表达了相近的见解。

辽宁省凌源监狱管理分局的监狱文化建设在全国曾经颇具影响，分局所属六个监狱分别以“礼、善、省、诚、明、仁”为主题打造“一监一品”文化品牌。2015 年 1 月，广东省佛山监狱邀请全国八个单位开展文化监狱共建活动，辽宁省凌源监狱管理分局是受邀八家单位之一。并且，2016 年 9 月凌源监狱管理分局承办了第五届文化监狱共建交流会。但是，研究者通过访谈了解到，因为种种原因，“现在凌源分局的那些就不提了”。这种情况恰恰体现了监狱文化建设系统性的缺失。

另有受访者表示：

> （监狱文化）应该搞，应该提。文化就是一种文明，文明就是先进，应该总提。监狱系统，有两个老同志，×××、×××，没有他们的提、呼喊，就更没有了。文化应该常抓不懈，不能“一阵风”。（F7）

北京的监狱民警进一步比较了南北方监狱文化建设的差异，认为是否有“系统性”是很重要的指标：

> 我认为，没有把边边角角都看成一种文化。外省市（南方）

会好一点，认识、系统性更好。在北京，这种东西很淡，几乎没有。北方，都是以工作总结的形式出现。干什么都是工作总结加一个帽子，南方不是。我真是感觉挺深的。（F11）

至于监狱文化建设缺乏系统性的原因，这名受访者给出如下解释：

为什么不能成系统？不能延续性发展？换个人，就换个东西。本应该“一张蓝图绘到底”，咱们是换个领导就换个提法。浙江六监“菊文化”做了20多年，所有的布局、角落、学习内容都是围绕这个做。必须有历史。缺乏传承就会出问题，（没有）稳定性。（F11）

这个解释印证了第一条研究结论：人的因素是影响监狱文化建设的首要因素。人的因素，尤其是把握方向的决策者的关注点，直接影响着监狱工作重心的变化。而决策者的关注点又并非仅仅由个人学识、兴趣或者个性等个体因素所决定，刑事政策乃至社会形势都会对监狱工作产生影响。但是，文化建设如果要取得一定的成绩，需要培育、积累、涵养和传承，“跟风式”“运动式”的做法可能会博得暂时的掌声，却难以对监狱中的“人”产生潜移默化的影响。

（四）监狱文化建设偏离监狱中心工作的现象依然存在

监狱的各项工作都围绕“改造人”展开。教育改造是监狱的中心工作，这是监狱工作的重要理念之一。[①] 20世纪80年代，监狱文化命题之所以被提出就是因为它能服务于罪犯改造。可以说，监狱文化建设与“改造人”中心工作之间存在一个如何有效融合的问题。融合得好，能为罪犯改造服务，效果就好；反之，就难以收到实效。

随着监狱文化建设的普遍推行，出现部分监狱脱离监狱中心工作另

---

① 参见王雪峰：《中国教育改造工作的四个重要理念》，载《中国司法》2012年第12期。

搞一套所谓"文化"的现象。这种所谓的"文化建设"必然是浅层次的，徒具形式，缺乏实效。对此，理论研究者和一线民警都有同感。F1是一位长期关注监狱文化问题的高校教师，对监狱文化他提出了自己独到的理解：

> 监狱文化建设是工具。千万不要把它当成啥呢？好多地方，怎么干呢？你搞监狱文化了，我成立一个监狱文化办公室；你搞循证矫正，成立循证矫正办公室，就是运动式的。监狱文化建设不要搞运动式的。就是说，监狱有自己的中心任务，你搞什么都是服务于它，不能偏了。对，所以我当时提出"一个中心，两个基本点"。"一个中心"就是你以监狱罪犯教育改造为中心，"两个基本点"是服刑人员文化重塑和监狱环境建设。(F1)

以教育改造为中心，这是监狱文化的出发点，也是监狱文化的归宿。监狱文化设计的初衷，就是把罪犯改造好。为什么要让罪犯读书？为什么让罪犯参加文艺队？为什么要美化环境？目的都是通过这种潜移默化的形式对罪犯产生影响，或者说让罪犯在一种氛围中受到陶冶，慢慢改变。对民警也是如此。如果能营造一种无私奉献、团结奋进、执法公正、清正廉洁的氛围，就能使作为个体的民警有所领悟和变化。正如一位受访者所说：

> 文化有广义和狭义之分，整个的文化咱们就是执法，就是改造犯人，这就是一种文化。怎么公正执法，整个工作状态都是一种文化。从大墙到里面一砖一瓦都是文化，从干警到罪犯都是文化。并不是那些具体的点，其实潜移默化的东西都是文化。(F7)

从这个意义上理解，把一砖一瓦都说成文化，并不是监狱文化的

“泛化”，而是文化渗透到监狱工作的方方面面。有的受访者认为：

建设中要发挥文化的教育熏陶功能，以文化人，以文育人，发挥文化建设的教育改造功能。人是可以改造的，主要是从精神上改造。这方面，文化能发挥其育人功能。（F6）

也有的受访者强调文化氛围对罪犯学习能力影响的重要性：

还应该体现“学”字。红色是主旋律。另一个是学习能力，学习能力对他们来说是对他们将来活下去的东西。是打造一个氛围，在这个氛围中，你能生存下去。（F5）

但是，如果对监狱文化的认识没有达到一定高度，简单模仿，就可能导致监狱文化建设的表面化、“两张皮”。结果是表面看着热闹，却没有实效。而所谓实效，主要就体现在罪犯能否因此得到改造上，监狱文化建设的“归宿”就是从这个角度来体现的。

监狱里，大部分时候法律是最末端。所以，最多的，90%是改造。这方面文化最重要，但是脱节最厉害。（F8）

文化重点是精神塑造。我们改造罪犯的主业，打造技术芯片升级版，就是在文化上发力。有种声音，说罪犯改造不好，或者不能真正改造好。原因是许多……用形式化消减了过去的东西，怎么改造罪犯？要从思想上改造，使之内心向善，不再为恶。只有这样，才能出去了不再犯罪，结果这方面我们用力最少。（F8）

可见，不少监狱民警对此保持着清醒认识。他们期待监狱文化发挥育人功能，更好地促进监狱中心工作的完成。但是，不可忽视的是，监狱文化建设和监狱中心工作也可能让位于监管安全或者劳动生产，受到后者的冲击。从本质上来说，这是改造和监管、生产之间的矛盾在文化建设上的体现。例如，有受访者表示：

理解比较初级。对，能坚持做下去的，有成绩的不多。生产任务比较重。每天回去吃饭，讲评，还有别的事情。生产任务重，所以文化的延续性就有问题。(F13)

之所以生产任务重，主要是因为监狱体制改革中一些历史遗留问题未能解决好。

大家都在抓生产，×××万一年，省里排名。还有养活工人，还有一部分相当于辅警……要求加工资，要求待遇。以前监狱搞委培的，没有编制，工资没有放在财政。一直要养他们退休。还有几个工厂的职工，现在要安置。(F13)

监管安全压力增大，监狱不得不采用一些形式的东西，提出刚性要求。这就容易将民警的注意力转移到这些工作上，忽视了“见效慢”“难以量化”的文化建设。

现在谈话也很少了，现在很流行的就是点名、“四知道”、戴着口罩点名、背后点名。如果精力都用在这个方面，还有什么呢？这说明，我们的监狱监管改造是很粗浅的，没有深入。(F8)

（五）凸显特色是监狱文化建设的重要课题

监狱是国家的刑罚执行机关，是一种特殊的文化设施，监狱文化理应具有监狱特色。这是监狱文化的独特之处，也是其价值所在。从宏观视角看，监狱文化Ⅰ中关于“皋陶造狱”传说、狱神庙、监狱诗等无疑是具有鲜明监狱特色的东西。作为监狱亚文化的狱内帮派、江湖规矩、文身、暗语等，也是监狱文化Ⅱ中独具监狱特色的部分。然而，监狱文化Ⅲ，作为监狱主流文化，即本章所说的监狱文化建设，如何凸显监狱特色的确是一个摆在监狱工作者面前的难题。一位有着30年监狱工作经历的监狱长在访谈中表达了自己的困惑：

> 我们就宣传社会主义核心价值观，等等这些，好多东西跟别的单位都一样的。（F18）

在这位受访者看来，理想的监狱文化应该体现刑罚文化，让罪犯能从中感受到监狱的威严。但是我们当前的监狱文化建设，在这方面基本是一片空白：

> 作为监狱，犯人来了，干警来到了，就应感受到这是监狱。要有威严，震慑，让罪犯感受到，也赋予我们执法者身上。如果做得好，从外到内，到管理罪犯上，肯定不会有多少折扣。犯人来到这里，也能耳濡目染的东西，这是赎罪的地方，是应该得到惩处的地方。无论男犯还是女犯监狱，大家都注重了美的（方面）。从教育来说，这个要有。但是《监狱法》说的，“惩罚与改造相结合”，惩罚文化都没有，怎么体现惩处职能？所以，我们有个困惑。大家不知道放些什么东西进去。国外的监狱我也看过一些，但是学校一看就是学校，但是监狱的体现不出来。（F18）

监狱文化要体现监狱特色，这一点主要是与校园文化、企业文化等相比较而言的。从监狱发展的历史看，从中西方监狱比较看，中国监狱有许多创新和优秀传统。这些东西如何通过监狱文化体现出来，展示中国监狱的独特性，也是一个有待攻关的课题。一名长期从事监狱理论研究的学者断言：“‘八劳’会议之后，改造战犯思想，没有过渡衔接到改造罪犯理论上……没有思想体系，监狱行刑思想等于没有形成。”（F17）另一名受访者有过 10 年的基层工作经历，后来从事监狱管理和理论研究，他也表达了相近的看法：

> 我们改造罪犯的方法，也是文化的一个部分，但是这方面

还是不够的。或者说非常不够的。(F16)

之所以说“非常不够”，是因为没有很好总结中国监狱独特的地方。在中国共产党领导下，我国几代监狱工作者以高度的历史责任感、悲天悯人的情怀，筚路蓝缕，开拓进取，保卫了新生政权、创造了“人间奇迹”、维护了司法公正。中国监狱不断创新，摸索出很多成功经验，走出了一条特色发展之路，形成了一套独具特色的理念。[①] 那么，在监狱文化建设方面，中国监狱的特色以何种形式体现，这是一个颇费思量的问题。

> 所以，我们要看一下，到底“传家宝”是什么？需要好好总结。中国经验是什么？不是我们学西方的东西，不可能成为中国经验。更多的是，个别谈话教育，家庭的帮教，这个方面的经验是我们的特色。(F16)

有监狱民警提出了更为尖锐的问题：我们的文化优势、文化自信，如何体现？

> 近几年都在讲文化自信。那我们监狱，文化有自信的地方吗？我们改造罪犯跟外国不同，我们改造效果是最好的监狱，源于什么？肯定有文化的优势。我们在哪里？实际我们有，但是没有提炼出来，没有更多好地研究出来。(F18)

（六）灵魂之问：监狱文化如何才能有深度

研究者在编码中发现，18 位受访者中有 12 位在陈述中出现“精神文化”“精神氛围”“心灵震撼”等概念，有的受访者还多次强调其重要性。这说明，在监狱文化建设中，参与者已经普遍感受到监狱文化如何影响人心、触及灵魂这个问题。监狱文化要有深度，直抵人心，在理论

---

① 参见王雪峰：《作为“历史使命”的改造：源流与价值——建党百年中国监狱工作的特色》，载《犯罪与改造研究》2021 年第 1 期。

上说就是表层文化和深层文化的问题。外在的形式可以说是文化的表层，内在的精神才是文化的深层；表层文化靠的是官方宣传，有意灌输，深层文化靠的是耳濡目染，口耳相传；表层文化容易改变，而深层文化不易改变，会代代相传。一位曾参与监狱文化评审的受访者表示：

> 监狱文化建设，首先要挖掘精神层面的东西，就是精神的东西，那里面深刻地体现出一个地方的文化底蕴，主流的东西。(F6)

但是，现实却是另一种情形。一位监狱长的观点代表了多数人对当前监狱文化建设状况的认识：

> 整个对文化的理解，我们更多重视的是环境，忽视了精神、内涵。(F18)

深层文化需要长期涵养、沉淀，所以说“文化是灵魂的东西，但是这个东西急不来”。(F18) 至于这种文化到底如何影响人，受访者也有一定的思考：

> 我认为监狱文化是精神的，也是物质的；是主观的，也是客观的；是监狱的一种个性，是一种品质的沉淀。一旦你阅读起来，会让您心灵得到净化，意识受到震撼。(F12)
>
> 未来监狱文化建设，我认为首先要挖掘历史传承的监狱独特价值，其次通过各种形式的不断的熏陶，规训相关品质。最后，不断地加大投入，不断地沉淀和提炼文化精髓。(F12)

诚如受访者所说，监狱文化就是“一个氛围”，能让人在这个氛围中“受到熏陶”。“不用过多的言教，舍弃语言的教导。就像军营一样，一到其中就能感觉其中威严、秩序。”(F11) 这位女民警这样说：

> 有人问，你怎么看管理？我说管理就是教育，而不是管就

是管，教育就是教育。但是教育，有的是说的，但是监狱文化，就是影响，无声的氛围。把人往里一扔就行了。(F11)

那么，文化究竟如何影响人的精神呢？① 一名受访者提出，这个过程是“化有形为无形”的过程：

其形式，最终是从物质到人的身上，是犯人的自我约束力，自我管理，是自我改造能力。是化有形为无形，从有形的工作，最后到犯人的自我改造力提高。省悟，提高，或者没有外界太多干预。要通过物质的形式，介入、转移到人的身上。(F9)

除了以上六个核心概念之外，有几位受访者还关注了“研究”对文化建设的重要性。例如，关于监狱特色和中国监狱工作特色的彰显，受访者认为主要是研究不足。

监狱系统几十年的好东西能不能丢掉。建监狱，只要理念到位，设计上，投入到位，没有大问题。但是，文化是改造，是复杂的科学。但是恰恰这一块，没有什么人研究。(F18)

关于罪犯亚文化，也有受访者表示，现有的研究没有触及真实的一面，因为“这些东西只可意会，不可言传。警校老师下去参观、调研，看不到，这是深层的东西。因为他不信任你，不跟你说。”(F16)

四、研究结论与效度

通过对原始资料的分析，结合上文的研究结果，以及在编码过程中

---

① 关于人的精神层面的内容，一定会有许多种表达方式。美国哲学家弗洛姆在批评心理学的时候曾经说，心理学已经成为“一门丢失了主题（灵魂）的科学，它关心结构、反射构造、本能，但不关心人类最独特的现象：爱、理性、良知、价值。”此处“人类最独特的现象”，对于理解本书所说的“人的精神”具有启发性。参见［美］埃·弗洛姆：《精神分析与宗教》，孙向晨译，上海人民出版社2006年版，第9页。

的思考，本研究可以尝试建立两个“扎根理论”：

第一，监狱文化建设与所在地区文化水平、监狱领导文化观念具有一致性；换言之，监狱文化建设水平是一个地区、一所监狱整体发展水平的重要反映指标。

第二，监狱文化建设的关键在“人”，是对人的精神的影响，也是人的精神面貌的体现，为“改造人”服务是监狱文化建设的最高追求。

关于研究效度问题。在访谈过程中，研究者对访谈内容进行忠实记录，对于关键信息，研究者通过对相关单位其他民警跟进调查，以验证其真实性。对于材料中存疑的信息，以对受访者回访的方式确认其准确性。依据三角查证策略，通过对访谈材料和相关文献研究资料的比较，发现两者之间具有高度一致性。对比不同地区受访者之间的观点，并核查同一受访者的前后表述，也证明研究具有较高效度。

第九章　监狱文化建设的前景

2017年8月17日，山西省太原第一监狱组织召开“监狱文化建设提档升级专家论证会”，笔者和白焕然教授、浙江监狱工作研究所马卫国所长应邀参会。论证会期间，我们一同参观了太原第一监狱的历史展室、《弟子规》成果展室、法德文化广场、教育矫正楼、明德楼、至善楼等场所，听取了监狱领导的介绍，亲身感受了太原一监浓郁的文化氛围。太原第一监狱的监狱文化建设在业内影响甚广，媒体多有报道，素有“南佛山北太一”的盛誉。参观和体验给笔者留下了深刻印象，总体感觉是，太原第一监狱的文化建设可谓“全方位”“无死角”，令人目不暇接。然而，监狱文化的理想和现实之间始终存在差距，此次参观引发了笔者对相关问题的思考。活动结束后，笔者将论证会上的发言稿整理成文，在《犯罪与改造研究》发表。苏黎明参与了文章的后期修改工作，发表时我们两人共同署名。文章以太原第一监狱为对象，讨论监狱文化建设的三个基本问题和七个努力方向。虽然文章以太原第一监狱为个案，但所讨论的都是普遍性问题，因此将旧文修改并增加原则一项，作为本书第九章。

第一节　监狱文化建设的三重追问

一、监狱文化与区域文化如何协调

从全国范围来看，依托特定区域文化开展监狱文化建设的做法比较普遍。例如，赣州监狱依托“客家文化”、滕州监狱依托“墨学文化”、邹城监狱依托孟子思想、鲁南监狱依托“儒家文化”，等等。因此，分析区域文化与监狱文化建设的关系确有必要。

针对太原第一监狱，这个问题可以问得更具体一点：“三晋文化”的核心是什么？“三晋文化”是太原一监文化建设上反复出现的重要概念，是监狱文化建设的地域文化依托。甚至可以说，“三晋文化”是太原一监文化建设的“底色”。

从太原一监来看，如果能清晰界定“三晋文化”的内涵，把握其核心，并围绕“三晋文化”的精神内核组织实施监狱文化建设，必能达到很好的效果。但是，从“提档升级”论证会提供的材料看，太原一监对此问题的回答还有进一步提升的空间。笔者通过文献检索发现，不同学者对“三晋文化”的核心有不同理解，有人认为“忠义精神”是“三晋文化”的核心，而有人则认为“三晋文化”的核心是理性精神与功利主义。[①] 太原一监的概括则分为四个方面：以“根祖文化”开启心智，培育罪犯的孝道观；以“晋商文化”润泽心田，培育罪犯的诚信观；以“佛教文化”行善戒恶，培育罪犯的仁爱观；以“武圣文化”行为世范，培

① 参见赵瑞民：《三晋文化的核心精神》，载李元庆主编：《三晋文化学术研讨会论文专集》，山西古籍出版社 1999 年版，第 87 页。

育罪犯的礼仪观。[①] 显然，太原一监对“三晋文化”做出了“四分式”的解读。这样的理解并无不可，但是却不利于集中把握“三晋文化”的核心。

一般来说，对于区域文化可以做两种理解，一种是全面性的解释，对区域文化的内涵尽量做出全面的列举；另一种是概括性的解释，对区域文化的核心精神作出精炼概括。从效果上看，第一种解释方式看似全面，但往往失之泛泛，其结论与其他区域文化甚至传统文化难以区分。这种问题不仅太原一监存在，其他监狱也普遍存在。

二、监狱文化的本质是什么

正如第一章所说，文化本身是一个兼具复杂性和多元性的概念。关于文化的解释，见仁见智，文化的定义甚至多达百种。[②] 有的学者从文化现象角度理解监狱文化，有的学者认为监狱文化包括主流文化和亚文化，而多数学者则从主流文化角度理解监狱文化，认为对监狱文化应当大力倡导和建设。[③] 白焕然教授提出，监狱文化建设当中有六个“不等于”：文字不等于文化、技术不等于文化、艰涩不等于文化、学历不等于文化、活动不等于文化、环境不等于文化。[④] 也许，监狱文化是蕴含在这些“不等于”之中的一个无形的东西。

监狱文化可以体现在环境上、制度上、活动上。例如，司法部颁布的《监狱教育改造工作规定》（司法部令第79号）第五章“监区文化建

① 参见《太原一监特色监狱文化建设情况》，太原一监文化建设“提档升级”专家论证会材料一，2017年8月17日，第4页。

② 参见衣俊卿：《文化哲学：理论理性和实践理性交汇处的文化批判》，云南人民出版社2001年版，第7页。

③ 参见王雪峰：《监狱文化：一个概念，三种理解》，载《中国司法》2011年第4期。

④ 2017年8月17日，白焕然教授在太原第一监狱“监狱文化建设提档升级专家论证会”上的发言。

设”共计7条，涉及监狱文化的物质、制度、活动等层面。实践当中，许多监狱就是通过组织罪犯参加文体活动、美化监区环境、制定完善各项制度来开展文化建设的。

但是，这些工作是不是监狱文化最核心、最本质的东西呢？如果不是，那么监狱文化最核心、最本质的东西是什么呢？笔者认为，监狱文化最核心、最本质的东西是组织氛围或者精神风貌。可以说，监狱文化就是一个监狱长期形成的组织氛围或精神风貌。开展各项活动、美化环境、完善各类设施、制定各项制度，最终都以组织氛围或精神风貌的形式表现出来。明确了这个问题，就有了努力方向，也就能提高文化建设的有效性。例如，希望营造公正的组织氛围，那么在各项活动、各项制度上都要朝着公正这个方向努力；希望建设“学习型”监狱，那么各项工作也要围绕学习这个核心展开。

实际上，关于什么是监狱文化最核心、最本质的东西这一“问题”的追问，早在1991年上海监狱系统的一名研究者就已经做出了精彩的回答：①

> 这里所指的监狱文化，不是泛指一般的书画娱乐比赛及舞台歌厅的活动，而是指组织和参加这些比赛与活动的动机；不是指黑板报、新生报、广播电视的存在与否，而是指这些报道的舆论效应；不是指阅览室、队史室、习美室的装潢美感，而是指这些艺术园地所辐射出的监貌队情；不是指政治教育、文化教育、技术教育的到课率、完成率、及格率的统计报表，而是指我们对罪犯进行各类教育的目的以及罪犯对摄取各类知识的心态；不是指监狱办公室、监区宿舍的怡然舒适，而是指对岗位事业的热爱和忠诚；不是指一般的监狱成员之间的人与人

① 胡建经：《监狱文化新论》，载《劳改理论与实践》1991年第4期。

关系，而是指人际关系中体现出来的处世为人哲学；不是指一般的社交活动，而是指社交活动中蕴含着综合治理的方式；不是指参加各类竞赛、评功树模而获得奖状、奖金的数量，而是指这些奖状、奖金里闪烁着人生观、价值观、荣誉观的新的火花，等等。

这里，该研究者连续用了八个“不是”（准确地说，应该表述为“不仅仅是”），将人们的思考从文化活动表层引向深层，由表及里揭示了监狱文化的精神指向。这与笔者所说的“组织氛围或精神风貌”具有相同旨趣。

三、监狱文化要实现什么功能

监狱文化有着鲜明的价值追求，这种追求就是希望通过弘扬积极的思想观念，用先进文化引导和规范监狱亚文化，构建法治、公正、积极、进取的文化氛围。反映在监狱文化理论思考中，监狱文化的价值追求就是监狱文化的功能问题。从相关著作和教材来看，不同学者为监狱文化或监区文化概括了四项、五项甚至六项功能。

杜雨主编的《监狱教育学》对监区文化功能的定位是四个方面：矫治功能、激发功能、养成功能和净化功能。①

金鉴主编的《监狱学总论》概括了监区文化功能的六个方面：深化政治教育的功能，促进劳动改造的功能，培养集体主义观念的功能，培育进取精神的功能，潜移默化、净化灵魂的功能，维护监内秩序的功能。②

贾洛川主编的《罪犯教育学》将监区文化功能概括成六个方面：矫

① 参见杜雨主编：《监狱教育学》，法律出版社1996年版，第302～304页。

② 参见金鉴主编：《监狱学总论》，法律出版社1997年版，第533～536页。

正功能、渗透功能、调节功能、约束功能、激励功能、辐射功能。[①]

白焕然教授在探讨监狱环境文化时指出，监狱是一个文化场，具有“场力”和“能量”。他认为，监狱环境文化蕴含的“势能”和“驱动力”表现在功能上主要有激励功能、凝聚功能、约束功能、同化功能、衡量功能和辐射功能六个方面。[②]

《监狱文化论》将监狱文化功能概括为四个方面，分别是超越功能、实践功能、规范功能和社会功能。

吴宗宪教授在《监狱学导论》中将监狱文化功能概括为五个方面，分别是认识功能、评价功能、适应功能、调节功能和引导功能。[③]

尽管上述学者对监狱文化功能的表述有一定差异，但是基本观点具有一致性。在此，笔者想从文化功能入手，进一步讨论监狱文化的功能问题。根据马林诺夫斯基的文化功能主义理论，一种制度模式之所以能延续，是因为它在满足人们重复出现的基本需要上是功能性的。[④] 根据这一观点，似乎可以断言，某一地区的监狱文化没有充分发展，是因为尚未萌生这种需要。或者说，这种需要还没有上升为主要需要。正如有受访者对笔者说，“（在我们这里）监狱文化现在还不是大规模搞的时候”，而这位受访者给出的理由正是监狱面临的生产压力问题。因为要解决历史遗留的工人“吃饭”问题，所以让监狱背上了包袱，不能把精力放在主业上。这一问题在个别监狱仍然是主要矛盾，于是就出现生产劳动冲击改造、冲击文化建设的现象。

文化和教育这两个概念经常连在一起使用，两者有诸多相似之处。文化和教育都与人相关，都是使人超越自然状态的一种努力。换言之，

---

① 参见贾洛川主编：《罪犯教育学》，广西师范大学出版社 2008 年版，第 244 ~ 245 页。

② 参见白焕然等：《监狱环境文化研究》，内蒙古文化出版社 2009 年版，第 8 ~ 9 页。

③ 参见吴宗宪：《监狱学导论》，法律出版社 2012 年版，第 131 ~ 132 页。

④ 参见［美］D. P. 约翰逊：《社会学理论》，南开大学社会学系译，国际文化公司 1988 年版，第 493 页。

两者都是非自然的，也都带有价值指向性。按照这个思路，可以说存在两类监狱文化：一类是静态的；另一类是动态的。静态的监狱文化是业已存在的，萌生于自然状态下，适应特定群体一定阶段的需要。例如，罪犯亚文化，相对来说它满足的是罪犯适应监狱生活的需要。监狱民警的“圈子文化”，满足的是民警适应监狱工作“生态”的需要。动态的监狱文化是自觉建构的，是正在建设中的，其目标高于现阶段监狱的需要。由此可知，监狱文化Ⅲ是动态的监狱文化，监狱文化Ⅱ是静态的监狱文化。尽管监狱文化Ⅲ的建设目标高于现有的需要，监狱“知其不可而为之”，但是，恰恰体现了文化的价值引导特征。着眼于价值引导，至少可以概括出监狱文化的三项功能：

（一）实现监狱工作宗旨的助益功能

监狱文化不是“展示柜”“观光廊”，其功能必须服务于“改造人”这一监狱工作宗旨，不能偏离。如果监狱文化建设有助于实现“改造人”这一宗旨，则应大力推进。否则，便可有可无。

（二）形成监狱风气的促进功能

监狱文化的作用方式是潜移默化的，是润物无声的，是陶冶式的，与教育理论中的“潜在课程”（hidden curriculum）近似。“潜在课程”也称为隐性课程或者非正式课程，这种课程不在课程规划（教学计划）中反映，不通过正式的教学进行，对学生的知识、情感、信念、意志、行为和价值观等方面起潜移默化的作用，促进或干扰教育目标的实现。“潜在课程”通常体现在学校和班级的情境之中，包括物质情境（建筑、设备），文化情境（教室布置、校园文化、各种仪式活动），人际情境

(如师生关系、同学关系、学风、班风、校纪等)。[①] 比照这个定义，我们甚至可以说，监狱文化就是监狱中的“潜在课程”，监狱文化主要通过“隐蔽”的形式潜移默化地对罪犯产生影响。并且，这种影响的最终成果一定体现于“精神”层面，也就是上文所说的组织氛围或者精神风貌。如果把这种功能概括成一句话，那就是古人所说的“人文化成”。“人文化成”这四个字，恰恰是文化二字的本意。

(三) 重塑监狱形象的功能

长期以来，监狱给人留下的印象主要是黑暗和残酷。2011 年，笔者曾经以 165 名学生为对象做过一次小型调查。[②] 笔者告诉学生：“当你听到‘监狱’这两个字的时候，你能想到的是什么？请用三个词来概括，并把这三个词写在纸上。”通过对回收的 162 份有效回答进行统计，发现选择词频最高的是黑暗、恐惧、恐怖（统计结果见图 9 - 1、图 9 - 2)。

---

① 参见教育大辞典编纂委员会编：《教育大辞典》（第 1 卷），上海教育出版社 1990 年版，第 275 页。

② 这 165 名学生来自中央司法警官学院监狱学系 2010 级监狱学专业。

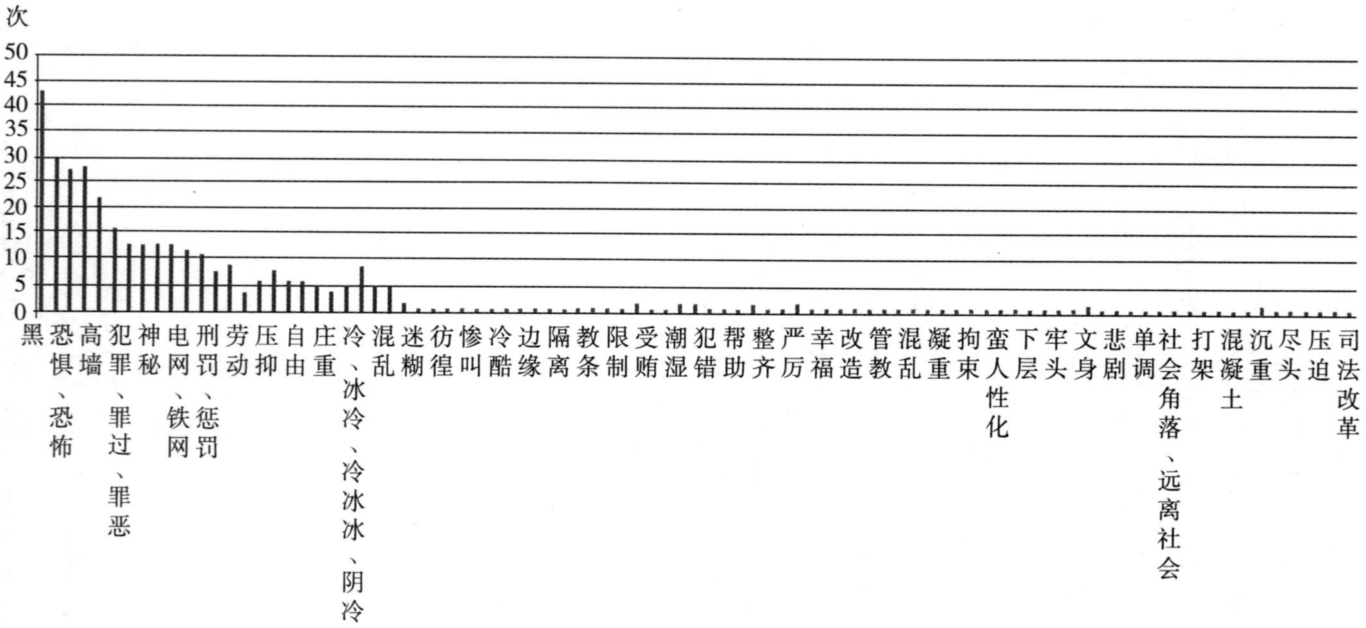

图9-1　监狱“第一印象”词频（1）

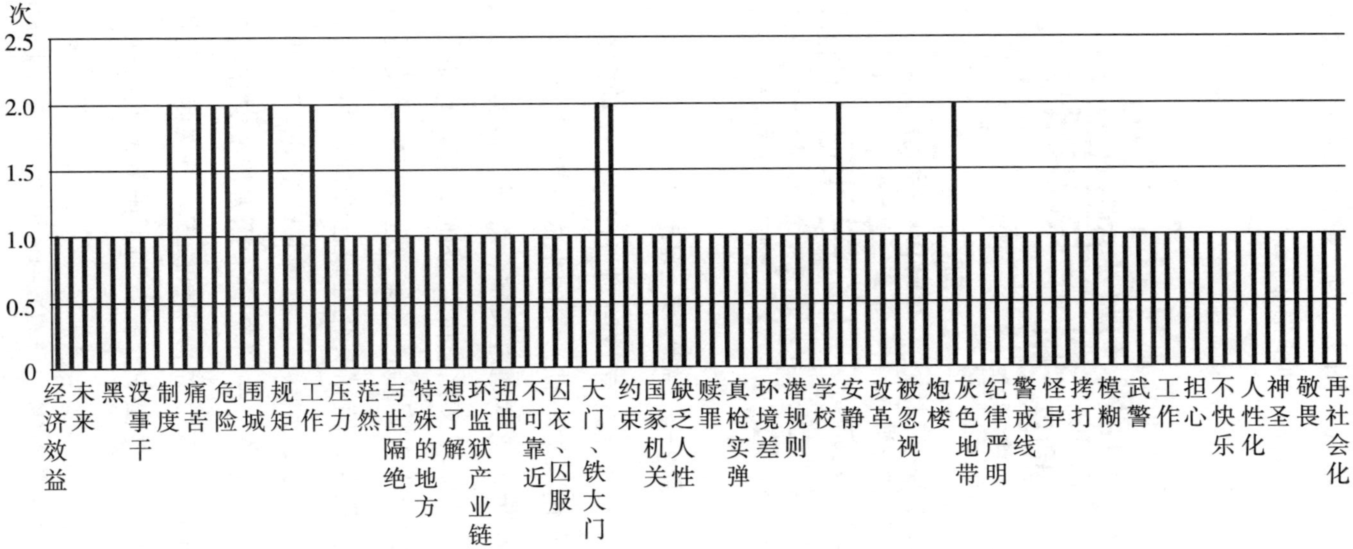

图9–2　监狱“第一印象”词频（2）

如果用词云方式呈现（见图9－3），就更能直观地反映出监狱给人留下的“第一印象”是怎样一种情形了。

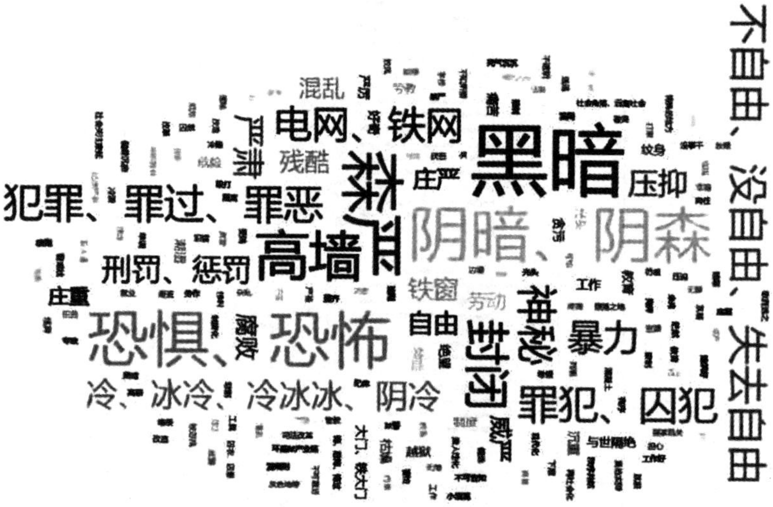

图9－3　监狱“第一印象”词云

对于监狱，社会公众始终有一种刻板印象。这种印象的形成过程，也就是作为“深层文化”的监狱形象的生成过程，它是通过非正式途径在日常生活中口耳相传，或者通过文学、戏剧、影视等形式传播的。这种印象是无意识中形成的“文化遗传”。因此，它具有深层文化的特征。

改变这种刻板印象十分困难，因此，监狱文化建设还有一个改变监狱形象的重要作用。现在，监狱文化建设已经部分实现了这种功能。例如，复旦大学钱文忠教授到太原一监参观时曾经说，“这里与其说是一所监狱，倒不如说是一所学校，一所充满了优秀传统文化精神氛围的养成所、教育所”。① 中国政法大学薛梅卿教授说，“太原一监用大手笔写下了人的尊严，在考察监狱过程中，我看到了民警的文明执法，看到了罪

① 太原一监编：《特色文化监狱试验：以太原第一监狱为例》，太原第一监狱2016年内部印行，第184页。

犯作为人的尊严”。①

第二节　监狱文化建设的四个原则

监狱文化建设必须服务于监狱工作宗旨，这是出发点，也是归宿，体现方向性；监狱文化建设应当突出监狱特色，让监狱更像监狱，体现独特性；监狱文化最终要影响人的精神，直抵内心，体现深刻性；监狱文化建设还要考虑与社会发展水平和监狱现实相协调，不能脱离社会和监狱发展实际，体现适应性。由此，概括出监狱文化建设的四个原则。

一、与监狱工作宗旨同向原则

监狱是国家的刑罚执行机关，其根本宗旨，按照《监狱法》的表述是“监狱对罪犯实行惩罚与改造相结合、教育和劳动相结合的原则，将罪犯改造成为守法公民”。《监狱法》颁布后，中央又明确提出“惩罚与改造相结合，以改造人为宗旨”的监狱工作方针。新中国历史上，监狱工作方针的表述几经变化，从“三个为了”到“两个结合”，再到“改造第一、生产第二”。直至1995年，提出现行的监狱工作方针。无论表述如何变化，监狱工作追求的根本目的没有变，那就是“改造人”。《中国改造罪犯的状况》白皮书将其具体表述为：“把罪犯改造成能够遵守法律、自食其力的新人，并让他们回归社会成为自由公民，是中国改造罪犯的基本目标。”②

---

① 太原一监编：《特色文化监狱试验：以太原第一监狱为例》，太原第一监狱2016年内部印行，第158页。

② 国务院新闻办公室：《中国改造罪犯的状况》，法律出版社1992年版，“前言”。

既然监狱工作以“改造人”为宗旨，那么监狱中的各项活动都应当围绕“改造人”展开，都应当服务于这个宗旨，监狱文化当然也不例外。在访谈过程中，有受访者并未谈及监狱文化与改造罪犯之间的关系，但是也有受访者对此有清醒的认识。一位受访者明确指出，当前监狱文化建设的弊端之一就是没有突出文化为罪犯改造服务。

这个原则解决的是方向性问题，要求监狱文化建设与监狱工作宗旨同向，通过赋予监狱物质设施以文化意义、构建制度保障体系、凝练文化理念、组织文化活动、美化监狱环境等手段发挥文化育人、文化改造的作用。当然，当前的监狱文化建设已经不仅仅是针对罪犯开展各种活动，有的监狱提出了警营文化甚至社区文化。但是，即便是针对民警和民警家属开展的文化建设，也是通过这两个主体间接作用于改造罪犯工作。所以，监狱文化尽管形式多样，表现不一，但都不应该偏离监狱工作宗旨。贯彻这个原则的具体要求，可以从三个方面来分析：

第一，监狱组织的各种文化活动，都要围绕“改造人”宗旨进行设计，都要以此作为出发点和考核标准。

监狱文化建设形式很多，为广场、道路或者建筑物命名、设计监狱Logo、制定廉政制度、组织文体活动、美化绿化环境，等等，这些工作首先要考虑是否有利于改造罪犯，是否有利于调动民警的工作积极性。如果答案是肯定的，那就应该推进；反之，就应该慎重考虑。有些监狱的雕塑、活动设计、“一区一品”等，往往照搬其他单位现成的东西，或者直接请文创公司代为设计。但是设计的初衷到底是什么，并没有深入思考。可能也没有考虑监狱基层民警的想法，往往由领导决定，设计的主题与改造工作相去甚远，实际效果也不好。所以民警不支持，工作也就不能持续。

第二，监狱各部门、各项工作都应当统一方向，围绕“改造人”发挥合力，提升文化作为柔性影响手段和劳动、管理、教育等常规手段的协同作用。

监狱被视为“小社会”，意味着其内部的工作复杂多样，刑罚执行、劳动生产、狱政管理、教育改造、狱内侦查、心理矫治，包括民警队伍建设等，可谓千头万绪。各部门都有各自的工作任务，在安排和完成各项工作的时候，一定要从实现监狱工作宗旨出发，围绕“改造人”这个终极目的，精心设计，严密组织，增强一致性和系统性。

第三，在监狱文化建设过程中，应注意各项活动的隐性功能，注意监狱组织氛围和监狱风气在实现监狱宗旨方面的潜在影响力。

监狱开展的各项文化活动，既要注意显性功能，也要注意隐性功能。例如，有的监狱组织罪犯读儒家文化经典，直接实现“学儒育新”的目的，有的监狱组织罪犯“习美”活动，让罪犯受到美的熏陶，这就是显性功能。有的活动可能看上去并不直接作用于罪犯改造，但是其背后却有隐性的作用。例如，组织罪犯读书会，对罪犯的影响可能是一个潜移默化的长期过程。北京市监狱管理局清河分局前进监狱民警翁黎明最初教罪犯学习民族乐器，只是为了培养其兴趣爱好，但逐渐发现练习乐器还能磨炼意志、平复心态、舒缓压力。经过多年摸索，他逐渐发掘民乐背后的传统文化因素，让罪犯找回自信、自尊，培养其集体荣誉感。很多罪犯因此走上学音乐、爱音乐、音乐润心的心灵重塑之路。读书和学习乐器之所以能推广和延续，就是因为发挥了改造人的隐性功能。

组织文化有时候体现为一种风气，校园文化可以称为“校风”，班级文化体现为“班风”。“风”有方向性，形象地说明了文化的引导性和指向性特点。[①] 一个监狱也有一个监狱的风气，领导喜欢什么，民警崇尚什么，罪犯追求什么，都体现出一个监狱的“狱风”。一种精神的传承，能凝聚人；一个口号的提出，能感染人；一项活动的开展，能激励人。坚

① 此处的表述受到谢维和教授对学校组织文化分析的启发，参见谢维和：《教育活动的社会学分析——一种教育社会学的研究》，教育科学出版社2000年版，第211页。

持监狱文化建设与监狱工作宗旨同向原则，正是为了摆正这个风向标。

二、突出监狱工作特色原则

监狱文化与校园文化、企业文化有相近之处，但又有所不同。监狱可以很像学校，监狱企业也与一般企业有许多共同之处。但监狱还应该像监狱，有监狱的独特性。这种独特性是什么？监狱是政法机关，法治性是其特征之一。监狱必然依法治监，可以说突出法治特点是监狱文化的选项之一。但是法律属性并不是监狱机关独有的，公安、法院、检察院都属于政法系统，都具有法律属性。那么，什么才是监狱独有的呢？笔者认为，回答这个问题要从监狱的文化属性方面去分析和思考。

作为一种文化产物，监狱从其诞生之日起就不是什么含情脉脉的东西。从先秦的丛棘到明代苏三监狱的虎头牢，乃至于"狱"字的文字本意（狱者，确也），都传递着一种隐含的文化旨意——禁地（监禁之地、禁锢之地）。也就是说，监狱的文化使命就是禁止、封闭、威慑、报应、惩罚。至于感化、教育、矫正，则是一种晚生（衍生）的价值追求。

可以说，监狱作为一种文化符号、文化机构，其本身就是禁止、惩罚、痛苦的象征。这种文化印象、文化形象、文化心理不易改变，从某种意义上说，也不应该改变。说不易改变，是因为多年来我们一直想改变它，致力于打造温情、阳光的监狱形象。但是之所以没有达到应有的效果，原因在于它本来就如此，本来就担负着这样的文化职能。这也正是说它不应该改变的原因。监狱仅仅是像学校，监狱民警也仅仅是像父母、像医生、像教师。只是在教育人、感化人、挽救人这个意义上说，监狱是特殊学校，监狱民警是特殊园丁。但是从其本性上说，监狱的首要文化职能仍然是惩罚。监狱是国家的刑罚执行机关，是专政工具。[①] 所以，从监狱的文化本性上说，监狱文化应当体现禁止性、威慑性和惩罚性，不应当仅仅是温情、阳光、春风化雨的形象，当然这里肯定有一个度的问题。

2011 年，笔者在北京市天河监狱调研，那时候天河监狱还负责全北京市罪犯的入监教育工作。天河监狱民警反复跟我讲，在入监教育上他们给罪犯灌输的三句话是："立规矩、打基础、正言行。"其中体现的是法治意识、规范意识和身份意识，这都是监狱特有的东西，是监狱文化的特色。

过去，很多监狱的大墙上都写着三句话："你是什么人？这里是什么地方？你到这里来干什么？"据说，后来因为感觉这三句话的时代印记过浓，不少监狱不写了。但是近些年，这三句话又在一些监狱出现。笔者认为，这三句话传递的信息也是监狱文化的特色之一。

那么，监狱的惩罚性如何体现呢？监狱的封闭性本身就是一种惩罚，监狱剥夺了罪犯的自由，让罪犯感受到精神的痛苦，谁能说这种痛苦没有教育和警示价值呢？但是与惩罚相比，监狱更应当体现惩戒的特征。

但现实中，由于制度、观念等种种问题，监狱民警对罪犯不会管、不敢管、不愿管的问题出现了，导致监狱不像监狱，这在实务部门和理论界乃至社会公众看来都是不应该出现的现象。惩戒不力导致监狱作为一种威慑手段应有的作用没有发挥出来，这就背离了监狱的本意。

在急于改变传统刻板印象的思路支配下，监狱中的罪犯待遇提升了，权益保障措施更加完备。但是监狱民警的权益保障还没有跟上，民警依法履职而不能得到应有的法律保护，导致一些民警出现了怨言，影响了

---

① 2019 年印发的《中国共产党政法工作条例》要求，"把党的领导贯彻到政法工作各方面和全过程"。同时规定，"严格区分和正确处理敌我矛盾和人民内部矛盾这两类不同性质的矛盾，准确行使人民民主专政职能"。

工作积极性。[①] 甚至出现了一些怪现象，罪犯为了进监狱而故意犯罪，逃犯主动回监狱“自首”。[②] 这就难免让社会公众将其动机解读为“入监养老”。罪犯的人权保护中有一个“严不过人，宽不过囚”的原则，具体把握到什么程度，仍然值得探讨。[③]

此处有必要就改造和惩罚的关系做进一步深入思考。中国监狱历来重视对罪犯的改造，这是我们的理想，但是改造和惩罚并不矛盾。监狱文化也要体现惩罚性的一面。正如加罗法洛所断言的，“当罪犯没有受到身体上的痛苦、其犯罪所获得的唯一后果却是免费教育的特权时”，“消除行为的动机……实际上是不可能的”。[④] 如果监狱取消了刑罚职能，那么监狱的存在有何意义？

关于罪犯的可改造性，毛泽东同志有过很多精彩的表述，他曾经说过，“犯了罪的人也要教育，动物也可以教育嘛！牛可以教育它耕田，马可以教育它耕田、打仗，为什么人不可以教育他有所进步呢？问题是方针和政策”。[⑤] 但是，毛泽东同志也承认，“人是可以改造的，就是政策和方法要正确才行”。[⑥] 毛泽东同志断言，“95%以上的人是可以改造的，宣统皇帝、日本战犯都可以改造，日本战犯大多数改造好了，回国以后只

---

① 关于这个问题，夏宗素教授有详细的调查和全面的论述，参见夏宗素：《监狱人民警察权益保障研究》，载《犯罪与改造研究》2007年第5期。

② 2012年，一则《32年前越狱逃犯，年近六旬主动要求回到监狱》的新闻引发社会公众热议。2012年10月8日，越狱脱逃的李庆春，回到河南省周口监狱自首。他自称“还债”，但被外人解读为“入监养老”。在采访中，李庆春也提到，2012年10月1日至7日，他一直在监狱附近转悠“调研”。在得知了监狱里吃得卫生，住得舒心，有病了还能够得到治疗后，才最终在10月8日下定决心。参见王若翰：《越狱32年后选择自首……》，载《新民周刊》2012年第41期。

③ 参见王明迪、董云虎主编：《中国监狱人权保障》，法律出版社2004年版，第35~40页。

④ ［意］加罗法洛：《犯罪学》，耿伟、王新译，中国大百科全书出版社1995年版，第228页。

⑤ 司法部劳改局编：《毛泽东等老一辈革命家论改造罪犯工作》，法律出版社1993年版，第6页。

⑥ 司法部劳改局编：《毛泽东等老一辈革命家论改造罪犯工作》，法律出版社1993年版，第5页。

有一个反对我们的”。[①] 但是他也承认，“至死不变、愿意带着花岗岩脑袋去见上帝的人，肯定有的”。[②] “人类的一切行为在为他带来收益的同时，也使他付出代价”。在惩罚和改造之间如何平衡，以寻求作为“中道”的“理想之境”还需要我们不断摸索。[③]

三、以精神影响为价值追求原则

强调以精神影响为价值追求，意味着监狱文化建设要以影响人的精神、深层心理为目标，这个原则解决的是文化建设的深刻性问题。如何影响人的精神，此处尝试从两个方面提供思路，一是亚伯拉罕·马斯洛（Abraham Harold Maslow）的需要层次理论以及相关的幸福学说，二是表层文化和深层文化理论。

根据美国人本主义心理学家马斯洛的观点，人的需要由低到高可以分为七个层次——生理需要、安全需要、归属和爱的需要、自尊需要、认识的需要、审美需要和自我实现需要。[④] 这七个层次的需要又可以分为三个级别：其中生理需要级别最低，属于物质需要，与纯粹的物质主义

① 司法部劳改局编：《毛泽东等老一辈革命家论改造罪犯工作》，法律出版社 1993 年版，第 6 页。

② 1958 年 4 月 15 日，毛泽东在《介绍一个合作社》中说：“从来也没有看见人民群众像现在这样精神振奋，斗志昂扬，意气风发。过去的剥削阶级完全陷落在劳动群众的汪洋大海中，他们不想变也得变，至死不变、愿意带着花岗岩头脑去见上帝的人，肯定有的，那也无关大局。”毛泽东：《介绍一个合作社》，人民出版社 1975 年版，第 1 ~ 2 页。

③ 社会学家郑也夫对人类行为的代价做过精彩的解析，参见郑也夫：《代价论》，三联书店 1995 年版，第 154、158 页。

④ 马斯洛的需要层次理论有两种表述，五层次的概括方式见于马斯洛早期的作品，五个层次即生理需要、安全需要、归属和爱的需要、自尊需要和自我实现需要。后期他又增加了两个需要，形成了一种七层次的概括方式，分别是：生理需要、安全需要、归属和爱的需要、自尊需要、认识需要、审美需要和自我实现需要。参见［美］A. H. 马斯洛：《动机与人格》，许金声、程朝翔译，华夏出版社 1987 年版，第 40 ~ 59 页。Neil J. Salkind, *Encyclopedia of Educational Psychology*, SAGE Publications, Inc., 2008, p. 633.

动机相关；自我实现的需要级别最高，属于精神需要，与超越性动机相关；其他五种需要可以称为中级需要，属于社会需要，与社会性动机相关。①

高级需要的满足能引起更加积极的主观效果，“即更深刻的幸福感，宁静感，以及内心生活的丰富感”。并且，“需要越高级，就越少自私。”所以，高级需要的追求与满足“具有有益于公众和社会的效果”。② 监狱文化建设应着眼于社会需要和精神需要——尤其是认识、审美和自我实现的需要——来进行设计。

一般来说，低层次的需要得到满足之后，高层次需要才能出现。但是，马斯洛发现，“人们在满足了高级需要，并获得了价值和体验之后，高级需要会变得具有自治力，不再依赖低级需要的满足”。③ 这个结论对监狱文化建设的启发性在于，我们要利用高级需要对低级需要的反作用，用高雅的文化活动引导罪犯提升需要层次。如果设计合理，对知识的探究、从事阅读、音乐、美术等活动、参与体育比赛或其他文体活动都有助于罪犯高级需要的满足。

根据伦理学的研究，幸福是重大的需要、欲望、目的得到实现而产生的一种心理体验。与低层次需要相联系的幸福，获得满足比较容易，体验强烈但是短暂，其价值相对较低；与高层次需要相联系的幸福，满足起来比较困难，获得体验淡泊而持久，但价值更高。④ 从幸福的体验来说，监狱文化尤其应当引导罪犯追求精神需求的满足，体验淡泊而持久的幸福。

---

① 参见［美］A. H. 马斯洛：《动机与人格》，许金声、程朝翔译，华夏出版社1987年版，第7页。

② 参见［美］A. H. 马斯洛：《动机与人格》，许金声、程朝翔译，华夏出版社1987年版，第115、116页。

③ ［美］A. H. 马斯洛：《动机与人格》，许金声、程朝翔译，华夏出版社1987年版，第83页。

④ 参见王海明：《新伦理学》，商务印书馆2001年版，第498页。

接下来，我们从表层文化和深层文化来做进一步分析。文化有表层和深层之分，表层文化处于较为肤浅的层面，饮食、起居、服饰、生活方式甚至艺术创作都属于文化的表层，是文化可见的部分。而在表层之后，是文化隐藏的部分，也就是所谓的深层文化，这主要是指人的信念、信仰、价值观等。①

可以说，在监狱文化建设中，深层文化中的信念、信仰和价值等是影响罪犯的关键。作为监狱文化建设的形式，如各种活动、环境、制度、物质等符码，都是文化的表层，只有精神符码才具有深层价值。但是，表层文化和深层文化不是截然分开的，看似深层的东西，需要通过表层的形式体现。2014 年 1 月 23 日，我和两位同事一起到江苏省句东戒毒所调研，在集体座谈会上，教育矫治科程晓宁科长介绍了句东戒毒所提出的“四有四声”养成教育。“四有四声”是指“饭前有歌声，路队有口令声，行进有口号声，遇到来宾有问候声。”这些做法显然都是形式上的东西，但是背后展现的却是一种精气神。这充分说明，行为方式养成之后必然对人的精神产生影响。文化不是简单的命名、雕塑、建筑、活动，而是通过这些形式促成的精神变化。

“深层文化中的诸多价值是共有的母体，如同情、正义和忠诚，还有通常关注个人和孩子的生存、成长的高层次价值以及表层世界中相关的所有信念。”② 从这个意义上说，不同的表层文化形式，如文体活动、饮食、制度等，都能实现深层文化的价值追求。问题的关键是要做好文化设计。

深层文化经常以一种“百姓日用而不知”的形式影响着人的行为，传统文化之中的孝悌、恻隐、羞恶之心等共同价值，是中国人的文化心理基础，比较容易得到罪犯的认同，是文化建设可以利用的资源。我们

---

① 参见［美］托马斯·麦格奈尔：《表层文化、深层文化和文化认同》，载《中国社会科学报》2010 年 8 月 24 日，第 2 版。

② ［美］托马斯·麦格奈尔：《表层文化、深层文化和文化认同》，载《中国社会科学报》2010 年 8 月 24 日，第 2 版。

利用传统文化改造罪犯，正是基于这种共同的文化心理。然而，无论传统文化还是地域文化，都是实现“直抵人心”这一目的的手段，是参禅指月的“手”。手不是目的，月亮才是目的。可以得鱼忘筌，但不能买椟还珠。

精神文化以“心”为影响的重点，“说人，必于心见之；说心，必于人见之。”①《大学》有云：“所谓修身在正其心者，身有所忿懥，则不得其正，有所恐惧，则不得其正，有所好乐，则不得其正，有所忧患，则不得其正。心不在焉，视而不见，听而不闻，食而不知其味。此谓修身在正其心。”② 这段话强调的正是心的重要性。但是这里所说的心，不是生理学意义上的心，更不是心理学里所说的“脑”。“何谓心？心非一物也；其义则主宰之义也。”③ 心，既有生理学的寓意，也有心理学的寓意，更有心性学的寓意。可以是“生之本，神之变”（《素问·灵兰秘典论》）的心，也可以是“从心所欲不逾矩”（《论语·为政》）的心，更是“人心惟危，道心惟微”（《尚书·大禹谟》）的心。④ 文化影响，只有直抵人心才能发挥作用，才能体现深刻性。

四、与监狱和社会发展相适应原则

人生活在文化之中，文化对于人来说是一种重要的外部环境。可以说，文化塑造了人，文化对人的发展发挥着引领作用。但是，监狱文化建设过程中，还要考虑到一些限制性条件，除了人力、物力、财力等因素，还有思想认识、现实环境等条件。为此，监狱文化建设要考虑与监狱的现实状况和社会发展水平相适应，不能脱离实际。

这个原则的提出，体现的是一种后见之明。正如第七章、第八章所

---

① 梁漱溟：《人心与人生》，上海人民出版社 2005 年版，第 15 页。

② （宋）朱熹撰：《四书章句集注》，徐德明点校，上海古籍出版社 2001 年版，第 10 页。

③ 梁漱溟：《人心与人生》，上海人民出版社 2005 年版，第 26 页。

④ 参见申荷永：《中国文化心理学心要》，人民出版社 2001 年版，第 17 ~ 20 页。

揭示的，经济发展水平和文化发展水平高的地区，监狱文化发展水平也相对较高。监狱领导对文化问题更重视，财力保障充足，民警的平均素质也相对较好，这是不可否认的现实。

从历史视角看，社会发展到什么程度，监狱管理和建设也就发展到什么水平，监狱文化能展现的也就是当时的水平，这几乎可以说是不以人的意志为转移的客观规律。古代监狱之所以黑暗、残暴，与当时社会的文明水平有关。步入现代社会，随着经济发展，法治进步，人权理念的普及，罪犯的权益普遍得到保障，监狱管理的文明水平不断提升。“监狱是文明的窗口”，正是通过这一适应性原则得到了体现。可以说，贯彻这个原则，也就是遵循了上述规律。

如果不考虑与经济社会发展水平适应，如果脱离实际搞监狱文化建设，非但不能深入人心，甚至可能适得其反。之所以受访者会说出“（在我们这里）监狱文化现在还不是大规模搞的时候”，原因即在于此。

此处，笔者可以再举一例，说明监狱文化或者文明水平与社会发展水平之间的关系。1979 年 10 月 31 日，《人民日报》发表了法学家李步云的文章《论我国罪犯的法律地位》（当时署名李步云、徐炳）。该文主张，“罪犯仍是我国公民”，并且“凡是罪犯没有被剥夺的各种公民权利，应该得到和其他公民同样的保护”。[①] 文章发表后，“引起全国震动”。当时的公安部劳改局、全国人大法治工作委员会、人民日报社以及李步云本人都收到大量来信，其中有支持者，也有反对者。有的司法机关文件批评这篇文章“只讲对罪犯的权利保护，不讲对他们进行斗争”。有学者为此撰文，强调“罪犯不是公民”。还有的人认为，文章上报“有‘自由化’倾向”。[②] 时至今日，这篇文章的观点已经成为共识，《监狱法》对保障罪犯权利做出了明确规定。但是，在当时的历史条件下，文章的

① 李步云：《走向法治》，湖南人民出版社 1998 年版，第 489、492 页。

② 李步云：《走向法治》，湖南人民出版社 1998 年版，第 492 页。

观点还难以为社会所普遍接受。可以想象，在当时的社会发展条件下，监狱文化状况会是怎样一种情形。

1954 年颁布的《劳动改造条例》规定："中华人民共和国的劳动改造机关，是人民民主专政的工具之一，是对一切反革命犯和其他刑事犯实施惩罚和改造的机关。"自此，监狱被定位为"专政工具"。直至 1994 年《监狱法》公布实施后，监狱定位的表述才变为"国家的刑罚执行机关"。有学者认为，这表明中国监狱发生了历史变迁，是"从专政走向法治"。同时该学者指出，这种变迁与社会发展息息相关。随着社会发展，党和国家否定了"以阶级斗争为纲"的方针，提出"以经济建设为中心，坚持四项基本原则，坚持改革开放"的基本路线。①

从以上历史事实可以看出，监狱文化状况与社会进步、监狱发展水平密不可分。为此，贯彻与监狱和社会发展相适应原则，在实践中要注意如下三点。

第一，要对本监狱发展状况有一个清晰的认识，对工作的重点有明确的判断，做好中长期规划，循序渐进推动监狱文化建设。

第二，密切关注社会发展动态，以监狱文化建设回应社会变化。"问题就是时代的声音"，监狱要紧跟时代步伐，回应时代呼声。20 世纪 80 年代末，监狱文化这一课题出现，某种程度上就是监狱对"文化热"的回应。依法治监理念的提出，也与全面依法治国基本方略息息相关。2007 年，党的十七大报告提出"要推动社会主义文化大繁荣"，"要坚持社会主义先进文化前进方向，兴起社会主义文化建设新高潮"之后，新疆监狱系统于 2008 年开展了"监区文化建设年"活动。旨在贯彻党的十七大精神，进一步推动监区文化建设。② 这些都是回应时代呼声，主动适

① 参见陈士涵：《从专政走向法治——论中国监狱的历史变迁》，载《中国监狱学刊》2004 年第 6 期。

② 参见朱志杰：《监狱文化与哲学》，伊犁人民出版社 2015 年版，第 88 页。

应社会变化的明证。

第三，充分挖掘传统文化和地域文化要素，体现监狱文化与特定文化的适应性。不同地区有不同的文化特色，山东省的监狱充分发掘儒家文化资源，上海的监狱可能要与现代文化相适应，其他诸如山东临沂监狱的“红色文化”、山西太原第一监狱的“三晋文化”、安徽女子监狱的“徽骆驼”、广东佛山监狱的“醒狮”系列活动、江西赣州监狱的“客家文化”、北京柳林监狱的“雁文化”、天津监狱的“泥人张”雕塑等，都是结合地域文化、传统资源的成功案例。

尽管监狱文化发展要体现适应性，但实践中仍有必要提出适度高于现有需要的建设目标，以发挥引领作用。意大利学者帕累托提出，当探求主观目的时，评价行动的终极标准应该是个人的主观经验，而不是逻辑的或科学的根据。“非理性或非科学”并不是“没有理性的”或“完全不科学的”。对行动的解释是“非经验的”，或者超出了科学或理性的解释，但这类解释是“不真实的”，并不是“错误的”。参加祈雨舞的人信心增强，是一种主观经验，但是这种主观经验能发挥激励的作用。[①] 某种意义上说，监狱文化带给人的也是一种主观经验。但是，文化乃是“无用之用有大用”，足以产生精神影响，这也是确切无疑的。

第三节　监狱文化建设的七个方向

一、实践性

文化的本意在于“人文化成”，其实践性意蕴昭然若揭。“如果监狱

① 参见［美］D. P. 约翰逊：《社会学理论》，南开大学社会学系译，国际文化公司 1988 年版，第 506 页。

的文化建设不与监狱的实际工作相结合，那就是纸上谈兵，失去了监狱文化建设的真正意义。”① 监狱文化是监狱“本土本生”工作特色的凝练，所以必须反映和指引特定的监狱工作。具体说，监狱文化的实践性，是指监狱文化核心理念的设计、凝练、提升要以监管改造工作实践为依据，从实践中来、到实践中去。

正如上文所说，监狱文化“是一个监狱长期形成的组织氛围或精神风貌”，这个“长期形成”的要点揭示的就是监狱文化来源的“实践性”。凝练监狱的价值观、核心理念必须从本监狱的实际出发，尊重本监狱的传统，尊重一线民警的创造，不能脱离实践另搞一套。坚持实践性，监狱文化建设才能得到监狱民警的支持，获得认同才能长远发展，发挥实效。如果抛开实践中积累的宝贵经验，另搞一套看似“高大上”的东西，往往会“牛体马用”、水土不服。实践中，有的监狱民警甚至领导之所以对监狱文化建设持“无用论”“无关论”“无奈论”等“三无认识”，② 某种程度上与监狱文化建设不“接地气”、缺乏实践性有关。

二、整体性

一般认为，文化广义上是指人类创造出来的物质和精神财富的总和，狭义上是指社会意识形态，以及与之相适应的制度和组织机构。③ 而多数学者都将文化分为物质文化、精神文化和制度文化三类，例如，广东省

---

① 王明松：《加强监狱文化建设，推进以文化人进程——长泰监狱开展监狱文化建设的实践与思考》，载中国监狱工作协会监狱文化专业委员会编：《监狱文化研究》（2015 年度），中国监狱工作协会监狱文化专业委员会 2016 年内部印行，第 65 页。

② “三无认识”的具体表现：“无用论”，认为是务虚的东西，只是工作之余搞搞文体活动，是一种形式，没有它，监狱机关照样运转；“无关论”，认为警察文化是领导的事，是政工部门的事，与己无关；“无奈论”，有的对加强警察文化建设有畏难情绪，怨单位条件差、基础薄、资金缺少没钱投入等。参见任启才：《对新时期加强监狱人民警察文化建设的几点思考》，载于保忠主编：《2008 文化与监狱论坛》，中国民主法制出版社 2009 年版，第 134 ~ 135 页。

③ 参见朱金元、熊月之主编：《传统文化 ABC》，山东友谊出版社 1996 年版，第 1 页。

佛山监狱对监狱文化的分类就是从这三个方面进行的。佛山监狱从“存在形态视角”把监狱文化建设体系分成三部分：（1）以文铸魂，培育精神文化；（2）以文立象，加强制度文化；（3）以文为脉，建设物质文化。①

从这个意义上来说，监狱文化建设要在物质、精神、制度多个层面上统一起来，体现整体性。从太原第一监狱来看，监狱文化建设借助传统文化的元素较多，监舍命名、道路命名、灯箱道旗设计、古诗词展示乃至活动内容（《弟子规》诵读）方面都是传统的。② 应当说，这些做法取得了很好的效果，置身其中使人“如沐春雨”“如坐春风”。但是，建筑风格、广场雕塑等却是现代的。这就淡化了传统元素的冲击力，一定意义上有损文化的整体性。如果能在建筑方面增添一些传统元素——如青砖绿瓦的殿顶、亭台水榭装点，甚至一些传统图案装饰——就能更好体现文化的整体性。

三、引领性

一方面，监狱文化建设要总结监狱一线实践经验，把长期形成的传统升华为监狱文化建设的核心精神，做到“有守”；另一方面，监狱文化建设的理念设计也要跟上时代发展形势，具有一定的前瞻性，发挥对管理和改造工作的引领作用，做到“有为”。

文化的作用在于“化”，某种意义上这个“化”就是教化或教育的

① 参见于保忠主编：《2008 文化与监狱论坛》，中国民主法制出版社 2009 年版，第 3～4 页。

② 太原第一监狱的监舍命名为“明德楼”和“至善楼”，两楼的命名出自《大学》“大学之道在明明德，在亲民，在止于至善”。前者以“厚德载物”为主题，辅之以三晋名胜、三晋名人、警句格言箴言等。彰显了“人以德为本”的优秀传统文化。后者围绕“止于至善”建成了以“上善若水”为主题的教育平台。参见《文以化人：太原第一监狱文化建设印象》，太原第一监狱 2015 年 4 月内部印行，第 32、36 页。

意思，监狱文化就是通过文化来教育罪犯。因此，监狱文化一定要体现引领性，与时代发展方向一致。

1995 年 3 月，赵朴初、叶至善、冰心、曹禺、启功、张志公、夏衍、陈荒煤、吴冷西九位全国政协委员共同向第八届全国政协提出 016 号提案——“建立幼年古典学校的紧急呼吁”。提案认为，“我们文化之悠久及其在世界文化史上罕有其匹的连续性，形成一条从未枯竭、从未中断的长河”。传统文化“是我们的民族智慧、民族心灵的庞大载体，是我们民族生存、发展的根基。也是几千年来维护我们民族屡经重大灾难而始终不解体的坚强的纽带。”[①] 中华优秀传统文化可谓中国在世界文化激荡中站稳脚跟的根基所在，丢掉传统，就失去了根基，相当于自断精神命脉。从这个意义上来说，运用传统优秀文化感染、教化罪犯，与时代的发展方向一致，抓住了中国特色价值理念的根本。

四、独特性

监狱文化建设应当“彰显监狱的个性”，做到“千姿百态，多姿多彩”，[②] 避免“千篇一律”“千狱一面”。监狱文化建设要体现创新性和独特性，就要做到人无我有，人有我精。诚如清代学者章学诚所言，成“一家之言”要“详人之所略，异人之所同，重人之所轻，而忽人之所谨”，监狱文化建设亦应如是。[③] 依个人浅见，“三晋文化”“劝学”“学习型监狱”等可以作为太原第一监狱“独特性”的重要备选项。2006年，太原第一监狱提出建设“平安、绿色、数字、阳光、和谐”五型监

① 郭齐家：《要求少儿读经是顺潮流而动》，载《教育学报》2007 年第 2 期。

② 王明松：《加强监狱文化建设，推进以文化人进程——长泰监狱开展监狱文化建设的实践与思考》，载中国监狱工作协会监狱文化专业委员会编：《监狱文化研究》（2015 年度），中国监狱工作协会监狱文化专业委员会 2016 年内部印行，第 47 页。

③ 参见（清）章学诚：《文史通义校注》，叶瑛校注，中华书局 1985 年版，第 470 ~ 471 页。

狱工作思路和"传承三晋历史文化，建设特色文化监狱"的整体构想，当时就确立了以《弟子规》为核心，运用传统文化开展改造罪犯的系统工程。[①] 可以说，"太原第一监狱创造性地把《弟子规》确定为罪犯第一规"，通过讲（聘请专家进行讲解）、读（组织罪犯熟读、精读《弟子规》《三字经》《千字文》《劝学》等经典名篇）、背（要求具有初中以上文化程度的罪犯必须背会《弟子规》）、写（要求罪犯撰写学习"国学经典"的心得、体会和感悟）、展（在全监巡展罪犯创作的书法、绘画、雕刻、剪纸等手工艺术品）、演（组织罪犯创编和表演学习、感悟和践行《弟子规》的文艺节目）等形式把传统文化学习落在了实处。[②] 从这些举措可以看出，太原第一监狱的文化建设紧紧围绕着"经典""劝学""学习"这些关键词展开，学习《弟子规》是一以贯之的"红线"。因此，创建学习型监狱，容易得到广大服刑人员和监狱民警乃至于社会的认同。总之，独特性与"一监一品"的要求一致，目的在于改变"千狱一面"的状况。

五、凝练性

目前，监狱文化建设有一种趋同化的现象，国学诵读、书画展览、文艺表演等基本是"规定动作"，培养爱心、弘扬孝道、表彰善行几乎成为"标配"。同行参观后往往感觉"乱花渐欲迷人眼"，但是记忆中没有印象深刻的东西。落在实际工作中，部分民警也感觉表面文章多，"花架子"多，不实用。

深入分析之后发现，问题的出现多是监狱文化设计者未能深刻把握

① 参见《特色文化监狱试验：以太原第一监狱为例》，太原第一监狱 2016 年 12 月内部印行，第 34 页。

② 参见《特色文化监狱试验：以太原第一监狱为例》，太原第一监狱 2016 年 12 月内部印行，第 35、36 页。

核心价值（监狱文化的精神内核）所致。因此，监狱文化建设立足本监狱的工作实际，凝练核心价值就显得十分必要，这就是本书所说的凝练性。与前述对区域文化的概括相似，凝练监狱文化核心价值不宜采取列举式，切忌“大而全”，要特色突出、亮点鲜明。并且，核心价值一旦确定下来，应当贯穿于整个监狱文化建设的方方面面（如制度建设、标语张贴、徽标制作、活动开展等），并尽量做到始终如一。

六、体系性

正如上文所说，作为“隐性课程”的监狱文化可以体现在物质情境、文化情境、人际情境创设等多个层面。具体来看，可以表现为组织各种活动仪式、呈现各种文字、设置不同的物化形态等。但是这些表现必须形成一个体系，应当是完整的、一致的。并且作为体系，要有纲有目，有层次性，做到纲举目张。

关于体系，太原第一监狱提供的相关材料中出现过三种说法：①

第一，“1134131”体系：遵循一个根本、围绕一条路径、树立三大理念、构建四大体系、着力三纵一横、实现一个目标；

第二，三大体系：构建“劝学归正”为主题的基础教育矫正体系、构建“明理修德”为主的国学文化教育矫正体系、构建“明德至善”为主的法德文化教育矫正体系；

第三，四大体系：以“忠诚、担当”为主要内容的警察员工文化体系、以“劝学归正”为主要内容的监内服刑人员文化体系、以“安全为本”为主要内容的企业文化体系以及以“幸福快乐”为主要内容的社区

---

① 参见《太原一监特色监狱文化建设情况》，太原一监文化建设“提档升级”专家论证会材料一，2017 年 8 月 17 日，第 3、4 页；《太原一监关于调整监狱文化建设总思路以及文化体系构建的设想》，太原一监文化建设“提档升级”专家论证会材料二，2017 年 8 月 17 日，第 4 页。

文化四大文化体系。

这三种体系是什么关系，哪个体系是总的，哪个体系是分的？这些问题必须思考清楚，否则体系的构建就失去了本来的意义。

七、可持续性

“文化建设是一项长期、系统和动态的工程，是永无止境的持续完善过程。”① 监狱文化建设的体系应当开放，并能随着时代的发展而发展，与时俱进，守正出新。

凡事有“经”有“权”，“经”是经常之道、普遍规律，“权”是适应一定环境和条件的权宜之计。② 朱熹也曾对“经”“权”做过解释：“经者，道之常也；权者，道之变也。”③ 在以往的监狱工作实践中，“权”的一面比较多，表现在监狱学研究上就是热点和重心的变化较为频繁。有学者梳理了1981年以来监狱学研究热点和对应的核心词汇，其中包括“三个像六个字”、感化教育、百分考核、特殊学校、三个延伸、“三分”工作、现代化文明监狱、“三化”建设、监狱布局调整、监企分开、社区矫正、“首要标准”、“5+1+1”模式、循证矫正等。这些热点持续的时间少则3年左右，多则5~7年，之后便淡出人们的视野，成为历史名词。④ 监狱学研究热点的变化是监狱工作重心变化的反映，工作重心的变化折射出监狱工作实践“权”的一面。

---

① 陆建武：《创新管理维度下加强监狱文化建设的实证研究》，载中国监狱工作协会监狱文化专业委员会编：《监狱文化研究》（2015年度），中国监狱工作协会监狱文化专业委员会2016年内部印行，第309页。

② “凡事有经有权”是郭沫若对毛泽东《在延安文艺座谈会上的讲话》的评价，深得毛泽东欣赏。参见胡乔木：《胡乔木回忆毛泽东》，人民出版社1994年版，第269页。

③ （宋）朱熹撰，朱杰人、严佐之、刘永翔主编：《朱子全书》（第15册），上海古籍出版社、安徽教育出版社2002年版，第1378页。

④ 参见连春亮：《监狱学研究的法则及其批判》，载严励、刘重兴主编：《监狱学发展中的继承与创新》，中国法制出版社2017年版，第20~21页。

监狱工作是政法工作的一部分，带有很强的政策性，根据社会形势变化不断调整侧重点属于工作需要。但是，在这些“权”的范畴之外，还有一些“经常之道”。监狱文化建设应当有“经”有“权”，着眼于未来的可持续发展，着眼长时段设计发展规划。这样才有可持续性，才能发挥引领实践的作用。

第三编

监狱文化的理论解释

第十章　监狱文化的理论解释

监狱文化研究需要理论支撑，监狱文化实践呼唤理论解释，对监狱文化问题进行理论解释有助于提升监狱文化建设的自觉性。本章希望通过检视社会学和教育学相关理论，为监狱文化研究提供理论背景，进而推动监狱文化建设。① 文中所列的四种理论，有的与监狱文化关系密切（如隐性课程理论），解释力较强，有的关系相对松散。但是，笔者希望通过对这些理论的分析，为进一步研究监狱文化提供学理背景。当然，这四种理论只是笔者认为比较重要的理论，很可能是受制于个人知识背景、阅读范围的偏见。希望为更加完美、更适合的理论探寻提供思路，以提升监狱文化研究和建设水平。

① 美国学者特拉维斯·赫希提出的社会控制理论，属于运用社会学理论和方法研究犯罪问题的现代社会学理论，因此本书将其归入社会学理论之中。

第一节 社会学理论的解释

一、社会资本理论（Social capital theory）

（一）社会资本理论概说

正如第一章所说，监狱文化与监狱宗旨一致。也就是说，监狱文化是为改造罪犯服务的，这一点毋庸置疑。但是，当我们思考改造质量时，需要明确的是，监狱只是罪犯暂时服刑的场所，他们最终的归宿是社会。所以，在监狱内部讨论改造质量问题将受到很大限制，因为监狱内部的环境是可控的。然而，罪犯回到社会之后，其重新犯罪到底源于社会因素，还是由改造效果差所致，实在难以分辨，这是评估罪犯改造质量的难点所在。罪犯在监狱内部的行为是可以考察的，我们可以结合过去所说的“四好”标准以及现在的“守法守规服刑人员”标准给出评价。甚至可以借鉴欧美国家矫正需要评估和危险评估的理念，对罪犯再犯风险进行预测。但是无论如何，个体社会融入能力或者说与他人合作、交往的能力是一个人融入社会必不可少的素质之一。为此，本书借鉴社会资本理论，重新审视监狱文化的作用，希望能有助于揭示监狱文化的本质。

社会资本理论进入我国学界的时间大概在20世纪90年代中后期，之后在多个学科得到广泛应用，成为社会学、经济学、政治学等多学科理论分析的重要视角。詹姆斯·塞缪尔·科尔曼（James Samuel Coleman）、林南、皮埃尔·布尔迪厄（Pierre Bourdiea）等学者都对这个概念的丰富和完善做出过重要贡献。托马斯·福特·布朗（Thomas Ford

Browne）甚至对社会资本概念做过三层次的分析，[①] 而本书所说的社会资本概念更接近日裔美国学者弗朗西斯·福山（Francis Fukuyama）的理解。他从文化视角对社会资本进行新的诠释，为解释监狱文化提供了新思路。

按照福山的说法，早在1916年，莱达·哈尼范（Lyda Judson Hanifan）就用社会资本来描写乡村学校的社区中心。[②] 同时，多数学者都承认，将社会资本概念引入社会学领域的是法国的布尔迪厄。

布尔迪厄把社会资本界定为："实际的或潜在的资源的集合体，那些资源是同对某种持久的网络的占有密不可分的，这一网络是大家共同熟悉的、得到公认的，而且是一种体制化关系的网络。"[③] 可以说，一个人如果拥有了某种持久的社会关系网络，那么就相当于他拥有了现实或者潜在的"资本"，或者简单说，拥有了某种财富或资源。为此，人们为构建和维持这种社会网络而努力，就相当于进行了某种"投资"。

在科尔曼那里，社会资本是与人力资本、物质资本相对应的一种社会资源。他认为社会资本是"个人拥有的资本财产"，社会资本是"生产性的"，是否拥有社会资本"决定了人们是否可能实现某些既定目标"。[④]

但是，到了福山那里，社会资本已经超越了个体层面，成为一个用来描绘共有的社会财富的名词。拥有或者更多拥有社会资本的国家、地区、组织，其成员就相互信任，"群体或组织的运作更有效"。[⑤] 福山把社

---

① 参见［美］托马斯·福特·布朗：《社会资本理论综述》，载《马克思主义与现实》2000年第2期。

② 参见［美］塞缪尔·亨廷顿、劳伦斯·哈里森主编：《文化的重要作用：价值观如何影响人类进步》，程克雄译，新华出版社2018年版，第194页。

③ ［法］皮埃尔·布尔迪厄：《文化资本与社会炼金术——布尔迪厄访谈录》，包亚明译，上海人民出版社1997年版，第202页。

④ ［美］詹姆斯·科尔曼：《社会理论的基础》，邓方译，社会科学文献出版社1990年版，第333页。

⑤ ［美］塞缪尔·亨廷顿、劳伦斯·哈里森主编：《文化的重要作用：价值观如何影响人类进步》，程克雄译，新华出版社2018年版，第190页。

会资本简单地定义为："一套为某一群体成员共享并能使其形成合作的非正式的价值观和规范。"① 在另一部著作中，福山用信任这个概念把社会资本和文化联系起来，并认为社会资本体现了"在社会或其下特定的群体之中，成员之间的信任普及程度"。②

当从这一视角看监狱文化时，我们发现，监狱文化似乎具有社会资本的性质。之所以这样说，是基于以下两点理由。第一，社会资本就是"一套非正式的价值观和行为规范"，与我们理解的监狱文化属于同一范畴；第二，社会资本也并不总是有益的，它存在"信任半径"问题，只有广泛的信任、价值观（如讲真话、履行义务，互惠互利）才是有益的。③

当然，这里所说的监狱文化，更多是在监狱文化Ⅲ意义上来说的。不过根据福山社会资本"并不总是有益的"观点，④ 可以把罪犯亚文化（监狱文化Ⅱ）囊括进来。

可以说，无论是马卡连柯强调的"集体主义"、阿德勒强调的"奉献精神"，还是特拉维斯·赫希（Travis Hirschi）强调的"社会联系"（social bond），其实质都是在强调同一个要素——社会融入。因此，从群体或者社会层面，我们可以将监狱文化理解为一种社会资本，并通过增加社会资本保障罪犯回归社会之后能融入其中。

（二）社会资本理论对监狱文化建设的启示

第一，无论在经济发展还是在日常管理中，文化都发挥着不容置疑

---

① ［美］弗朗西斯·福山：《大断裂——人类本性与社会秩序的重建》，唐磊译，广西师范大学出版社2015年版，第21页。

② ［美］弗朗西斯·福山：《信任——社会道德与繁荣的创造》，李宛蓉译，远方出版社1998年版，第35页。

③ 参见［美］塞缪尔·亨廷顿、劳伦斯·哈里森主编：《文化的重要作用：价值观如何影响人类进步》，程克雄译，新华出版社2018年版，第191页。

④ 参见［美］塞缪尔·亨廷顿、劳伦斯·哈里森主编：《文化的重要作用：价值观如何影响人类进步》，程克雄译，新华出版社2018年版，第193页。

的重要作用。福山指出，韦伯发展了马克思的观点，认为实际上是文化“上层建筑”产生了经济“基础”。正是新教反复灌输的伦理价值观念，尤其是现在人们在家庭之外也必须实践诚实和互惠等美德的事实，才首先使现代资本主义世界成为可能。在韦伯看来，文化是“超凡魅力”的产物，是无因之因（uncaused cause）。[①]

同样地，福山认为社会资本从属于文化范畴，往往“比纯粹的正式协调技术具有更高的效率”。[②] 这一点的启示在于，监狱文化与社会资本一样，是监狱社会运行的重要“润滑剂”。监狱文化功能的柔性特征，可以为刑罚执行、狱政管理的刚性方式提供有益补充，提升监管改造的实际效果。

为了说明上述观点，福山举了一个管理中的例子。古典泰勒制（Taylorism）“以一种高度集权的科层制方式来组织生产”，其本意是提升管理效率，结果反而出现了许多无效率的问题。其原因在于，“决策和信息沿着指挥的等级链条上下流动时会发生延误或歪曲”。因此，“不少制造工厂已经取消了泰勒制，而代之以扁平化程度高得多的管理结构。这种管理结构实际上把职责下派到了工厂的车间。管理者允许那些掌握了局部知识（local knowledge）的工人按照自己的理解来作决定，而不是一味地听从上面的指示。”不按照科学管理的流程和标准进行管理，反而“大大地提高了效率”。[③] 对罪犯的管理和改造，也会遇到类似的情形。在很多情况下，民警对罪犯的管理难以严格按照“工作流程”、“工作标

---

① 参见［美］弗朗西斯·福山：《社会资本、公民社会与发展》，载《马克思主义与现实》2003年第2期。

② ［美］弗朗西斯·福山：《社会资本、公民社会与发展》，载《马克思主义与现实》2003年第2期。

③ ［美］弗朗西斯·福山：《社会资本、公民社会与发展》，载《马克思主义与现实》2003年第2期。

准”或“工作指引”进行，要根据个人的经验，灵活机动做出决断。[①]在这种灵活机动的背后，可能是“教育机智”，可能是职业敏感性，但更多的时候是职业素养、责任担当和职业忠诚度的体现。因为按“工作流程”、“工作标准”或“工作指引”行动，可以免责，但很可能贻误“战机”。当机立断，随机应变，虽然存在风险，却符合一线管理的规律。

第二，社会资本有好有坏，监狱文化亦然。我们必须认识到，监狱文化有积极的方面，也有消极的方面。对此，如何进行评估是摆在我们面前的问题。福山提出的“信任半径”概念，对我们分析这个问题很有启发。

关于社会资本的效益问题，也就是说社会资本在“产生社会性的‘善’上的作用”，有些人是持一种怀疑态度的。他们认为，“人类社区中的群体团结常常是以对非群体成员的敌意为代价来换取的”。这一点类似于社会学里的“特殊主义”原则或者“差序格局”，其重要特征是“内外有别”，对“圈里人”可以团结、互助，对“圈外人”很难合作、互惠。利用“信任半径”来解释，“所有拥有社会资本的群体都存在某种信任范围，在这种范围内，合作规范是有效的。如果一个群体的社会资本产生了正的外部性，那么信任范围就可能比群体本身还要大。”[②]

“信任半径”有正负之分，“正信任半径”是群体将信任的纽带“架设到自己的成员之外”，这一点很像中国古人所说的“老吾老以及人之老，幼吾幼以及人之幼”。“负信任半径”的意思是只在群体内部信任，

① 监狱系统长期以来十分重视管理规范，2011 年，全国监狱系统开展规范化管理年活动。关于监狱工作规范、工作标准和工作流程，一些省（区、市）监狱管理局甚至个别监狱都出台过相关规定，有的省份还以质量监督局的名义发布过关于监狱管理的地方标准。部分省份将相关规定汇编成册，命名为工作标准、工作指引或者工作流程及操作指导书。

② ［美］弗朗西斯·福山：《社会资本、公民社会与发展》，载《马克思主义与现实》2003 年第 2 期。

而对自己群体之外的人采取不容忍和仇视态度。[①]

循此解释，监狱文化的作用，就是不断扩大“信任半径”的过程。监狱文化建设，需要培育一种普适性价值和规范，这种价值和规范不仅在监狱内部、罪犯亚群体内部（如老乡、同监舍、同监区等）适用，还可以推广至整个社会。正如韦伯在《新教伦理与资本主义精神》中所指出的，“清教徒对所有人都诚实”。并且，那些“联系纽带只适用于自己人的小圈子”的群体，其适应性相对较低。[②] 所以，对罪犯群体而言，应当着眼于培养其适应性高的合作文化，以提升其融入社会的能力。

第三，借助社会资本理论，更便于理解非正式规范的作用。社会资本与法律法规的区别在于，后者是正式的规范，前者是非正式规范。但是，非正式规范有时候比正式规范更有效率。用经济学的话来说，这种效率意味着可以降低“交易成本”。表现在经济事务上，“交易成本”是“用于正式协议的监督、立约、裁定和强制执行等事务上的费用”。[③] 在监狱管理活动中，“交易成本”是执法、管理流程的成本，显然这种成本还包括时间、人力等。此处可以再回顾一下第三章引用过的一个例子：罪犯监舍灯泡坏了需要更换，或者生产车间需要补充一些辅料。如果民警去办理，就要先填写领料单，再找监区领导审批，然后跑到办公楼找主管科长签字。假如月初没有计划，还可能领不到。即便手续批下来，到仓库去领，也可能没有货。一套程序估计要走一个上午，最后还可能无功而返。如果交给有面子的罪犯去办理，他通过私下关系，可能会手到擒来。可以说，这个简化“交易成本”的实例很有代表性。

---

① 参见［美］塞缪尔·亨廷顿、劳伦斯·哈里森主编：《文化的重要作用：价值观如何影响人类进步》，程克雄译，新华出版社 2018 年版，第 197 页。

② 参见［美］塞缪尔·亨廷顿、劳伦斯·哈里森主编：《文化的重要作用：价值观如何影响人类进步》，程克雄译，新华出版社 2018 年版，第 197 页。

③ ［美］塞缪尔·亨廷顿、劳伦斯·哈里森主编：《文化的重要作用：价值观如何影响人类进步》，程克雄译，新华出版社 2018 年版，第 192 页。

第四，监狱文化建设的目的，就是社会资本的创造。正如孙立平教授所说，“就社区的层面而言，社会资本的创造，意味着一种更为和谐的人际关系，意味着社区的一种更好的人文环境，同时也意味着社区发展的一种更为有利的条件”。[①] 如果把监狱视作特殊的社区，那么通过监狱文化建设而创造社会资本，也就能达到人际关系和谐、人文环境美好的目的。

第五，社会资本如何衡量的问题。如何衡量社会资本是经济学家比较关心的问题，他们批评这一概念的关键也在于，社会资本概念不易衡量、模糊不清。罗伯特·帕特南（Robert David Putnam）在《使民主运转起来》中谈及社会资本的衡量问题，他使用了两种类型统计数据得出结论，认为美国的社会资本自20世纪60年代以来已呈现衰落趋势。[②] 他的统计方法受到众多学者的质疑。福山指出，对于美国这样庞大、复杂的社会，想根据群体人口调查，“用一个可信的数字来表现社会资本的多寡”几乎不可能。于是，他提出了一个新的建议：不用正数来表达社会资本的多少，而是通过显示“社会机能障碍”的传统衡量尺寸——如犯罪率、家庭破裂率、吸毒率、诉讼率、自杀率、逃税率等——来衡量一个社会缺乏社会资本时将出现的情形。[③]

福山的这个建议让我们认识到，在监狱中罪犯的违规违纪率高实际上就是社会资本缺乏的重要指标。反之，在一个监狱或者监区，如果罪犯违规违纪率下降，并且出现这一情形的原因不是对于处罚的畏惧，那么就可以推测，这个监狱或监区的社会资本相对较高。

第六，教育是社会资本传播的重要手段。福山认为，在生产社会资

---

① 孙立平：《社区、社会资本与社区发育》，载《学海》2001年第4期。

② 参见［美］塞缪尔·亨廷顿、劳伦斯·哈里森主编：《文化的重要作用：价值观如何影响人类进步》，程克雄译，新华出版社2018年版，第197页。

③ 参见［美］塞缪尔·亨廷顿、劳伦斯·哈里森主编：《文化的重要作用：价值观如何影响人类进步》，程克雄译，新华出版社2018年版，第198页。

本方面，“政府可能拥有最强能力的领域是教育”，“教育制度不仅传递人力资本，并且还以社会规则和规范的方式传输社会资本”。[①] 并且，权力干预会减少社会资本的生产。这一点的启示是，应该努力培养罪犯的自我管理和教育能力，发挥各种兴趣小组、文体组织的作用。在监狱文化建设过程中，既要有正式的、理性的社会资本来源，也要有非正式的、非理性的社会资本来源。因此，在监狱中，一方面是正规教育发挥着生产社会资本的作用，另一方面监狱文化通过非正式教育的方式生产着社会资本。

尽管本书第八章和第九章重点讨论的监狱文化建设属于监狱文化Ⅲ，但是事实上，监狱文化Ⅲ最终只是监狱文化Ⅰ的组成部分之一。与社会公众相比，从事监狱工作或监狱学研究的人是绝对的少数派。所以，问题的关键不是这两类人如何看监狱，而是社会如何看监狱。不是现在如何看监狱，而是站在历史的长时段如何看监狱。一时一世的监狱治理固然重要，但是监狱给人们留下的历史记忆、文化形象更为重要。而这种历史记忆和文化形象，正是本书所说的宏观监狱学的范畴。

社会资本培育的目的是什么？无疑是社会互助、信任、和谐程度的增加，或者笼统地称为“公德”的增加，降低“公地悲剧”发生概率，这也正是监狱文化建设的目标。

二、社会控制理论（Social Control Theory）

（一）社会控制理论概说

这里所说的社会控制理论，特指美国社会学家特拉维斯·赫希（Travis Hirschi）在《少年犯罪原因》（*Causes of Delinquency*）一书中提

① ［美］弗朗西斯·福山：《社会资本、公民社会与发展》，载《马克思主义与现实》2003年第2期。

出的社会控制理论。赫希和他的同事在加利福尼亚州西康特拉·科斯塔县（Western Contra Costa County）开展实证调查，通过批判借鉴以往的犯罪学理论，提出独具特色的控制理论。

赫希的理论具有一般社会控制理论的共同特点，其关注重点不是"为什么人们要犯罪"的问题，而是"为什么大多数人不犯罪"的问题。控制理论认为，人们之所以不犯罪，是由于存在着抑制或控制其不犯罪的各种力量。而人们之所以犯罪，则是这些抑制或控制人们不犯罪的力量减弱造成的。所以，问题的关键不是"什么造成了人犯罪"，而是"什么控制着人不犯罪"。犯罪的"控制理论"就是在探究"控制着人不犯罪"因素过程中发展起来的。可以说，犯罪学中的"控制理论"，"是用社会控制的强弱来解释犯罪行为产生原因的一组理论"。[①]

赫希理论的核心概念是社会联系（social bond），我们以这个概念为中心可以将其基本观点总结如下：如果不加以控制，任何人都可能犯罪。犯罪发生与否的关键是个人和社会联系的强弱。"当个人与社会的联系薄弱或者破裂时，就会产生少年犯罪行为。"[②] 犯罪会导致犯罪人与亲朋好友或社会组织联系的破坏，对这种关系破坏有所顾忌就会"控制"个人不去犯罪；没有社会联系，"缺乏对别人利益的敏感性"，个人就会毫无顾忌地犯罪。[③] 既然犯罪是个人与社会联系薄弱或破裂的结果，那么联系个人和社会的成分有哪些就是分析的关键，赫希的理论提出以下四种重要的成分。

1. 依恋

赫希借助迪尔凯姆的社会规范内化和弗洛伊德的超我（superego）理论，认为"将社会规范内化、良心或者超我的实质在于个人对他人的依

---

① 吴宗宪：《赫希社会控制理论述评》，载《预防青少年犯罪研究》2013 年第 6 期。

② 吴宗宪：《西方犯罪学》（第 2 版），法律出版社 2006 年版，第 386 页。

③ 参见［美］特拉维斯·赫希：《少年犯罪原因探讨》，吴宗宪等译，中国国际广播出版社 1997 年版，第 4 页。

恋”。同时，他把依恋（attachment）解释为个体对他人意见的敏感性。他认为，如果一个人对他人的意见不敏感，那么“他就不受社会规范的约束”，他犯罪的可能性就会增加。[①] 心理学家认为，病态人格者的一些特征就是“缺乏对他人的依恋或感情，不能对自己的同伴的普通动机做出反应”。而赫希进一步提出，病态人格者的所有特征，“都是从缺乏对他人的依恋中产生的，是缺乏对他人依恋的结果”。缺乏依恋也就意味着缺乏道德约束，也就可以解释病态人格者的“无罪恶感”（guiltlessness）。赫希将上述观点从病态人格者推广至“不道德的人”（越轨者）的攻击性行为（越轨行为），认为违背社会规范的犯罪行为，就是与他人愿望和期望相反的行为，也就是缺乏对他人依恋的表现。[②]

赫希分别从父母、学校和同辈朋友三个维度开展了对依恋的实证研究。从对父母的依恋来看，“如果对父母的依恋被削弱，进行少年犯罪行为的可能性就会增加”。反之，“如果这种依恋得到增强，进行少年犯罪行为的可能性就会下降”。[③] 关于对学校的依恋，赫希指出，“学习能力差的学生和学习成绩差的学生，都很可能变成少年犯罪人”。换言之，对学校的依恋弱，“不喜欢学校、不在乎教师对自己的看法的少年，很有可能发生少年犯罪行为”。[④] 关于对同辈朋友的依恋，赫希的研究得出了与以往研究一致的结论：“有少年犯罪行为的少年比没有少年犯罪行为的少年，更有可能结交少年犯罪朋友。”[⑤]

---

① 参见［美］特拉维斯·赫希：《少年犯罪原因探讨》，吴宗宪等译，中国国际广播出版社 1997 年版，第 12 页。

② 参见［美］特拉维斯·赫希：《少年犯罪原因探讨》，吴宗宪等译，中国国际广播出版社 1997 年版，第 11、12 页。

③ ［美］特拉维斯·赫希：《少年犯罪原因探讨》，吴宗宪等译，中国国际广播出版社 1997 年版，第 75 页。

④ ［美］特拉维斯·赫希：《少年犯罪原因探讨》，吴宗宪等译，中国国际广播出版社 1997 年版，第 104、111 页。

⑤ ［美］特拉维斯·赫希：《少年犯罪原因探讨》，吴宗宪等译，中国国际广播出版社 1997 年版，第 117 页。

2. 奉献

奉献的英文是Commitment，在不同的语境中这个单词可以翻译为信奉、忠诚、承诺、献身或者投入等。通过研读赫希的著作发现，奉献这个概念在很多情况下意味着“个人在某种活动中投入了精力”。[①] 他指出，个体一般会将其时间、精力、自我等投入一系列活动中，以获得教育、建立企业、博得声誉。当他要实施越轨行为时，他必须考虑越轨行为的成本，他将面临失去他在传统行为中“投资”的风险。[②]

有学者指出，奉献是用“成本－收益”方法计算犯罪行为的结果。具体来说，它是在计算遵从社会规范与不遵从社会规范的得失（如时间、金钱、努力和地位等）之后的结果。因此，奉献被视为社会联系的理性方面。[③] 或许正是在这个意义上，赫希将这个概念作为自我（ego）或者常识（common sense）的对应物。

青少年“奉献”的传统活动被赫希称为生涯路线（career line），他认为与青少年相联系的生涯路线分别是：教育、职业、向成年人身份的过渡。

首先，关于向成年人身份的过渡问题。在理想状态下，青少年完成教育活动后，开启职业生涯，从而获得成人身份。由此，他通过从事传统活动与社会规范紧密联系。但是，如果青少年结束教育活动后，没有开启职业生涯，“处于这种处境的青少年，可能会发展起只对成年人来说才‘合适’的态度和行为”。其结果就是“很高的少年犯罪率”。[④]

其次，关于教育问题。赫希认为，个人在接受教育方面志向越高，

---

① ［美］特拉维斯·赫希：《少年犯罪原因探讨》，吴宗宪等译，中国国际广播出版社1997年版，第155页。

② See Travis Hirschi, *Causes of Delinquency*, Routledge, 2017, p. 20.

③ See Donald J. Shoemaker, *Theories of Delinquency: An Examination of Explanations of Delinquent Behavior* (*6th ed.*), Oxford University Press, Inc., 2010, p. 220.

④ ［美］特拉维斯·赫希：《少年犯罪原因探讨》，吴宗宪等译，中国国际广播出版社1997年版，第144页。

实施犯罪的可能性越小。因为根据控制理论，那些通过目前努力而献身于教育成功的人，更不可能去实施犯罪行为。[①]

最后，从职业方面看，与教育方面的原理相近。“不管期望如何，只要志向越高，个人越希望获得较高的职业，少年犯罪率就越低。”[②]

3. 卷入

吴宗宪教授将 involvement 译为“卷入”，为了更好地理解赫希的本意，在不同语境下也可以从“参与”这个意义上来理解这个概念。

“无所事事是罪恶的温床”，“懒惰的手是罪恶的温床”，赫希分别用两个相近的句式表达了这样一种观点：一个人“卷入”传统活动，就会很少有机会实施越轨行为。例如，打乒乓球、在社区的游泳池中游泳或者做家庭作业的儿童，就不会实施少年犯罪行为。[③]

关于卷入，除了运动、娱乐以及业余爱好外，学校活动也是很重要的一个方面。学校教育在控制青少年犯罪方面的作用历来备受重视，赫希对此也持相同态度。在他看来，学校活动即便可能与学生未来的职业无关，但是如果学校组织的相关活动成功的话，学生“可能进行的少年犯罪行为就可能比根据学生的地位展望（status prospects）所预期的数量要少”。相反，花费在家庭作业上的时间越少，学生就越有可能变成少年犯罪人。[④]

赫希考察的另一个卷入领域是“工人阶级成年人”的活动。一般情况下，青少年比成年人有更多的闲暇时间，如果不用有意义的传统活动占用这些闲暇时间，那么就为他们提供了从事少年犯罪行为的可能性。

---

① 参见［美］特拉维斯·赫希：《少年犯罪原因探讨》，吴宗宪等译，中国国际广播出版社 1997 年版，第 155 页。

② 吴宗宪：《西方犯罪学》（第 2 版），法律出版社 2006 年版，第 389 页。

③ 参见［美］特拉维斯·赫希：《少年犯罪原因探讨》，吴宗宪等译，中国国际广播出版社 1997 年版，第 16、163 页。

④ 参见［美］特拉维斯·赫希：《少年犯罪原因探讨》，吴宗宪等译，中国国际广播出版社 1997 年版，第 166、168 页。

这里所说的"工人阶级成年人"活动涉及吸烟、喝酒、约会、驾车兜风等，显然这都是与所谓的"传统活动"相对的。并且，卷入学习活动会抑制个人考虑和卷入"工人阶级成年人"活动。①

如果说"奉献"（投入）是个体经过"成本-收益"计算之后主动实施的行为，那么"卷入"显然是在外力作用下被动"参与"的行为。但是不论主动"投入"，还是被动"卷入"，只要青少年从事某种"传统活动"，将其时间、精力"消耗"掉，那么他们从事不法活动的可能性就会降低。

4. 信念

信念（belief）是指对传统价值体系的接受。根据控制理论的逻辑，不管出于什么原因，传统信念的弱化都会引发犯罪机会的增加。②

文化越轨理论认为，存在一些积极促成少年犯罪行为的信念。但是，作为控制理论的代表，赫希认同这样一种观点：少年犯罪不是由要求进行少年犯罪的那些信念引起的，而是由于缺乏（有效地）禁止少年犯罪的信念引起的。③

赫希认为，社会上存在共同的价值与道德信念。之所以在这样的情况下，有人犯罪有人不犯罪，一是因为对信念的内化程度不同，二是对越轨和犯罪行为的合理化的结果。④

尽管赫希认识到社会联系的四个要素之间存在相互联系的多种可能性，但他认为它们通常是一起变化的。并且，无论社会阶层地位如何，依恋和承诺（奉献）都是正相关的。此外，他坚持认为，承诺（奉献）、

① 参见［美］特拉维斯·赫希：《少年犯罪原因探讨》，吴宗宪等译，中国国际广播出版社1997年版，第168、171页。

② See Donald J. Shoemaker, *Theories of Delinquency: An Examination of Explanations of Delinquent Behavior* (*6th ed.*), Oxford University Press, Inc., 2010, p. 220.

③ 参见［美］特拉维斯·赫希：《少年犯罪原因探讨》，吴宗宪等译，中国国际广播出版社1997年版，第172、173页。

④ 参见吴宗宪：《西方犯罪学》（第2版），法律出版社2006年版，第390页。

参与、依恋和信念也是相互关联的。[①]

（二）社会控制理论的启示

尽管赫希的理论侧重于分析青少年犯罪的原因，但是我们可以从中受到很多启发，尤其是将其研究结果迁移到监狱文化建设方面时。

首先，从情感方面来说（依恋），个体对他人意见、感受的敏感性是控制越轨或者犯罪行为的重要因素。这一研究结果的启示在于，监狱文化应当在激发罪犯情感方面下功夫。从激发人情感方面看，参与文学、艺术相关活动是重要途径。监狱系统在实践中已经探索、总结出一条经验，认为传统文化在监狱文化建设中意义重大。传统文化之所以在监狱中极受重视，其实也跟情感有关。

孟子曰："人之所不学而能者，其良能也；所不虑而知者，其良知也。孩提之童，无不知爱其亲者；及其长也，无不知敬其兄也。亲亲，仁也；敬长，义也；无他，达之天下也。"[②]"亲亲、敬长"这些朴素的道德情感，正是赫希所说的"依恋"。监狱组织罪犯读《孝经》《论语》《三字经》《弟子规》等传统文化典籍，就是为了激发罪犯的道德情感，唤醒他们对亲人的依恋、对他人的尊重，做到"己所不欲，勿施于人"。在这样的意义上，传统文化熏陶在赫希那里找到了理论依据。

李玫瑾教授在《犯罪心理学——在犯罪防控中的作用》一书中曾经论及反社会人格问题，她概括的反社会人格特征包括"缺乏自然情感力"和"道德白痴不可教化"等六个方面。其中，"缺乏自然情感力"表现为"对抚养过自己的亲人无依恋表现，从不在乎亲人的感受"，而"道德白痴不可教化"则表现为"不会审视或反省自己的内心问题"，这些特点

---

① See Donald J. Shoemaker, *Theories of Delinquency: An Examination of Explanations of Delinquent Behavior* (*6th ed.*), Oxford University Press, Inc., 2010, p. 220.

② （宋）朱熹撰：《四书章句集注》，浙江古籍出版社2013年版，第276页。

与赫希所说的“无罪感”近似。李玫瑾在书中将电影《解救吾先生》的原型王某华归入此种类型，王某华曾说，他第一次因抢劫服刑9年出狱前的心理是：“我当时唯一的想法是出去先把我妈杀了，因为什么？因为我觉得我要是犯罪，她受不了这个痛苦，我想让她瞬间不知道，给她瞬间结束生命，这样我就可以放开了……”① 言外之意，他内心还残存着对他妈妈的依恋，所以还有所忌惮。如果他妈妈死了，他就完全没有了“后顾之忧”，就可以放手一搏，实施更严重的犯罪。这可以看做依恋控制犯罪的反面例证。

其次，从奉献和卷入来看，虽然一种是主动参与，另一种是被动参与。但是只要从事文化活动，接受教育，就有可能抵制“恶”行，就有降低越轨行为的可能性。从这个意义上说，组织乐队、舞蹈队、兴趣小组等形式，就是将罪犯的注意力转移到有意义的集体活动中。

从积极方面看，罪犯如果能主动参与（奉献）某种活动，认同“传统活动”，就可以从根本上发挥抑制犯罪冲动的作用。这也正是改造的最终目标。

从消极方面看，即便罪犯不能认同传统价值观，但是如果监狱文化活动组织有力，也可以占领文化阵地，转移罪犯的注意力，有效防止罪犯从事违反监管纪律的其他活动。从某种意义上说，这也就是以监狱文化Ⅲ改造监狱文化Ⅱ的过程。

最后，从根本上说，影响罪犯思想的关键是其价值观，用赫希的理论来说，就是所谓的信念。可以说，这也是监狱文化最核心的部分。

根据赫希的理论，“共同的价值观”是存在的，并且可以有效防止犯罪。但是，最终选择犯罪的人实际上并没有将价值观内化，这就对教育或者文化提出了高阶性要求。根据美国教育家布卢姆的教育目标分类法，

---

① 李玫瑾：《犯罪心理学——在犯罪防控中的作用》，中国人民公安大学出版社2010年版，第64、65页。

价值目标包括接受（注意）、反应、价值的评价、组织、由价值或价值复合体形成的性格化五个层级。[①] 其中的核心概念正是“内化”。也就是说，价值观的形成，核心在于内化程度的不同。监狱文化的影响水平，最终要以价值观的内化为主要指标，只有达到高阶性指标，才能称为“信念”。否则，仅仅是处于注意、反应或者评价水平而已。

虽然依恋、奉献、卷入和信念这四个方面是相互联系的，但是常识告诉我们，在罪犯甚至普通人身上，这四个方面因素的作用是不同的。可以说，人人都依恋，多数人奉献，绝大多数人被卷入，极少数人有坚定的信念。这样，我们就为监狱文化建立起了一个金字塔式的结构：自下而上，人数减少，适应面减小，但是要求不断提升，效果也会增大。文化的力量是无穷的，但是其作用的发挥需要不断努力，至于如何努力就与下节所说的教育有关。

第二节 教育学理论的解释

一、隐性课程理论（Theory of Hidden Curriculum）

（一）隐性课程的含义

隐性课程（Hidden Curriculum），又译为隐蔽课程、潜在课程等，其思想渊源可以追溯到美国教育家约翰·杜威（John Dewey）和威廉·赫德·克伯屈（William Heard Kilpatrick），“隐性课程”概念由杰克逊（P. W. Jackson）于 1968 年在 *Life in Classrooms* 一书中正式提出。

国外学者指出，从课程研究的角度看，隐性课程概念可以从两个维

① 参见［美］B. S. 布卢姆等编：《教育目标分类学》（第二分册 情感领域），施良方、张云高译，华东师范大学出版社 1989 年版，第 36～37 页。

度进行理解。第一种理解以杰克逊为代表，认为隐性课程是教师没有试图传授，甚至没有意识到，但是学生学到了的知识。这种理解比较通用和流行。第二种理解是本森·施耐德（Benson R. Snyder）1970 年在 *Hidden Curriculum* 一书中提出的，他认为隐性课程因为不是官方课程的一部分，所以虽然是学生应该获得的知识，但是事实上却没有掌握。①

从这两个研究维度能看出，隐性课程的关键是知识或者教育影响的隐蔽性和无意性。但是，在隐性课程研究发展过程中，其内涵不断发生变化，无意性似乎已经不再是必要条件。这一变化，我们可以从如下两个国内比较有影响的解释中发现：

"学校（含班级）社会关系结构以及学校正规课程有意或无意地传递给学生的价值、态度、信仰等非学术性的学识。"②

"学校通过教育环境（包括物质的、文化的和社会关系结构的）有意或无意地传递给学生的非公开性教育经验（包括学术的和非学术的）。"③

与西方学者的看法相比，这两个定义更加重视环境因素在隐性课程中的重要性。甚至有的学者认为，隐性课程就是校园文化。例如，著名教育家刘佛年把课程分为三类，第一类课程是课内学科，第二类课程是课外活动，第三类课程是校园文化建设。他把校园文化建设视为潜在课程，也就是隐性课程。他认为这种潜在课程是"通过整个学校的环境、气氛、学校的风气所施加给学生的影响，起到教育作用的。"④ 也有学者进一步明确提出，校园文化"是学校教育为自身设计"的"当代意义上的"隐性课程。⑤

---

① See Craig Kridel, *Encyclopedia of Curriculum Study*, SAGE Publications, Inc. , 2010, p. 439.

② 唐晓杰：《西方"隐蔽课程"研究的探析》，载《华东师范大学学报（教育科学版）》1988 年第 2 期。

③ 靳玉乐：《潜在课程论》，江西教育出版社 1996 年版，第 33 ~ 34 页。

④ 刘佛年：《关于教育改革中的几个问题——刘佛年同志在全国普通教育整体改革研讨会上的讲话（节录）》，载《基础教育》2014 年第 2 期。

⑤ 参见鲁洁主编：《教育社会学》，人民教育出版社 2001 年版，第 214 页。

（二）隐性课程与监狱文化建设

学校的环境、氛围、风气、社会关系等，显然不被纳入学科和教材，也不可能进行事先的刻意安排，但是对学生的成长却发挥着不可忽视的作用。同理，在监狱这个特殊学校当中，由环境、氛围、风气、社会关系等构成的监狱文化对罪犯改造也同样发挥着不可忽视的作用。从这个意义上讲，监狱文化其实就是监狱这个特殊学校中的隐性课程。

尽管监狱理论没有提出“隐性课程”之类的概念，但是在实践中却一直在应用相近的原理。20 世纪 90 年代，山东省微湖监狱经过不断摸索，总结出“辅助管理教育工作十二法”，其中高度透明管理教育法、改造环境陶冶法、先进引路法等通过监狱教育环境“有意或无意地”实现对罪犯的“价值、态度、信仰”等方面的影响，相当于不自觉地运用了“隐性课程”原理。以高度透明管理教育法为例，监狱从物理环境和执法透明两个方面做文章。从物理环境来看，自 1992 年开始，微湖监狱将各监区改造成铁栏杆式分隔，走在生活区的路上，可以对监区院内的情况一览无余。这么做的好处是：罪犯在院内视野开阔，减少压抑感，同时也便于管理人员的检查、监督。在执法工作方面，从平时计分考核、违规扣罚到呈报减刑、假释，全部公开化。罪犯对各自的改造进步情况心中有数，对执法活动心悦诚服。改造环境陶冶法主要表现为提升环境水平，在室内走廊悬挂名人名言、亲情寄语，开放阅览室、图书室等。而先进引路法则是注意榜样的力量，发现先进改造典型并发挥其积极影响，对刚入监、刑期长、感到前途渺茫、对改造失去信心的罪犯发挥了很好的示范引领作用。[①] 微湖监狱探索总结的这些方法，与监管改造、教育改造、劳动改造相比，都是一些辅助方法。但是却具有实用性和不可替

① 参见邹积忠：《坚持辅助管理教育工作十二法努力促进改造质量的提高》，载《中国监狱学刊》2001 年第 3 期。

代性。

也有论者指出，监狱文化建设中，要遵循“教育者先受教育”原则。因为“监狱警察是执法的主体，创造良好的监区文化环境首先要求监狱警察树立文明形象”，这种文明形象表现为执法要公正、行为要端正、谈吐要文明、教育要耐心、举止要得体，等等。①

“无声胜有声”“喊破嗓子，不如甩开膀子”。这些话说明的都是一个道理——“身教重于言教”。监狱民警优秀的品格、诚实的态度、过硬的本领、清廉的作风、严整的警容、文明的举止、严明的纪律都有可能让罪犯“由畏惧到钦佩，由钦佩到信服，由信服到感激，由感激到痛改前非”。②

教育者的教育影响，类似于《大学》中说的“絜矩之道”：“所谓平天下在治其国者：上老老而民兴孝，上长长而民兴悌，上恤孤而民不倍。是以君子有絜矩之道也。所恶于上，毋以使下，所恶于下，毋以事上；所恶于前，毋以先后；所恶于后，毋以从前；所恶于右，毋以交于左；所恶于左，毋以交于右；此之谓絜矩之道。”③ 教育者能推己及人，换位思考，率先垂范，这样的教育最有说服力。

在未成年犯改造领域，有民警总结出“熔炉法”，这也是“隐性课程”的一种形象表达。所谓“熔炉法”，就是把管区比作“熔炉”，通过民警管理打造监管环境，不断为“熔炉”注入“正能量”，产生“熔炉效应”。“熔炉法”的关键是让未成年犯浸润在良性环境中，用环境塑造人。④

---

① 参见丘峰：《重视监狱文化对罪犯的改造——以上海提篮桥监狱习美小组和新岸科技开发室为例》，载于保忠主编：《2008 文化与监狱论坛》，中国民主法制出版社 2009 年版。

② 于荣中：《论我国监狱的十大传统教育方法》，载《犯罪与改造研究》2015 年第 7 期。

③ （宋）朱熹撰：《四书章句集注》，浙江古籍出版社 2013 年版，第 10 页。

④ 参见谢金喜、刘志强、刘德江：《浅议违纪未成年罪犯的改造转化十二法》，载《犯罪与改造研究》2014 年第 11 期。

监狱文化和隐性教育都属于非正式、辅助性的影响。因为隐性课程形成了独树一帜的理论，或者说具有更强的理论性，所以用后者来解释前者。笔者在编写《矫正教育学》《罪犯教育学》等教材时已经考虑到两者的联系，陈士涵先生在《人格改造论》中也揭示了两者的关系。[①]在罪犯教育理论中，一般将教育改造影响分为正规教育和辅助教育两类，正规教育多指通过“三课”教育，以集体教育和个别教育形式开展的有计划、专门性、固定的教育，辅助教育主要包括社会教育、感化教育和监狱文化建设三个方面。[②] 这三个方面被认为是罪犯教育的“副课”，监狱文化的辅助性主要是从这个角度来说的。如果套用教育理论，恰恰说明监狱文化是隐性的、潜在的或非正式的影响，也就是杜威说的“附带学习”（collateral learning），或者克伯屈所说的“副学习”（associate learning）及“附学习”（concomitant learning）。[③]

监狱文化和隐性课程的基本特点都在于辅助性、非正规性，是主要影响之外的影响因素。但是这种辅助性的影响因素，往往发挥着比正规教育更大的作用。所以，“非正规”不是“非重要”的意思，以言传身教、环境陶冶等对人的影响而言，谁能说它比正规教育作用小呢？《爱因斯坦文集》里有一句著名的话：“如果一个人忘掉了他在学校里学到的每一样东西，那么留下来的就是教育。”[④] 如果说忘掉的是知识，那么剩下什么呢？应该还有学习习惯、思想方式、品格、处事之道，这些都是正式课程不能提供的。

---

① 参见陈士涵：《人格改造论》，学林出版社2001年版，第778页；夏宗素主编：《矫正教育学》，法律出版社2002年版，第46页；王雪峰主编：《罪犯教育学》，法律出版社2019年版，第58页。

② 参见王明迪主编：《罪犯教育概论》，法律出版社2001年版，第101页。

③ 参见唐晓杰：《西方“隐蔽课程”研究的探析》，载《华东师范大学学报（教育科学版）》1988年第2期。

④ ［美］爱因斯坦：《爱因斯坦文集》（第3卷），许良英、赵中立、张宣三编译，商务印书馆2017年版，第173～174页。

隐性课程背后的哲学背景是缄默知识（又称为隐性知识、个体知识）理论。根据英国哲学家迈克尔·波兰尼（Michael Polanyi）的缄默知识理论，知识可以分为公共知识和个体知识两类。前者是通常所说的知识，表现为书写出的文字、图表、数学公式等。公共知识可以明确表达出来，可以在人际间自由交流；后者是“不能系统阐述的知识”，如“关于我们自己行动的知识”。公共知识又可以称为显性知识（explicit knowledge），个体知识又称为缄默知识（tacit knowledge）。[①] 关于缄默知识，波兰尼指出：“你照师傅的样子做是因为你信任师傅的办事方式，尽管你无法详细分析和解释其效力出自何处。在师傅的示范下通过观察和模仿，徒弟在不知不觉中学会了那种技艺的规则，包括那些连师傅本人也不外显地知道的规则。”[②]

江苏省金陵监狱一名民警著文回忆职业成长经历，记录了入门师父老卞示范如何“教训”刺头罪犯李龙大的精彩场面。师父并没有讲很多大道理，直接用自己的方式打击了罪犯的嚣张气焰，让刺头变得服服帖帖。[③] 这种师徒之间传递的实践经验就是一种隐性知识，它往往与一定的特殊问题或者任务情景相联系，“是对这种特殊问题或者任务情景的一种直觉综合或把握”。[④]

在教育目标体系中，价值目标达成往往要借助情感，不是语言形式，不是文字、图表形式，这在教育教学中始终是一个难题。相比之下，知识容易获得，甚至通过自学就可以实现，但是情感目标、价值观则不能。中国古人说，“独学而无友，则孤陋而寡闻”（《礼记·学记》）。价值和情感的学习尤其需要通过交往、互动才能实现。集体主义精神必须通过

---

① See Polanyi, M., *The Study of Man*, Routledge & Kegan Paul Ltd., 1959, p. 12.

② ［英］迈克尔·波兰尼：《个人知识——迈向后批判哲学》，许泽民译，贵州人民出版社2000年版，第79~80页。

③ 参见孙尊超：《光辉岁月》，载《桃花坞语》（《司法警官学界》副刊）2016年春季号。

④ 石中英：《知识转型与教育改革》，教育科学出版社2001年版，第229页。

集体来培养，劳动态度必须在劳动中形成，团结互助的意识必须经由群体互动习得。其中的道理，都是对监狱文化这种隐性课程重要性的有力说明。

从教育学的角度看，监狱就是学校，罪犯就是学生，民警就是老师，改造过程就是一种特殊的教育过程。在监狱这所特殊学校中，各种影响无不是“课程”。为提升教育效果，既要重视正规课程（如“三课”教育、个别教育、劳动改造、各种监管改造措施等）的作用，也要重视隐性课程（如前文所述社会教育、感化教育和监狱文化建设等辅助教育形式）的作用。监狱民警作为“特殊园丁”要树立“大教育观”，发挥正规课程和隐性课程的合力，将特殊学生教育好。[①]

二、通识教育理论（Theory of General Education）

（一）什么是通识教育

通识教育对应的英文是 general education，在国内有时候也被翻译为普通教育、一般教育。19 世纪之前，通识教育是中小学教育的总称，将这个概念与大学教育联系起来的第一人是美国鲍登学院（Bowdoin College）的帕卡德（A. S. Packard）教授。他认为，大学生在进行“特殊的、专门的”知识学习之前，应该接受一种“尽可能综合的（compre-

① “大教育观”最早由四川省社会科学院查有梁提出，这种理论用系统论观察和解释教育，在 20 世纪 80 年代末 90 年代初对教育界产生了深远影响。“大教育观”认为，教育是一个多样的、开放的、综合的大系统。大教育的特点是：时间长（终身教育）、空间广（各类教育）、效率高（智能教育）、质量好（未来教育）、内容多（博才教育）。监狱学界较早借鉴“大教育观”的学者是孙晓雳，他指出，“如果以大教育观念来看劳动改造，则会得出这么一种印象，劳动改造工作在以组织犯人从事劳动生产为背景条件下，其实是将劳动、管理都纳入了教育（影响）犯人、转化思想的活动范畴内，实践着改造犯罪人的目标”。参见查有梁：《大教育观·第一讲教育系统是一个大系统》，载《瞭望周刊》1986 年第 12 期；孙晓雳：《中国劳动改造制度的理论与实践——历史与现实》，中国政法大学出版社 1994 年版，第 96 ~97 页。

hensive）教育”，以作为专业学习的预备。[①] 所说的“尽可能综合的（comprehensive）教育”，就是指通识教育。

清华大学李曼丽博士经过系统梳理，从性质、目的、内容三个方面对通识教育概念做了如下解释：

“就性质而言，通识教育是高等教育的组成部分，是所有大学生都应该接受的非专业性教育；就其目的而言，通识教育旨在培养积极参与社会生活的、有社会责任感的、全面发展的社会的人和国家的公民；就其内容而言，通识教育是一种广泛的、非专业性的、非功利性的基本知识、技能和态度的教育。”[②]

事实上，如果要准确领会通识教育理念的要旨，既要把握该理念的发展历程，还要对通识教育和自由教育这两个概念的关系进行辨析。并且，这两项工作又是相互交织，密不可分的。

在英文中，与 general education 相近的概念有两个，一个是 liberal education，另一个是 liberal arts education。liberal education 直译为自由教育，也有的译为通才教育、文雅教育、博雅教育；liberal arts education 直译为自由通识教育，有时候也被翻译为博雅教育。由于 liberal arts education 使用频率远低于 liberal education，我们可以直接讨论通识教育（general education）和自由教育（liberal education）关系。

自由教育出现的时间早于通识教育，自由教育的历史发展可以说是通识教育的“先驱”。一般认为，自由教育起源于古希腊的雅典，最早提出自由教育概念的是亚里士多德（Aristotle）。他认为自由教育的实施需要两个条件——闲暇和自由，因此自由教育是“自由人”（奴隶主贵族）所应受的教育，其目标是自由发展理性。进入中世纪，自由教育的内涵发生了变化。基督教会利用亚里士多德的哲学来解释神学，改组了古代

① 参见李曼丽：《通识教育论——一种大学教育观》，清华大学出版社 1999 年版，第 8 页。
② 李曼丽：《通识教育论——一种大学教育观》，清华大学出版社 1999 年版，第 17 页。

希腊、罗马学校中的一般文化学科，提出了“七艺”（七种自由艺术）教育。文艺复兴时期，教育的要务被视为谋求个人自由，教育理想在于个人身心的自由发展，自由教育打上了人文主义教育的烙印。进入十八九世纪，在工业革命冲击下，自然科学勃兴，偏重古典人文学术的自由教育面临严峻挑战。有学者对自由教育理念进行改造，把自由教育解释为文理兼通的普通教育。以约翰·亨利·纽曼（John Henry Newman）为代表的部分学者则坚定捍卫自由教育传统，认为教育的目的在于“理智的培育”或者“心智官能的训练”。争论的结果是理智的培育式微，科学教育战胜自由教育成为高等教育的主导。然而，功利主义、实用主义、科学主义大行其道的时候，有识之士开始反思专业教育的弊端。在这种背景下，从19世纪后期开始，传统自由教育思想逐渐在美国演变为通识教育，其使命在于矫正专业教育（special education）的偏颇。①

可以说，通识教育是自由教育精神遗产的继承者，是自由教育现代意义上的对等词。自由教育“作为一个含有等级观念的教育思想好像已经过时，而实际上，其精神并没有死亡，现在它以一个中性词汇‘通识教育’而流行”。②

通过对通识教育（自由教育）观念史的回顾，我们对通识教育的基本立场已经有了大致把握，它与自由教育的共通之处在于，两者都推崇“通”和“博”，注重人的基本素养，追求人文主义教育理想，强调培养通才。③

---

① 参见中国大百科全书总编辑委员会《教育》编辑委员会、中国大百科全书出版社编辑部编：《中国大百科全书·教育》，中国大百科全书出版社1985年版，第570~571页；李继兵：《通识教育的历史——源流追溯》，载尤西林主编：《通识教育文献选辑》（第一卷起源与制度），科学出版社2019年版。

② Gary E. Miller, *The Meaning of General Education: The Emergence of a Curriculum Paradigm*, Teacher College Press, 1988, p. 182 – 183. 转引自李曼丽：《通识教育论——一种大学教育观》，清华大学出版社1999年版，第14页。

③ 为此，有学者甚至从通才教育角度来理解通识教育和自由教育，参见杨东平：《通才教育论》，辽宁教育出版社1989年版，第11页。

如果一定要对自由教育和通识教育进行区分，那么自由教育可以说是一种精英教育，其对象是少数人；通识教育则是一种大众教育，其对象是多数人。诚如论者所说，“普及了的‘自由教育’于是乎成了‘通识教育’”。[①] 如果不过分纠结概念的差异，那么我们可以引用美国学者列奥·施特劳斯（Leo Strauss）的一句话来阐明通识教育的根本：“自由教育（Liberal Education）是在文化之中或朝向文化的教育。它的成品是一个文化的人（a cultured human being）。”[②] 培养一个文化的人（a cultured human being），这是自由教育的追求，也是通识教育的目的。

中文语境里的通识教育，其思想资源既源自西方古典教育哲学，也与中国古代教育理念息息相关。中国传统教育的旨趣与通识教育相近，主张学习儒家经典，培养“通人”。香港中文大学的创校校长李卓敏指出，自由教育“不必然是外来的概念”，它“根植于中国文化，从来都是中国教育哲学的一部分”。[③] 民国时期，潘光旦等学者在批评“新教育”弊端时，往往溯及传统教育，以古代教育理念解读现代西方通识教育思想。

（二）为什么是通识教育

所谓“为什么是通识教育”，是想回答，为什么要在讨论监狱文化时选择通识教育理论。或者说，监狱文化和通识教育之间到底有什么关联。如前所述，20 世纪美国自由教育最重要的代表施特劳斯曾断言，“自由教育是在文化之中或朝向文化的教育”，[④] 这个判断同样适合通识教育。

监狱文化本质上也是一种文化，其根本目的在于“以文化人”。如果

---

① 刘小枫、甘阳等：《大学改革与通识教育》，载《开放时代》2005 年第 1 期。

② ［英］列奥·施特劳斯：《什么是自由教育》，载刘小枫、陈少明主编：《古典传统与自由教育》，华夏出版社 2005 年版，第 2 页。

③ 梁美仪：《香港中文大学的大学通识教育》，载《国家教育行政学院学报》2005 年第 10 期。

④ ［英］列奥·施特劳斯：《什么是自由教育》，载刘小枫、陈少明主编：《古典传统与自由教育》，华夏出版社 2005 年版。

我们把监狱文化理解为监狱特殊教育的一部分，那么这个目的就是使人变成一个“受过教育的人”。[①] 其价值追求不在于培养专家或专才，而是将文化教养的结果体现在人文气质、素养方面。除了通识教育之外，似乎没有更恰当的概念能体现这种教育价值追求。具体来说，监狱文化与通识教育之间的关联，可以从以下四个方面进行分析。

第一，从教育目标上看，通识教育不是培养专家、技术人才或者匠人的教育，而监狱文化关注的重点也不是罪犯劳动技能或者职业技术水平的提升，而是其人文素养、德性的提升。

文化的意思是“人文化成”，是以一种文化对人施加无形的影响、感染。不论这种文化在社会上也罢，在监狱中也罢，其追求的影响结果具有一致性——让受影响的人“文明程度”有所提高，而不仅仅是学习某一方面的专业知识或者技能，成为“专家”或“专才”。因为“专”的另外一层意思意味着“执一”，是“攻乎异端，斯害也已”，是“道术将为天下裂”。思想不通达、不自由，“执于一端”，使人“鄙贱”“卑陋”的教育都是通识教育反对的。

文化有时要通过艺术形式展现，将庸常生活艺术化，从平凡之中发现美。发现美，欣赏美，追求美，是在吃饭、睡觉等生理需求之外保持一种超越性、非功利的追求，监狱文化就是这样一种超越性追求在监狱中的体现。实现罪犯和艺术化、超越性、非功利的关联，提升人的修养至关重要。从教育上来说，关键就是要进行通识教育，要让人不但知道“如何活”，还要思考“为何活”。

与自由教育一样，通识教育“作为与最伟大心灵们的不断交流”，最终将完成“从庸俗中的解放”。正如施特劳斯所说，“希腊人对庸俗有一个绝妙的词；他们称为 apeirokalia，形容其缺乏对美好事物的经历。而自

① 关于“受过教育的人”这个概念，参见靖国平：《论受过教育的人》，载《教育研究》2000 年第 2 期。

由教育将赠予我们这样的经历，在美好之中”。[①]

第二，从教育内容上看，通识教育重视古典知识的学习和伟大著作（great books）的研读，强调文明传统的薪火相传。监狱文化建设过程中，同样需要回溯古典传统，从《道德经》《论语》等经典之中汲取文化滋养。

自古及今，人类面对的一些主要命题都是基本相同的。关于这些命题的思考和回答，包含在古圣先贤留下的经典之中。[②] 换言之，尽管社会不断进步，但是千百年来人类共同面对的问题仍然没有得到完美解答，对这些问题的系统思考早在“轴心时代”就已经开始。老子、孔子、苏格拉底、柏拉图等“最伟大的心灵”所达到的思想高度仍然难以逾越。“反者道之动”，当人类面临战争威胁、犯罪、暴政、生态危机等困扰的时候，往往回到传统文化寻找精神慰藉。

“文化”一开始是与种植作物有关的过程的名词。从土壤中发芽后，文化的概念逐渐包括了人类，人于是成为一个有教养的人。[③] “土壤和农作物需要培育者，心灵需要老师。”通识教育是经施特劳斯所说的“最伟大的心灵”的影响发生作用的，但是这样的人“实乃凤毛麟角”，“我们不可能在课堂里遇到他们任何一位”。他们在当代消失了，但是我们可以通过“研读最伟大的心灵所留下的最伟大的书”实现与他们的“接近”。[④]

第三，从教育影响方式看，通识教育和监狱文化都重视默会、陶冶、习染、熏陶，两者都强调内省、自觉、体验，而不仅仅是知识的传授。

---

① ［英］列奥·施特劳斯：《什么是自由教育》，载刘小枫、陈少明主编：《古典传统与自由教育》，华夏出版社 2005 年版，第 25 页。

② 参见沈文钦：《自由教育与美好生活——施特劳斯学派自由教育观述评》，载《北京大学教育评论》2006 年第 1 期。

③ See Chris Barker, *The SAGE Dictionary of Cultural Studies*, SAGE Publications Ltd., 2004, p. 44.

④ ［英］列奥·施特劳斯：《什么是自由教育》，载刘小枫、陈少明主编：《古典传统与自由教育》，华夏出版社 2005 年版，第 2、3 页。

从影响过程看，监狱文化的影响是潜移默化的，这一点正好符合隐性课程、缄默知识的作用方式，它是在不知不觉中完成的，是无意之意，无因之因。从影响结果看，监狱文化追求“通达”“无碍”“安所遂生”。之所以说追求，是因为任何文化、影响、教育都带有价值判断色彩，一般人认为，“好的”才是教育，这符合古人所说的“以善先人者谓之教”的观念。

教育的根本在于涵养，或者说熏染。墨子说，“染于苍则苍，染于黄则黄。”教育其实就是一种特殊的人为环境，设置得好，有好的影响，设置得不好也会产生不良影响。监狱文化亦如是。所以，说教育的根本在涵养，包含着价值预设在其中（这与定义所追求的客观性大异其趣），这种熏染应当是好的熏染，这才能称得上涵养。

教育工作中经常提及的陶冶法，也符合教育的涵养本性。烧制陶器，冶炼金属，都是放入火中锻炼、熏染得之。以陶冶隐喻教育，符合教育的本性。原来，无论学校也好，家庭也好，社会也好，监狱也好，教育之根本在“育”不在“教”，在“行”不在“言”，这才是教育的根本。

监狱如果有这样一种“好的”环境，使置身其中的罪犯耳濡目染，就能达到见贤思齐的效果。荀子说，“以善先人者谓之教”。《说文解字》对“教”的解释是“上所施，下所效”。教育人，先要有“善”者在前，这“善”可能是他人的善言、善行、善举，也可能是来自书中的圣贤之道。监狱系统探索的“经史合参”“内省矫正”等方法，也在运用这一原理。

第四，从教育关系的角度看，通识教育尤其重视师生交往、互动，这与监狱文化重注社会互动、群体影响是一致的。

2004 年，在首届开放时代论坛上，中山大学陈春声教授曾提出一个发人深省的问题：“是不是找一些其实很蠢的老师，上一些看来很广博的课程，学生就会变得博雅？”言外之意，通识教育不是单纯的课程设置问题，因材施教、互动教学，有讨论、有比较多的阅读，“有好的（就是在学问上有‘通识’）老师，用比较多的可以让人的头脑变得比较聪明的办法来教学，不管上什么课程，学生都会变得有‘通识’一些”。①

实践推动者普遍认为，通识教育的重要特征之一就是特别重视师生交往。香港岭南大学校长陈坤耀认为，通识教育有三个特点：小，这种教育模式下的学校，学生最多不超过3000人；住，理想状态下，95%以上的学生都应住校，至少不能少于80%；融通，强调学生多元化背景、跨学科学习、学生与教师及同学间的交流。②

事实上，这种教育方式或者说教育交往关系，早在孔子、苏格拉底时代就已经在实践了。最为雅斯贝尔斯称道的教育家就是孔子和苏格拉底，“轴心时代”的两位先哲一东一西交相辉映，以对话方法和完美人格共同诠释了通识教育的深意。

教育和文化是人的需要，人只有经过教育才能成为人。人类个体降生之后孱弱无能，不能靠个体力量生存。“除非养育体系意义上的文化马上走进他们的生活，否则他们很快就会死去。”与之形成鲜明对比的是，小马驹、小长颈鹿这样没有文化的生物生下来时就能蹒跚学步，将自己全身上下舔干净，“泰然自若地向远处跑去”。所以说，“相对于它们，广义上的文化对我们的生存来说是非常关键的”。③

对于监狱来说，文化很重要，有文化的人尤为重要。因为监狱是文化和价值冲突的前沿，是善恶对比的实验场。监狱内各种矛盾交织，有正义和邪恶、守法与不法的对抗，不羁的心灵和驯化的性情共存，冲破牢笼的渴望与精神束缚同在，江湖规矩与主流价值并存。在如此复杂的环境中，要实现自我净化、自我改造，没有文化是不可想象的。文化最

① 刘小枫等：《大学改革与通识教育》，载《开放时代》2005年第1期。

② 参见王雪峰：《博雅教育三题》，载《今日教育》2015年第7、8期合刊。

③ ［英］特里·伊格尔顿：《论文化》，张舒语译，中信出版集团2018年版，第44页。

终要体现在人身上。人有文化，建筑才有格调；人有文化，活动才有品位；人有文化，制度才有温情；人有文化，文字才有气韵。以文化人，塑造有文化的人（a cultured human being），这是监狱文化建设的终极目标。

附录　宏观监狱学：价值、构成与挑战*

人的生命和认识能力都是有限的，为了在有限的生命历程中更好地认识世界，我们不得不把注意力集中起来，暂时忽略一些东西。为此，在学术研究上，人为地将完整的世界分为人文和自然两部分，在两部分之内又进一步区分出不同的研究领域。这就为人文主义和科学主义两种研究理路的分野埋下了伏笔，也成为“两种文化”冲突的根源。[①] 自20世纪80年代监狱学重建以来，这门学科逐步从法学之中独立，并在内部衍生出众多分支，成为人文社会学科群的新成员。但是，在强调学科独特性和独立性的同时，我们必须充分认识到，人文社会学科的领域划分原本就带有人为的色彩，不同学科之间在内容和方法上存在相互启发和影响之处。不能过分强调一门学科的独特性，并因此忽视对其他学科的方法和逻辑乃至内容的借鉴。有感于监狱学研究自我封闭的现状，本文提倡一种多元开放的监狱学研究取向，并将这种研究取向定名为宏观监狱学。

---

* 本文发表于《中国监狱学刊》2014年第6期，收入本书时对个别文字做了修改。

① 参见［英］C. P. 斯诺：《两种文化》，纪树立译，三联书店1994年版，第3～4页。“两种文化”是英国学者斯诺1959年5月在剑桥大学的演讲中提出的命题。他认为，整个西方社会的智力生活已经“日益分裂为两个极端的集团（groups）”，其中一极是人文学者（斯诺称之为文学知识分子），另一极是科学家，“二者之间存在互不理解的鸿沟”。

一、宏观监狱学及其价值

监狱理论研究的视角可以分为宏观和微观两种，依不同视角确立的监狱学因此也可以称为宏观监狱学和微观监狱学。需要说明的是，本文所说的宏观监狱学与时下流行的“大国学”“大教育”“大数据”等概念不同。其重点不在外延的扩张，而在视角的转换。并且，它不是暂时性的，以“大数据”为例，那是数字时代的思维方式，但是宏观视角在任何时代都是富有创建意义的思维逻辑。

简言之，宏观监狱学就是从文化和思想的宏观视角来审视监狱和监狱学问题。换言之，是把监狱问题视作一种文化和思想问题，将监狱放在文化史和思想史的视野中进行观察和研究。对于任何一种对象，我们都可以孤立地就其本身来展开讨论，就问题谈问题。但是在历史或者文化背景下，从不同的视角看，同样的研究对象就会呈现不同的面貌。以义和团运动为例，史家可以罗列史料，进行纯粹的编年史研究。但是根据人们认识历史真相的不同途径、塑造历史的不同原则，义和团可以被解释为史实、经历和神话。① 从不同视角出发，同样一段历史得到不同的解读。对于监狱，可以从法制史的角度进行研究，也可以从文化史和思想史的角度进行研究。从法制史的角度看，监狱折射出法制的不断完善和进步，我们能看到刑罚的文明化和人道化历程。而从文化史的角度看，近代中国的监狱发展则折射出东西方文化的交互影响，狱制的变革凸显了“近代化”的特征。② 监狱人民警察眼中的监狱、监狱学者眼中的监狱与历史学者、社会学者或者文化学者眼中的监狱必然有所不同。宏观

---

① 关于义和团研究的不同视角，参见［美］柯文：《历史三调：作为事件、经历和神话的义和团》，杜继东译，江苏人民出版社 2000 年版，第 72 页。

② 参见王素芬：《明暗之间：近代中国的狱制转型研究》，华东政法学院 2006 年博士学位论文，第 50 页。

监狱学就是借用“他者”的目光来审视监狱，进而做出学理上的思考和解释。

监狱学不是显学，甚至不为学界所知，冷僻而寂寞，这与文化中关于监狱的认识有关。周作人《见店头监狱书所感》一文写道：①

狱之为物不祥，仁人所不乐言，更何必需之有？顾吾适市，乃见有书累累，标志狱务，皆留学生之所为者，则又何耶？国人远适求学，不有大愿，流连荒亡，及于殂落，斯亦已耳，何监狱之足道。且士纵不肖，将假一技博升斗以糊口，虽执鞭犹可为，奚必与伍伯争囚粮之余粒耶？夫欧西号文明，狴犴之设，托词化善，君子犹或非之；若吾国监牢，更何物耶？不过囚系生人，以备屠宰，笼槛森然，犹屠人之栈豕耳！使涉足其间，联念所及，当立有血泊刀光之景，来袭灵台，令生恶感。而吾学子诸君，胡独津津乐道之？

周作人是“五四”时期的文化领军人物，但是在他的眼里，研究监狱学的人都不过是“与伍伯争囚粮之余粒”罢了，可见国人对于监狱的基本态度。但是，对于监狱问题的关注，确实自古已然。

笔者认为，不同学科视角下对监狱问题的论述，其实都可以归入宏观监狱学之列，而作为法学门类二级学科的监狱学或者作为“目录外专业”“特设专业”独立设置的监狱学则是微观监狱学。实际上，中国目前使用的学科分类体系是从西方引进的，自古中国知识只有经史子集这样四部之分，至于哲学、历史学、经济学、社会学、法学之类的名词，都是近代以来逐步借鉴西方的结果。进一步说，学科这个概念在英文中有两个对应词：discipline 和 subject。前者是“一定科学领域的总称”或

---

① 钟叔河编订：《周作人散文全集（一八九八——一九一七）》，广西师范大学出版社 2009 年版，第 77 页。

“一门科学的分支”，后者是“学校课程的组成部分”。[①] 中国传统的学术研究对象是自然划分的各类不同“学问”领域，接近 discipline 的用意。但是，discipline 这个词的含义极为广泛和复杂，有“学术领域、课程、纪律、严格的训练、规范、准则、约束以至熏陶等多重含义”，[②] 以至于刘北成先生在翻译福柯的 *Discipline and Punish*：*The Birth of the Prison* 这一名著时不得不创造“规训”这一说法。[③] 由是观之，学科既是范围和屏障，有利于从业者安心耕耘，心无旁骛，也可能成为藩篱或窠臼，不利于个中人员放眼四海。

早在 20 世纪 80 年代，有识之士就提出了类似宏观监狱学的初步设想。认为监狱学不是法学，而是专门之学，是交叉学科或者边缘学科。应当融汇各门学科的理论，从多维视角来观察监狱问题。[④] 上溯至晚清，中国监狱学第一人沈家本先生的名篇《狱考》实际上是乾嘉学派的考证之作。[⑤] 如果用现代学科体系来“框定”它，很难不将其划分到“中国语言文学”类。但是，在监狱学者眼中，这分明是一篇监狱学文献。在历史学家看来，这又是历史学的文本。南开大学的柏桦教授曾经在《中国史研究》发表《明清州县的监狱》一文，首都师范大学的宋杰教授也曾发表《汉代后宫的监狱》《东汉的洛阳狱》《西汉的中都官狱》《汉代监狱建置设施丛考》等多篇文章，这些发表于历史学期刊的成果无疑是

---

① 教育大辞典编纂委员会编：《教育大辞典》（第 1 卷），上海教育出版社 1990 年版，第 258 页。

② 刘龙心：《学术与制度：学科体制与现代中国史学的建立》，台北，远流出版事业股份有限公司 2002 年版，第 2 页。

③ 参见［法］米歇尔·福柯：《规训与惩罚：监狱的诞生》，刘北成、杨远婴译，三联书店 1999 年版，第 376 页。

④ 参见刘智、何为民：《一门关于改造人的新学科——劳改学》，载《法学研究》1983 年第 1 期；夏宗素、赵凤桐、章恩友：《论监狱学的学科地位》，载《中国监狱学刊》1998 年第 4 期。

⑤ 参见（清）沈家本撰：《历代刑法考》（附寄簃文存），邓经元、骈宇骞点校，中华书局 1985 年版，第 1157 ~ 1190 页。

监狱学的重要文献。[①] 与此相似，心理学论著中涉及服刑人员心理问题，教育学论著中论及青少年犯罪预防、罪犯的再教育问题等内容监狱学者都应当充分注意。至于法学领域对于刑罚和监狱管理法律问题的论述，则不必多说，更是微观监狱学不能囊括的。诸如此类的文献，如果不从宏观监狱学视角出发，往往会被忽视。其结果只能就监狱谈监狱，囿于狭隘的视野，无法与相关学科形成有效的对话机制。尤为值得注意的是，在文学艺术领域，有大量反映监狱或者监禁问题的作品，这些作品的时代背景、哲学理念、思想倾向、社会影响等都有待宏观监狱学研究者去发掘。

一门学科之独立，必然经历一个专门化阶段，其后又多出现学科的“衍生性分化”和“交叉性分化”。[②] 从 20 世纪 50 年代一部《劳改法学讲义》开始，到 20 世纪 80 年代分化出狱政管理学、罪犯劳动改造学、教育改造学、罪犯改造心理学等分支。时至今日，监狱学学科已经形成多达十几门课程的学科群。但是这种类似细胞分裂式的发展，并未使监狱学在人文社会学科体系中的地位有所改变，监狱学仍然是一个“鲜有人问津的边缘课题”。[③] 监狱学的发展仅仅是一种“内部的繁荣”，研究

---

① 参见柏桦：《明清州县的监狱》，载《中国史研究》2002 年第 4 期；宋杰：《汉代后宫的监狱》，载《中国史研究》2007 年第 2 期；宋杰：《东汉的洛阳狱》，载《历史研究》2007 年第 6 期；宋杰：《西汉的中都官狱》，载《中国史研究》2008 年第 2 期；宋杰：《汉代监狱建置设施丛考》，载《首都师范大学学报（社会科学版）》2009 年第 3 期。

② 这两个关于学科分化的术语借鉴自华东师范大学瞿葆奎教授，瞿先生在论及教育学的分化时指出，“衍生性”分化，就是从教育学内部纵向分化出许多分支学科。“交叉性”分化则是指教育学与其他学科“联姻”横向分化出许多分支学科。参见瞿葆奎：《中国教育学百年》（下），载《教育研究》1999 年第 2 期。

③ 刘武俊：《让监狱与阳光亲密接触》，载宫本欣编：《法学家茶座》（第 1 辑），山东人民出版社 2002 年版，第 99 页。

越向纵深发展遇到的困惑越多。“攻乎异端，斯害也已。”[①] 专门化犹如一把“双刃剑”，它在保持学科独特性的同时，也造成了自我封闭的不良后果。尤为严重的是，为了维护学术话语权，学者们创造了一系列美其名曰“学术语言”的“独特”概念，试图将其他学科拒之门外。对于“外行”在本学科置喙，学者往往难以接受，或曰“专业槽”过浅，或曰“学科尊严”受损。[②] 更有甚者，置生活的事实和逻辑于不顾，为研究的便利，人为划定学科屏障。以教育学为例，社会、家庭、学校中无不存在教育，但是教育学仅仅将研究视野局限在学校教育方面。对于丰富多彩的教育现实，教育学者只用一个模糊的“非形式化的教育”就将其逐出研究领域。正如菲利普·科里根（Philip Corrigan）指出的，“经验的意义和教育的外延（range of education）都被‘固化’（stabilized）为学校教育（schooling），‘固化’为一些通过行动或证书表明某人受过学校教育（schooled）的表达形式，其他的教育实体或教育形式都被‘催眠’（magnetise）了。”[③] 学科教育学与生活世界的教育学不一致，导致学院派的研究与现实需要发生了矛盾。教育学研究将自己的视野禁锢在“制度化”教育领域，使之无法对鲜活的教育世界做出有效解释。与教育学类似，监狱学也存在理论和现实的紧张感。这种紧张感过去主要体现为理论在深度上的不足导致对实践的解释力不够；今后可能主要表现为理论视野的狭窄致使对实践的解释力下降。

---

① 语出《论语·为政》，对于此句的解释，各家不同。朱熹《四书章句集注》的解释是：“范氏曰：‘攻，专治也，故治木石金玉之工曰攻。异端，非圣人之道，而别为一端，如杨、墨是也。其率天下至于无父无君，专治而欲精之，为害甚矣。’程子曰：‘佛氏之言，比之杨、墨，尤为近理，所以其害为尤甚。学者当如淫声美色以远之，不尔，则骎骎然入于其中矣。’”本文取其“专治而欲精之”之意。（宋）朱熹：《四书章句集注》，中华书局1983年版，第57页。

② 参见王雪峰：《“教育学的尊严”与教育学的“失语”》，载《中华读书报》2012年11月28日，第23版。

③ David W. Livingstone & Contributors, *Critical Pedagogy and Cultural Power*, Gergin & Gacey Publishers, Inc. , 1987, p. 21. 转引自项贤明：《泛教育论——广义教育学的初步探索》，山西教育出版社2000年版，第85页。

从微观监狱学或者学科监狱学的层次上看，监狱学研究已经取得了不少成绩，分支学科较为齐备，成果数量可观，从业人员素质不断提升，人才培养成绩斐然。但是，正如上文所说，这仅仅是一种孤芳自赏式的“内部繁荣”。学术共同体的格局并未改变，在法学门类中（尽管将监狱学归入法学门类是否合理尚值得商榷）监狱学仍处于末流位置。

监狱不仅是一个机构，还是一种与人性对峙的文化设计。监狱学不仅是一种探究监狱运行原理的学问，还是人类反思监禁体验、试图改造人性的文化结晶。监狱作为一种制度设计是理性的无奈和文化的必然，监禁刑面临的困境是人类面临的共同的困境。人总是不断追问意义，进行文化上的自我反思，对这一困境的文化反思，正是宏观监狱学的价值所在。

二、宏观监狱学之构成

宏观监狱学以历史和文化长河中有关监狱的实物、记载、论述、文学创作乃至传说为研究的对象，是监狱学研究取向的转换。如果说微观监狱学关注的是狭义的监狱问题，是关于“犯罪人的改造和矫正以及监狱管理”的学问，[①] 以监狱工作实际需要和监狱领域局部效益为出发点。那么，宏观监狱学则是以社会整体发展为出发点，关注的是监狱在社会文化演进中的地位变动以及社会成员对监狱的观念和认识的变化。除目前微观监狱学的研究范围之外，我认为，宏观监狱学可以在如下几个方面开展研究和探讨。

（一）中国传统教化与刑罚关系的思想

西周时代中国就有“以德配天”“明德慎罚”的说法，《尚书·立

---

① 参见吴宗宪：《当代西方监狱学》，法律出版社2005年版，第2页。

政》记载："兹式有慎，以列用中罚"，《尚书·吕刑》云："士制百姓于刑之中，以教祗德。"春秋时期，孔子有"导之以政，齐之以刑，民免而无耻；导之以德，齐之以礼，有耻且格"（《论语·为政》）的论断。到了汉代，贾谊则留下了这样的文字："以礼义治之者，积礼义；以刑罚治之者，积刑罚。刑罚积而民怨背，礼义积而民和亲。"（《贾谊集·陈政事疏》）可以说，关于教化与刑罚关系的种种认识，在中国传统社会不绝如缕。即便明代的朱元璋，虽然他以重刑严苛著称，但是也留下了大量"仁恕"言论。1371年（洪武四年）2月，朱元璋谕告刑部尚书刘惟谦："仁义者，养民之膏粱也；刑罚者，惩恶之药石也。"他认为，如果"舍仁义而专务刑罚"，就是"以药石养人"，不能算"善治"。① 1390年（洪武二十三年）12月，朱元璋又对刑部尚书杨靖说："愚民犯法，如啖饮食。设法防之，犯者益众。推恕行仁，或能感化。"②

但是，目前的监狱史教科书，仅就历代相应狱政制度和思想进行了枚举式的介绍，对于传统文化中刑罚和教化思想的关系深入挖掘还不够。并且，这些思想对当前的监狱和法制建设有怎样的影响？今天我们应当如何批判地继承这些传统资源？诸如此类的问题都没有得到应有的讨论。一些历史学专业的学位论文在这方面进行了可贵的探索，丰富了监狱学的文献资源。例如，山东大学专门史专业的高奉春"从《提牢备考》看中国传统监狱文化"就是很好的开端。该文认为，中国传统监狱文化表现出鲜明的中华农业社会文明的特色，其中包括社会整合的刑罚观、惩治与教化的治狱宗旨、刑罚得中的适度原则、治狱中的伦理道德思想和儒臣治狱现象。③

---

① 参见中华人民共和国司法部编：《中国监狱史料汇编》（上），群众出版社1988年版，第188页。

② 中华人民共和国司法部编：《中国监狱史料汇编》（上），群众出版社1988年版，第189页。

③ 参见高奉春：《从〈提牢备考〉看中国传统监狱文化》，山东大学2008年硕士学位论文，第5~6页。

（二）毛泽东改造罪犯思想

关于这个问题，自20世纪80年代已经涌现大量研究成果。1993年，毛泽东诞辰100周年，《劳改劳教理论研究》出版了“纪念毛泽东诞辰100周年专刊”。1999年，“庆祝中华人民共和国成立50周年暨新中国监狱工作50周年”座谈会上，有学者概括了毛泽东改造罪犯理论的要点，总计二十四个方面。[①] 其他相关著作还有1997年出版的《监狱学总论》，2006年出版的《毛泽东改造罪犯理论研究》。[②]

但是，从毛泽东的语录、批示、指示、讲话入手进行研究显然是不够的。我们希望知道的是，中国监狱制度的设计与毛泽东的哲学思想和社会理想之间是怎样一种关系？这种制度设计在20世纪50年代出现究竟是一种“权宜之计”还是“经常之道”？在西方矫正理念不断“全球化”的今天，“我们的监狱其实是学校”的理念和“以改造人为宗旨”的信仰究竟应当如何创造性地继承？新中国形成的一套罪犯改造模式如何实现“现代化”转型？这些问题的解答，都离不开对毛泽东改造罪犯思想的重新解读。

（三）哲学、心理学、社会学、教育学、历史学等相关学科关于犯罪、刑罚和监狱问题的认识

监狱学与法学、社会学等学科有许多交叉点，学科的边缘地带往往会有令人意外的研究成果出现。这些成果以往会被其他学科看作“冷辟”或者“不入流”，但是站在监狱学的角度看，这些成果则是足以引领新方向或者新方法的突破口。犯罪人有心理规律可循，犯罪和刑罚无疑是一

---

① 参见王明迪、郭建安主编：《岁月铭记——新中国监狱工作50年》，法律出版社2000年版，第3~4页。

② 参见金鉴主编：《监狱学总论》，法律出版社1997年版，第35页；辛国恩等：《毛泽东改造罪犯理论研究》，人民出版社2006年版，第47页。

种历史事实，因此心理学和历史学研究中会涉及监狱学者感兴趣的东西。哲学家有关监狱和刑罚的思考，更加值得监狱学者借鉴。

早在民国时期，社会学家费孝通先生在清华大学攻读硕士学位时就曾经到北京的监狱里对罪犯进行人体测量，从事体质人类学研究。[①] 尤其值得注意的是社会学家严景耀先生，他在 1927 年暑假“经学校介绍进入京师第一监狱作一名志愿‘犯人’，和犯人同住、同食、同劳动，亲尝铁窗风味”，并根据对犯人和监狱的调查写出《北京犯罪之社会分析》《中国监狱问题》等多篇论文。[②] 1934 年，他以《中国的犯罪问题与社会变迁的关系》在芝加哥大学获得博士学位。1935 年“一二·九”运动之后，他还担任过上海工部局西牢的助理典狱长，负责儿童少年犯的管教，深入研究过儿童少年的犯罪问题。[③] 因此，他的学术观点值得监狱学者认真研读。

从国外来看，这类研究者可以拉出一份很长的名单：以斯坦福监狱实验闻名于世的津巴多、“天生犯罪人”思想的提出者龙勃罗梭、矫正理念的支持者恩里科·菲利（Enrico Ferri）和弗兰茨·冯·李斯特（Franz von Liszt）、提出圆形监狱设想的边沁、“监狱化”概念的提出者克莱默、以“改造无效”论震惊矫正界的罗伯特·马丁森（Robert Martinson）、长期从事犯罪儿童和少年再教育的马卡连柯、探讨越轨行为结构根源的罗伯特·金·默顿（Robert King Merton）……在哲学领域，除了刑事古典学派的伊曼努尔·康德（Immanuel Kant）、格奥尔格·威廉·弗里德里希·黑格尔（Georg Wilhelm Friedrich Hegel）之外，著名的解构主义大师福柯尤其值得注意。在他的话语、权力、规训视角的影响下，教育学界的一些学者开始思考学校、监狱和军队等规训机构的关系问题，这

① 参见［美］大卫·阿古什：《费孝通传》，董天民译，时事出版社 1985 年版，第 33 页。

② 参见雷洁琼：《〈严景耀论文集〉序》，载《民主》1995 年第 9 期。

③ 参见雷洁琼：《〈严景耀论文集〉序》，载《民主》1995 年第 9 期。

些尝试对我们深有启发。[①]

如果将监狱史扩大到社会史和文化史的范围去审视，冯客的 *Crime, punishment and the prison in modern China*（《近代中国的犯罪、惩罚与监狱》）就会进入我们的视野。而近年来类似的研究还有《论清朝的监狱制度》（法律史）、《明暗之间：近代中国的狱制转型研究》（法律史学）、《国民党政府时期湖北监狱管理研究》（专门史）、《民国时期的监狱改良与现代化——以京师第一监狱为中心的历史考察与分析》（中国近现代史）、《清末出洋人员对西方监狱的考察》（中国近现代史）等。[②]

（四）艺术作品对监狱和刑罚的记录、描写与反映

影视和文学作品中从来不乏监狱或者刑罚的主题，《肖申克的救赎》《绿里奇迹》《越狱》《女子监狱》等作品在监狱学教学中屡屡被搬上荧屏。相比于影视作品，文学创作更真实地反映了监狱。问题是，文学作品能否作为史料来解读。在这个问题上，胡适的一段话可以为我们提供一个思路，他说："史料的来源不拘一格，搜采要博，辨别要精，大要以'无意于伪造史料'一语为标准。杂记与小说皆无意于造史料，故其言最有史料的价值，远胜于官书。"[③] 从这个意义上说，从维熙的《大墙下的红玉兰》《走向混沌三部曲》，张贤亮的《我的菩提树》都类似于自传性质的创作，基本上可以作为信史来读。而严歌苓的《陆犯焉识》某种程

① 参见肖川：《教育的理想与信念》，岳麓书社 2002 年版，第 29 页；葛新斌：《学校，抑或监狱？——福柯对学校与规训关系之描绘》，载《华南师范大学学报（社会科学版）》2009 年第 3 期；刘铁芳：《什么是好的教育——学校教育的哲学阐释》，高等教育出版社 2014 年版，第 37～40 页。

② 参见吴敏：《论清朝的监狱制度》，华东政法学院 2006 年硕士学位论文，第 13 页；王素芬：《明暗之间：近代中国的狱制转型研究》，华东政法学院 2006 年博士学位论文，第 20 页；张宁：《国民党政府时期湖北监狱管理研究》，湖北大学 2006 年硕士学位论文，第 15 页；赖生亮：《民国时期的监狱改良与现代化——以京师第一监狱为中心的历史考察与分析》，首都师范大学 2008 年硕士学位论文，第 17～18 页；孟竹：《清末出洋人员对西方监狱的考察》，河北大学 2012 年硕士学位论文，第 12～15页。

③ 陈东原：《中国妇女生活史》，商务印书馆 1998 年版，第 1 页。

度上也反映了那个时代的历史。

有关这方面的研究成果可以参考：《中国现当代作家的监禁体验》（中国现当代文学）、《“火”的历史：杀戮、酷刑与监狱——鲁迅杂文研究之四》、《西方监狱电影中越狱现象的深度解读》（文艺学）、《从文学作品看中国监狱文化的嬗变》等。[①]

（五）传说、历史和历史记忆问题

如果站在后现代史学视角，“无论口头传说还是历史文献，都是历史记忆的不同表述方式”，而“在历史记忆的意义上，传说与正史文献传达的历史在价值上是平等的”。因此，“我们可以通过这一共同的特征，将两者对接起来，以期深化和丰富历史研究。”[②]

古书上说“三王始有狱”，而早期监狱到底是什么样子已经不可考，中国监狱史是从皋陶造狱的传说开始的。监狱的历史文献，哪些是真，哪些是伪？相关传说，其历史价值何在？真实与虚构之间到底反映了怎样的社会价值观念，寄托了怎样的情感和信仰？这些疑问有待学者从宏观监狱学角度作出回答。这方面值得关注的研究是关于狱神庙传说的考证，张建智的著作可以提供参考。[③]

或许有人会提出这样的疑问：宏观监狱学的边界何在？有人可能会担心，一旦监狱学的研究范围无限扩大，监狱学学科会不会被消解？事实上，宏观监狱学的提出，不是为了重新划定研究疆域，毋宁说它是一

---

① 参见李健：《中国现当代作家的监禁体验》，南京大学2006年博士学位论文；吴康：《“火”的历史：杀戮、酷刑与监狱——鲁迅杂文研究之四》，载《华中师范大学学报（人文社会科学版）》2010年第4期；史小楠：《西方监狱电影中越狱现象的深度解读》，四川师范大学2011年硕士学位论文，第16~21页；徐晓芳：《从文学作品看中国监狱文化的嬗变》，载《牡丹江大学学报》2008年第9期。

② 赵世瑜：《传说·历史·历史记忆——从20世纪新史学到后现代史学》，载《中国社会科学》2003年第2期。

③ 参见张建智：《中国神秘的狱神庙》，上海三联书店2000年版，第37~40页。

种新的研究取向，是对跨学科对话需要的必然反应。上述五点仅仅是笔者个人认为亟待注意的方面。如果从研究取向的层面来理解宏观监狱学的话，放眼当下的监狱实践和监狱学研究，就会发现需要加强和提升的部分甚多。以监狱文化研究为例，我们目前的研究水平和旨趣，更多是聚焦于监狱如何开展文化活动，以及这些文化活动如何发挥在监管、改造上的积极作用这个中心开展的。尚未论及监狱作为一种文化存在的功能。可以说，“监狱文化建设”本身就是一个具有价值取向的命题，带有鲜明的文化功能主义色彩。正如梁治平先生所说，“文化解释理论具有完全开放的性质，它不受传统学科分界的限制，也不拘泥于单一的方法，更不为某一类材料所束缚。为了达到真实的理解，它将尽可能地调动各个门类的知识和方法。”[①] 可以说，宏观监狱学正是这种理论的应用。

三、宏观监狱学的挑战

2010年，司法部要求进一步加强业务能力建设，全面提高履行职责的能力和水平。有关领导提出，要大力提高执法能力，大力提高教育改造能力，大力提高维护监所安全稳定能力，大力提高应急处置能力，大力提高信息化实战应用能力，大力提高开拓创新能力。在这六种能力当中，执法、教育改造、维护监所安全稳定、应急处置、信息化实战应用五种能力显然是微观监狱学关注的对象，而创新能力无疑是宏观监狱学关注的层面。但是，创新如果没有相应理论知识的支撑谈何容易。

陈士涵先生在《人格改造论》一书的序言中讲过一个故事，他在1992年上海市监狱管理局举办的第一期分类改造干部研修班上做过一次讲座，题目是《学习社会科学知识，深化分类改造》。讲座“广泛介绍了

---

① 梁治平：《法律的文化解释》（增订本），三联书店1994年版，第57页。

哲学、教育学、心理学、社会学、伦理学、犯罪学、管理学、文化人类学等社会科学的研究成果，并阐明它们对推进和深化分类改造的意义”。这个讲座效果好得出人意料，原定一上午的讲座延长为一天。陈先生认为，罪犯改造的人学理论来源过于贫乏，而罪犯改造研究要走出薄弱、贫乏的状态，就必须“广泛汲取社会科学（甚至自然科学）的研究成果”。[①] 笔者主张的宏观监狱学研究，实际上就是要打破学科壁垒，以问题为中心开展多元研究。与陈先生所说的“广泛汲取社会科学（甚至自然科学）的研究成果”，使罪犯改造研究走出“贫乏的状态”具有相同旨趣。

宏观监狱学的提出，是对监狱学学术谱系重建的一种方法论上的观照。也就是说，为了更好地继承和发展前述严景耀、菲利普·津巴多、唐纳德·克莱默、米歇尔·福柯等人关于监狱问题的思想资源，我们需要在研究取向和知识结构上重新定位。

宏观监狱学的提出也是学科发展的必然要求。理论监狱学出原理，应用监狱学出技术，宏观监狱学希望在原理和技术之外，增加一重文化和价值方面的解释，弥合理论和实践的断裂。监狱学本身有实务层面的需求，更有理论解释的必要，纷繁复杂的监狱现象世界作为一种文化存在呼唤更深层面的理论解释和引领。

从教学实践来看，宏观监狱学的定位与传统监狱学有所不同。如果仅仅重视微观，则培养的学生重“器”，将来会成为应用型监狱人民警察。而目前监狱学“道”一层面的内容，往往令人产生“玄虚”的感觉，原因正是视野的狭隘。几年前，笔者曾经提出，将监狱学专业课程放在大学时代的最后一两年开设，让监狱学专业学生腾出更多时间学习普通知识（通识教育）。当时所说的普通知识是围绕着一定专业展开的——

① 陈士涵：《人格改造论》（上卷），学林出版社 2001 年版，第 2 ~ 3 页。

或者是法学，或者是管理学、心理学、教育学、社会学——总之应当属于学科分类中的一级学科。以此确保学生有较宽的知识面，在毕业时有比较大的就业选择空间，真正实现“厚基础、宽口径、广适应”的目的。[①] 今天站在宏观监狱学的角度看，这仍是一种课程设置上的必然选择。

各门社会科学之间的区分是否有效？社会科学遗产在多大程度上是偏狭的？区分“两种文化”是否具有现实性和有效性？20 世纪 90 年代中后期，为了解答这些问题，古本根基金会曾举行三次会议，专门就社会科学的状况和前景进行了思考和讨论。六位来自社会科学领域、两位来自人文科学领域和两位来自自然科学领域的国际知名学者就上述问题提出自己的观点，最终形成了《开放社会科学：重建社会科学报告书》。正如书名所昭示的，“现代世界体系”与“解释这个世界的社会科学体系”是互相生成的，我们目前的学科分类既不是自古已然，也不会万古长存。“对历史的关注并不是那群被称为历史学家的人的专利，而是所有社会科学家的义务。对社会学方法的运用也不是那群被称为社会学家的人的专利，而是所有社会科学家的义务。同样，经济学问题也不只是经济学家才有权研究，事实上，经济问题对于一切社会科学分析来说都是极其重要的。我们也没有绝对的把握说，专业历史学家对历史解释、社会学家对社会问题、经济学家对经济波动就一定比其他社会科学家知道得多。总之，我们不相信有什么智慧能够被垄断，也不相信有什么知识领域是专门保留给拥有特定学位的研究者的。”[②] 为了实现社会科学的“开放性”，学者提出了四项建议，这些建议对于应对宏观监狱学的挑战

---

① 参见王雪峰：《体制与内容——监狱学专业两个问题琐谈》，载严励主编：《监狱学专业建设回顾与瞻望——监狱学专业应用型高级专门人才培养研究》，中国法制出版社 2011 年版。

② ［美］华勒斯坦等：《开放社会科学：重建社会科学报告书》，刘锋译，三联书店 1997 年版，第 106 页。

无疑具有启示意义。[①]

第一，扩展大学内部或大学联合的各类机构，集合各方面的学者围绕某些紧要主题展开为期一年的共同研究。

第二，在大学结构内部制定跨越传统界限、具有特定的学术目标并且在一个有限的时期内（如五年）得到资金保障的整合的研究规划。

第三，采取强制性联合聘用教授的办法。"倘若教授们在两个系里都享有充分的权利，那么每个系里的学术讨论、课程设置以及被视为合理或合法的观点都将由于这一简单的行政举措而得到改变。"

第四，联合培养研究生。"要求攻读某一门学科的博士学位的学生到外系听一些课，或者搞一点属于外系专业的研究。"

具体到监狱学学科专业建设方面，我认为最紧要的是借用"他者"的目光来观察我们熟知的对象，并有意识地将这一做法作为一种范式加以运用。这也就要求监狱学者进行角色转变和视角转换，引入其他学科的理论和方法，为监狱学研究打开新思路。哲学家波兰尼认为，我们对一个问题的思考是将一个人的意识集中于一点上实现的，这个过程被他称为"集中意识"（focal awareness）。但是"集中意识"的实现是以一个人成长过程中潜移默化得到的一些东西为基础的，这些东西被他称为"支援意识"（subsidiary awareness）。一个人的"支援意识"是从他的文化与教育背景中潜移默化得来的，不能"明说"和"表面化"。[②] 如果我们把微观监狱学看作一种"集中意识"，那么宏观监狱学就是一种"支援意识"。博采哲学、心理学、教育学、社会学、历史学等学科关于监狱的叙述和研究，目的是形成一种监狱学研究的"支援意识"。从解释学的角度看，我们对监狱的认识和理解带有一定视域性和视角性特征，而"视

① 参见［美］华勒斯坦等：《开放社会科学：重建社会科学报告书》，刘锋译，三联书店 1997 年版，第 111 ~ 113 页。

② 参见曾红：《创造性思维与支援意识》，载《苏州大学学报（工科版）》2002 年第 5 期。

域”是活动的，“视域”的区分也是相对的。因此，只要能不断检视我们的“前见”，现在的“视域”就可以在不断形成的过程中被把握。[①] 宏观监狱学正是一种“视域”反思、转换和形成的方法论策略。监狱学者需要不断反思自己的“前见”，借由多学科的理论和方法以不断扩大自己的“视域”，实现对监狱问题更为合理的理解。[②]

监狱学的名称中有监狱二字，但它所关注的绝不仅仅是监狱的物质形态，它其实关注的是社会问题、人的问题。以机构命名的监狱学早已频遭争议，如果从矫正学的角度看，则其社会文化属性昭然若揭。[③] 从这个意义上来理解，监狱学应当从解释人的犯罪原因入手，关注制刑、求刑、量刑活动对人的影响，关注行刑活动对人的改造效果，关注刑满释放后回归社会者的社会适应问题。这门学问的研究者面对的不是冰冷的机器，而是活生生的人，因此他不可能是持“价值无涉”态度的实验观察者，而是带有“价值关涉”的参与者。他有必要以文化的、多学科的方法研究多元复杂的人。我们当然不能简单地用人学或者文化学来概况监狱学的性质，但是监狱学与人性问题、文化问题有着不解之缘，监狱学者应当具备文化视野、人文情怀和开放的方法论意识。

打破学科壁垒，以问题为中心开展多元研究，这对于大学院系内部以教研室为基本教学研究单位的体制提出了新的挑战。十年前，社区矫正的出现完全突破了监狱学的框架，使我们面临研究缺位的尴尬。劳动教养机构转型为强制隔离戒毒机关，也必然催生新的研究方向。监狱实践中，一些新问题、新理念、新方法和新措施的出现，也推动着传统监

① 参见梁治平：《法律的文化解释》（增订本），三联书店 1994 年版，第 15 页。

② 关于解释学的“前见”“视域”等概念，详见加达默尔的《真理与方法》（上卷）第二部分，亦可参见梁治平编《法律的文化解释》一书“历史诠释学”部分。参见［德］汉斯－格奥尔格·加达默尔：《真理与方法——哲学诠释学的基本特征》（上卷），洪汉鼎译，上海译文出版社 1999 年版，第 36～47 页；梁治平：《法律的文化解释》（增订本），三联书店 1994 年版，第 12～15 页。

③ 参见章恩友、王雪峰：《中国特色矫正学学科及其构建》，载《中国司法》2013 年第 4 期。

狱学研究重新定位。2012 年下半年，江苏司法警官高等职业学校成立了监狱发展研究院，下设“现代监狱制度”“循证矫正”“矫正质量评估”“监狱文化”“监狱建筑”“监狱信息化”“监狱人类学与社会学”“社区矫正”“教育研究”九个研究中心。这是以问题为中心开展多元研究的一种努力，打破了过去以教研室为基本单位的建制，可视为宏观监狱学发展的一个方向。同样是在 2012 年，鲁东大学“问题青少年教育矫正管理”博士人才培养项目启动，这个项目涉及教育学、法学和社会学等多个学科，是一个跨学科实施的人才培养计划。① 这个项目的实施也有助于我们思考宏观监狱学建设问题。“理论是灰色的，生活之树常青。”矫正实践的变革期待新的研究范式的产生。

人是符号的动物，② 监狱作为一种文化符号具有象征意义。书评人云也退在《牢狱化阅读》一文中写道：“看到辛辛纳特斯在狱中借了一本三千页厚的小说《奎尔库斯》，我便黯然想起‘藏书不过三代’或‘一辈子读不完’的宿命。每个嗜书人都在过一种没有尽头的牢狱生活，拿那些与自己无关的人与事塞满头脑，等待一个场景、一种情绪或一句言语横空出世击中内心。”③ 阅读是“牢狱化”的，生活何尝不是“牢狱化”的呢？“牢狱化”的生活仅有微观监狱学是不够的，我们需要宏观监狱学为“牢狱化”生活的意义作出解答。

---

① 2013 年 12 月 27 日，鲁东大学相关人员专程到中央司法警官学院交流，探讨“问题青少年教育矫正管理”博士人才培养项目的合作事宜。值得注意的是，这一培养项目是由司法部申请和管理的。

② 参见梁治平：《法律的文化解释》（增订本），三联书店 1994 年版，第 10 页。

③ 电子文本参见云也退：《读书如入狱，入狱才读书》，载云也退博客 2014 年 11 月 2 日，http：//blog. sina. com. cn/s/blog_ 7aedba2b0101d7s5. html。该文在博客中的题目是《读书如入狱，入狱才读书》，发表于电子期刊时更名为《牢狱化阅读》。

参考文献

一、中文古典文献

1.（战国）荀况著，（唐）杨倞注：《荀子》，耿芸标校，上海古籍出版社 2014 年版。

2.（汉）董仲舒：《春秋繁露》，上海古籍出版社 1989 年版。

3.（汉）司马迁撰：《史记》，卢苇、张赞煦点校，浙江古籍出版社 2000 年版。

4.（汉）司马迁撰，（宋）裴骃集解，（唐）司马贞索引，（唐）张守节正义：《史记》，中华书局 2011 年版。

5.（汉）郑玄注，（唐）贾公彦疏：《周礼注疏》，上海古籍出版社 1990 年版。

6.（东汉）王充：《论衡》，上海人民出版社 1974 年版。

7.（魏）王弼注，（晋）韩康伯注，（唐）孔颖达疏，（唐）陆德明音义：《周易注疏》，中央编译出版社 2013 年版。

8.（梁）沈约撰：《宋书》，陈苏镇等标点，吉林人民出版社 1998 年版。

9.（南朝宋）范晔撰：《后汉书》，张道勤点校，浙江古籍出版社 2000 年版。

10.（宋）洪迈：《夷坚志》，载《笔记小说大观》（第 2 册），江苏广陵古籍刻印社 1983 年版。

11.（宋）李昉等撰：《太平御览》（一），上海古籍出版社 2008 年版。

12.（宋）文天祥：《文天祥全集》，中国书店 1985 年版。

13.（宋）袁文、叶大庆：《瓮牖闲评考古质疑》，上海古籍出版社 1985 年版。

14. （宋）朱熹撰，朱杰人、严佐之、刘永翔主编：《朱子全书》（第 15 册），上海古籍出版社、安徽教育出版社 2002 年版。
15. （宋）朱熹撰：《四书章句集注》，浙江古籍出版社 2014 年版。
16. （元）陈澔注：《礼记》，金晓东点校，上海古籍出版社 2016 年版。
17. （明）施耐庵：《水浒传》，人民文学出版社 1997 年版。
18. （明）杨慎撰：《升庵集》（卷八十一），载《钦定四库全书》（电子版），上海人民出版社、迪志文化出版有限公司 1999 年版。
19. （清）方苞：《方苞集》，刘季高点校，上海古籍出版社 2009 年版。
20. （清）黄六鸿：《福惠全书》，周保明点校，广陵书社 2018 年版。
21. （清）李光坡：《周礼述注》，陈忠义点校，商务印书馆 2019 年版。
22. （清）沈家本：《历代刑法考》，中华书局 2011 年版。
23. （清）沈家本：《寄簃文存》，商务印书馆 2015 年版。
24. （清）石玉昆：《三侠五义》，花山文艺出版社 2014 年版。
25. （清）天花藏主人编：《赛红丝》，上海古籍出版社 1994 年版。
26. （清）王士祯：《香祖笔记》，载周光培等校勘：《笔记小说大观》（第 16 册），江苏广陵古籍刻印社 1983 年版。
27. （清）无名氏：《小五义》，凤凰出版社 2017 年版。
28. （清）章学诚：《文史通义校注》，叶瑛校注，中华书局 1985 年版。
29. 陈澔：《礼记集说》，上海古籍出版社 1987 年版。
30. 程翔评注：《说苑》，商务印书馆 2018 年版。
31. 李民、王健撰：《尚书译注》，上海古籍出版社 2004 年版。
32. 《论语译注》，杨伯峻译注，中华书局 1980 年版。
33. 杨天宇撰：《礼记译注》，上海古籍出版社 2010 年版。

二、中文著作

1. 《词源》（修订本），商务印书馆 1988 年版。
2. 《辞海》（缩印本），上海辞书出版社 1990 年版。

3. 《鲁迅全集》（第 6 卷），人民文学出版社 2005 年版。
4. 上海监狱志编纂委员会编：《上海监狱志》，上海社会科学院出版社 2003 年版。
5. 阿英：《晚清小说史》，江苏凤凰文艺出版社 2017 年版。
6. 艾荣编：《悔恨的泪——迟志强等演唱歌曲选》，中国地质大学出版社 1988 年版。
7. 白焕然等：《监狱环境文化研究》，内蒙古文化出版社 2009 年版。
8. 曹军瑭：《隐形人——拘禁心理解析与治疗》，南京师范大学出版社 2012 年版。
9. 曹禺：《曹禺选集》，人民文学出版社 2004 年版。
10. 陈东原：《中国妇女生活史》，商务印书馆 2015 年版。
11. 陈士涵：《人格改造论》，学林出版社 2001 年版。
12. 陈向明：《质的研究方法与社会科学研究》，教育科学出版社 2000 年版。
13. 从维熙：《从维熙集》，海峡文艺出版社 1986 年版。
14. 从维熙：《大墙下的红玉兰》，花城出版社 2010 年版。
15. 从维熙：《走向混沌三部曲》，中国社会科学出版社 1998 年版。
16. 狄小华：《冲突、协调和秩序：罪犯非正式群体与监狱行刑研究》，群众出版社 2001 年版。
17. 东台山人：《黑日——中国监狱亚文化透视》，中国检察出版社 1999 年版。
18. 杜毅文：《太行分界线》，江西高校出版社 2017 年版。
19. 杜雨主编：《监狱教育学》，法律出版社 1996 年版。
20. 范方平主编：《监狱文化解读》，中国长安出版社 2016 年版。
21. 费孝通：《乡土中国　生育制度》，北京大学出版社 1998 年版。
22. 风笑天：《社会研究方法》（第 4 版），中国人民大学出版社 2013 年版。
23. 冯忠良等：《教育心理学》（第 2 版），人民教育出版社 2010 年版。
24. 甘阳主编：《文化：中国与世界》（第 1 辑），三联书店 1987 年版。

25. 高其迈：《明史刑法志注释》，法律出版社 1987 年版。
26. 高占祥主编：《论校园文化》，新华出版社 1990 年版。
27. 郭建：《帝国缩影——中国历史上的衙门》，学林出版社 1999 年版。
28. 郭明：《监狱的隐喻：来自铁窗的人生故事》，学林出版社 2010 年版。
29. 郭明：《中国监狱学史纲——清末以来的中国监狱学术论述》，中国方正出版社 2005 年版。
30. 国务院新闻办公室：《中国改造罪犯的状况》，法律出版社 1992 年版。
31. 韩松落：《为了报仇看电影 2：猛虎细嗅蔷薇》，译林出版社 2011 年版。
32. 贺麟：《文化与人生》，商务印书馆 1947 年版。
33. 胡乔木：《胡乔木回忆毛泽东》，人民出版社 1994 年版。
34. 季镇淮：《司马迁》，上海人民出版社 1955 年版。
35. 贾春增主编：《国外社会学史》，中国人民大学出版社 2008 年版。
36. 贾鲁生、丰收：《中国西部大监狱》，江苏文艺出版社 1986 年版。
37. 贾洛川主编：《罪犯教育学》，广西师范大学出版社 2008 年版。
38. 姜东霞：《女囚门》，中国文联出版社 2004 年版。
39. 教育大辞典编纂委员会编：《教育大辞典》（第 1 卷），上海教育出版社 1990 年版。
40. 金鉴主编：《监狱学总论》，法律出版社 1997 年版。
41. 靳玉乐：《潜在课程论》，江西教育出版社 1996 年版。
42. 李步云：《走向法治》，湖南人民出版社 1998 年版。
43. 李甲孚：《中国监狱法制史》，台北，商务印书馆 1984 年版。
44. 李曼丽：《通识教育论——一种大学教育观》，清华大学出版社 1999 年版。
45. 李玫瑾：《犯罪心理学——在犯罪防控中的作用》，中国人民公安大学出版社 2010 年版。
46. 李乔：《行业神崇拜：中国民众造神史研究》，北京出版社 2013 年版。
47. 李元庆主编：《三晋文化学术研讨会论文专集》，山西古籍出版社 1999

年版。
48. 李忠孝：《再生之地——中国普通监狱纪实》，长虹出版公司 2002 年版。
49. 梁启超：《少年中国说》，中国言实出版社 2014 年版。
50. 梁漱溟：《东西文化及其哲学》，商务印书馆 1999 年版。
51. 梁漱溟：《人心与人生》，上海人民出版社 2005 年版。
52. 梁治平：《寻求自然秩序的和谐——中国古代法律文化研究》，中国政法大学出版社 1991 年版。
53. 林茂荣、杨士隆：《监狱学：犯罪矫正原理与实务》，台北，五南图书出版股份有限公司 2014 年版。
54. 刘方冰：《文化治理与监禁生态》，江苏凤凰文艺出版社 2016 年版。
55. 刘小枫、陈少明主编：《古典传统与自由教育》，华夏出版社 2005 年版。
56. 刘瑜：《送你一颗子弹》，上海三联书店 2010 年版。
57. 刘长春、赵杰：《张学良》，中央文献出版社 2008 年版。
58. 龙冠海：《社会学》，台北，三民书局 1986 年版。
59. 鲁洁主编：《教育社会学》，人民教育出版社 2001 年版。
60. 罗荣渠主编：《从“西化”到现代化——五四以来有关中国的文化趋向和发展道路论争文选》，黄山书社 2008 年版。
61. 马克昌主编：《刑罚通论》，武汉大学出版社 1999 年版。
62. 马蹄疾辑录：《水浒资料汇编》，中华书局 1977 年版。
63. 马卫国：《囹圄内外——中国古代监狱文化》，浙江大学出版社 2013 年版。
64. 马志冰、郭炜主编：《监狱文化与矫正工作研究》，法律出版社 2008 年版。
65. 马志冰、赖德毅主编：《监狱文化建设与监狱管理创新工作研究》，法律出版社 2014 年版。
66. 马志冰、朱济民、姜晔主编：《中国监狱制度现代化的历史、理论与实践》，法律出版社 2013 年版。

67. 毛泽东：《介绍一个合作社》，人民出版社 1975 年版。
68. 孟森：《明清史讲义》，中华书局 1981 年版。
69. 澎湃新闻调查新闻部编：《别样的人生》，文汇出版社 2020 年版。
70. 钱钟书：《谈艺录》，三联书店 2008 年版。
71. 强世功：《法制与治理——国家转型中的法律》，中国政法大学出版社 2003 年版。
72. 乔野生主编：《论上海监狱工作》（第 3 集），学林出版社 2004 年版。
73. 邱兴隆等：《刑罚学》，中国政法大学出版社 1999 年版。
74. 瞿葆奎主编：《教育学文集 · 教育与教育学》，人民教育出版社 1993 年版。
75. 瞿同祖：《清代地方政府》，法律出版社 2003 年版。
76. 瞿同祖：《中国法律与中国社会》，商务印书馆 2010 年版。
77. 山风：《方向》，云南人民出版社 2010 年版。
78. 山风：《面具》，南京出版社 2007 年版。
79. 上海市提篮桥监狱主编：《罪魂与诗神》，文汇出版社 2004 年版。
80. 邵名正等：《罪犯论》，中国政法大学出版社 1989 年版。
81. 申荷永：《中国文化心理学心要》，人民出版社 2001 年版。
82. 金盛华主编：《社会心理学》，高等教育出版社 2005 年版。
83. 石中英：《知识转型与教育改革》，教育科学出版社 2001 年版。
84. 司法部劳改局编：《劳改工作手册（1954. 8—1987. 2）》，司法部劳改局 1987 年印行。
85. 司法部劳改局编：《毛泽东等老一辈革命家论改造罪犯工作》，法律出版社 1993 年版。
86. 孙晶岩：《重绽芬芳——中国女子监狱纪实》，长虹出版公司 2002 年版。
87. 孙平：《监狱亚文化》，社会科学文献出版社 2013 年版。
88. 孙平：《文化监狱的构建》，中国政法大学出版社 2007 年版。
89. 孙晓雳：《中国劳动改造制度的理论与实践——历史与现实》，中国政法大学出版社 1994 年版。
90. 覃光广、冯利、陈朴主编：《文化学辞典》，中央民族学院出版社 1988 年版。
91. 唐德刚：《张学良口述历史》，中国档案出版社 2007 年版。
92. 王笛：《袍哥：1940 年代川西乡村的暴力与秩序》，北京大学出版社 2018 年版。
93. 王飞：《拥抱监狱工作——我的实践与思考》，上海社会科学院出版社 2011 年版。
94. 王飞主编：《上海监狱人权记录》，上海人民出版社 1992 年版。
95. 王海明：《新伦理学》，商务印书馆 2001 年版。
96. 王恒勤主编：《中国特色社会主义监狱理论体系研究》，河北大学出版社 2011 年版。
97. 王明迪、董云虎主编：《中国监狱人权保障》，法律出版社 2004 年版。
98. 王明迪、郭建安主编：《岁月铭记——新中国监狱工作 50 年》，法律出版社 2000 年版。
99. 王明迪主编：《罪犯教育概论》，法律出版社 2001 年版。
100. 王霞、谢学枫：《走向新岸——中国未成年犯管教所纪实》，长虹出版公司 2002 年版。
101. 王雪峰等：《罪犯教育理论专题研究》，法律出版社 2014 年版。
102. 王雪峰主编：《罪犯教育学》，法律出版社 2019 年版。
103. 王志亮：《刑罚学研究——欧美刑罚观、监狱观演变》，苏州大学出版社 2016 年版。
104. 吴宗宪：《当代西方监狱学》，法律出版社 2005 年版。
105. 吴宗宪：《监狱学导论》，法律出版社 2012 年版。
106. 吴宗宪：《西方犯罪学》（第 2 版），法律出版社 2006 年版。
107. 西南政法学院劳改管理系编：《劳动改造罪犯资料选编》（上集），西南政法学院 1985 年印行。

108. 夏传才编：《中国古代文学名篇选读·辽金元明清卷》，南开大学出版社 2001 年版。
109. 夏建中：《文化人类学理论学派——文化研究的历史》，中国人民大学出版社 1997 年版。
110. 夏宗素主编：《矫正教育学》，法律出版社 2002 年版。
111. 向世陵主编：《中国哲学智慧》，中国人民大学出版社 2000 年版。
112. 肖川：《教育的理想与信念》，岳麓书社 2002 年版。
113. 肖川：《教育的视界》，岳麓书社 2003 年版。
114. 萧蓮父：《吹沙纪程》，上海文艺出版社 1998 年版。
115. 谢维和：《教育活动的社会学分析—— 一种教育社会学的研究》，教育科学出版社 2000 年版。
116. 徐一青、张鹤仙：《信念的活史：文身世界》，四川人民出版社 1988 年版。
117. 薛梅卿等辑录：《清末民初监狱法制辑录》，中国政法大学出版社 2017 年版。
118. 薛梅卿主编：《中国监狱史》，群众出版社 1986 年版。
119. 严歌苓：《陆犯焉识》，作家出版社 2011 年版。
120. 严励、刘重兴主编：《监狱学发展中的继承与创新》，中国法制出版社 2017 年版。
121. 严祖佑：《人曲》，东方出版中心有限公司 2012 年版。
122. 杨殿升、张金桑主编：《中国特色监狱制度研究》，法律出版社 1999 年版。
123. 杨东平：《通才教育论》，辽宁教育出版社 1989 年版。
124. 姚公鹤：《上海闲话》，商务印书馆 1933 年版。
125. 叶春弟：《丛棘岛映像：越轨行为在监禁社会的表现与规则》，上海社会科学院出版社 2021 年版。
126. 叶奕乾等：《图解心理学》，江西人民出版社 1982 年版。

127. 衣俊卿：《文化哲学：理论理性和实践理性交汇处的文化批判》，云南人民出版社 2001 年版。
128. 尤西林主编：《通识教育文献选辑》（第一卷起源与制度），科学出版社 2019 年版。
129. 于保忠主编：《2008 文化与监狱论坛》，中国民主法制出版社 2009 年版。
130. 余秋雨：《行者无疆》，华艺出版社 2001 年版。
131. 张岱年：《中国哲学大纲》，江苏教育出版社 2005 年版。
132. 张建秋：《我的囚犯，我的兄弟》，法律出版社 2013 年版。
133. 张建智：《中国神秘的狱神庙》，上海三联书店 2000 年版。
134. 张晶：《正义试验》，法律出版社 2005 年版。
135. 张贤亮：《感情的历程》，作家出版社 2006 年版。
136. 张贤亮：《绿化树》，北京十月文艺出版社 1984 年版。
137. 张贤亮：《我的菩提树》，北京十月文艺出版社 2012 年版。
138. 张秀夫主编：《提牢备考译注》，法律出版社 1997 年版。
139. 章珂、张邦友：《女子监狱》，人民文学出版社 2001 年版。
140. 郑杰：《狱内冲突澄明与管控》，厦门大学出版社 2017 年版。
141. 郑也夫：《代价论》，三联书店 1995 年版。
142. 中国大百科全书总编辑委员会《教育》编辑委员会、中国大百科全书出版社编辑部编：《中国大百科全书·教育》，中国大百科全书出版社 1985 年版。
143. 中国监狱工作协会编：《监狱文化建设优秀论文集》，中国监狱工作协会 2013 年内部印行。
144. 中国监狱工作协会编：《新中国监狱工作五十年丛录》，法律出版社 2021 年版。
145. 中国监狱工作协会监狱文化专业委员会编：《监狱文化研究》（2015 年度），中国监狱工作协会监狱文化专业委员会 2016 年内部印行。
146. 中国监狱工作协会监狱文化专业委员会编：《监狱文化研究》（2017 年

度)，中国监狱工作协会监狱文化专业委员会 2018 年内部印行。
147. 中国劳改学会编：《中国劳改学大辞典》，社会科学文献出版社 1993 年版。
148. 中华人民共和国司法部编：《中国监狱史料汇编》，群众出版社 1988 年版。
149. 中华书局编辑部编：《名家精译古文观止》，中华书局 1993 年版。
150. 钟叔河编订：《周作人散文全集（一八九八— 一九一七）》，广西师范大学出版社 2009 年版。
151. 周东平、朱腾主编：《法律史译评》（2013 年卷），中国政法大学出版社 2014 年版。
152. 周立波：《周立波三十年代文学评论集》，上海文艺出版社 1984 年版。
153. 朱济民主编：《旧监狱寻踪》，上海书店出版社 2014 年版。
154. 朱济民主编：《论上海监狱工作》，上海人民出版社 1995 年版。
155. 朱金元、熊月之主编：《传统文化 ABC》，山东友谊出版社 1996 年版。
156. 朱晓阳：《罪过与惩罚：小村故事：1931—1997》，天津古籍出版社 2002 年版。
157. 朱志杰：《监狱文化与哲学》，伊犁人民出版社 2015 年版。
158. [澳] 奥斯瓦尔德·施瓦茨：《情爱心理探索》，志琦、诸中青译，黄河文艺出版社 1988 年版。
159. [澳] 安德鲁·米尔纳、杰夫·布劳伊特：《当代文化理论》，刘超、肖雄译，江苏人民出版社 2018 年版。
160. [德] 马克斯·韦伯：《经济与社会》（第 1 卷），阎克文译，上海人民出版社 2010 年版。
161. [德] 韦伯：《经济与历史：支配的类型》（韦伯作品集 2），康乐等译，广西师范大学出版社 2004 年版。
162. [俄] 陀思妥耶夫斯基：《死屋手记》，耿济之译，天津人民出版社 2017 年版。

163. ［法］布迪厄、［美］华康德：《实践与反思：反思社会学导引》，李猛、李康译，中央编译出版社 1998 年版。
164. ［法］布尔迪厄：《文化资本与社会炼金术——布尔迪厄访谈录》，包亚明译，上海人民出版社 1997 年版。
165. ［法］大仲马：《基督山伯爵》，郑克鲁译，译林出版社 2020 年版。
166. ［法］卢梭：《社会契约论》，李平沤译，商务印书馆 2017 年版
167. ［法］罗兰·巴特：《S/Z》，屠友祥译，上海人民出版社 2012 年版。
168. ［法］米歇尔·福柯：《惩罚的社会》，陈雪杰译，上海人民出版社 2018 年版。
169. ［法］米歇尔·福柯：《规训与惩罚：监狱的诞生》，刘北成、杨远婴译，三联书店 1999 年版。
170. ［法］丹尼斯·库什：《社会科学中的文化》，张金岭译，商务印书馆 2016 年版。
171. ［加］鲁辛·摩林主编：《论监狱教育》，李引、徐学椝译，黑龙江教育出版社 1990 年版。
172. ［加］西莉亚·布朗奇菲尔德：《刑罚的故事》，郭建安译，法律出版社 2006 年版。
173. ［捷］夸美纽斯：《大教学论》，傅任敢译，人民教育出版社 1984 年版。
174. ［捷］尤利乌斯·伏契克：《绞刑架下的报告》，徐耀宗、白力殳译，中国青年出版社 1995 年版。
175. ［美］A. H. 马斯洛：《动机与人格》，许金声、程朝翔译，华夏出版社 1987 年版。
176. ［美］B. S. 布卢姆等编：《教育目标分类学》（第二分册　情感领域），施良方、张云高译，华东师范大学出版社 1989 年版。
177. ［美］C. 恩伯、M. 恩伯：《文化的变异——现代文化人类学通论》，杜杉杉译，辽宁人民出版社 1988 年版。
178. ［美］D. P. 约翰逊：《社会学理论》，南开大学社会学系译，国际文化

公司 1988 年版。
179. ［美］埃·弗洛姆：《精神分析与宗教》，孙向晨译，上海人民出版社 2006 年版。
180. ［美］爱因斯坦：《爱因斯坦文集》（第 3 卷），许良英、赵中立、张宣三编译，商务印书馆 2017 年版。
181. ［美］查尔斯·艾略特主编：《哈佛百年经典》，张春、朱亚兰译，北京理工大学出版社 2014 年版。
182. ［美］菲利普·津巴多：《路西法效应：好人是如何变成恶魔的》，孙佩妏、陈雅馨译，三联书店 2010 年版。
183. ［美］弗朗西斯·福山：《大断裂——人类本性与社会秩序的重建》，唐磊译，广西师范大学出版社 2015 年版。
184. ［美］弗朗西斯·福山：《信任——社会道德与繁荣的创造》，李宛蓉译，远方出版社 1998 年版。
185. ［美］卡罗尔·恩贝尔、梅尔文·恩贝尔：《人类文化与现代生活：文化人类学精要》（第 3 版），周云水、杨菁华、陈靖云译，电子工业出版社 2016 年版。
186. ［美］欧文·戈夫曼：《日常生活中的自我呈现》，冯钢译，北京大学出版社 2008 年版。
187. ［美］塞缪尔·亨廷顿、劳伦斯·哈里森主编：《文化的重要作用：价值观如何影响人类进步》，程克雄译，新华出版社 2018 年版。
188. ［美］斯蒂芬·金：《肖申克的救赎》（纪念珍藏版），施寄青、赵永芬、齐若兰译，人民文学出版社 2016 年版。
189. ［美］特拉维斯·赫希：《少年犯罪原因探讨》，吴宗宪等译，中国国际广播出版社 1997 年版。
190. ［美］托马斯·林奇：《殡葬人手记：一个阴森行业的生活研究》，张宗子译，新星出版社 2015 年版。
191. ［美］小约翰·谢默霍恩：《管理学原理》，甘亚平译，人民邮电出版社

2005 年版。
192. ［美］詹姆斯·科尔曼：《社会理论的基础》，邓方译，社会科学文献出版社 1990 年版。
193. ［葡］曾德昭：《大中国志》，何高济译，商务印书馆 2012 年版。
194. ［日］樱井哲夫：《福柯：知识与权力》，姜忠莲译，河北教育出版社 2001 年版。
195. ［苏］安东·谢·马卡连柯：《论共产主义教育》，刘长松、杨慕之译，人民教育出版社 1981 年版。
196. ［意］加罗法洛：《犯罪学》，耿伟、王新译，中国大百科全书出版社 1995 年版。
197. ［意］切萨雷·龙勃罗梭：《犯罪人论》，黄风译，中国法制出版社 2005 年版。
198. ［英］安东尼·吉登斯：《社会学》（第 5 版），李康译，北京大学出版社 2009 年版。
199. ［英］安东尼·吉登斯：《社会学》，赵旭东等译，北京大学出版社 2003 年版。
200. ［英］弗兰克·帕金：《马克斯·韦伯》，刘东、谢维和译，四川人民出版社 1987 年版。
201. ［英］霍布斯：《利维坦》，黎思复、黎延弼译，商务印书馆 1985 年版。
202. ［英］马林诺夫斯基：《文化论》，费孝通等译，中国民间文艺出版社 1987 年版。
203. ［英］迈克尔·波兰尼：《个人知识——迈向后批判哲学》，许泽民译，贵州人民出版社 2000 年版。
204. ［英］泰勒：《原始文化：神话、哲学、宗教、语言、艺术和习俗发展之研究》，连树声译，广西师范大学出版社 2005 年版。
205. ［英］泰伦斯·霍克斯：《隐喻》，穆南译，北岳文艺出版社 1990 年版。
206. ［英］特里·伊格尔顿：《论文化》，张舒语译，中信出版集团 2018 年版。

三、中文期刊文献、学位论文

1. 中国监狱罪犯教育改造模式研究课题组：《中国监狱罪犯教育改造模式研究》，载《中国监狱学刊》2014 年第 3、4 期。
2. 《“文化监狱战略研讨会”在兰州召开》，载《犯罪与改造研究》2011 年第 10 期。
3. 《充分运用有利于改造的条件不断提高教育改造层次——司法部劳改局副局长王明迪在上海市劳改局“监区文化建设研讨会”上的讲话》，载《劳改理论与实践》1990 年第 4 期。
4. 《开展监区文化建设为“改造人”服务——司法部副部长金鉴在上海市劳改局监区文化建设研讨会上的讲话》，载《劳改理论与实践》1990 年第 4 期。
5. 《女起解》（京剧），载《剧本》1953 年第 12 期。
6. 《上海的改造工作要瞄准目标，奋力拼搏——王飞局长在监区文化建设研讨会上的讲话》，载《劳改劳教通讯》1990 年第 9 期。
7. 《上海市监狱举行习美书画展》，载《劳改劳教通讯》1994 年第 2 期。
8. 《上海市监狱两项发明被授予专利》，载《劳改劳教通讯》1994 年第 2 期。
9. 柏桦：《明清州县的监狱》，载《中国史研究》2002 年第 4 期。
10. 查有梁：《大教育观 · 第一讲教育系统是一个大系统》，载《瞭望周刊》1986 年第 12 期。
11. 陈宝友：《从信息的视角解读监狱亚文化现象——以“监狱人格”为中心》，载《中国监狱学刊》2005 年第 5 期。
12. 陈独秀：《研究室与监狱》，载《每周评论》1919 年 6 月 8 日，第 25 号。
13. 陈士涵：《分级管理的文化学分析——监狱文化思考之十》，载《劳改劳教通讯》1994 年第 5 期。
14. 陈士涵：《监狱文化建设的途径——监狱文化思考之二》，载《劳改劳教通讯》1990 年第 10 期。
15. 陈士涵：《监狱文化建设与罪犯改造》，载《社会科学》1991 年第 4 期。

16. 陈士涵：《论监狱的节日文化——监狱文化思考之九》，载《劳改劳教通讯》1994 年第 3 期。
17. 陈士涵：《论监狱的文化积累——监狱文化思考之十一》，载《劳改劳教通讯》1995 年第 3 期。
18. 陈士涵：《论监狱文化建设的基石——监狱文化思考之三》，载《劳改劳教通讯》1990 年第 11 期。
19. 陈士涵：《论监狱文化建设的主体——监狱文化思考之七》，载《劳改劳教通讯》1992 年第 9 期。
20. 陈士涵：《论监狱形象——监狱文化思考之八》，载《劳改劳教通讯》1993 年第 1 期。
21. 陈士涵：《论阶级改造——关于新中国监狱史若干问题的探讨与思考》，载《中国监狱学刊》2007 年第 2 期。
22. 陈士涵：《论文化性和生物性——监狱文化思考之四》，载《劳改劳教通讯》1990 年第 12 期。
23. 陈士涵：《文化与犯罪原因——监狱文化思考之五》，载《劳改劳教通讯》1991 年第 2 期。
24. 陈士涵：《文化与人格改造——监狱文化思考之六》，载《劳改劳教通讯》1991 年第 3 期。
25. 陈士涵：《我看监狱文化——监狱文化思考之一》，载《劳改劳教通讯》1990 年第 9 期。
26. 陈熙远：《清代中央系狱诸神考》，载《法制史研究》2018 年第 2 期。
27. 程郁缀：《送君南浦》，载《文史知识》2003 年第 1 期。
28. 储槐植：《刑法存活关系中——关系刑法论纲》，载《法制与社会发展》1996 年第 2 期。
29. 甘克明：《“铁窗泪”背后的故事》，载《人民公安》2007 年第 6 期。
30. 高小强：《论乡村教育中的“理”与惩罚之关系》，载《上海教育科研》2009 年第 10 期。

31. 郭齐家：《要求少儿读经是顺潮流而动》，载《教育学报》2007 年第 2 期。
32. 郭明：《〈契约刑论与新古典监狱学〉导论》，载《中国监狱学刊》2020 年第 1 期。
33. 郭梓贤：《黑社会（性质）组织亚文化形成研究》，“中国犯罪学研究会第十六届学术研讨会”论文，2007 年 8 月于江西井冈山。
34. 韩玉胜、邓宇琼：《中国古代监狱管理人员的素质研究》，载《犯罪与改造研究》2000 年第 3 期。
35. 何怀宏：《饥渴年代的读书生活》，载《鞍钢日报》2009 年 12 月 15 日，第 3 版。
36. 贺桂梅：《1980 年代“文化热”的知识谱系与意识形态》（上），载《励耘学刊》（文学卷）2008 年第 1 期。
37. 胡经建：《监狱文化新论》，载《劳改理论与实践》1991 年第 4 期。
38. 黄贺：《铁窗里的声音：美国监狱文学概述》，载《北京航空航天大学学报（社会科学版）》2011 年第 5 期。
39. 江萍：《教育惩戒中的“五须”》，载《新智慧》2020 年第 1 期。
40. 蒋安杰：《以司法之力守护未成年人健康成长——宿迁中院适用新未成年人保护法第一案引关注》，载《法治日报》2021 年 6 月 7 日，第 2 版。
41. 蒋海东：《关于推进监狱文化建设的思考》，载《中国司法》2014 年第 9 期。
42. 焦宁亚：《传承三晋历史文明，建设特色文化监狱———山西太原第一监狱加强监狱文化建设之探索》，载《中国司法》2010 年第 9 期。
43. 金敬迈：《好大的月亮好大的天哪》，载《中国作家》2001 年第 5 期。
44. 靖国平：《论受过教育的人》，载《教育研究》2000 年第 2 期。
45. 李辉：《纪实文学：直面现实，追寻历史——关于〈中国新文学大系〉纪实卷（1977—2000）》，载《南方文坛》2009 年第 1 期。
46. 李霍平：《关于监区文化的几点思考》，载《劳改理论与实践》1991 年第 4 期。

47. 连春亮：《关于构建监狱文化的思考》，载《中国监狱学刊》2003 年第 5 期。
48. 连春亮：《监狱文化建设：误区、要素与原则》，载《河南司法警官职业学院学报》2008 年第 2 期。
49. 梁美仪：《香港中文大学的大学通识教育》，载《国家教育行政学院学报》2005 年第 10 期。
50. 廖若晨星：《越狱——不是电影，胜似电影》，载《当代人》2006 年第 12 期。
51. 刘方冰：《监狱警察身份与认同》，载《犯罪与改造研究》2012 年第 4 期。
52. 刘佛年：《关于教育改革中的几个问题——刘佛年同志在全国普通教育整体改革研讨会上的讲话（节录）》，载《基础教育》2014 年第 2 期。
53. 刘建萍：《暴露衙门黑暗的第一书——评李伯元的〈活地狱〉》，载《福建教育学院学报》2004 年第 1 期。
54. 刘小枫、甘阳等：《大学改革与通识教育》，载《开放时代》2005 年第 1 期。
55. 刘心武：《见识狱神庙》，载《青年文学》2007 年第 2 期。
56. 刘迎春、张涵：《北京市女子监狱监区文化建设的实践》，载《犯罪与改造研究》2015 年第 10 期。
57. 刘颖：《新时期监狱文学的展开》，载《犯罪与改造研究》2014 年第 1 期。
58. 马戎：《差序格局——中国传统社会结构和中国人行为的解读》，载《北京大学学报（哲学社会科学版）》2007 年第 2 期。
59. 马志冰、姜晓敏：《“监狱文化与矫正工作论坛”综述》，载《中国监狱学刊》2007 年第 5 期。
60. 上海市监狱：《提篮桥监区文化初探》，载《劳改劳教通讯》1989 年第 9 期。
61. 沈文钦：《自由教育与美好生活——施特劳斯学派自由教育观述评》，载《北京大学教育评论》2006 年第 1 期。

62. 宋浩波：《社会整合与控制犯罪》，载《公安大学学报》1991 年第 6 期。
63. 孙立平：《社区、社会资本与社区发育》，载《学海》2001 年第 4 期。
64. 孙平：《监狱的悖论——监狱亚文化的传承》，载《河北法学》2012 年第 9 期。
65. 孙平：《监狱亚文化理论的产生与发展》，载《学术研究》2006 年第 8 期。
66. 孙平：《监狱亚文化研究》，载《法律科学》1991 年第 4 期。
67. 孙尊超：《光辉岁月》，载《桃花坞语》（《司法警官学界》副刊）2016 年春季号。
68. 唐晓杰：《西方“隐蔽课程”研究的探析》，载《华东师范大学学报（教育科学版）》1988 年第 2 期。
69. 王本仁：《“狱神庙”辨析》，载《青海师专学报》1986 年第 1 期。
70. 王立民：《上海租界与上海法制现代化》，载《法学》2006 年第 4 期。
71. 王明迪、兰洁、王平：《监狱工作与监狱理论研究二十年改革述评》（上），载《犯罪与改造研究》1999 年第 1 期。
72. 王明迪：《一个甲子的辉煌——新中国监狱工作 60 年的回顾》，载《犯罪与改造研究》2009 年第 10 期。
73. 王平：《我国现行监狱工作方针的价值基础》，载《中国刑事法杂志》1998 年第 2 期。
74. 王若翰：《越狱 32 年后选择自首……》，载《新民周刊》2012 年第 41 期。
75. 王伟凯：《“贱民执法”质疑——兼与张志京教授商榷》，载《中国监狱学刊》2005 年第 5 期。
76. 王雪峰：《博雅教育三题》，载《今日教育》2015 年第 7、8 期合刊。
77. 王雪峰：《宏观监狱学：价值、构成与挑战》，载《中国监狱学刊》2014 年第 6 期。
78. 王雪峰：《监狱文化：一个概念，三种理解》，载《中国司法》2011 年第 4 期。
79. 王雪峰：《明初刑罚思想的二重性及其对监狱制度的影响》，载《中国监狱学刊》2006 年第 2 期。
80. 王雪峰：《如何理解监狱：一种文化哲学的视角》，载《中国监狱学刊》2016 年第 5 期。
81. 王雪峰：《中国教育改造工作的四个重要理念》，载《中国司法》2012 年第 12 期。
82. 王雪峰：《追求自由——潘光旦和他的自由教育观》，载《今日教育》2015 年第 1 期。
83. 王雪峰：《作为“历史使命”的改造：源流与价值——建党百年中国监狱工作的特色》，载《犯罪与改造研究》2021 年第 1 期。
84. 温海慧：《明代监狱虎头牢探幽》，载《文化产业》2020 年第 3 期。
85. 吴宗宪：《赫希社会控制理论述评》，载《预防青少年犯罪研究》2013 年第 6 期。
86. 夏艺凯：《上海监区文化研讨会纪要》，载《劳改理论与实践》1990 年第 4 期。
87. 夏宗素：《监狱人民警察权益保障研究》，载《犯罪与改造研究》2007 年第 5 期。
88. 谢金喜、刘志强、刘德江：《浅议违纪未成年罪犯的改造转化十二法》，载《犯罪与改造研究》2014 年第 11 期。
89. 徐逸鹏：《洗涤灵魂远离丑恶　提篮桥监狱开展“习美”活动硕果累累》，载《新民晚报》2003 年 11 月 20 日，第 3 版。
90. 闫晓君：《汉初的刑罚体系》，载《法律科学（西北政法学院学报）》2006 年第 4 期。
91. 杨昌俊：《“狴犴”：监狱的别称》，载《咬文嚼字》2010 年第 4 期。
92. 杨耕：《文化的作用是什么》，载《光明日报》2015 年 10 月 14 日，第 13 版。
93. 杨龙胜：《积极推进社会主义监狱文化建设——2008 文化与监狱论坛综述》，载《犯罪与改造研究》2009 年第 1 期。

94. 杨龙胜：《文化引领中国监狱行刑模式高端论坛热议文化监狱》，载《犯罪与改造研究》2011 年第 12 期。
95. 杨木高：《新中国 60 年女犯改造工作的历史回顾与展望》，载《犯罪与改造研究》2011 年第 4 期。
96. 杨牧之：《理想、毅力与“名山之作”——重读司马迁的〈报任安书〉》，载《文史知识》1985 年第 9 期。
97. 杨信礼、尤元文：《论社会整合》，载《理论学习》2000 年第 12 期。
98. 于荣中：《论我国监狱的十大传统教育方法》，载《犯罪与改造研究》2015 年第 7 期。
99. 于荣中：《研究“罪犯之研究”》，载《犯罪与改造研究》2011 年第 3 期。
100. 袁行霈：《中国古典诗歌的意象》，载《文学遗产》1983 年第 4 期。
101. 张建智：《狱神庙闻录》，载《读书》1998 年第 7 期。
102. 张金桑、冯崇伦、杨淑华、李奇：《沿海开放地区劳改干警队伍新情况新问题的调查》，载《犯罪与改造研究》1991 年第 2 期。
103. 张金桑、张发昌：《实施监狱文化发展战略打造富有文化底蕴的警察队伍》，载《中国监狱学刊》2005 年第 1 期。
104. 张志京：《贱民执法：一项中国封建狱政管理制度的考察》，载《中国监狱学刊》2005 年第 2 期。
105. 张中原：《教育惩戒的人性论审视》，载《教育研究与实验》2020 年第 4 期。
106. 赵宝成：《罪犯“监狱化”初探》，载《政法论坛》1992 年第 4 期。
107. 赵新东、胡配军：《新时期监区文化建设研究》，载《中国监狱学刊》2001 年第 6 期。
108. 周广洪、余飞：《试论破解监狱文化改造的“碎片化”困境》，载《中国司法》2019 年第 5 期。
109. 周敏、刘丰源、曹云：《罪犯改造潜规则初探》，载《犯罪与改造研究》2010 年第 8 期。

110. 周颖：《“龙生九种”考》，载《红楼梦学刊》1986 年第 1 辑。
111. 朱阳宇：《现代监狱文化建设研究》，载《犯罪与改造研究》2017 年第 4 期。
112. 宗胜利：《80 年代“文化热”研究综述》，载《理论前沿》1996 年第 16 期。
113. 邹积忠：《坚持辅助管理教育工作十二法　努力促进改造质量的提高》，载《中国监狱学刊》2001 年第 3 期。
114. ［美］弗朗西斯·福山：《社会资本、公民社会与发展》，曹义烜译，载《马克思主义与现实》2003 年第 2 期。
115. ［美］托马斯·福特·布朗：《社会资本理论综述》，木子西编译，载《马克思主义与现实》2000 年第 2 期。
116. ［美］托马斯·麦格奈尔：《表层文化、深层文化和文化认同》，载《中国社会科学报》2010 年 8 月 24 日，第 2 版。
117. 高奉春：《从〈提牢备考〉看中国传统监狱文化》，山东大学 2008 年硕士学位论文。
118. 赖生亮：《民国时期的监狱改良与现代化——以京师第一监狱为中心的历史考察与分析》，首都师范大学 2008 年硕士学位论文。
119. 李健：《中国现当代作家的监禁体验》，南京大学 2006 年博士学位论文。
120. 李显鸿：《中国当代文学监狱叙事话语的嬗变》，武汉大学 2011 年博士学位论文。
121. 李卓：《1987—2000 年香港监狱题材电影审美特征研究》，长安大学 2020 年硕士学位论文。
122. 林祺芳：《监狱受刑人副文化之研究》，台北，中正大学犯罪防治研究所 2002 年硕士学位论文。
123. 孟竹：《清末出洋人员对西方监狱的考察》，河北大学 2012 年硕士学位论文。
124. 史小楠：《西方监狱电影中越狱现象的深度解读》，四川师范大学 2011 年硕士学位论文。

125. 隋天天:《唐代牢狱诗研究》,内蒙古师范大学 2020 年硕士学位论文。

126. 王慧:《农村中小学教师素质的现状、问题及对策研究——以积石山县为个案》,西北师范大学 2008 年硕士学位论文。

127. 王建国:《百年牢骚:台湾政治监狱文学研究》,台南,成功大学 2006 年博士学位论文。

128. 王素芬:《明暗之间:近代中国的狱制转型研究》,华东政法学院 2006 年博士学位论文。

129. 吴敏:《论清朝的监狱制度》,华东政法学院 2006 年硕士学位论文。

130. 张宁:《国民党政府时期湖北监狱管理研究》,湖北大学 2006 年硕士学位论文。

131. 张芝秀:《论三十年代左翼作家的"牢狱小说"》,山西大学 2013 年硕士学位论文。

132. 赵俊:《1990 年代以来欧美监狱题材电影研究》,南京师范大学 2015 年硕士学位论文。

四、外文文献

1. Andrew Edgar, Peter Sedgwick, *Cultural Theory*: *The Key Concepts*, Routledge, 2008.

2. Catherine D. Marcum, Tammy L. Castle (edited), *Sex in Prison*: *Myths and Realities*, Lynne Rienner Publishers, Inc., 2014.

3. Chris Barker, *The SAGE Dictionary of Cultural Studies*, SAGE Publications Ltd., 2004.

4. Craig Kridel, *Encyclopedia of Curriculum Study*, SAGE Publications, Inc., 2010.

5. Curt T. Griffiths, Danielle J. Murdoch, *Canadian Corrections* (5*th ed.*), Nelson Education Ltd., 2018.

6. Donald J. Shoemaker, *Theories of Delinquency: An Examination of Explanations of Delinquent Behavior* (6*th ed.*), Oxford University Press, Inc., 2010.

7. Erving Goffman., *Asylums: Essays on the Social Situation of Mental Patients and other Inmates*, Anchor Books, 1961.

8. Frank Schmalleger, *Criminal Justice: A Brief Introduction* (10*th ed.*), Pearson Education, Inc., 2014.

9. Frank Schmalleger, *Criminal Justice Today: An Introductory Text for the Twenty-first Century* (14*th ed.*), Pearson Education, Inc., 2017.

10. Frank Schmalleger, John Ortiz Smykla, *Corrections in the 21st Century* (8*th ed.*), McGraw-Hill Education, 2017.

11. Gary E. Miller, *The Meaning of General Education: The Emergence of a Curriculum Paradigm*, Teacher College Press, 1988.

12. Greg Smith, *Erving Goffman*, Routledge, 2006.

13. Gresham M. Sykes, *The Society of Captives*, *Princeton*, Princeton University Press, 1958.

14. H. L. A. Hart, *The Concept of Law*, Clarendon Press, 1961.

15. Hans Reimer, *Socialization in the Prison Community*, *Proceedings of the American Prison Association*, American Prison Association, 1937.

16. Harry E. Allen et al., *Corrections in America: An Introduction* (15*th ed.*), Pearson Education, Inc., 2019.

17. Hart, H. L. A., *Punishment and Responsibility: Essays in the Philosophy of Law* (2*nd ed.*), University Press Inc., 2008.

18. John Storey, *Cultural Theory and Popular Culture: An Introduction*, Routledge, 2015.

19. Mary Bosworth, *Encyclopedia of Prisons and Correctional Facilities*, SAGE Publications, Inc., 2005.

20. Mike Maguire et al. (eds.), *The Oxford Handbook of Criminology* (5*th*

ed.), Oxford University Press, 2012.

21. Neil J. Salkind, *Encyclopedia of Educational Psychology*, SAGE Publications, Inc. , 2008.

22. O. Hayden Griffin Ⅲ, Vanessa H. Woodward (edited), *Routledge Handbook of Corrections in the United States*, Routledge, 2018.

23. Philip Manning, *Erving Goffman and Modern Sociology*, Polity Press, 1992.

24. Polanyi, M. , *The Study of Man*, Routledge & Kegan Paul Ltd. , 1959.

25. Robert Edgar - Hunt et al. , *Basics Film - Making: The Language of Film*, AVA Book Production Pte. Ltd. , 2010.

26. Todd R. Clear et al. , *American Corrections* (*9th ed.*), Cengage Learning, 2011.

27. Travis Hirschi, *Causes of Delinquency*, Routledge, 2017.

后 记

书名为论稿，有两层含义。其一，这本书以我在“监狱文化概论”课上的讲稿为基础写成，为讲稿之意；其二，书中很多观点为个人陋见，尚属草创，为草稿之意。至于所持宏观监狱学立场，前言已有申明，不赘述。因为在讲稿基础上完成，所以书中引用大量前贤时彦观点，在所难免。征引繁复，敬祈读者见谅。因尚属草稿，许多观点不值一哂，望业界先进不吝指正。

监狱学研究属于“名利皆无”的工作。多年来之所以“焚膏油以继晷，恒兀兀以穷年”，原因有二。其一，在其位谋其政。因为从事罪犯教育学、矫正教育原理与实务教学工作，为避免误人子弟，不得不读书、思考。其结果难免要落笔成文，所谓“彼其充实，不可已矣”。其二，近似南朝刘义庆《宣验记》中的寓言故事：一群鹦鹉见曾寓居的山林起火，于是以羽毛沾水扑救。天神对它们说：“汝虽有志意，何足云也!”鹦鹉回答：“虽知不能救，然尝乔居是山，禽兽行善，皆为兄弟，不忍见耳。”① 我自知谫陋，对监狱学学科建设了无尺寸之功。但“尝乔居是山”，同样“不忍见耳”。

从某种意义上说，这本书既是研究成果，也是一个阶段教学生活的

① （南朝）刘义庆：《宣验记》，载李剑国：《唐前志怪小说辑释》，上海古籍出版社 1986 年版，第 499 页。

总结。2021 年秋季学期我首次讲授“监狱文化概论”选修课，在授课过程中阅读了大量文献，本书内容框架的基础正是这门课程的讲授提纲。在教学过程中，我有意尝试讨论和讲授结合的方式。学生结成小组，围绕中国古代监狱文化、监狱亚文化、影视和文学中的监狱文化、当代中国监狱文化建设等专题搜集材料，集体讨论，并在课上汇报小组“研究成果”。这种形式让学生感受到了压力，但是也激发了他们的探索精神。学生围绕狱神崇拜、戏曲和小说中的监狱文化、罪犯文身、暗语等监狱亚文化现象发表的观点，虽略显幼稚，但闪烁着智慧火花，给了我莫大的鼓舞。

这次教学经历让我充分认识到，学生的创造力是无穷的；也让我领悟了“学生中心、产出导向、持续改进”，让学生“忙起来”，重视课程“高阶性、创新性、挑战度”等理念的深刻含义。在这里，向监狱学学院、矫正教育系 2019 级选修“监狱文化概论”课程的 50 名同学表示感谢。

在讨论监狱文化建设面临的问题时，我采用了一种新的研究方式——质性研究（具体方法为深度访谈法）。这种方法最初受中正大学许华孚教授启发，并在指导硕士学位论文过程中推荐学生使用过。我的学生罗长宏、章广志、苏黎明、陈杨阳、许琳妍、周椿凯、白芸、郭春玲等都运用这种方法，并取得相对满意的效果。这次因为研究需要，我首次访谈了 18 名对象，并借鉴“扎根理论”对访谈材料进行三级编码，亲自实践了一次质性研究过程。正所谓“教学相长”，如果没有学生大胆尝试这些方法，老师可能也不会进步。在运用这种方法过程中，许华孚教授为我答疑解惑，并提出很多建议，在此深表谢意。

感谢多年来关心我的前辈和提供无私帮助的朋友，他们是：王明迪、张伯平、张发昌、吴宗宪、高文、陈士涵、徐家俊、郭明、马卫国、贾洛川、王志亮、周雨臣、张晶、杨木高、张建秋、张庆斌、刘方冰、陶新胜、马岩、连春亮、孙宏艳、李宏吉、宋立军、朱勇、余飞、程正乐、尹自能、南亚丽、尹华飞、周盛传、林仲书、曹强新、王红、蔡一军、欧渊华、张传伟、陈君武、石化东、黄树标、唐贵平、李朝霞、李艳、方娱、柯淑珍、何杨冰、刘世模、安宁、包阳川、张磊、李芙、孙雯、陈向阳、龚梓……正是他们的鼓励，才让我有了不断前行的动力。

自1997年入职以来，本校先进王泰、夏宗素、张全仁、白焕然、辛国恩、高莹、史殿国、姜祖桢、翟中东、章恩友以各种形式提携和鞭策我，使我不敢懈怠，借此机会表示感激之情。

在本书即将出版之际，还必须提及监狱系统诸多关注和支持我的民警。他们有的是肩负重任的监狱领导，有的是默默无闻的一线民警，与他们的交往不仅让我获得“接触”监狱实务的宝贵机会，同时也让我时刻意识到作为监狱学专业教师的责任。他们是：蔡曙光、阚学军、毛新、王振伟、倪丽宏、胡国忠、刘光辉、孟学事、郭俊强、刘迎春、刘康、刘玉文、万世超、连荣东、郑杰、汪彤、叔超、李凤森、郭立东、郝文体、方兰、侯国、李小雅、郑奕、文勺、孟天姝、覃秋林、翁黎明、聂晶、张萌、马明娜、何平平、李志高、王挺明、孟政、张宁辉、密传银、柏隆婷、叶宇娟、王一冰、蔡贵童、崔向旭、黄剑雄……还有太多优秀监狱民警，恕我不能在此一一列举其姓名。

需要特别感谢郭明、杨木高、毛新、余飞、程正乐、王立国以及我的同事姜薇博士，他们在我查阅文献时给予了不同形式的帮助。中央司法警官学院图书馆工作人员提供了很多便利条件，尤其是荆金祥、汪玉红两位老师多次协助查阅相关书刊，解决了我的燃眉之急，在此一并表示感谢。

我的几名在校研究生侯雅菲、梅子言、高怡萍、张珂、雷航协助我完成了书中部分图表的制作，并对引文进行核对，王海洋、曹绍颖、崔砾文、崔震四名研究生以及2020级监狱学专业（矫正教育方向）本科生蒋鑫、雷姿、李凝、姜海婧、李昕阳、唐晓岚、李竞一参与了书稿校对工作，向这些同学的辛勤付出表示感谢。

最后，特别向孙慧、韩梦超两位编辑表示由衷敬意，她们的工作热情和专业能力确保了本书的顺利出版。

1936 年，民国学者李剑华在《监狱学》一书自序中留下了这样一段文字：

> 监狱是一种不幸的事实，监狱学是一种不幸的科学，我不希望再看见这样不幸的事实，再休提笔写这样不幸的科学，我诅咒这本小东西，永远成为人类文化史上的绝版。[①]

80 多年过去了，先生的诅咒并未实现。先生的期望原属于价值层面，至于事实层面，监狱学似乎还处在幼年时期。幸与不幸，是耶非耶，只能留待后人评说。

王雪峰

2023 年 2 月 17 日于中央司法警官学院

① 李剑华：《监狱学》，上海中华书局 1936 年印行，“自序”第 3 页。